春秋文萃

CHUN QIU WEN CUI

《江海春秋》二百期选编

中共南通市委党史工作办公室
南通市地方志编纂委员会办公室 编

方志出版社

图书在版编目(CIP)数据

春秋文萃:《江海春秋》二百期选编 / 中共南通市委党史工作办公室,南通市地方志编纂委员会办公室编. 北京:方志出版社,2023.11

ISBN 978-7-5144-5984-5

Ⅰ. ①春… Ⅱ. ①中… ②南… Ⅲ. ①南通-地方志-文集 Ⅳ. ①K295.33-53

中国国家版本馆CIP数据核字(2023)第224940号

责任编辑:陈 菁
责任校对:张玉霞
责任印制:梅中英
出 版 者:方志出版社
地　　址:北京市朝阳区潘家园东里9号(国家方志馆4层)
邮　　编:100021
网　　址:http://www.zgfzcb.cn
发　　行:方志出版社图书营销中心(010-67110500)
印　　刷:无锡天辰技贸发展有限公司
开　　本:787毫米×1092毫米 1/16
印　　张:25.75
字　　数:387千字
版　　次:2023年11月第1版
印　　次:2023年11月第1次印刷
定　　价:88.00元

前　言

《江海春秋》自1987年1月诞生以来，已历时36载，编印发行200期。在历任市委党史办、市地方志办领导、主编和编辑部同志的大力付出和辛苦努力下，《江海春秋》以“存史、资政、育人”为己任，坚持融“思想性、史料性、知识性、可读性”于一体，致力弘扬地方优秀传统文化，在南通史志事业的不断进步中，发挥了积极作用，已成为沟通社会、史志机构和史志爱好者的重要纽带与桥梁，是热爱南通地方史志文化的各界人士不可或缺的精神食粮。

回顾《江海春秋》创办200期所走过的道路，我们深切地感受到，史志宣传教育是一项长期工作任务，与地方经济社会发展息息相关，与史志事业发展同步，是党的建设、文化建设的重要组成部分。《江海春秋》自创办以来，在宣传党的路线方针政策、推动史志理论研究、反映史志工作动态、传播南通历史文化、展示南通发展成就等方面做了大量工作，受到众多读者的喜爱和好评。从局限于地方志题材到改版为史志文化综合读物，从单一登载地情文章到形成全方位的史志栏目体系，从铅印小开本到彩印大开本，《江海春秋》的每一步发展都离不开历任领导的支持，离不开忠实读者、热心作者的厚爱，历任编辑部工作人员也为之付出了辛勤的劳动和汗水。为此，我们对在过去200期中与《江海春秋》有来往、有贡献的读者、作者、编者和一切友人，表示诚挚的谢意，并希望能继续得到你们的大力支持与帮助。

《江海春秋》是南通地方史志文化宣传的重要平台，肩负着史志宣传教育的重要使命。随着全市史志事业的不断发展进步，作为史志专业性传播媒介，《江海春秋》多年积淀形成的品牌效应和独特地位日益凸显，在南通地方文化传承、保护、弘扬中发挥着不可替代的作用和影响，必将坚持办下去，办出高水平。同时，我们也清醒地看到，随着当今全媒体的迅速发展，人们的生活方式发生了巨大变化，这给纸质媒体的发展带来了前所未有的挑战和压力。我们应当顺应形势变化和媒体发展潮流，进一步放大《江海春秋》公信力强、受众认可度高以及独有的深度报道优势，不断探索自身新的发展之路，提高核心竞争力，争取赢得新的发展机遇。

光荣与梦想同在，责任与期待并肩。虽然我们已经完成了200期的任务，但史志事业未有穷期，新的重任、新的考验在等着我们。在今后的编印工作中，我们将一如既往秉持“以史鉴今、资政育人”的服务宗旨，紧扣新时代主题主线，紧贴读者受众精神需求，致力提升自身编辑素质，提高工作效率，忠实记录江海大地日新月异的发展，热情讴歌南通改革和建设的伟大成就，为所有关注《江海春秋》的朋友推出更多有新意、见功力、有独到之处的史志文章。

目录

如皋印派概述

王树堂

明代后叶，南通地方印风始兴，并产生了南通数百年印史上影响最大的印学流派——“东皋印派”，也称“如皋印派”，在明清流派发展史上占一席地位，为南通地方印史写下辉煌艺迹。

东皋印派的兴起

苏北文化古镇如皋古称雉皋、东皋，是明代著名文学家、书法家、鉴藏家冒襄的故乡。在明晚期，南通城有一位文学家、书法篆刻家邵潜，生活在明万历至清康熙年间，擅长诗文，与文学家钱谦益、王士祯（原名王士禛）时相过从。邵潜研究古文字学，精篆隶，善刻印，师从徽派祖师何震，印风属雪渔派。邵潜（1581—1665），字潜夫，自号五岳外臣，江苏南通人。他性情孤僻，家庭几遭变乱，于明万历年间迁居如皋，研究文学并倡导六书和金石篆刻，当时黄经、许容、童昌龄都受他培养和熏陶，这 3 人后来成为声誉卓著的早期东皋派“三大家”。邵潜凭学术界名望，聚合了大江南北数十位印人，往来扬州、南通、如皋，许多印人因而长期旅居如皋，从事书画篆刻实践，他们的印学活动推动了明朝后叶至清乾隆嘉庆年间南通、如皋、扬州一带篆刻的繁荣，影响波及苏南。

出生于如皋本地的印人有黄经、许容、乔林、乔昱、范驹、黄学圯等 10 多人。出生于南通、扬州、安徽及其他省市流寓如皋的印人有邵潜、程邃、潘西凤、丁有煜、沈凤、童昌龄、李霁等 10 多人。清道光十年（1830），邑人黄学圯集东皋艺术之大成，汇编成《东皋印人传》二卷，收录了原籍如皋和许多南通、扬州或外省寓皋的印人。

东皋派上承汉印古玺，加以革新，地方特色较强，多有成熟作品，具备了大家风范，影响了当年印坛。其作品构思精致，刀法细腻，章法四平八稳，匀称和谐。这些风格，在当时印林，在特定的历史阶段，有积极的影响。

东皋派印人印艺

东皋元老黄经，明末清初篆刻家，江苏如皋人，字济叔，号山松。黄经在南京蒙冤入狱，与因事系狱的周亮工相识，结为密友。周亮工常与黄经交流论印信札，为黄经撰传记，将黄经在狱中所刻“又活一日”“勿忘此日”二印载入他的《赖古堂印谱》。黄经与程邃同时代，对篆刻界依傍门户，因袭类比，习气日重，黄经颇有感触。周亮工评道：“济叔能以继美增华，求此道之盛，亦能以变本增华, 救此道之哀。一灯远继秦汉, 而又不规矩于近日顾氏本板的秦汉 , 变而愈正, 动而不拘，当今此事，不得不推吾济叔矣。”（周亮工《赖古堂集》）这个评论极高，黄经不看重师承和流派，而直接取法高古，避开了流派印风的侵袭程式。黄经在当时的印人中，实非平庸之辈，为东皋派的佼佼者。著作有《黄济叔印谱》《六书论定》等。

“汝南世系江南居住岭南生长”为白文多字印，此印崇尚汉印篆法，结构严谨，线条端整，虚实分明，字体行序分清，节奏平稳，用刀力度、字距的疏朗，为东皋流风。此印字分4行，每行3字，依笔画繁简参差排列，在经意与不经意间。印文3个“南”字，写法各异，避免了雷同。黄经仕途坎坷，境遇不佳，轻易不为人治印，世间流传甚少，此印为周亮工晚年嘱黄经刊刻。

东皋创派人许容，清代篆刻家，江苏如皋人，字实夫，号默公。早年师从广陵邵潜学习篆刻。他刻名印，用汉印法，韵味颇佳。善刻竹根印、黄杨木印，乃有清一代名家。他治印章法喜参己意，而多出现俚俗习气，从而形成他首创的东皋印派独特的风格。许容善诗文书画，精研“六书”古文字学。他多次去京都等地拜师访友，与当时著名收藏家胡介祉结为密友，从清康熙九年（1670）至康熙二十八年（1689）的20年间，他先后在胡家为其刻印数百方，可见于后来多种版本的《谷园印谱》，是篆刻史上最早完整地将辞赋刻入印章的一部专题印谱。许容曾任福州府检校，后来仕途失意，浪迹江湖，以诗文、金石、书画谋生，不再涉足官场。许容与林皋、吴先声同时代。龚尚书芝麓曾有诗赠许“寄语黄山程穆倩，中原旗鼓一相当”，可见许容在印坛的地位。许容一生治印，多为胡介祉作，如《谷园印谱》《韫光楼印谱》等，另自存印稿刊有《许默公印谱》，学术著作有《说篆》《篆诲》《印略》《印鉴》《石鼓文钞》《鸥浮集》《破难草》《读史初阶》等，可谓著作等身。

许容刻印技巧成熟，自成面目，在字形运用和刀法把握上都有较深功夫，作品的个人特点比较明显。“月落江横数峰天远”为大型朱文印，排布疏松，用刀娴熟，刀路细腻。此印以疏朗见长，但结构过于疏松，字体繁简虽有谦让，但没有穿插变化，脱不了媚俗。腰圆朱印“谷园”，字体圆润，章法匀称，较佳。朱文“廓然”章法平庸，刀法虽熟，少韵味。白文“若邪溪上人家”，用刀流畅，气息淳厚。白文“一槺鸠外雨”为典型东皋派，字体疏朗，留红多，用刀放纵，不足处是字体转折处多断开，感到失重。白文多字印“溪燕　游丝漾邻，水鸭绿光碎清晓”

字体整饬，线条劲挺，疏密有微，起落转折颇见功力，此印无东皋习气，为拟汉佳作。

淡雅俊逸童昌龄，清代篆刻家，原籍浙江义乌，后加入扬州籍，移居如皋。字鹿游，活跃在清顺治、康熙年间，长书画、篆刻，绘画擅写古木竹石，喜用紫檀木刻印，得心应手，有石刻之趣。刻印师承程邃、邵潜，朱文喜用金文入印，疏密参差，离合有伦，与程邃如出一辙。黄学圯称："（其）大篆为斋馆，直拟黄山垢道人也。"（《东皋印人传》）他引领东皋印风，与许容互有影响，尤其白文印面目更与许容相似。著有《史印》《韵言篆略》。

"柴门老树屯"为朱文多字印，作于清顺治十五年（1658），此印用笔纤巧，流畅而富有内涵，刀路细，用刀准。文以小篆法作古文奇字，字的出处尚应商榷，笔画圆圈过多，欠大雅。此印布白周密，疏密相适，边框敲破，总体和谐，为佳构。朱文"所欲不求大得欢常有余"用古文字，用笔上紧下松，摆布匀称，但习气较明显，边款用章草，拟双刀刻。白文"杏花深处人家"字画疏朗雅致，线条洗练，童昌龄受程邃、邵潜熏陶，印章结构为雪渔派程式，仔细推敲也难免匠气。

黄学圯，清代篆刻家，江苏如皋人，字孺子，号楚桥。活动于清乾隆至道光年间，是黄经的后代，东皋后期主要作者。黄学圯工刻印，弱冠即制巨印，得时名。他取法秦汉，涉猎汪关、程邃。印风与许容比，章法、刀法均更纯正而少习气。他广结天下名士，在诗词书印领域都有较高修养，其成就得到梁章钜、石蕴玉等人推崇，刻印古朴有致，受文何影响较深，疏朗潇洒，善用汉印、金文、古文入印；白文工整，大小篆皆有生趣。朱文线条甜润，白文用刀泼辣。他曾将历代史家姓名各刻一印，成《历朝史印》一卷，另刻有《黄楚桥印稿》。黄楚桥一生致力南通、如皋两地印学研究，总结东皋印艺，编著《东皋印人传》二卷，全书虽仅收印人数十位，但已开全国地域印人传略之先河，功不可没。

《果香书室》朱文印，散藏南通民间，印以秦篆为主，有金文篆意，上紧下松、左右张弛多变，曲线行笔柔中有刚，用刀熟练。此印为典型铁绒朱文，楚翁精品。两方白文“水边篱下”“子孙永宝”也洗尽铅华，刀法纯熟；“水边篱下”字形方严，章法紧凑；后一印用刀粗犷坚劲，神完气足，见力度。朱印“悔之晚矣”“仲山朱玮石父”二枚印身偏长，金文入印，刀细字柔，其一“悔”字用移位篆法，包括前面白文“水边篱下”中“边”字篆法，均不规整，现今视之失于严谨，这是当时印人认识文字学的局限性。

黄学圯治印多为隶书边款，个别印章有行书边款，乃晚年所为。

父子印人乔林、乔昱。乔林，清代篆刻家，江苏如皋丁家所人，字翰园，号西墅，晚号墨庄。他工吟咏，善书画，擅长篆隶，画山水不拘成法，有苍润蕴朴之趣；精篆刻，得秦汉法，并上承东皋派。凡晶、玉、瓷、牙、铜、石诸印材都能奏刀，其手制竹根印尤精雅可爱，边款斑驳、苍古，富有帖意。乔林饱读经书，研究“六书”文字之学，与文字学家桂馥、毕星海为同时代人。乔林在诗文书画领域造诣颇深。《广印人传》称其“工吟咏善篆隶，得秦汉遗意”。乔林治印字体工整，笔法老练，师法许容，法度拘谨。他在游历京师期间，与毕秋帆时相往来，为其摹刻碑石。乔林著述甚丰，主要有《墨庄印谱》《篆隶汇编》《金石萃言》等。

乔昱，乔林的长子，字丹辉，号镜潭，又号铁盒，书画篆刻传其父衣钵，《墨香居画识》称：“长水墨兰竹，篆刻承家学。”

乔林治印取法许容，作品尽管刀法稳健熟练，但篆法章法均习气较深。“桃花潭水”白文印，印式没有越过许氏藩篱，但汉印气息较浓，平正的刀法注重线条的虚实关系。微感不足是“潭”字上部过密，“水”字借用“潭”的水旁，交代不明显，上紧下松过露，转折笔画生硬少弹性，汉印的厚重感不够。“刚健婀娜”为白文方章，字画端正，结构匀称，但其中刚、婀笔画虚断，令作品浑厚之气不足。朱文“渔村”习气较重，线条虽粗仍缺少虚实变化，字形平板没有动感态势，致使印面笨重失去气韵。朱文印“歌吹沸天”线条匀称，用刀注重力度，字形纤巧而有韵致，唯有“吹”字一半以二横线代替，读来容易误会，这种二横线法是东皋常用的借偏旁法，也属一种习气。

东皋印派的衰退

东皋印派在中国流派篆刻史上占有一席地位，它是在承继雪渔派、徽派的基础上发展起来的一个区域性流派，东皋印派的印人留传下来的艺术遗产十分丰富，是中国文人篆刻的宝贵财富。东皋印派在中国篆刻史上功不可没。

但是，历史上的印派，在一个特定的历史环境下，囿于师承传继、地域时尚、社交圈、交通和物质因素等种种原因，流派的缺陷和致命习气在所难免。东皋印派因过分追求形式技巧、故步自封、墨守成规、代代相因，导致习气过深，匠气难改，无法获得进一步发展，以至不能自拔。另外，印材难获、来源匮乏，也遏制了印艺进一步发展。因此，东皋印派日渐衰败，逐步为晚清继起的进步流派所代替。

（载于 2005 年第 5 期）

清朝尚书戴联奎568件藏品惊现如皋（节选）

鞠九江　周晓燕

《中华人民共和国文物保护法》颁布实施以来，国内掀起一股收藏热。国家赋予民间及私人收藏文物的合法性，鼓励藏宝于民，调动了国人收藏文物的积极性，使得一批又一批濒临灭失的文物被“抢救”出来，得以重见天日。

千年古城江苏如皋物阜民丰，星光灿烂，蕴藏着丰富的历史文化遗产。2005年12月上旬，如城镇八旬老太叶涛将一只瓶首被毁、瓶身及花纹图案保存完好的清朝尚书戴联奎收藏的明朝青花瓶，搬进了儿子戴时祥创建的戴氏家藏文物展览馆，至此，戴氏家藏文物展览馆展出文物已达960件，其中戴联奎藏品568件。这件神秘国宝暗藏着怎样的身世？近日，笔者驱车赶往该镇，慕名对叶涛和其子戴时祥先生进行了采访。

叶涛今年84岁，出身于书香门第，思维敏捷，德高望重，生有六儿四女。其子戴时祥，系清朝尚书戴联奎第8代嫡孙，今年56岁，系如皋市戴氏家藏文物展览馆馆长、中国著名权威汝瓷鉴定专家。2003年初，戴时祥在母亲鼎力相助下筹办家藏文物展览馆，经过两年多的努力，终将分散在戴氏家族内的戴联奎收藏的历代文物整理集中后对外展出。笔者说明来意后，叶涛感慨万千，喜悦与激动之情跃然流露于她那饱经风霜而又慈祥的脸庞。参观展品后，戴时祥翻开《清史稿》《如皋县志》《戴联奎家谱》，母子二人讲述了有关戴氏文物的来源及收藏情况。

风雨飘摇，藏品躲过一劫又一劫

戴联奎，字紫垣，清乾隆十六年（1751）生于如皋如城冒家巷一个仕宦之家。幼读诗书，聪慧过人，15岁时已有诗集行世，有“东皋文童”美称。17岁时，戴联奎赴京随叔父戴知相身边读书，中顺天府乡试解元，清乾隆三十九年（1774）殿试中进士，授翰林院庶吉士，后升为编修。当时和珅当政，权势煊赫，而戴联奎刚正不阿，清节自励，不向和珅屈膝，因而20年没有得到升迁。乾隆帝去世后，嘉庆帝严惩了和珅，此后至清道光元年（1821），戴联奎先后担任兵、礼、吏、户四部尚书。

戴联奎博学多才，满腹经纶，曾担任过嘉庆帝、道光帝的老师，在职近50年，官至一品。戴联奎酷爱收藏，视藏品为生命，常节衣缩食，拿出薪俸银两购买散失在民间的历代瓷器、书画，一次为购买一只宋三彩浅笔洗，他竟花去两个月的银两，毕生藏品千余件。道光二年（1822）二月初四，戴联奎因病在浙江去世，享年72岁。道光帝深感痛失一位贤臣、诤臣，宣旨戴联奎葬于如皋东陈张草港，并派大臣致祭，以宰相级葬礼相葬。祭品和戴联奎生前藏品以及乾隆帝、嘉庆帝、道光帝圣旨及所赐古玩古董，用38艘木船运至如皋。

斗转星移，沧海桑田。戴联奎藏品历经战乱、失窃，破损灭失严重，至20世纪初藏品不足600件，由其后代分散保管。戴氏后人为收藏保管先祖留下的遗物做出了不懈的努力，付出了血的代价，其中2人致残、3人丧命。

1946年夏的一天，乌云密布，狂风大作，一名国民党军官率20名士兵从泰兴黄桥直扑如皋戴府，企图占有部分戴氏藏品。戴氏家族上至80岁老人下至7岁孩童近百人闻风而动，肩挑背驮，一夜之间将易被发现的藏品转移至大明、戴庄、东陈等乡村。次日，国民党兵扑了空，便用计将戴联奎第6代孙、70多岁的戴文照宴请至老松林餐馆。美味佳肴相待后，国民党军官抛出1根金条、10枚银圆说道：“戴老先生，只要让我们饱一下戴联奎藏品的眼福，这些都是你的了！”戴文照轻蔑一笑：“长官失望了，那些老陈货早已在鸦片战争、甲午战争中灭失得无影无踪，即便我活了这一大把年纪，还没见过半个子儿。”“混账，敬酒不吃吃罚酒，看是你骨头硬，还是我棍棒硬。”国民党军官涨红了脸，一声吼叫：“来人，给我拿下！”瞬间，棍棒交加，老人遍体鳞伤，奄奄一息。幸亏家人火速送来银两才将老人赎回。戴文照虽保住了一条性命，却落下了终身瘫痪。

“文化大革命”期间，戴联奎第 7 代孙戴寿岩被迫亲手毁了一只 60 公分高的明朝青花瓶，痛惜不已，久病不起。1974 年 4 月的一个黄昏，戴寿岩老人口述完戴氏藏品藏匿位置后去世，叶涛挑起珍藏保管戴氏藏品的重任。

后起之秀，戴氏家族收藏有传人

“哇——哇——”1949 年 10 月，伴随着共和国成立的礼炮声，戴联奎第 8 代孙戴时祥呱呱坠地。童年时代的戴时祥聪明贪玩，爱与邻居小孩玩铜钞，常赢回一小把铜钱。母亲叶涛因势利导，从教他认识铜钱上的汉字图案开始，循序渐进，讲述古币知识和祖国灿烂悠久的历史文化，在戴时祥幼小的心灵上烙下“中国是一个文明古国”的印记。耳濡目染，潜移默化，小时祥对古币收藏产生了浓厚兴趣，至 15 岁初中毕业时已收藏古钱币 20 余种近 100 枚。进入 20 世纪 90 年代，戴时祥又拓宽收藏范围，其藏品五花八门，五光十色。他的案头床下、衣橱木箱内塞满了藏品，其妻称他是个“花花公子”。10 多年来，戴时祥搬过 3 次家，家具家电减了一件又一件，而藏品却有增无减，并占据了室内主要位置。久而久之，邻里送了他个“戴藏癖”的外号。戴时祥淡淡一笑：“人各有志，收藏是一种乐趣，通过收藏可以研究某一历史时期的政治文化、风土人情，我对收藏情有独钟！”近年来，戴时祥潜心研究汝瓷艺术，他撰写的学术论文《揭开汝瓷的秘密》在香港《艺术与收藏》杂志上发表，引起轰动效应，他成为公认的中国著名权威汝瓷鉴定专家。戴氏家族收藏有传人，叶涛看在眼里，喜在心头。

戴时祥兄弟姐妹 10 人，他排行老五。母亲叶涛克勤克俭、含辛茹苦地将儿女拉扯成人，即使在国家困难时期，吃了上顿没下顿，她也没舍得卖出一件祖传家宝。如今，儿女们均已成家立业，且百般孝顺，她尽情地享受天伦之乐。然而，已到风烛残年的她，一直有个“心病”堵在胸口：戴家老祖宗留下的数百件藏品该怎样处理呢？她卧不安席，食不甘味，深思熟虑后，她决定将保管戴联奎藏品的重任交给戴时祥。

如皋系千年历史文化名城，市委、市政府十分重视戴联奎故居——戴府的恢复开放工作，将其列为全市的一大工程，并交由有关部门和戴联奎第 8 代嫡孙戴时祥共同负责。整个工程分 3 步：成立戴氏家藏文物展览馆；成立如皋市戴氏源流研究会；恢复戴联奎故居。2002 年秋，市领导登门征求戴氏掌门人叶涛老太意见时，老人一拍即合：“我举双手赞成！”

戴氏藏品中，高档次、重量级的藏品由叶涛老太保管，其余散落在戴氏家族中。如何将分散藏品集中起来，老人费尽心机。经过周密部署，她半年内主持召开 5 次家庭会议，宣传发动，统一思想。会上，她慷慨陈词，言如皋古老的文化底蕴，道戴联奎的丰功伟绩，述戴氏后人珍藏物品的艰辛，说新时期良好的收藏环境，鼓励大家早日拿出藏品光宗耀祖，为国争光。戴冬生、戴时祥、戴叔芳、戴叔兰、戴时明等当场表态愿意拿出藏品。2003 年元月八日，叶涛在三子戴时平家主持召开第 6 次家庭会议，如皋电视台派记者跟踪采访。面对摄像机镜头，戴时祥首先作了表态发言，在场的其他人也一致同意拿出藏品，成立戴氏家藏文物展览馆，弘扬先祖戴联奎“清节自励，为国为民”的美德，弘扬如皋历史文化。与会者满面春风，内心涌动着一腔浓浓的爱国之情，叶涛更是兴奋。会后短短几天时间，戴联奎藏品陆续集中至戴时祥住所。

2003 年大年初一，春寒料峭，鞭炮阵阵，古城人沉浸在欢度新春佳节的喜庆气氛中。上午 8 时整，戴氏家藏文物展览馆（租赁市区的地下室）装饰工程开工，叶涛坐镇指挥。排污水，清杂物，戴氏家人与施工人员奋战在苦、脏、累第一线，个个忙得汗流浃背。戴时祥吃睡在工地，既当指挥员又当战斗员，至工程竣工时，他体重掉了 9 公斤。戴氏家人说：“展览馆如期竣工，戴母和时祥立下汗马功劳！”

2005 年 3 月 18 日，投资 85 万元的如皋市戴氏家藏文物展览馆开馆。省、市有关领导及如皋市四套班子领导到场祝贺。

弥足珍贵，藏品穿越时空两千年

如皋戴氏家藏文物展览馆位于如皋市文峰大世界西侧，占地800平方米，展出自秦汉时期至“文化大革命”期间藏品960件，其中戴联奎藏品568件。秦俑童女像，汉代混釉瓶，三国彩陶罐，唐三彩花果瓶，宋代汝官窑樽、哥窑洗、钧窑水仙盆、定窑瓜棱笔洗，元代鱼草纹酒杯，明朝万历年梅瓶，清朝乾隆帝圣旨、嘉庆帝的赐品，弥足珍贵，戴联奎藏品穿越时空2000余年。有观者在参观展品后连连称叹：“难得，难得的国宝，不少藏品，我跑了大半个中国都没有见过！”

在戴氏家藏展品中，清乾隆皇帝的一道圣旨格外引人注目。乾隆四十五年（1780）正月初一，乾隆皇帝颁给戴联奎一道圣旨，全文162个字，内容大致是为戴氏家人封官。

《戴联奎家谱》记载了皇帝赐品九龙宝椅的来历。清嘉庆二十五年（1820），戴联奎改任兵部尚书。一日，嘉庆帝退朝后略感疲惫，便到一妃子宫中歇息。傍晚时分，有人拜见，嘉庆帝还未弄清来龙去脉就被谋反者软禁起来，情况万分火急。就在这火烧眉毛之际，一名宫女急中生智，化装成小太监混出宫，直奔兵部尚书戴联奎府中。很快戴联奎率御林军仿佛从天而降，将谋反者里三层外三层围得水泄不通。谋反者抵挡不及，缴械投降，嘉庆帝得以获救。因戴联奎救驾有功，嘉庆帝赐其九龙宝椅两张。九龙宝椅是嘉庆帝外出打猎时的坐具，质地为紫檀木，其靠背、扶手、椅前沿木、踩脚横木处刻有九条龙，榫卯相接处裹以白铜，座底为棕榈绳交织而成，柔软而富有弹性，不失为宫中艺术珍品。

在戴联奎藏品中，有一份《嘉庆四年正月丁卯抄检和珅相府物品清单》分外引人注目。清嘉庆四年（1799），嘉庆帝在开始亲政的15天内，以迅雷不及掩耳之势把一代巨贪和珅判处了死刑。和珅“富可敌国”的说法后人无据可查，戴联奎留下的这份抄检清单让今人窥豹一斑。和珅拥有的财产触目惊心，真可谓“华夏第一贪”。清单因长久密藏和受潮，已是斑斑迹迹。

嘉庆四年正月丁卯抄检和珅相府物品清单

屋宇：正屋7进33间；徽式1所62间；花园台楼42座；侧室1所52间；钦赐花园1所64座；更楼12座；杂房130间；瓷器库1所；锡器库1所；珍馐房1所16间；铁黎紫檀房6间；玻璃器皿库1所；药材库房1所。

地亩：800顷。

店铺：当铺75家；古玩铺12家；玉器店4家；绸缎店2家；洋货店2家；皮货店1家。

金银铜：古铜鼎22座；汉铜鼎11座；玉鼎18座；古剑10柄；金碗碟32桌4288件；银碗碟32桌4288件；金镶牙筷500双；金唾盂120个；金面盆53个；银面盆150个；金脚盆64个；银脚盆683个；金罗汉18尊，每尊高1尺8寸；金镶玉500副；镶金八宝炕屏40架；镶金炕床20架；老金缕丝床帐6顶；金元宝100只；银元宝940万两；赤金500万两；生沙金200万两；银圆5.8万枚；银号库银400万两。

玉石珠宝古玩：玉磬28架；玉马1对，高1尺3寸，长4尺；白玉观音1尊，高1尺2寸；玉罗汉18尊，每尊高1尺2寸；整玉如意120柄；白玉如意387柄；砒玺燕碗99只；砒玺烟壶300个；白玉汤碗154只；白玉酒杯124只；白玉冰盘25只；砒玉冰盘18只；白玉烟壶800个；玛瑙烟壶100个；汉玉烟壶100个；金珠首饰2.8万件；大东珠60粒；数盘珍珠18盘；汝窑笔洗2只（御用宝物）；汝官窑玛瑙釉樽（贡品）1只；北宋池州水枕5只；手串18只326串；红宝石180块；小红宝石980块；蓝宝石4700块；蜜石数珠1008盘；珊瑚数珠373盘；蜜蜡数珠13盘；珊瑚帽顶236粒；珊瑚树10株，每株高3尺8寸；自鸣钟38座；洋表100只。

衣物布匹皮张：五色大呢800板；鸳鸯绒110板；五色羽缎600板；哔叽200板；元狐皮12张；貂皮800张；各色狐皮1500张；杂皮5.6万张；貂蟒袍37件；貂帽54顶；貂褂48件；貂靴120双；成衣无数。

这张抄检物品清单让世人看到了和珅的贪得无厌，也印证了当时京城“倒了和珅，富了嘉庆”的传说。

宋代汝官窑玛瑙樽是戴联奎收藏的一件宫廷贡品。宋太祖建隆元年（960），宫廷为筹备赵匡胤生日庆典，特指令汝州（今河南汝州市）精制两只汝官窑玛瑙釉樽作为贡品。这两只樽工艺精湛，制作精美，令赵匡胤龙颜大悦，爱不释手。可惜在北宋淳化五年（994）被李顺起义军抢走一只，至今下落不明。剩下的那只由皇室世代相传至清朝。清朝嘉庆帝抄了和珅的家，赏赐了一批藏品给戴联奎，其中就有一只汝官窑玛瑙釉樽。“纵有家财万贯，不如汝瓷一件。”据考证，目前汝瓷存世真品仅有数十件，且分布在世界各国有名气的大博物馆内，而戴氏家藏文物展览馆就有汝瓷 3 件。

如皋戴氏家藏文物展览馆开展后，引得天下游客纷至沓来，流连忘返，2005 年接待中外游客 3000 余人次。漫步馆内，穿透历史尘埃观赏古物，让人依稀穿越时空隧道，聆听着人民创造历史的洪音，从而倍感中华民族的伟大。

结束采访时，戴时祥兴奋地告诉笔者：前不久，如皋市民政局批复成立“如皋市戴氏源流研究会”，已有美国、加拿大、缅甸、马来西亚等 32 个国家 103 名海外戴氏后裔来函报名参加；戴府的恢复工作已经启动，戴府恢复后，戴氏家藏文物展览馆将迁入府内，成为一大景观。

“乱世黄金，盛世宝物。在国泰民安的今天，建起家藏文物展览馆，让戴联奎藏品陈列于此，实现了我梦寐以求的夙愿，我很高兴。我协助儿子保护、利用好文物，教育子孙后代不忘昨天，珍惜今天，以饱满的热情挑战明天！”叶涛语调铿锵而有力。

夕阳西下，炊烟袅袅。叶涛母子将笔者送了一程又一程。

（载于 2006 年第 1 期）

王尘无：披荆斩棘的左翼影评战士

诗　旭

王尘无是20世纪30年代我国杰出的电影评论家，30年代的旧中国，魑魅魍魉横行，荆棘毒草丛生，在那血与火交织的年代，王尘无手举真理之旗，以笔代枪，为左翼进步电影开辟道路，成为披荆斩棘的无畏战士。

他，只活了28岁，没有留下妻室、后代……

他，离开人世已60多年，没有留下坟墓、遗言……

然而，他短暂的一生为我们留下了48篇电影评论、12篇电影论文、59篇电影杂文以及散文集《浮世杂拾》这样犀利的文字，在中国电影发展史的纪念碑上留下光辉的名字……

左翼影评的开拓者

20世纪30年代的中国，民族矛盾更加尖锐，银幕上充斥着反映帝国主义文化和封建文化的影片，辱华片、古装片、神怪片几乎垄断中国电影市场，千篇一律的套路也使观众逐渐失去了新鲜感。电影公司面临严重危机，意识到吸收进步作家参与剧本创作的必要性，新文化工作者也认识到电影在宣传教育群众方面的巨大作用。在这种历史背景下，左翼电影获得了兴起的契机，中国电影被纳入了新文化的轨道。

王尘无的影评活动就是从这时开始的。那时，中国电影事业处于历史的转折时期。田汉、洪深、郑伯奇、郑正秋等正直的文艺工作者跻身影坛，为中国电影事业的健康发展进行了可贵的努力。1932 年 5 月，以夏衍为组长，由钱杏邨、王尘无、司徒慧敏、石凌鹤等人参加的党的电影小组成立。从 1933 年开始，中国左翼戏剧家联盟领导下的影评人小组逐步占领了影评阵地。很多重要报纸如《申报》《大公报》等都辟有刊登电影评论的电影副刊。同时还出版了以电影评论为主的电影刊物。一批著名的左翼影评家如夏衍、郑伯奇、石凌鹤、鲁思等，积极发表文章探索中国电影前进之路，向帝国主义和封建电影文化发起进攻，王尘无和战友们在一起，冲刺在最前线，为左翼进步电影开辟新路，他对上映的国内外影片依据政治内容进行评价，并热情推荐苏联影片，介绍苏联电影理论，借以提高中国电影工作者和观众的创作与欣赏水平。

1932 年 5 月 30 日，王尘无首次以“尘无”的笔名，在《时报 · 电影时报》上发表了《从浅薄说到滑稽》，文中王尘无愤怒地对那些充斥银幕的“趣味低级，庸俗浅薄”的影片进行了鞭挞，成为左翼电影评论家们向落后污浊的旧影坛打出的第一枪。同年 6 月 15 日，他发表的题为《电影在苏联》的文章，首次在中国比较全面详尽地传播、评析苏联无产阶级电影的概况和宣传列宁关于“在所有的艺术之中，对于我们最重要的是电影”，“电影在苏联，是能够随着新的巨人，一同完成历史的任务”的主张。1933 年，王尘无利用《晨报》副刊《每日电影》，发表了大批介绍苏联电影的文章，社会影响较大。

从 1932 年 5 月起到 1933 年，是左翼影评的开拓时期，具有重要的历史意义。这一时期王尘无发表了大量的影评，作出了重要贡献。

1933 年 6 月 18 日，王尘无联合夏衍、郑伯奇、钱杏邨、洪深、沈西苓、柯灵、陈鲤庭等 15 位进步的电影工作者，联名发表了《我们的陈述，今后的批判》，明确提出今后电影批评工作的方针任务。他们对电影工作者的帮助与批评，推动其中的进步分子走上了左翼电影的道路。

威信最高的影评家

这一时期，王尘无既是左翼电影评论活动的领导者、组织者之一，又是一个很有影响的“影评人”。于伶在《回忆“剧联”话影评》一文中称王尘无是当时的“权威影评家”，“在许多影评人中，以尘无在广大观众和读者中间的声誉与威信为最高，每当影片上映时，有些青年观众会说：等读到尘无的影评文章，看他说好说坏，再决定去看哪一部影片好。”在此期间，王尘无写了大量的影评文章。其中，有对国产影片的评介文章，也有对外国影片的评介文章，既有就一部影片发表看法的文章，也有对某一类影片、某一类问题进行综合评论的文章。王尘无的影评文章有几个特点：

一、鲜明的观点。王尘无作为一名共产党员，他的影评文章总是与时代的脉搏合拍，与观众的进步要求呼应，与群众的感情共鸣。他的文章鲜明地亮出了反帝、反封建的革命旗帜。当时，国产影片数量有限，充斥影坛的更多的是输入中国的外国影片，对于这些外国影片，王尘无写了大量的影评文章引导观众正确观看，对于当时放映的《天降美人》（英国片）、《恋爱的技术》（美国片）等影片进行了强烈抨击和剖析，他采用政治标准第一的态度揭露这些影片的毒害。对苏联电影，王尘无则是热情赞扬，如在评论《生路》时，他认为“影片不但在意识上，已经走到世界电影的前面，就是在技术上，也走到世界电影的前面”。

二、科学的态度。作为共产党员的王尘无，评论电影，他不是采取极“左”的教条主义的简单化态度，而是采取科学态度，求是地分析，运用马克思主义最锐利的武器——唯物论辩证法，从实际出发，发现矛盾，分析矛盾，提出现实主义的艺术方法。他在《卓别林的悲哀》一文中，精辟地论述：“卓别林无论如何，他的作品是有严肃意义的，他眼睁睁看到他所爱的布尔乔亚不可避免的没落，而又不希望他的没落，但是，残酷的事实终于使他不能不写出他们的命运和丑恶。这就是卓别林的伟大处！也是现实主义的胜利。”1933 年 3 月，蔡楚生编导《都会的早晨》，这部影片是蔡楚生在左翼电影运动影响下开始转向进步的力作。影片公映后，王尘无立即写了《〈都会的早晨〉评》一文，文中王尘无热情地肯定了蔡楚生创作上的进步。还有对《狼山喋血记》的评论，他写道："与其说是一篇小说、一首诗，不如说是一篇散文，在故事和结构方面，都不相同于所谓'戏剧性'丰富的作品，但是这部影片的内容是刚劲的，而费穆先生的手法却是'清丽'。我以为这美，是需要苍劲和奇伟；明秀的水，清远的山。"王尘无对这部影片从艺术创作上进行美学上的深刻分析，是多么有说服力！科学的分析，是王尘无电影评论的强劲生命，他的影评文章，具有深刻的理论性，按文学及电影形象特性分析评价，表明作为一个影评家的睿智和成熟。

三、犀利的笔锋。王尘无写影评文章，一向观点鲜明，见地高深。他除评价影片外，还对电影的功能以及影评本身等问题进行了初步探索。20 世纪 30 年代，在上海电影界和文化界发生了一场关于"硬性电影"和"软性电影"的激烈论战。为了巩固左翼影评的阵地，王尘无与"软性电影"论者进行了论战，论战的双方是以夏衍、王尘无、唐纳等为主将的左翼"影评小组"的"硬性电影"论者和文坛"新感觉派"作家刘呐鸥、穆时英等为主将的"软性电影"论者。王尘无将批评引入包括艺术的本质、内容和形式的关系、美学价值与社会价值、艺术性与倾向性等一系列艺术理论问题，其涉及的范围之广、程度之深、斗争之激烈、影响之深远，在中国电影界都是极为罕见的。在这场斗争中，王尘无以病弱之躯写了《清算刘呐鸥的理论》《病余随笔——"艺术的快感"与客观的现实》《论穆时英的电影批评底基础》等理论文章，就左翼电影的大众化问题、电影题材问题、电影的艺术性与倾向性问题，进一步阐述了马克思主义的文艺理论，着重批判了"软性电影"。这场斗争的胜利，鼓舞了广大人民和电影工作者的斗志。对左翼电影理论工作者来说，磨炼了马克思列宁主义文学艺术理论的武器，为以后电影运动的深入发展奠定了理论基础。

电影理论的探索者

王尘无是最早进行左翼电影理论研究的影评家之一，他对中国左翼进步电影理论的发展，充当了开路先锋的探索者。他本来是从事文学创作的，但当他开始电影评论后，他认为对人民大众而言，“‘电影比文学的作用更大’，这一点坚定地横在我的意识上，所以，当我做着更直接实现我这一种信仰的事的时候，我是毫不可惜放弃我的创作”。1932 年 6 月，他的长篇论文《电影讲话》分 6 期连载于《时报·电影时报》上，可以说，这是中国最早用马克思主义的世界观、文艺观，对中国电影的现状进行理论上的总结和比较系统剖析的一篇文章，是一份普及性的左翼电影理论的宣传教材。

1933 年 5 月，王尘无写了《中国电影之路》一文。他以马克思主义的世界观对中国的经济状况、政治状况、各阶级面貌、电影事业现状进行了科学分析，明确指出当时中国电影的反帝反封建任务，他说：“中国电影在目前无疑地已经引起了广大群众的注意。中国电影事业有了一个新的转变……中国电影的当前的任务，当然同样是反封建和反帝国主义。”王尘无在阐述中国反帝反封建的电影题材问题时，指出：“最伟大的电影，一定要深入到大众中间去。”他说：“只有建立起中国电影观和电影批评的标准，我们才能更具体地、更有计划地推动促进中国电影。”

《中国电影之路》是王尘无的一篇重要理论著作，与郑伯奇的《电影罪言》、钱杏邨的《论中国电影文化运动》等论文一样，都对后来左翼电影运动拍摄大量进步的优秀电影产生了积极影响，充分体现了党的民主革命阶段的总路线，是党关于左翼文化运动的总方针与中国电影事业现状的具体结合，是中国左翼电影运动中的重要文献。

1936 年 1 月，文学界提出了“国防文学”的口号，电影界专门召开了一次关于国防电影的讨论会，在关于国防电影问题的讨论中，王尘无抱病写作了《一个电影批评人的独白》一文，着重就国防电影的题材问题和电影批评问题发表了很好的意见。对正确贯彻党在电影界的统一战线，对促进和指导“国防电影”的创作，都起到了良好的作用。

王尘无在电影理论上的贡献，在于把党的路线、方针、政策，联系电影理论与电影评论的实际，以求是的科学态度，提出左翼进步电影新的理论，指导电影创作和电影评论实际，又从电影创作和电影评论中找出规律，提炼成理论。他没有空洞地说教，而是以自己的心血，参与奠定我国左翼电影理论的基石，为后继者点亮了不可磨灭的指路明灯。

王尘无，原名王承谟，1911 年 1 月 23 日生于江苏海门汤家镇。父亲王燕宾在汤家镇上开设“裕大南货店”经商为生。王燕宾有六子三女，王尘无是第三子。王尘无少时在家乡读书，受当时海门地下党的引导，要求进步，倾向革命。1927 年，去无锡国学专修馆攻读。1929 年，进上海持志大学继续学习。1930 年加入中国共产党。翌年回到海门乡下，任海（海门）启（启东）县委秘书。1932 年，在领导海门进步学生运动中暴露身份，为避开反动派的追捕，只身来到上海，加入中国左翼作家联盟，成为左翼剧联的影评小组的负责人之一。党的电影小组成立后，他是小组的成员，以“尘无”“向拉”“方景亮”“离工”“摩尔”“劳人”等笔名，活跃在影评阵地上。1938 年 5 月 25 日，因严重肺结核久卧病榻的王尘无呼喊母亲数声，连吐几口鲜血后与世长辞。

王尘无逝世已 60 多年了。他短暂的一生，为中国革命文艺事业建立了不朽的功绩，他以清瘦的病弱之躯，为中国电影评论的进步事业冲锋陷阵，开拓道路，在中国电影发展的历史上，留下了坚定有力的足迹。

人民永远不会忘记他！

（载于 2006 年第 1 期）

春江笔会与《紫琅春色》

金振林

1985年,我在主编儿童文学杂志《小溪流》的同时,主办了3个笔会。其中,以“中国南通春江笔会”影响最为深远。而今,全球最大的搜索网站“Google”上,《紫琅春色》仍赫然在目。

翻看印装精美的《紫琅春色》和当年的笔记,全国著名作家云集南通,与企业家联姻的繁华景象,历历在目。

笔会缘起

1981年12月6日,《人民日报》头版头条发表了新华社通稿:“南通市工业经济效益跃居全国前列,成为继常州市之后又一个人均年产值超万元的中等城市。”1984年4月6日,经国务院批准,南通与上海、广州、深圳等并列为沿海14个进一步对外开放港口城市。南通在书写新的历史篇章,处处莺歌燕舞,成为国内外瞩目的一块热土。

我从少年时代起远离故乡,在外求学,毕业后,作为一名地质队员,我的足迹踏遍了祖国的千山万水;后来,成为一名作家,我几乎走遍了祖国的每个角落;东欧、西欧、北欧,留下了我的脚印,北美与东瀛也有我的身影,宝岛台湾的山山水水,都留在我的心中……

然而，任凭走遍天涯海角、异国他乡、日夜思念的仍是生我养我的故乡，我多想为家乡做点好事。

可是，我只有秃笔一支，虽然以家乡传奇人物为原型创作了《蛇医游侠传》（以季德胜为原型）和《虎胆英雄》（以汤景延为原型）两本小说，总觉得仍是杯水车薪！

我突发奇想：我在文学界有不少朋友，如举办一次笔会，作家们一定会留下华章。于是，新年伊始，我冒昧地向中共南通市委领导同志提议举办笔会，南通市委很快予以赞同。于是，我在岁末年初，四处奔波，八方呼号，春江笔会终于敲响了开场锣鼓。

八方筹措

我多次举办笔会，深知最关键的两条：一是钱，二是人。

钱从哪里来？我们的先贤张謇有言："父教育，母实业。"先办实业，赚了钱再办文教事业。新兴的南通企业家们，继承了张謇的优良传统，十分重视文化建设，深知文学的功能！

1985 年 1 月 8 日，市委书记朱剑和宣传部部长沈鹏千召集 7 家公司老总，达成共识：由 7 家公司（后增加为 10 家）筹款 2 万元。江海公司姚世群副董事长信誓旦旦地说："全国作家写南通，是难得的好机会，我们请还请不来呢！至于经费，不足的部分由我们江海公司承担。"

会上决定，出一本散文报告文学集，由金振林主编，市委不审稿。

当时 2 万元，相当于现在的 20 万元，市委全权委托金振林主办、主编，这是何等的敬重与信赖呀！我既感兴奋又觉肩上的沉甸！

有了资金，又得到市委授权，我仿佛吃了定心丸！

次日即去上海拜访老作家峻青，63 岁的峻青兴奋地说："请作家没问题，我立即写信给徐迟、碧野、秦牧，一同赴会。”

我一口气写了 40 封信，向作家朋友和前辈发出邀请，同时，与上海学林出版社达成共识，书由他们出版，笔会时间定在 3 月。

1985 年 1 月 23 日，我与朱书记通话，汇报筹备情况。我表示，出版社来南通，与 7 家公司老总谈判，而不是与市委或文联谈。

朱书记用肯定的语气告诉我："一、笔会要搞，形式是民办公助；二、由你全权负责；三、文联是邀请单位，不是主办单位。"

我佩服朱书记的胆略，在改革开放初期，"民办公助"办笔会的确是一个创举，也有一定风险。

随即，我在南通、上海、长沙、武汉之间奔波，2 月 4 日回到长沙已精疲力竭，但收到 30 封回信。最令人欣慰的是，中国作家协会书记处书记、创作联络部主任束沛德表示，可由中国作协出面，组织作家去南通。2 月 5 日，我又亲笔去信 30 余件，并与朋友们电话联系。

2 月 25 日，正月初六，与束沛德通话时商量，用中国作协名义发函，加"经南通市委提名"，束沛德代请中央电视台等媒体，并约王蒙、李国文、理由等赴会，邀请函已打印好了……

朱书记考虑比较周到，他认为，用"南通市委提名"，怕未请者有意见，还是用"经与南通市春江笔会商定"为好。

3 月 3 日，100 封盖了中国作协公章的邀请函陆续发出，随即，我已成竹在胸。

我切盼能够来南通助我一臂之力的浩然，虽然他再三犹豫，最后还是"一切听你安排"。

春江笔会可少不得浩然啊！记得他 53 岁生日，是在南通我弟弟振平那简陋的工房中度过的，我们 3 人喝得酩酊大醉。

万事俱备，只欠东风，我兴奋地期盼那个好日子——3 月 20 日笔会开幕之日。

风云突变

二月春风似剪刀。

3 月 13 日，在虹桥机场接到浩然，即去十六铺乘轮船去南通。在船上我买了一瓶竹叶青和三爪大排之类，与浩然边吃边谈。傍晚从南通港登陆，顿感一阵寒气袭人。第一次到南通的浩然，领教了苏北的春寒，觉得江风直往毛孔里钻。

公路两旁少有楼宇，大多是普通农舍，浩然敏锐地观察到，这儿的农舍，两角翘起，大门像牛鼻，两个窗户好似牛眼。“振林，这些农舍的造型多像一头老水牛啊，可见你们南通人崇拜老牛，看样子有股牛劲儿哩！”

我晓得他是语意双关，因为，在上船前，已从接待处彭耀明那儿得知：情况有变！

果不出所料，次日我去市委时，朱剑书记颇为为难地说：“南通宾馆少，不一定接待得好；经费可能发生问题，不是每个公司实力都很足，实在不行，市里出一些钱；领导事多；出书的事不要急，甚至明年都可以；如果笔会推迟到明年，时间和经费都会充裕一点。”朱剑还说：“现在纠正不正之风……”

我感到很突然，好似一盆冷水当头泼来。

据知情人透露，自从春江笔会即将举办的消息传开后，反应并不一致，有些老同志向省里写“人民来信”，阻力都压在朱书记肩上，“所以，现在举办笔会，气氛很不合拍”。

我十分体谅市委领导的苦衷。然而，中国作协的邀请函已经发出，作家们正陆续抵达南通，与出版社的合同已经签约，权衡利弊，中途夭折，其影响和损失更大……

箭在弦上不得不发，我意逆流而上，激流勇进。朱书记勉为其难，审时度势，即与其他领导研究后，果断决策：笔会如期举行，一切从小、从简、从低。

3 月 15 日,《南通日报》头版报道 :“中共南通市委书记朱剑,副书记李明勋,市委常委、宣传部部长沈鹏千,市委常委、秘书长储佩言等领导同志,去南通公园看望出席春江笔会的作家浩然、金振林…… ”

至此,面临夭折的春江笔会,起死回生,终于拉开沉重的序幕。

紫琅春浓

春风得意马蹄疾!

从 3 月 16 日开始到 3 月 20 日,我与浩然乘坐皇冠车在广袤的苏北平原驰骋。一市六县的领导介绍各地情况后,我们便计议写作题材。

3 月 22 日上午,黄冰副市长与海港李海涛介绍情况,算是开幕式 ;24 日,作家与文艺新闻界同人见面,气氛十分热烈。

从 3 月 23 日开始,笔会与市图书馆联合举办文学讲座,第一讲由峻青开讲。《三角洲》杂志的函授学员、大专院校文科学生及文艺爱好者近千人,济济一堂聆听慕名已久的作家讲课。至笔会结束,共有碧野、峻青、浩然、木青、陈模、理由、乔迈、祖慰、庞瑞垠、凤章及金振林等知名作家讲授 10 余次,听众达万人以上。这在南通当代文学史上也算一件盛事,好似在春天的田野里撒播文学种子,影响深远。

4 月 2 日,我和陈模专程去南京,邀请参加中国作协颁奖大会的获奖作家,第二天,又马不停蹄地赶回南通。这就难为了时任北京市委宣传部副部长、文联党组书记、63 岁的陈模先生。然而,理由、乔迈、祖慰 3 位报告文学名家的文学讲座,持续三四个小时,气氛热烈,经久不息的掌声,是对我们辛劳的最大安慰。

除了 10 余次讲座外,团市委、市教育局筹办了一次作家与小读者见面会,即南通县中学全体师生欢迎作家碧野、浩然、金振林大会 ;作家浩然、木青等还分别与师专、河运学校师生座谈……

然而，请作家到南通看看、玩玩、谈谈，并非我的初衷，笔会的重头戏是把作家安排到生活中去，在较短的时间里，写出新作，为出书做准备。

在具体安排时，采取参观讲学与写作相结合，老、中、青作家相结合，外地与本地作家相结合的方式。老作家言传身教，本地作者受益匪浅。

实践证明，这一方针效果显著，硕果累累：峻青的《狼山铭》纵古论今，气势磅礴；碧野写了《林海花潮》不尽意，又加了一个“罐头”（厂）；中国作协派来协助工作的青年作家朱晓平（因电视剧《桑树坪纪事》一炮打响）爱上了南通的文蛤；特殊教育专家金培元书写南通的聋哑教育；文学报新闻部主任江迅为海通电子公司老总刘之塑像；68 岁的女作家逯斐，偕同《剧本》月刊主编于雁军，本是到南通看看的，可在参观之后，老太太激情迸发留下华章；擅长写农村题材的女作家刘真和写国际题材闻名的鄂华闻讯来南通观光采风。

更应感谢南通本土作家，他们是笔会的半壁江山，他们不仅尽了地主之谊，热情接待外地作家，还写了许多新作。

杨本生、杨方联袂出手，一炮两响；李军写了“薄荷油”又写“涤纶长丝”；作家兼书法家苏子龙写了“宝石花”（无线电厂）又写“三元”（电视机厂）；陈毅贤、凌进、李惠新不负众望……在《紫琅春色》40 篇作品中，南通籍作家（包括枫亚和我）占 15 篇之多，这本书也可说是南通作家的新作展啊！

在半个月内，集齐书稿，我采用奖励机制征集书名，结果，上海作家苏玉孚（叔迁）以“紫琅春色”一举夺冠，获奖金 200 大洋！

开花结果

4 月 17 日上午，在群艺剧场举行大会，因朱书记出席全国人民代表大会，由副书记李明勋代表市委讲话，充分肯定笔会的成就，评价甚高。算是为历时半月的春江笔会画上一个完满的句号。

作为笔会主持人，我欣慰地松了一口气，在当时的札记上写道："这次笔会花时半年，钞票多花上千元，只落得个好名声，但影响是深远的，不可估量的。"

当时，改革开放之风，尚处于"青萍之末"，一些人对笔会不大理解也情有可原。然而，由于市委领导坚定不移地支持，终获圆满成功，朱剑书记功不可没。

在"从小、从低、从简"的原则下，中央一些新闻媒体未能到会。然而，峻青、碧野、浩然等名家的新作向来是一稿多用的，而许多青年作者，本身又是报社的记者或编辑。因此，在 1985 年春末夏初，从中央到地方，诸如《人民日报》《光明日报》《文艺报》《文汇报》《解放日报》《经济时报》《文学报》等报纸以及《三月风》等杂志，加上南通的新闻媒体，上下结合，八面呼应，无形中形成了一股宣传南通的"海陆空立体网络"，其影响是无法用金钱来衡量的。

经过总盘点，此次笔会共花去 2.3 万元，作为主持人、主编，我的报酬便是《紫琅春色》编辑费 500 元，"管账先生"张佩林、接待处彭耀明却是分文未得，得到的是一场不大不小的病痛。

4 月 13 日，我和浩然告别南通，在上海匆匆分手，整整忙碌了 1 个月。14 日回到长沙，精疲力竭，随即病倒。我更担心浩然的健康，果然，他回京后给我来信称："我回来 1 周，也倒下 1 周。高血压病复发，220/130，极危险，今日降到 180/115，勉强能写信，但得胡乱写。"

朱剑书记从北京开会回来后，用毛笔复我一信："……对春江笔会怎么看，我完全同意你及作家们的评价，有些事是要经过一段时间才能检验出效果来的，我高兴地看到这次笔会的成功。十分感谢你对这次笔会的全力以赴的支持，为家乡的事业竟累病了，使我既感不安，又对你的工作精神表示钦佩……"

有一分耕耘就有一分收获！

《紫琅春色》是春江笔会的结晶，印数达 1.42 万册。出版后，中国作协、南通各界、十大企业及新闻文学界的朋友均甚为满意，作家收到样书后赞不绝口。浩然信中说："《紫琅春色》收到，印得相当'气魄'。摸着书，暗想：唯我最知你付出多少心血！然，目的达到，善始善终，你一定很欣慰。"

二十年弹指一挥间。

当年的老作家如今都是耄耋老人了；浩然中风两次。基本上不能握笔，然而，他们仍然怀念南通之行，多想重返紫琅，目睹南通二十年之巨变啊！

20 年前，峻青在《狼山铭》中写的那条青年路，而今真的如他所预言："不久之后，这条临江大路上，将要出现一幢幢设备豪华的高级宾馆、酒楼、文化娱乐设施以及现代化的舒适漂亮的住宅。"

然而，变化巨大的何止青年路！

行文至此，我不由得想起了骆宾王在讨伐武则天的檄文中的最后一句："请看今日之域中，竟是谁家之天下！"

我要响亮地回答："请看今日之域中，竟是改革者的天下！"啊，万代伟业，伟哉！壮哉！

（连载于 2006 年第 1、第 2 期）

闪光的眸子

——漫话南通濠河历史文化

张松林

在长江下游，与上海一水相望的地方，有一座美丽的现代化城市。它曾因了近代轻纺工业的发达而崛起，又乘了今日改革开放的长风而取得巨大发展。这座城市就是江苏省南通市。

南通市多水。它的老城区四面被水包围着，而扩展出来的新城区，又把水抱在怀中。因此，被游客们誉为“东方威尼斯”。人们在水中的画船上，观赏着岸上绿树掩映着的新楼，陆地上和楼房中的人们，又观赏着水中游弋着的画船。城在水中，水在景中，人在画中。这条河就是环绕南通市老城区的濠河。

濠河，是个极普通的称呼。古代筑城都要挖护城河，濠河就是护城河。可是，南通的濠河有三个特色，是其他城市的护城河不可比拟的。

其一是特别广阔。清光绪年间，南通濠河除搭吊桥的地方外，周边多“广为二十九丈，深一丈二”。志书云：“望之汪洋，足称巨观。”到了近代，濠河水面大小还和城内的陆地不相上下。张謇说：“濠广与城等加赢。”又说：“川回渎注，噏嘘江淮，冲瀜潭沱，泓演而浩博，盱衡十旁县，惟南通最……四时而不同，亦东南之胜会也。”

其二是特别通畅。南通濠河外与运河、长江、黄海、东海相通，潮汐与共。明代万历《通州志》称：“州之东北，海通辽海诸夷；西南，江通夷粤楚蜀；内，运渠通齐鲁燕冀。”有海船、驳船。秋季闽粤“抵通收花衣，巨舶千百”泊于河内。当年文天祥即从通州乘舟经卖鱼湾（在今石港）渡海南下。濠河与任港口、狼山脚下通济闸相接，巨舟可以直去长江。濠河又与城中纵横交错的市河相接，泊有班船、下河小船、戏班船等，“民擢楫运”，“东西南北往来不绝如织”（清《通州志》）。

其三是形成与来历特殊。这里是长江入海口，2000年前，只有一些零星沙洲，年长日久，长江上游的泥沙越积越广。1000多年前，这里的胡逗洲已与大陆相接，成为新陆地。然而大海东退，却留下了大大小小的水泊、沼地。大水泊和沼地似湖似荡，小水泊、小沼地如塘如洼。水泊中又往往留有大大小小的沙汀，如座座小岛。今天我们看到的原通师校址及南公园、少年之家等地，当年都在水中。后周显德五年（958）筑城，旋称通州。其城址即今西边和平桥、东边友谊桥、北边北濠桥、南边中远桥之内。明代为防倭寇骚扰，万历年间又增筑新城，即今之新城桥以北，与老城相接一片。新旧两城，一大一小，状似葫芦。历史上两次筑城，都利用了天然水泊和沼地，裁弯就直，挖沟串联，同时筑城用土，“畚于四面”，不仅“濠以成”，而且濠河更为深广，成为链珠似的南北两环。这里顺带说一说，明代万历年间为了筑新城，还动用了剑山的石头。顾养谦有诗记载“空夸险设能防寇”“斫断青山千古脉”，差不多削掉半个剑山。今天看来甚为煞风景。言归正传，还说濠河。探讨南通濠河的形成一旦寻根问祖，原来濠河还是长江大海的后裔呀！这是哪一个城市的护城河可以比得上的呢！南通濠河目睹过沧桑巨变，阅尽人间春色，气象自然不同凡响。

可惜解放前，大多市河干涸淤塞了，后来又被填土盖上屋、筑成道。幸而濠河尚在。今天，历史留给我们的濠河，全长仍有10公里，水面1040亩，最宽处215米。临水观望，烟波浩渺，雍容阔大，仍不失当年风采。

千年濠河，沉淀了南通的古代文明

历史的濠河，多具自然美质。风和日丽，波澜不惊，“白舫乌篷载酒过，绿槐阴里水初波”，多么恬静。月光下临，碧水空明，“白鹭环洲宿”，“四宇廓澄清”，多么幽远。文人犹爱买舟泛月。明代通州有位很有才华的诗人汤有光，曾咏道：

"秋水浮烟阔，扁舟弄月明。波光连远汉，海气带孤城。霜冷蒹葭白，天空鸿雁清。何当乘鹤去，缑岭听吹笙。"如遇风雨骤至，水面生烟，洪波涌起，凭窗听涛，何等超然。如是大雪初霁，河上河下一片皆白。河心未封冻处忽然腾起白鸥一群，如雪精一般飞舞，又何等烂漫！

濠河虽然没有秦淮河的脂粉、西湖的笙歌、却有平民百姓的欢愉。濠河的自然美更多属于民间。在淳朴的民风里，濠河水与百姓结下了不解的情缘。立夏日，大一点的孩子会得到父母的同意，下河游泳，俗称洗澡。民俗说，这天下河，可以去瘴气，保证一夏不生病。端午节，可以到河边采芦叶包粽子，午后，濠河上还有划龙舟比赛。赛龙舟是吴楚遗风。当年这样的娱乐活动大都在城南濠河中，即今天的公园桥一带。当年北岸有水月庵、一壶庵，南岸有教场，那边水域开阔，彩旗猎猎，岸上歌吹，船上击鼓。由驻防兵丁分队驾舟，竞夺锦标。故有文献记载说："龙舟彩鹢相夸竞""水月庵前看多时"。农历七月中下旬，人们向神灵祈求平安，纷纷到濠河中漂放荷灯。荷灯有用彩纸扎糊，有用西瓜、南瓜雕刻，制成盛开的荷花样，放在小木板上。待夜幕降临，点上蜡烛，千百盏荷灯向河心漂去，火光明灭，随波荡漾，神秘而清丽。人们漂放荷灯意犹未尽，还编成民间舞蹈，临水起舞。现在我们能看到的"荷花盘子舞"，就是根据明末清初，流传在南通一带的民间歌舞，经挖掘改编而成的。舞蹈描绘"一群姑娘手捧荷花灯来到荷塘旁边，翩翩起舞，颂扬荷花的高洁芬芳和'出淤泥而不染'的铮铮风骨。突然，舞台正中那朵硕大的莲花舒瓣开放，荷花仙子出现在人们面前，众姑娘欢呼雀跃"。舞姿优美，意境高远，充满了理想主义色彩。

濠河里一年四季还漂泊着捞鱼摸虾的小网船，多来自苏北里下河。小鱼换酒，俚语互答，十分温馨。每逢夏夜，百姓还有买舟乘凉、歌吹消暑的习惯，俗称"泛水"。"城河歌吹夜乘凉，不载篷船载小船，水调更番相角胜，昆腔小曲间滩黄。"南通人自古"崇尚新声"。那时，江南昆腔经魏良辅、梁辰鱼等改革、推介，大江南北一派吴腔。南通也出了一批昆剧作家，如陈完、张擢士、冒襄、凌录、李渔等。从通州如皋出去的李渔甚至以"李十郎"自号，"以姬妾充当戏班演员，组成昆剧班子，游燕适楚，之秦之晋之闽，泛江之左右、浙之东西”，一时“江城都唱女郎词”。“城西瞽者旧家儿，新学吴腔唱竹枝。”卖艺的唱吴歌，甚至南通的僧人也纷纷学唱昆腔用来念经。里巷“竞效吴腔”成为时尚，濠河上处处吴歌小调。当时的文人也争相创作歌词。如被称为“红豆词人”的陈世祥创作的歌词：“春风大堤上，花花草草看，欢摘花草回，与侬为新妆。”“侬睡前溪凉，郎憨就侬枕，溪里双鸳鸯，是侬与郎影。”濠河的夏夜多么热闹，古代的濠河是淳朴的诗。

世世代代，聪明的南通人在濠河边上，装点起许多建筑

北濠水边有塔一座，原名支提塔，后名光孝塔，唐咸通四年（863）建造。光孝塔五级八面，镂金错彩，玲珑挺秀。明代诗人咏道：“未暮钟先出，微晴塔正悬。”塔依于天宁寺。寺也是唐代古刹，称“一州伟观”。寺中今藏有宋徽宗所题“大雄之殿”匾额。志书有载：“先有塔，后有城，依塔建城。”光孝塔先于通州城，它是南通建城的见证。城北还有北极阁，是北宋政和年间所建玄武庙的遗址。原通州城设有北门，因“地僻多盗”“置壮健营以镇之”。到宋徽宗时，干脆塞了北门，改壮健营为玄武庙了。

原来南城门楼上设戍楼。北宋大观年间改建了三级的海山楼。登楼远眺，山海尽奔于眼前。当年有一名联咏道：“门外海涛奔铁骑，槛前山背拥金鳌。”此楼一直保存到 20 世纪 50 年代初才被拆毁。濠河南岸，自西向东，还有宋寺两座，即西寺和东寺，都建于北宋乾道初年。

西寺又名兴化教寺。元焚于火，明焚于倭，几毁几建，历尽劫难。1918 年重新修建后，其东部改作学校用，西侧今仍存有明代所建大殿。据清乾隆《通州志》记载，明嘉靖三十三年（1554）四月，倭寇数千人从长江上岸，进驻西寺，围困通州。城内壁垒森严，城外有抗倭英雄曹顶率 500 名水兵健儿，伺机从后偷袭贼寇。曹顶原为余西盐民，倭寇犯我沿海边境，他义勇投军。曹顶作战骁勇，臂力过人，以一当百。清代文人朱玮在《曹顶将军歌》中称颂道：“是时将军出

海驿，激义辞家破残贼。盘马弯弓叱一声，尔至我至识我识！倭军倒哭皆披靡，血作狼山海边水。”这次倭贼围城，曹顶水兵和江南官兵联合阻击，20 余日后，贼寇不得不纵火焚西寺退去。

东寺又称太平兴国禅寺。今仍存明代重建之大殿。重檐歇山，其柱身、柱础、梁架、棂窗均保留了宋代建筑风韵。

再东，过启秀桥，旧有明建千佛寺。后来张謇把它改成学校，创办了中国第一所师范学校，并填土与南边陆地相连。原来寺内寺外有数十棵银杏树，今仍有两棵银杏，饱经风霜，劫后尚存。再东，过三元桥，又有明塔一座，名文峰塔，万历四十六年（1618）建造。五级六面，飞檐翘角，金铃悠扬。据说，通州自北宋以来，文运不昌。只有如皋词人王观的侄儿王俊乂中过状元。那时迷信，以为这与主宰一州文化兴衰的东南方（巽方）地势“低洼”有关，就修了文峰塔，同时造了三元桥。由于南通文人的勤奋，巧合的是此后通州文气大盛，相继出了状元胡长龄、张謇，榜眼王广荫，探花马宏琦，还出了李玉鋐、徐宗干等名臣。历代文人也喜盘桓塔下，那边风景绝佳。清代诗人陈世祥在《三元桥泛月》诗中说：“城南水一泓”，“天空月不流”，“稻花香猎猎，无数上轻舟”。保大章也有诗云：“三元桥畔是知津，小住渔床作比邻。塔影倒映明月中，扁舟一叶一诗人。”

濠河人家爱种花。濠西人家多在四面环水的汀洲上栽种栀子、茉莉。“城南丛菊种为田，篱落家常带暮烟。”濠南西寺、东寺一带，菊圃遍地。城西还有桃林，城东有柿林，《崇川咫闻录》上记载说：“昔数通州南桃花坞，三十里桃花店”，又说通州盛产柿子，有“小而圆者名树头红，长而光者名牛奶柿，大而方者名方柿，其蒂下别一层如盘倒覆者名盖柿”，可见当时品种之多。城北还有梅林、菊圃，清初大画家李方膺就曾在他的梅花楼前后栽了 30 多棵梅花树，蔚成大观。

水多，渡也多。每到花季，“渡唤夕阳买花朵，茉莉栀子夜来香”。夕阳问渡，临溪唤船，此呼彼应，热闹非常。河宽，桥也长。濠河周边，先后曾架有 10 多座桥。当初建城时，北濠水面特别开阔，无法架桥。其余三面则设吊桥。南吊桥也称长桥。北宋诗人吴及有《长桥》诗云:“栏杆聚烟碧，波涛卷秋声。”“夕阳看不厌，待看月华生。”可见当年水阔桥长，景色也优美。关于长桥，有一则和明代名医陈实功相联系的美丽传说。相传长桥曾一度为石桥，因战事复改为木吊桥。明天启元年（1621），陈实功应召去苏州，为巡按慕天颜母亲治愈顽疾，重金“红包”不收，提出恢复通州长桥为石桥的请求。巡按颔首，留他多住了几个月。待他回到家乡时，长桥已变成石桥了。这个传说的细节不一定准确，也许是明《州乘资》上所载，是“东孔道”上一座“通济”桥，“久而圮”，陈实功出资，“四易木以石”，后“行者称便”。总之，史书记载，陈实功治好许多人的病，也捐资修了许多桥，如段家桥、白塘桥、永丰桥等，这些都说明了百姓心里有杆秤，谁做了好事，大家一定会把他记住。

悠悠濠河水，远在初唐时，还是一片片水荡沼地，长满芦苇。可那时就接纳了四方的流民。其中最早的知名客人要算初唐大诗人骆宾王。可惜骆宾王来时太凄凉，他随眉州刺史徐敬业起兵反对武则天称帝，写出了千古绝唱《为徐敬业讨武曌檄》。兵败后，从广陵亡命流落南通“白水荡”。过了800年，明正德九年（1514），才有曹姓农民在城东濠河边上的黄泥口掘地，发现了他的墓冢。有题石，刻“骆宾王之墓”。又到清初，才被迁葬到狼山脚下。南宋文天祥从元兵大营中逃出，初到扬州，守城官兵拒绝他入城。又辗转到南通西濠边上住下来，从而得到通州知州的接待。随后，他的随从金应将军忧愤成疾，病死通州。他只能带着三五亲随，在通州知州帮助下，乘舟渡海，南下勤王。这期间他写下了“故国何时讯，扁舟到处家”等诗句，这又是何等悲壮。在北宋时，濠河接待过夏竦、王安石、吕夷简、赵抃、王观等名人。尤其有一位诗人，叫郑獬，字毅夫，湖北人，做了南通女婿。年轻时，随岳父新昌知县张日用回通州在文会亭读书。文会亭在濠东，今日群艺馆一带。他得濠水灵气，在宋仁宗皇祐五年（1053）中了状元。他的读书处文会亭，明代州同知舒缨将其改作文会学舍，后来又扩为通州书院。

明清之际，濠河曾有过文华流彩的荣耀

明代，通州出过几位名臣。如敢为民说真话的浙江道监察御史钱嵘，不畏刘瑾奸党的周臣等。尤其是陈大科和顾养谦二人。陈大科，字思进，号如冈。累官右都御史兼兵部侍郎，后总督两广。建有边功，且文采风流。顾养谦，字益卿，号冲庵。极有谋略、胆识和勇力。当时东虏倭寇时时侵犯我边境和邻国朝鲜，顾总督蓟辽，与辽帅李成梁配合，屡战屡胜。事后又皆将战功归于李帅。某次顾养谦视察小凌河，忽然数万倭贼奔来。顾镇定若山，命人打开城门。倭贼酋领见顾养谦端坐城楼，与众将士谈笑风生，不敢近前，遂引兵而退。当时有人作诗记载顾养谦战功："金银百万赏格悬，人争向敌敌自偃。万倭曾无一倭返，咋指相戒唐有人。从此东夷不复至，海上承平四十年。"顾养谦虽有戍边"奇才"，"国家边方"又"正多事"，可是因为谋划与朝中公卿不合，终被弃而不用。顾养谦慨叹道："战胜在一时，险塞万年计。嗟哉功未成，十二金牌至。"（《悼往事》）与他同时代的大思想家李贽闻之也深为扼腕。李贽不轻易称许人，而对顾养谦则认为是"负大有为之气"的"盖世人杰"，"才足以有为，而志亦欲有为者"。他甚至表示"愿从顾君游""或执鞭，或随其后乘，或持拜帖匣"（《续焚书》）。顾养谦退居家乡，拒见旧部，不言边功。只在城北盖起"山楼水榭胜甲一城"的珠媚园，成日与文人墨客诗酒兴会。在陈大科、顾养谦两位司马的周围，聚集了一批文朋诗友。屠隆、蕴藉等都先后来南通聚会。屠隆有诗称两位司马是"上将鹰扬天北极，大人龙卧海东湾。消磨不尽英雄气，好向安期觅九环"。顾养谦也有《止戈楼》一诗，言"出塞归来结胜游"，但心里仍然想着边塞的"溟海"和"医无山"，不过借诗酒浇心中块垒罢了。

明末清初，范凤翼、范国禄父子在濠北依山（北土山）傍水，造河上丈人垞，结山茨诗社，专为"觞咏之所"。其间，明末南京工部主事包壮行也造苍翠园盖听雨楼于北濠边，同时造石圃于城南，"甃以石"，"突兀五山立"。又有凌兰于南濠河旁造云深馆，"别业邻萧寺"，"幽鸟下听琴"。保希贤的"爱日园中花似锦"，

张清辉的“涵岚阁下水连天”。一时间，大江南北名流如王士祯、陈散木、屈大均、曹贞吉、龚半千、陈维崧、李渔、邵潜等都曾先后汇聚濠上。“日日持觞醉碧罗，兴来移棹入深波”，“清歌临水发，长啸隔汀闻”；领略“海鸟与人近，山云去屋低”的情趣。清雍正十年（1732），李渔回乡，南通“文艺界”也热闹了一阵子。那时，李渔已有了私家昆剧戏班，自己又写小说又编戏，又卖书。他的到来，一会儿是陈世祥呼朋陪游北濠河，一会儿是范国禄邀约二三诗友游芙蓉池。时值荷花盛开，正冷香飞上诗句。诗人们珍惜这次聚会，纷纷解下佩玉，互相赠送，以志纪念。这成了濠河历史上一段佳话。

这时期，通州还出了几位名噪大江南北的艺术家。一位是被后世说书艺人奉为祖师的柳敬亭。他出生在通州余西一个姓曹的人家。年少犯事，逃逸在外，后至松江，从莫后光学艺，“辨性情，考方俗，形容万类”，做到“目之所视，手之所倚，足之所跂，言未发而哀乐具乎其前”。艺精后，游于吴越苏杭。及至崇祯初，改名换姓回到家乡，在通州城内柳家巷中的娱乐场所城隍庙说书，方声名鹊起。诗人范国禄比他稍晚一辈，柳敬亭死后，曾有诗赠送柳的学生居生，说“南国已无芝麓客，故乡曾有敬亭翁”。又有诗追忆柳敬亭说：“直到烈皇初御极，五狼发迹名始扬”，“我尝掩泪望余西，柳家巷口夕阳低”。诗中的五狼，是通州的代称。“余西”是柳敬亭的出生地，柳家巷是他献艺成名的地方。

濠河畔还有白在湄、白彧如、白璧双，祖孙三代都是名噪一时的琵琶高手。作曲、演奏并能歌。白彧如曾浪迹江南。雍正三年（1725），大诗人吴梅村在画家王时敏南园，听他“朗弹一曲”，曲中抒发了清兵入关，铁蹄中原，明王朝“瑟瑟抛残尽”的感情，不禁为之倾倒，并称为“铁笛哀歌”。白彧如继子白璧双，排行第三，人称“白三郎”，身怀祖传“绝技”，漂泊江淮。冒襄、陈维崧、邓汉仪、陈百祥等人聚会，曾一听他的《陈隋》数弄，都纷纷赋诗称赞。“白狼山下白三郎，酒后偏能说战场。”“顿挫浏漓得至性，幽抑怨断传深情，我辈飘零悲本地，流连倾倒盈心目。”

到清雍乾时期，通州画坛风骚更无前。有画家“江左狂生”李方膺，盖梅花楼于城北。梅花楼下植遍梅花。他一生多半岁月寓居在外，晚年去官，也住在金陵借园。但是他说“故园好种梅三十”“别后年年入梦长”。李方膺为官清正不媚上，以致两次坐牢。他引梅为知己，“最爱冰枝长且直，不知曲屈向春风”。他是一身梅花精神。有李黄、李堂父子“卜住南郭、临河栽柳”，造借水园于其间，且结“五山画社”，诗朋画友来往不绝。李堂有诗咏：“雅集南园日，联吟四十年。”“迢迢惟绿水，倚槛尚留连。”范国禄等老辈人于西园结“西林社”，犹“常宿借水园，日夕来唱和”。“扬州八怪”之一的李复堂来通，李堂说“朝阳兄弟来天外”，与他“酒酣歌起”，作画赋诗尽日不辍。濠南又有丁有煜的双薇园。丁有煜晚年患足疾，未能远游。其人虽未被列入“扬州八怪”名单，但其诗画不在“八怪”之下。丁氏不仅画绝，而且诗绝，曾领南通诗画文坛40多年，登门造访的诗人画家络绎不绝。袁枚说，丁氏死后江北无名士。黄慎、李复堂、郑板桥、罗聘来通，专门造访，交流画艺。“雨雪开双扉，谈深暮未归”。黄慎、罗聘还先后为他画过肖像。丁的诗，后来遭到清政府禁毁，由此可见他是怎样一位性情中人。

100年前，濠河的最大知音还要数张謇

被誉为中国近代轻纺工业之父的张謇，造就了“近代第一城”南通，也造就了濠河。今天，我们只要在濠河边上走一走，不仅可以看到张謇故居濠南别业、其兄张詧故居濠南小筑等，还会不期而遇地看到张謇所创办的文化、教育等事业的痕迹。这里有1905年创办的文物珍藏馆与动植物园相合一的博物苑，有我国最早的公共图书馆，有翰墨林印书局，更有我国最早的师范学校，聘请了国内外学者如王国维教国文、心理学，外籍教员藤远教理化等。有女工传习所，请了刺绣大师沈寿任所长。沈寿不但绣艺精绝，而且善于创新，她开创了我国仿真绣的先河，同时还“能言”，与张謇合撰了《雪宧绣谱》，为苏绣培养了大批神针绣手。有伶工学社，请了戏剧大师欧阳予倩担任校长。又请来梅兰芳、尚小云等大师，汇聚南北两派京剧艺术，交流演出于更俗剧场。我们还可以看到当年南通大学的医科、农科的校

址，可以想象当年（1920 年）张謇为了让“僻处偏隅”的南通教育界更多地了解外面的世界，邀请美国杜威博士来通演讲的情景，也可以想见当年（1922 年）中国科学社第七次年会在南通召开的盛况。张謇为“提倡科学”，邀请了梁启超、马相伯、丁文江等科学家及各界嘉宾数百人，他在总商会礼堂致词时说：“今日为科学发达时代，科学愈进步，则事业愈发展……”

张謇“抱村落主义，以地方自治为务”，南通被外人“许为中国的自治模范县”。1903 年张謇出国考察归来，眼界大开。他又认为南通要“以一隅与海内文明村落相见”，既有了“实业”与“教育”，又岂“敢于公园忽诸”！他说：“实业教育，劳苦事也。公园则逸而乐。偿劳以逸，偿苦以乐者，人之情。”因而又在濠河上规划公园。他选中西濠南片，精心构思了一座堤桥相接，园林湖光相映的“南通公园”蓝图。南通公园由“东西南北中”5 座小园连接组成，1917 年全面完工。

北公园在今文化宫处。原有一座荒废了的旧公园，建于民国之初，张謇对其作了改造，“名旧园为北园”。北公园占陆地 7 亩，浅草平铺，青松夹道。垂柳荫里掩藏着一间间体育活动室和户外球场。还有品茗处、听渔处。北边有一小桥通向河心新筑的土墩，土墩上建有观万流亭。观万流亭八角两层，远离尘俗，宁静而雅致。登亭既可远眺狼山，又可俯视“江潮入闸流洋洋”的壮观。由北公园向南筑长堤，堤上架桥（即后为文化宫桥），通往东公园。

东公园即今总工会处，在濠河南岸，占地 20 亩。园内树木参天，花草铺地。盖有晚翠春红之馆与方三丈之室，室外设有秋千、翘板、滑台、转车等，专为妇女儿童经营。由东公园向西筑长堤，堤中架衡提桥（即今为南公园桥），“折而入”于南公园。

南公园四面阻水。越短堤，穿帘静瓯香榭，进入南公园内与众堂。与众堂庄重雍和，可供议政聚会。后增盖千龄观，古朴祥和，张謇为兄贺寿。张謇说“百年兄弟老来亲”，但“更要敬老万人来”。又有莲池，叶放花开时，暗香浮动，令人心醉。由南公园“迤而西北”，抵濠河西岸的西公园。

西公园藩篱与围墙内，草木葱茏。当门中道建茅亭，名“自西”，亭之南有动物场，饲有珍禽异兽，供人观赏。亭之北有演教场、漕船坞、游泳场，“期于学子广学艺，健筋力”，由西公园架桥向东通向“云水包裹”的中公园。

中公园原址即今少年之家。原为水中一汀沚。古代建有魁星楼。文人亦多喜欢乘舴艋小舟来游宴。清初许汝忠有《饮湖心亭》诗：“放擢时来此，携樽到上头。高峰阴接目，空水淡涵秋。”王国维也有《游通州湖心亭》诗：“扁舟出西郭，言访湖中寺。野鸟困樊笼，愤然思展翅。入门缘亭坳，尘劳始一憩。方愁亭午热，清风飒然至。新荷三两翻，葭菼去无际……”这里张謇改为公园后，重新盖起楼堂，水有芰荷菱茭蒲，岸有槐梧桑杨桃，“晴揽城曦，雨饮波绿”。然而周览左右，觉得一览无余，于是“乃谋缭石”，专门从扬州购来宣产石 319 块、太湖产石 125 块，迎门造假山，“为峰为峦，为岩岫，为壑谷、磴道、陂陀”，从而假山如屏，曲径通幽，风光更佳。园内，西南为适然亭，适然亭下有凿坯室；东南有水西亭；南有南楼，南楼之下是宛在堂；北有北楼，北楼外有台，楼之下是嘉会堂；西有回碧楼，回碧楼下称养云轩；东有因屋之台；居中者是仿古楼，仍称魁星楼，三层，巍然高出旁楼，顶层称奎室，中层分奎南、奎北，底层有旦戒堂、觇青处、石林阁。亭台楼阁错落有致，杉松竹柏佳卉异石依傍其间。南楼有一联颇能概括中公园气象：“远山长江，朝晖夕阴，气象万千，大观备矣；良辰美景，赏心乐事，友朋二三，共尽此娱。”

五公园分工多有侧重，体现了张謇愿天下“我父我兄与我弟子”及“女子小儿”皆有所乐的志向。公园间的长堤短桥，人赞为苏堤白堤，还有淮阴艓、苏来舫、星河舫等游船，游弋于濠河水上。南通公园在张謇一生的事业中是很小的一笔，却又是神来之笔。他以水面为主体，尽量利用河滩荒地、坟地建造了南通公园，可见还是很具科学性的。1923 年，张謇舟游北濠，还想到在那里再“拓公园”。他说“寻秋最好北城根”“风烟谵谵犹存堞”“水阔依滩杂凫鸭”“待与绸缪成胜地”。堞，就是指古迹北极阁。成胜地，就是想再造公园。张謇对自己的杰作也很满意，不仅写了《公园歌》，还写了《吴船谣》给儿童唱：“双桡稳健底方平，里老村童乍见狂。争上第三桥上看，华灯四照水中央……第一桥边草色新，万流亭子亦船津……风多濠阔浪横斜，第四桥南种藕花……”他晚年更是喜欢泛舟濠上，或修禊，或赏雪，或听雨，或观澜……有时还让伶工学子把丝竹带到船上，弹吹歌唱。不过在流连光景的时候，他还是常常想到“倘泻天河水，胥湔世界尘”的抱负。

1905 年，因祖国被日本侵占，朝鲜诗人金沧江携全家流亡中国，投奔张謇。张謇聘请他担任翰墨林印书局总编校，后来还买了房子安排他的家室。金沧江留居南通 23 年，直到逝世。他生前极盛称张謇“爱乡及爱国”的思想和业绩。同时，他情系故国，思愤忧郁。他曾悲愤地说：“我尝经七十，七十无奇特，但能自活耳，与人无所益。苟不益于人，曷不谓之贼！”张謇常常约他到北公园中的观万流亭散心解闷，并写诗给他：“春秋惟有乱可纪（指翁作《韩史》），忧乐合以诗相磨。”“槛外朝来云物好，从容等视万流过。”其实那时，张謇心中也为自己的祖国被列强侵占、军阀割据而忧愤不已。他说：“东北浮云屡变更，秋风落日汉阳城。”老人只能空对“一局烂柯嗤对弈”，慨叹“几时尽得话长生”。

如果说，近代张謇利用濠河一角创建了城市花园，那么，今天我们要建设的可是一个花园城市。

现在，我们乘上游艇，沿濠河转一圈看看。东边濠东绿苑，树木葱茏，土山绵延，有亭翼然，有榭临流，更有蓝印花布艺术馆、梅庵书苑、城隍庙等点缀其间。南边濠河岸壁有《强国梦痕》巨幅浮雕，它叙说着当年张謇苦苦追寻强国富民之路的历程，再现了张謇创办的实业：大生纱厂、通海垦牧公司、南通师范、南通大学等 27 座建筑。张謇与京剧大师梅兰芳的塑像，立在当年梅兰芳来通，张謇安排他居住的花竹平安馆原址处。刺绣大师沈寿半身塑像就在当年她创办的女工传习所旁边。著有《外科正宗》的明代通州名医陈实功坐像，塑在中远桥旁。还有张謇请来帮助南通兴修水利的荷兰专家特来克的塑像，立在濠河中的水台上。又有邹韬奋塑像在树木掩映的启秀桥边。西边有濠西文化广场，供市民休憩和组织大型文艺会演。有西公园、濠西苑、盆景园等。北边有北极苑衬托着长虹似的北濠桥，并遥对着隔河芳洲浸月榭。一代影艺大师赵丹的塑像就在北濠边一所中学的校园里。环濠水边修筑了蜿蜒修长的濠滨走廊。漫步在水边长廊上，有如乘舟在水上游览一般，可以饱览濠边园林风光，可以听涛赏花，看水鸟上下起舞，举头远望，可以看到城市新楼林立的壮观景象。

近年，濠河周边还多了一道极富特色的文化风景，就是以南通博物苑为中心的博物馆群。犹如众星拱月，星汉灿烂。

南通博物苑建立已有 100 年历史，它是我国最早的由中国人自己创办的博物馆。张謇，堪称中国的博物馆之父。南通博物苑经历了沧桑的几度兴衰，今逢盛世，不仅恢复了原有的建制，还新辟了现代化新展馆，增盖了新藏馆，扩大了馆藏，复原了张謇创办的农校原址，建了文博景廊……

新建的南通城市博物馆展示了中国近代第一城——南通辉煌的昨天、发展的今天和美好的明天。馆内除介绍历史、陈列文物之外，还利用了现代科技手段，虚拟现实，吸引了更多的观众。

1985 年新建南通纺织博物馆，是我国第一座纺织专业博物馆。不仅形象地展示出人类纺织历史，还复原了历史的城乡、纺织工厂、纺科学校、码头、钟楼等实景，建筑富有民族特色，园林簇拥楼馆，有纺织大观园之誉。

1989 年新建个簃艺术馆。

20 世纪 90 年代，利用原女工传习所旧址，新建沈寿艺术馆。

1991 年新建南通给水技术博物馆。

1993 年新建南通建筑博物馆。

1994 年新建南通板鹞风筝艺术博物馆。

1997 年新建中国南通蓝印花布艺术馆，为弘扬中国民间蓝印花布艺术起到推波助澜的作用。从而南通被誉为“中国蓝印花布之乡”和“中国蓝印花布传承基地”。新近又在天津开办了南通蓝印花布艺术馆天津馆。

2000 年恢复梅欧阁，新建梅欧阁纪念馆。

2003 年利用张謇故居濠阳小筑，新建张謇纪念馆。

2004 年新建中国南通珠算博物馆；新建中国体育博物馆南通馆，它是我国历史上第一座国家博物馆地方分馆。

2005 年新建南通风筝博物馆；南通长寿博物馆；还有南通民间艺术博物馆……

同时，濠河周围的历史文化遗址，如旧城遗址北极阁、清名臣胡长龄的绿荫园、朝鲜诗人金沧江借树园、李大钊老师白雅雨烈士故居、今人赵丹故居等，今天都在挖掘、保护、修葺之中。

我们的时代，濠河与城市融为一体，处处新楼，处处碧水。濠河波光粼粼，城市流光溢彩。

千年濠河，沉淀着丰厚的历史文化，凝聚着人民的智慧，闪耀着时代的光芒！

“水是眼波横，山是眉峰聚。”濠河是南通闪光的眸子、明亮的窗口。

（连载于 2006 年第 3、第 4 期）

论“包容会通，敢为人先”深厚的传统文化精神

姜光斗

“南通精神”的表述用语“包容会通，敢为人先”，不仅精确响亮、言简意赅，显示了南通人博大的胸襟和敢于领先、敢于创新、敢于拼搏的精神，而且还蕴含着深厚的传统文化精神。

“包容”一词最早的含义是君主宽大包容臣下。据《汉书·卷二十七下之上·五行志》载：“孔子曰：‘居上不宽，吾何以观之哉！’言上不宽大包容臣下，则不能居圣位。貌、言、视、听，以心为主，四者皆失，则区瞀无识，故其咎霿也……在人腹中，肥而包裹心者脂也，心区霿则冥晦，故有脂夜之妖。”“霿”是糊涂昏聩的意思。其意是说，君主好比人体中的心脏，如果心脏被厚厚的脂肪包裹住，就会糊涂昏聩，就不能宽大包容臣下，就不配当君主。这段史料说明“包容”一词中蕴含着儒家“仁恕”的精神。《清史稿·卷一百》所载《铙歌·清乐·凯歌辞》则更证明了这一点：“海汤汤，水朝宗，日东月西出其中。旦复旦，无终穷。涵乾而纳坤，何所不包容。”以大海为喻，有容乃大，说明只有包容了日月万物，只有涵乾而纳坤，才能成其大。

墨家哲学思想的核心是“兼爱”。《墨子·兼爱篇》说：“若使天下兼相爱，国与国不相攻，家与家不相乱，盗贼无有，君臣父子皆能孝慈，若此则天下治。故圣人以治天下为事者，恶得不禁恶而劝爱？他故天下兼相爱则治，交相恶则乱。故子墨子曰不可以不劝爱人者，此也。”因此，墨子也是倡导“包容”精神的杰

出思想家。他一方面倡导“包容”，另一方面也敢为天下先。当他听说公输般为楚国制造云梯、将要去攻打宋国的消息时，他亲自“自鲁往，裂裳裹足，日夜不休，十日十夜而至于郢”，并与公输般斗技辩论，费尽口舌，终于制止了这场侵略战争。他这种敢为天下先的牺牲精神，受到后人永远的崇敬。

不仅儒家墨家讲包容，佛家也讲包容。《景德传灯录 · 卷三十》：“真如法界，无他无自。要急相应，唯言不二。不二皆同，无不包容。”《古尊宿语录 · 卷三十二》：“你心亦如是。其光照瞩。通彻十方。包容万有。”《大方广佛华严经 · 卷十五》：“众生宝物及川流，普悉包容无所拒。”是指佛法与佛心包容万物，“如海纳川流，包容益深广”（《大方广佛华严经佛 · 卷十二》）。佛家用这种“包容”精神去普度众生。

“会通”一词最早见于《周易 · 系辞上》：“圣人有以见天下之赜，而拟诸其形容，象其物宜，是故谓之象。圣人有以见天下之动，而观其会通，以行其典礼，系辞焉以断其吉凶，是故谓之爻。言天下之至赜而不可恶也，言天下之至动而不可乱也。”意思是说，圣人发现天下幽深难明的道理，就将其比拟成具体的形象容貌，用来象征事物最适宜的意义，所以称之为“象”。圣人发现天下万物在不停地运动，就深入观察其中的会合变通，以利于实施典章礼法，于是撰写文辞来判断事物变动的吉凶，所以称之为“爻”。此书阐说天下最幽深难明的道理，决不可厌恶轻视它取象的平易；此书讲述天下最纷繁复杂的变化，决不可违背淆乱其内部规律。《晋书 · 卷九十二》：“夫极灵智之妙、总会通之和者，莫尚乎圣人。”意思是说，能够融会贯通万物、达到智慧之巅峰的，没有再能超过圣人的了。以上是儒家的看法。《道枢 · 卷一》：“惟旷兮若谷，应受不留，澹兮若海，源委不已，无诡于道，无戕其性，浩乎守其真，寂乎袭其气，精神会通，成于不化矣。”意思是说，修道之人的心胸应当像山谷一样空旷，容纳万物而不遗留，像大海一样澹澹，接纳江河之水而不停止，不违背天道，不戕害本性，浩然地守住其本真，静默地袭住其正气，从精神上去融会变通，就能修炼成仙了。以上是道家的看法。由此可见，“会通”既有融会贯通的意思，又有随机变通的意思。

不仅墨子敢为人先，爱国诗人屈原也曾在其伟大作品《离骚》中对敢为人先的精神予以高扬：“乘骐骥以驰骋兮，来吾道夫先路！”屈原以身作则，在“众人皆醉而我独醒”的艰难处境中，敢为人先，挺身而出揭露楚国政治的黑暗污浊，在敌国颠覆祖国的前夕以身殉国。屈原以后，这种精神仍然绵绵不绝。范仲淹在《岳阳楼记》中曾提出“先天下之忧而忧”的响亮口号，继续张扬敢为人先、关心民生疾苦的旗帜。欧阳修在《尹师鲁墓志铭》中称扬他的挚友：“师鲁……遇事无难易，而勇于敢为，其所以见称于世者，亦所以取嫉于人，故其卒穷以死。”他又在《易童子问》中说道：“若余者可谓不量力矣，邈然远出诸儒之后，而学无师授之传，其勇于敢为而决于不疑者，以圣人之经尚在，可以质也。”显然，“勇于敢为”与“敢为人先”不过是措辞稍有不同，其精神实质则是一致的。以上是儒家的代表言论。

佛家也同样高扬“敢为人先”的精神。唐代郭湜在《少林寺同光禅师塔铭》中写道：“（同光禅师）持钵东山，归心禅祖大照，屡蒙授记，许为人师。及大照迁神，敬终恒礼，乃遁迹林野，敢为人先。虽情发于衷，而声闻于外，辞不获已，乃演大法义，开大法门。二十余年，振动中外，从师授业，不可胜言。”这是称赞同光禅师敢为人先，敢于“演大法义，开大法门”，公开大量收徒授业，讲授佛经，宣扬佛法。

唯有道家是反对“敢为天下先”的。如《老子》中说：“我有三宝，持而保之：一曰慈，二曰俭，三曰不敢为天下先。慈，故能勇；俭，故能广；不敢为天下先，故能成器长。今舍慈且勇，舍俭且广，舍后且先，死矣。”（第六十七章）译成现代汉语，其意就是：我有三个法宝，我掌握它并珍视它。第一是慈爱，第二是节俭，第三是不敢走在天下人的前头。慈爱，便能勇敢；节俭，便能富裕；不敢走在天下人的前头，便能成器当君长。如果舍弃慈爱而去追求勇敢，舍弃节俭而去追求富裕，舍弃后退而去追求领先，那就死定了。前两项倡导“慈”“俭”是对的，但第三项倡导“不敢为天下先”则是消极顺应自然的落后思想，是作为“敢为天下先”的对立面而出现的无所作为思想，是被儒家所唾弃的。只有后代那些明哲保身的庸吏，才奉行道家这一条。如《清史稿·卷一百四十九》载：“盖自光绪初年，内外臣工往往条陈铁路，当国者亦欲试行以开风气，而疆吏畏难因循，顾虑清议，莫敢为天下先。卢汉铁路已定议矣，寻复中辍。”这种庸吏，成事不足，败事有余，最后必然是误国误民！

当然，“包容会通，敢为人先”的具体内涵古今绝不相同，但那种博大的胸襟和敢于领先、敢于创新、敢于拼搏的精神则是有继承性的，这正是今人承先启后、开拓进取的本钱，明白了这一点，将会大大增强我们的民族自豪感和高扬这面鲜亮旗帜的坚定信心。我们深信，南通人在这一既有深厚历史文化基础又有最新时代精神内涵的精神鼓舞下，将会创造出更加辉煌的业绩来，让南通实现更高更远的腾飞！

（载于2006年第3期）

开启南通现代文艺殿堂之门

——读《濠南集——南通现代文坛漫笔》

陈　辽

江苏人文荟萃，南通更有深厚的人文积累。洎乎现代，南通现代文艺成了中国现代文艺的殿堂之一。但是，注意及此的学者并不多。原籍浙江长兴、生于上海的钦鸿，自 1984 年从黑龙江来到南通工作后，22 年来即把南通视为他的第三故乡。他一直关注、收集和研究南通现代文艺史料，发表和撰写了六七十篇研究和评论文章，现结集为《濠南集——南通现代文坛漫笔》（以下简称《漫笔》），由文化艺术出版社于 2006 年 2 月出版。《漫笔》是个小题目，但钦鸿却做了大文章，开启了南通现代文艺殿堂之门。

在构建南通现代文艺殿堂过程中，南通出了一批为现代文艺发展作出了显著成绩的作家。因此，钦鸿也就从为这批乡贤立传着手，来开启南通现代文艺殿堂的第一个门户。他采取了 3 种方式：一是为已有全国性知名度的南通现代作家艺术家制作年表，即以年表的方式为南通现代文艺乡贤立传。撰著了《陆侃如年表》《李俊民年表》《李素伯年表》《吴天石年表》《王尘无年表》《江村年表》（此外，还写了一组《江村散记》和《赵丹、顾而已、朱今明、钱千里综合年表》），并附有《南通现代作家著作系年目录（1923—1949）》和《南通籍台湾作家著作系年目录（1952—2005）》。在这些年表和著作系年目录中，钦鸿探幽索隐，钩沉考证，显示了这些南通现代文艺家的价值所在，写出了这些乡贤的爱国主义的一生，追求进步的一生，为现代文艺作出贡献的一生，身处逆境、备受迫害而奋斗不已的一生，给今人和后代人以启示、鼓舞和教育。二是为由于种种原因，影响虽小于上述作家、学者，但确实也为南通现代文艺做出了相当贡献的一部分南通乡贤立传，如南通现代主义代表作家郑康伯，现代诗人于一平，20 世纪 30 年代即已成名的尤其彬，高产、优质诗人朱英诞，小说家兼散文家的顾巴彦，进步诗人丁图，20 世纪 30 年代的学生作者周仲芬，“笔名大王”陈玉堂等人，钦鸿都给他们写了小传性的文章。钦鸿在为这些乡贤立传时，笔端饱蘸感情，热爱、赞誉之情涌于笔端。读了这些小传性的评文，我们对这些南通现代文艺乡贤的感激、爱佩之情油然而生。三是为出生于南通地区，后来因故到了海峡彼岸台湾的一些南通籍现代作家立传，如徜徉于新闻与文学之间的女作家张明，在海峡彼岸掀起一股“野风”的师范，诗人兼小说家沙漠，小说家邵涧、杨御龙、水晶，诗人朱沉冬，著名学者周锦（生于东台，在南通生活过一段时间，具有浓厚的南通情结），传记文学家陈九皋等人。他们也是南通的乡贤，他们的文学成就也是南通现代文艺的一部分。改革开放后，海峡两岸的彼此隔绝状态已彻底改变。钦鸿为这些乡贤立传，不只扩大了南通现代文艺殿堂的收藏，而且对促进海峡两岸文化交流，也起了很好的作用。总之，钦鸿首先为南通现代文艺乡贤立传，为南通作家著作系年，开启了南通现代文艺殿堂的第一扇大门，由此直入南通现代文艺殿堂，入室取宝，也就比较顺利了。

治中国现代文艺研究多年的钦鸿深知，南通现代文艺既是中国现代文艺的一部分，直接受到中国现代文艺运动的影响，受到中国现代文艺思潮的冲击，这是一方面；另一方面，南通的现代文艺又反作用于中国现代文艺，给中国现代文艺以滋补、营养和反馈。为此，他又在《漫笔》中从这一角度开启了南通现代文艺殿堂的另一扇门户。《〈小品文研究〉及其作者李素伯》一文揭示，李素伯的《小品文研究》，“是中国现代文学史上关于小品文研究的第一本专著。它既是对‘五四’以来小品文创作和研究的一个全面总结，又为此后的发展开拓了道路，其重要意义是不容忽视的”。可以这样说，李素伯的《小品文研究》是我国小品文研究的开辟草莱之作，其筚路蓝缕之功，泽及后世，这是南通现代作家兼学者李素伯对现代文学作出的突出奉献。再如南通的戏剧在中国现代戏剧中可谓一枝独秀。“新民剧社是南通现代话剧运动的开拓者。”“小小剧社的活动和业绩，值得我们后人回顾和总结，他们进步的革命热情以及对于戏剧艺术的探索和追求，值得我们后人学习和发扬。”以“小小剧社”为起点，“小小”成员“赵丹、顾而已、朱今明、钱千里、顾尔镡等人”“在影剧艺术上取得令世人瞩目的成就”。著名表演艺术家赵丹“以其杰出的艺术成就”给电影戏剧留下了不朽业绩；顾而已作为“卓越的电影艺术家”在电影艺术上取得杰出成就；20 世纪 30 年代“权威的影评家”王尘无，他的影评成为电影领域内“令人信服的舆论导向”。这些都是南通的文艺运动、南通文艺家对中国现代文艺所作的有力、有益的反馈。《漫笔》在这方面的论述，使我们看到了南通现代文艺殿堂的丰富多彩，引人入胜。

南通现代文艺不只是南通人的创造，它也是南通作家艺术家和国内知名作家艺术家共创的硕果。中国近代，南通出了个张謇，他率先在南通搞改革开放，培育、养成了南通人强烈的开放意识。国内诸多知名文艺人士，纷纷与南通现代文艺发生了关系。20 世纪初，“欧阳予倩从上海来到南通对旧剧进行改革”，“主持创办了中国第一所以科学方法培养戏剧人才的正规的戏剧学校——南通伶工学社，培养了一批有文化的戏剧演员”。因此，钦鸿在《漫笔》中又开启了南通现代文艺殿堂的第三扇门户，展现和评论国内作家艺术家对南通现代文艺所作出的独有贡献。如郁达夫曾在南通《通海新报》副刊版上发表《寄浪华南通》（按：浪华姓胡，是郁达夫的好友，时在南通）一诗（由浪华安排发表）；南通人季自求与鲁迅多年交往，“季自求从与鲁迅交往中获益多多，反过来，鲁迅也从季氏处得到了不少的帮助。其中最大的帮助，莫过于精神上的慰藉”；南通《公园日报》以转载的形式进行了一场“关于白话新诗的奇特而重要的文学论争”，更可见出国内知名作家“对南通现代文坛冲破旧文学的壁垒、倡导新文学的创作，起了不可低估的作用”；《公园日报》从 1920 年春开始改名《公园日刊》，先后转载了蔡元培、罗家伦、黄仁之（炎培）、陈独秀的文章和作品；南通出版的文学刊物《北极》，也出现过宗白华、文载道、周楞伽、谭维翰等人的作品；更可看出，新兴的现代文学之于南通现代文学的良好影响。此外，赵景深曾为尤其彬的短篇小说集《芩英》、郑康伯的短篇小说集《丁香街》作序，并为于一平的诗集《页篇集》作序，对南通的现代青年作家创作直接起了提携和指导作用。由南通作家郑康伯实际编选的《现代中国抒情小品文选》（署名邵苐一编）则可见出现代中国抒情小品文在南通文学界的影响。尤其需要着重提出的，鲁迅的老朋友内山完造（日中友好协会第一任理事长）的两次南通之行（1913 年、1924 年），“增进了南通人民和日本人民之间的了解和友谊，也为中日友好写下了值得纪念的篇章”。这说明，南通现代文艺不只受到了全国知名的作家艺术家的支持帮助，甚至也得益于日本文化人的促进。“席间，内山君、张啬公（謇）等均有演说”。钦鸿所开启的南通现代文艺殿堂的这扇门户，可以由此探寻南通现代文艺的又一方面的珍宝。

正因为《漫笔》开启了南通现代文艺殿堂的 3 扇门户，让我们约略看到南通现代文艺美不胜收的概貌，所以徐应佩教授在《漫笔 · 序》中说它是“南通现代文学史雏形”是有一定道理的。自然，从“雏形”到名副其实的南通现代文学史，还有一段很长的道路要走。这需要对南通现代文学发展历程的展示，对南通现代文学特殊发展规律的把握，对哪位作家、哪些作品可以入史的选择和甄别，对“南通现代作家”的定位，对新史料的发现和考证，等等。我希望，南通市的现代文学研究专家和学者齐心协力，共同完成这部可以长留后世的“南通现代文学史”。

（载于 2006 年第 4 期）

抗战烽火写春秋　浩然正气励后人

——深切缅怀我的父亲李若松（节选）

李　炎

今年6月5日，是我敬爱的父亲李若松逝世30周年纪念日。弹指一挥间，父亲离开我们30年了，但他的音容笑貌仍时常萦绕在我心头。他那内心温和而表面严肃的神态，他爱说的口头语，他俭朴的生活习惯……这一切对我来说是那样熟悉，仿佛就在眼前。

父亲的一生平凡而又伟大。当日军侵占我大好河山，祖国处在民族危亡之际，他和家乡一些热血青年组织起来，投身抗日，奋勇杀敌，并带领全家人参加革命；全国解放后，他服从组织决定，先后担任南通检察分院代理检察长、南通地区中级人民法院院长，他一身正气，执法如山，打击犯罪，维护法律尊严，从不徇私枉法；当被错误打成"右派"、受到开除党籍的处分，当"文化大革命"中惨遭批斗时，仍对党的信念矢志不渝，多次要求重新入党。父亲的一生是革命的一生，他那坚信笃行的共产主义信念，他那为了民族解放运动英勇奋战的精神，他那一身正气、甘为民仆的为政风格，他那脚踏实地、朴实无华的工作作风以及艰苦朴素、平易近人、勤奋好学的优秀品质，都深深地感染着我们，令我终生难忘。

父亲1913年8月出生于启东大同乡一个贫困农民的家庭，由于家境贫寒，只上了两年学堂就辍学了。我的祖父是私塾先生，但只教六七个学生，微薄的收入难以维持全家的生计，青黄不接时，父亲只好带着我的叔叔姑姑们出门乞讨，艰难度日。父亲离开了学堂，但他对文化学习丝毫没有放松，除了跟着我祖父学习古文外，还常常去学堂的窗外偷听老师上课，学算术、学音乐，并订阅了一些进步书刊回家自学。勤奋好学、刻苦钻研，使父亲的文化水平有了很大的提高，在祖父因病或因事不能为学生上课时，只有 13 岁的父亲就当起了“小先生”。祖父去世，18 岁的父亲正式接过他的教鞭，当起了私塾先生，承担起赡养老人和教育弟妹的家庭重担。

苦难的岁月磨炼了父亲坚强的意志，腐朽的社会制度激起了父亲对万恶旧社会的仇恨，萌发了他立志救国救民的激情。15 岁那年，父亲就率领大同乡附近农民参加了反对地主剥削的农民运动。为了寻求革命道路，父亲订阅了不少进步刊物，如《生活周刊》和《大众生活》等，并细细研读，这些进步书刊给父亲指引了光明大道，使他逐渐认识到，只有走马克思列宁主义的道路，让人民当家作主，国家才能富强，人民才能幸福。通过不断接受进步思想的熏陶，父亲的思想由单纯的反封建逐步扩展为对社会主义的追求。“九一八”事变后，父亲对国民党“攘外必先安内”这一消极抗战、积极反共的政策十分愤慨，对共产党抗日救国主张非常敬佩。“天下兴亡，匹夫有责”，在国难当头的关键时刻，父亲毅然拿起笔，撰写了很多宣传抗日救国思想的稿件，在《启东报》《启东导报》《启民报》《江海日报》《沪报》上发表。他以犀利的笔触，激昂的语调，激励人们奋起抗日。一篇篇催人奋进的文章，犹如一把把火炬点燃了家乡民众抗日的激情，同时也像一把把尖刀刺痛了日伪军和国民党顽固派的心脏，他们多次对我父亲进行威胁。但父亲不顾个人安危，坚定地继续进行宣传。

残酷的斗争实践，使父亲更加坚定了革命的信念，也使他明白了一个道理，只有拿起武器与日军真刀实枪地战斗，把日军赶出中国，中国才有希望。1938 年，父亲首先与龚凤池、姚力、秦镜等人组织了抗日游击小组，不久在启东成立了抗日义勇军，父亲先后任中队督导员、中队副兼任随军记者等职。由于部队成分复杂，父亲“誓死杀敌”的单纯思想常常碰壁。1939 年春，父亲与王新宇、许诚、沈维岳等另行组织一支部队，即启东自卫总队县常备队，后改编为“抗战支队”第二总队二大队，父亲任第六中队长。后来，这支部队在凤凰桥又遭到国民党顽固派的暗算而被搞垮。虽然父亲的抗日游击队屡被打散，但他毫不气馁，回家后继续以私塾先生的身份为掩护，暗中与失散的战友和进步青年联系，伺机重新召集队伍，总结经验教训，继续抗日。日伪军对父亲恨之入骨，四处张贴告示，妄图逮捕父亲。

面对敌人的不断追捕，父亲多次化险为夷，并丝毫未动摇抗日到底的决心。在暂时拉不起队伍与敌人正面交锋时，父亲转入地下与日伪汉奸展开了斗争。当父亲得知在离我家两三里路的南埭上有一个汉奸特务，依仗日本人撑腰，给鬼子带路、横行乡里、欺男霸女、无恶不作，老百姓对他恨之入骨时，父亲迅速召集已经失散的战友秦镜、王兴斋和董育才商量，决心要为民除害。在父亲的精心组织下，他们经过周密策划，制定了具体方案，终于铲除了汉奸。当地老百姓都高兴极了，连说：“谁还敢帮鬼子欺负我们，就是同样下场！”

1940 年，父亲和许诚又重新建了一支抗日小部队，并被编入了县常备队。不久，他们得知原在抗日义勇军中的战友王澄、姚力的第四大队在泰州港口镇举行了反内战的暴动，投奔了新四军，被编为五团，并已在挥师东进的消息时，父亲即与他们取得联系，决定策应。这年 11 月，新四军东进三阳镇，父亲与张侠风、龚乃粟 3 人代表启东各界人士前去迎接。新四军东进汇龙镇后，父亲和许诚带领部队公开投奔了新四军，改编为五团三营，父亲任三营七连连长。不久，他光荣地加入了中国共产党，成为一名名副其实的共产主义战士。在父亲的影响下，我母亲姚静芳和姑妈李若莲以及李挥、李明两位叔叔都先后参加了新四军。1941 年 5 月，父亲进入抗大五分校学习。他们五人在盐城抗大胜利会师。我母亲和姑妈在女生队，大叔在政治队，小叔在军事队，他们还合影留念。后来父亲调部队做队列工作兼盐城卫戍司令部秘书。同年12月，又调任海启总队任代理参谋长、海启警卫团副参谋长。1942年8月，调任启西区区长（中共区委委员）兼区大队长、独立营教导员。当时，这个区伪化趋势十分严重，原启二区的区长施文范已逃走。父亲与新来的区委书记陶彩臣等一班人组成坚强的领导核心，运用各种斗争方式和策略，扩大抗日根据地，摧毁伪政权，打击日伪“清乡”人员。对那些投敌卖国的汉奸，组织民兵坚决开展斗争，毫不留情地杀了一批，并精心指导几个重点地区的反“清乡”斗争，培养出了敌人打不进、伪政权产生不出、伪捐收不到的“铁壁乡”“铁皮村”。由于父亲对敌斗争坚决，被群众起外号为“三号水门汀”（意为坚硬无比）。日伪军却把父亲当作眼中钉、肉中刺，悬赏10万元缉捕他，还扬言：“捉到李若松，‘清乡’就成功！”但父亲不畏艰险，把个人安危置之度外，更加坚定地站在第一线领导全区的反“清乡”斗争，开展游击活动。

艰苦的斗争岁月造就了父亲的机智和勇敢。一次，父亲得到情报，日军的汽艇经常在内河中开来开去，好不威风。父亲连忙派人利用“青纱帐”，到河岸边进行侦察，发现汽艇是运输船，艇上只有两名日军，就决定干掉它。他们在汽艇必经的河道中选择了一条较窄较浅的横河，夜里在河中做了一条水下障碍坝。第二天，队员们埋伏在两边河岸上的庄稼地里。日军的汽艇像往常一样“突、突、突”地开了过来，父亲用盒子枪一挥，一边扣动扳机，一边高喊一声“打”，队员们一起向日军开了火。汽艇被障碍物卡住了，日军被乱枪打死了。大家把汽艇上的军用物资扛下来，丢了个手榴弹把汽艇炸了，扛着战利品，在“青纱帐”的掩护下迅速撤离。这次胜利，增强了战士们打日军的信心，极大地鼓舞了抗日军民。军区领导给予了表扬，并号召各抗日军队开展歼敌比赛。大家纷纷用各种方法歼灭敌人，打得日军、伪军、汉奸躲在据点里不敢出来。

日本侵略军不甘心他们的失败，从江南运来大批又粗又长的毛竹，采用步步为营、分割包围的方法，用毛竹做竹篱笆，把老百姓圈起来，强行编保、甲，幻想切断共产党、游击队与老百姓的联系。白天，老百姓在日军、伪军的逼迫下，埋毛竹，筑篱笆。但一有机会，群众就会给篱笆留个活口子（用一两根毛竹虚插在地上，只要往上一提，就能过人）。晚上，老百姓与共产党、游击队仍保持着联系。在党组织的领导下，父亲深入一线发动群众，组织区大队队员和群众一起在夜里拆竹篱笆，并把毛竹丢进江里，希望江水能把毛竹冲走。谁知第二天，毛竹被潮水冲回江滩上，敌人又逼着老百姓去扛毛竹再筑篱笆。对此，党组织决心加大斗争攻势，于是“火烧竹篱笆”的战斗打响了。那一夜，抗日军民纷纷拿着汽油、柴油、煤油等浇在竹篱笆上，几百里长的竹篱笆几乎同时被点上火，烧得火光冲天，彻底粉碎了日本鬼子“清乡”的阴谋。由于父亲在反“清乡”斗争中成绩显著，先后两次受到苏中四分区的传令嘉奖，并被评为四分区的模范区长。

1944 年 3 月，父亲去苏中党校学习。1945 年春，任东南行署秘书。1946 年 4 月，启海分县，父亲任启东县政府秘书。同年 10 月，升为启东县副县长。不久，又调任九专署秘书。1947 年 7 月，父亲调干校工作。不到半年，于 1948 年初，又调任九分区卫生部政委，同年 9 月，调九专署荣管局任局长，两个月后，任民政处副处长。父亲 4 年时间，先后被调动工作 8 次，尽管调动频繁，但他就像一块砖，时刻任党搬，党叫干啥就干啥。

长期的战争环境使父亲积劳成疾。1949 年在部队攻入南通城时，父亲因大口吐血，被用担架抬进城，住进了医院，诊断为肺结核，因此不得不住院疗养了 4 年。

1953 年 2 月，父亲大病初愈上班，担任南通检察分院代理检察长。1954 年，经省人民代表大会选举当选为南通地区中级人民法院院长、党组书记。当时，我国法制建设刚刚开始，父亲深感维护法律尊严、秉公执法是何等重要。他带头学习国家颁布的宪法及其他有关法律、法令，教育手下工作人员都要懂法、守法、执法如山，要学刚正不阿的包公、海瑞，决不能在我们共产党的法庭上审错案子。

他亲自审案，认真处理来信来访，为打击犯罪、维护人民利益、整顿社会秩序、巩固人民政权付出了辛勤的劳动和汗水。1956 年，父亲被评为全省法院系统优秀工作者。但他没有陶醉于荣誉，而是坚持深入基层开展调查研究。

有一件事使我终生难忘。1963 年，我考取了复旦大学。报到前，父亲给我特制了一根竹棍，又给我一只他在战争年代用过的铁箱子，用以存放书籍杂物。上学时，我用竹棍一头系着衣被、一头挂着铁箱挑进大学。临走时，父亲还一再嘱咐我毕业了要挑回来。在三年困难时期，父亲带领全家把节省下来的口粮支援挨饿的人民。全家每月仅 100 多元的收入，要用于八九个人的生活开支，但他从不向国家要一分钱救济，全家人勒紧裤带过日子，先后买了八九百元公债，用于支援国家建设。父亲在得了严重肝炎后，仍藏着病假条抱病工作。

父亲离开我们整整 30 个年头了。30 年来，我没有为父亲写一点纪念的文字。可我时时想起他，特别是在清明时节，我都会心中滴血、感慨万千。而父亲仿佛还在冥冥中时时守望着我、激励着我、要我们勤劳正直、勇敢坚强，加倍努力为人民服务。

亲爱的父亲，我们永远怀念您！

（载于 2006 年第 5 期）

烽火丹青江海魂

——纪念革命文艺家史白、徐惊百逝世 60 周年

沈启鹏

60 年前，为争取民族独立解放浴血奋战过的两位才华出众的美术青年不幸英年早逝，一位叫史白，一位叫徐惊百。60 年后，英烈的业绩仍激励着后人，激励着文化界的后来者……

革命文艺的奇才

史白（1908—1946），原名施椿寿，笔名施春瘦、施与、施羽、施玉等，是一位集美术、剧作、音乐、诗歌创作能力于一身的革命文艺奇才，中国左翼作家联盟成员、中国左翼作家联盟南通分盟创始人。早在 1929 年于上海美专求学时即有多幅作品被鲁迅先生选进其主编的《青年版画集》。1931 年，愤于左翼青年作家柔石、胡也频等惨遭反动派杀害，血性青年史白连夜构思、创作版画作品《柔石之死》《黑夜》《我们期盼明天》，并陆续公开发表。继而与同道青年组成“一一艺社”为商务印书馆工人夜校授课，深入十九路军将士中作抗日宣传，并掀起学潮。面对反动当局责令开除的重压，校长刘海粟巧妙周旋，假称退学，让史白暗中学习到毕业，并选其筑路工人挥镐向前的版画作为毕业纪念册的封面。

美专毕业后，史白投奔十九路军，任军训处政训干事，从事抗日救亡宣传工作。“福建事变”后潜归南通参加新民剧社，与顾民元、吴天石、于在春、江上青等编印《文艺组合》《写作与阅读》，负责美术装帧。后于南京民教馆任职时加入南京左翼戏剧家联盟，参与组织万人抗日救亡大合唱，被捕入狱受酷刑而咯血，生命垂危中得国民党元老叶楚伧、于右任干预而保外就医，切除半叶病肺回家乡疗养。卧病在床的他仍战斗不止，继任《写作与阅读》美编。

1938 年南通沦陷，史白携妻子、弟弟参加抗战队伍，先后在特务总队、抗战支队做宣传工作。新四军东进时，任苏中四分区政治部宣传科科长和四专署文教科科长。史白是个多才多艺的革命文艺家，除擅长版画、国画、油画，还精于诗歌、编剧和导演，他组建的“战地服务团”排演由他编写、执导的独幕话剧，有《游击队的成长》《两瓶枣儿红》等。演出生动感人，常常会令全场群情振奋，有一次引发马塘镇全镇商店打烊罢市。史白还创作了《纺纱织布》《金牛谣》等歌词、歌曲和《吴满有》《打走了鬼子才有米下锅》等歌剧。特别是一首描写解放区车来船往、一派兴旺景象的歌曲《别处哪儿有》，脍炙人口、广为流传。

由于史白在抗战宣传中的卓越表现，他作为苏中四分区出席苏北文化协会第一次代表大会的三个代表之一，在盐城新四军军部受到时任新四军政委刘少奇同志的亲切接见。

1946 年，史白旧伤复发，还带病写诗、作曲、撰写论文、搞京剧改革和文艺培训。7 月间突罹霍乱，因缺医少药，不幸病故，年仅 38 岁。地委以党礼厚葬。1950 年，民政部批准史白为革命烈士。

史白一直遵循党的文艺方针，积极从事革命文艺创作，旗帜鲜明地提出中国绘画要有中国气派。他在 1946 年解放区《文综》创刊号上发表的《论绘画的“民间形式”》一文中提出：“利用中国自己的毛笔、水墨、宣纸、矾绢、中国颜料来表现‘新写实主义’。”回答“中国画的没落危机”“存在价值”问题时，明确指出中国画决不会被时代所唾弃！“我们的绘画，除了发扬自己的优点以外，一定要接受新的外来的文明。”“要我们的作品能给大众所喜爱，必须用大众所喜爱的‘民族形式’，还要给予大众‘现实主义’内容。”整整60年过去了，史白关于“发扬自己优点”“接受外来文明”“创造新的民族形式”“创作新现实主义内容”的观点放在全球化的今天，仍然是正确的。

中国美术的“保尔”

徐震（1915—1946），字惊百，父亲是大学教授，母亲毕业于师范学校，从小有良好的家庭教育，少时喜读鲁迅著作、热爱革命文艺。小学即因患结核性右腿髁关节炎而辍学。经刻苦自学，1932年考入上海美专，第二年复考入南京国立中央大学教育学院美术科，深得科主任徐悲鸿器重。当选为中大学生会主席团成员，联络进步同学积极参加抗日救亡运动声援“一二·九”，北上慰问平津学生和绥远前线伤员，并在中央大学481期《校风》上发表文章《谈大众艺术》。徐惊百从大众艺术的形成条件和本质特征，论述了作为大众艺术工具的壁画、漫画和木刻功能发挥的优劣势，指出“木刻是大众艺术最良的工具”。特别强调“大众艺术是在实践中产生的”，要“使大众艺术收到效果”，就要“体验大众的生活，使自身成为大众的一员”。鉴于对版木现实功能的深刻理解，徐惊百积极联络李桦先生，将广州现代派画会主办的“第二回全国木刻流动展览会”400件作品运到江苏南通展出，播下新兴木刻的种子。1937年夏毕业于中大，获得教育学士学位。

徐惊百在他《版画艺术的个性》中，通过论述版画不同于一般绘画的独特个性，说明版画深刻广泛的民族性、民俗性、传播性、装饰性和战斗性，证明版画“已经堂堂存在、发展，而且必须发展、有坦广的前途”。如今，江苏已是版画大省，江苏省版协主席李树勤曾专门撰文称徐惊百是江苏版画第一人。

徐惊百英法文超群，罗家伦校长破例保送他赴法国深造。因中日战事起，惊百毅然投入抗日救亡的洪流，发起成立“抗日义勇宣传队”，加入驻南通一带的国民党 57 军 111 师，办《军民导报》，编印宣传小册子，写讲义，深入部队进行歌咏和戏剧演出，随军转战于扬州、宝应、徐淮、鲁南一带。途中他给远在重庆的老师宗白华先生写信，宗白华将信发表于他主编的《时事新报》副刊《学灯》上，并写按语高度评价抗日武装和徐惊百这样的知识青年。1938 年，徐惊百加入中国共产党，与师政治部国民党特务展开针锋相对的斗争。他把部队给他的牲口一再让给伤员骑，自己以几倍于常人的辛劳拄杖跋涉，表现出无私的奉献精神和革命乐观主义精神。近四年的军旅生活历尽艰辛，使徐惊百体力消耗过度，终于旧病复发，结核病灶破溃，关节发炎化脓，部队后方医院治疗无效转上海，不得已做高位截肢手术。因经济不堪重负返回南通治疗，伤口久不愈合溃烂漫染至小腹，导致长期高热不退和剧烈疼痛。躺在床上的五六年间，他以惊人的勇气和毅力与病魔搏斗。“废了的是我的肉体，残伤的是我的四肢，而我的心仍完整，即这颗热血年轻的心，永不会在呻吟病苦老旧，仍旧要奉献给光明。”他的这种革命乐观主义精神感动了许多来访者。推荐进步书刊，交流读书心得，讨论文学、教育、艺术、社会问题，他因高尚的思想境界和博识卓见在进步青年中享有崇高的威望，大家称他为“中国的保尔 · 柯察金”。他千方百计寻找党组织，不断写文章揭露黑暗、歌颂光明，控诉反动派制造“南通惨案”的无耻行径，争取社会声援。直到生命的最后时刻，他还在读《政治经济学》，写信给留学美国的弟弟“不要忘记祖国受难人民”，建议党组织加强农村文化工作，提出文艺协会“依靠群众、巩固组织”的方针，写诗《献给珂勒惠支》并译英文刊于《苏北文艺》，悼念德国女版画家凯绥·珂勒惠支逝世。1946 年 8 月 27 日，徐惊百心脏停止跳动，走完了他短暂而光辉的 31 年人生路！

新中国成立后，人民政府追认徐惊百为烈士。南通博物苑收藏了他的日记、书刊、文稿、版画、油画、速写、水彩、粉画作品和遗物近 200 件，其中有徐悲鸿签名赠他的珂罗版印刷中国画集。2001 年，中共南通市委党史工作办公室与市文联整理出版了 65 万字的《惊百文存》。

文艺使命的传承

史白比徐惊百年长 7 岁，又是同住一条古巷的邻居，在史白的艺术指导和精神感染下，徐惊百考取了南京中央大学。史白在南京民教馆任职时，曾在中大举办版画讲座，当学生的惊百常向史白请教。史白出狱返乡就医养病，毕业回乡从事“抗日义勇宣传”的惊百也常与史白切磋版画创作心得。徐惊百截肢卧床的几年里，史白常去看望，送医送药，史白夫人理明为惊百找到党组织，恢复党籍。两位才华横溢的革命文艺战士情同手足，互相砥砺，在同一条救亡图存的文化战线上浴血奋战，想不到竟在同一年的七八月间不幸先后牺牲，怎不令人扼腕痛惜！

我出生在他们牺牲的那一年，少时去诗文世家的范曾处求教时，就常在隔壁的史家玩耍，后来我在这条古巷里的百年老校南通中学读中学。60 年过去了，老巷依旧，古塔悠悠，走进史白烈士纪念室，踏访徐惊百故居，再读两位先贤文集和画作倍感亲切，思绪万千。当年毛泽东、刘少奇、陈毅关于文艺的讲话，是烽火年代江海美术的精神支柱。史白、徐惊百等一大批文化先驱曾经从事的战时美术，既是团结人民、教育人民、鼓舞人民的号角，又是打击敌人、瓦解敌人、消灭敌人的匕首。虽然时代发生了翻天覆地的变化，但历史留给今天的，是以爱国主义为核心的抗战精神，是艺术不脱离人民生活、永远为人民服务的真谛！新时期的文艺依然是讴歌“真善美”、团结鼓舞人民的号角，鞭挞“假丑恶”、荡涤污泥浊水的武器。南通成立了中国第一个版画院，一批青年版画家茁壮成长；南通的连环画和中国人物画队伍成为江苏的一支劲旅；20 世纪末“南通画家画南通”和“大江溯源行”主题性写生创作活动形成省内外良好影响，今天“五月风”文艺展示月、“江海文化行”文艺下乡、“蓝印花布之乡”命名活动等接连不断、精彩纷呈；2005 年中国百家金陵画展暨高层论坛在宁开幕，江苏省带头高举现实主义旗帜……

在两位先烈逝世 60 年的日子里，南通市委党史办、市文联、南通博物苑联手以遗作展的形式，回顾、纪念两位烈士短暂而光辉的一生。市文联编写了纪念文集《艺苑英魂史白》。我把他们鲜为人知的业绩介绍给中国美术界，展示这块“永远的丰碑”。这些，为的是追思缅怀，为的是薪火相传。

（载于 2006 年第 5 期）

上官运盐河

——传承江淮东部远古文明的“母亲河”

王其银

在中国古代兴修水利史上，都江堰、大运河是举世闻名的为人类造福的重要水利工程。而开凿于汉代，直到今天仍为江淮东部、江海平原带来排灌、水运等重大水利作用的上官运盐河（即老通扬河），则是中国历史上继人工开挖邗沟后开挖的又一条人工运河，其实际竣工时间甚至比京杭大运河开通还早 759 年。这条河在沟通江淮东部、连接江海平原、保障官盐供给，乃至后来元、明、清漕运，以及繁荣通扬泰政治、经济、文化中起了不可磨灭的作用。

上官运盐河的久远历史

上官运盐河，亦称上河、上官河或运盐河，俗称通扬运河。史书记载为汉代吴王刘濞所开凿，开凿时间为西汉高祖十二年至景帝前元三年（前 195—前 154），在中国古代兴修水利史上有伟大历史功绩。

中国古代人工开挖运河最早的是春秋时期的吴王夫差，于吴王夫差十年（前 486）开挖了邗沟，从而沟通江淮，使吴国军队自长江经邗沟直接进入淮河流域（不必从南黄海绕行）。因此中国历史上第一条人工运河开凿的目的是用于军事——当然不排除开挖后的经济意义。但汉代的吴王刘濞开凿上官运盐河，其着眼点则是经济。中国古代盐、铁一直官营。刘濞封地的滨海平原大量产盐，要把东部沿海的盐运到扬州，再转售全国各地，迫切需要开辟水上通道。于是他借鉴夫差的做法开凿上官运盐河，即自扬州茱萸湾到海陵仓，再到海安如皋的运盐河。《海安县志》上记载为“自扬州湾头经海安至三十里墩，计长一百九十五里”，这是上官运盐河之始。

运盐河一经开凿，便具有非凡的经济意义。该河西通扬泰，东达海滨，是跨地区的水上通道，不仅有舟楫之便，而且有灌溉、泄水之利。历史上上九场所产的盐均经此河运往扬州府，于是扬州商贾云集，备受渔盐之利，非常兴盛。

正因为上官运盐河具有沟通江淮东部地区的特殊作用，所以自吴王刘濞开凿之后，汉、唐与宋、元、明、清各朝各代均先后不断疏浚，使之保持畅通。且随着时间的推移，特别是顺应江海平原向东向南延伸的需要，上官运盐河也不断向东向南延伸，即“由海安之三十里墩折而东南，历油坊头、如皋抵通属各场，达以江海”。史料记载，清“宣统二年（1910），由姜堰至海安官河水浅，轮船不便驶行，由姜堰商会丁植卿会同通州张謇出资雇工挑浚，阅三月始浚”。这说明，历经2000多年沧桑的上官运盐河仍具有灌排、水运的经济作用，以至南通张謇仍愿意为通扬运河的疏浚慷慨解囊。

上官运盐河的水系命脉作用

上官运盐河扬州到海安段是通扬运河的初始段，也是主干段。令古今水利专家惊奇的是，这条人工运河居然成为江淮东部长江水系与淮河水系的分水河。这在中国古代治水历史上是绝无仅有的。

自扬州湾头到海安的上官运盐河，泰州南门高桥以西称西运河，计长70里；高桥以东称南运河，计长125里，其中海安境内计长68里。令人瞩目的是，古代泰县水道系江淮支流，东西坝以南为上河，北为下河，淮水自六闸南下折而东行经仙女庙至孔家涵分东西两支，一支北流入下河，一支东流为上河，上河以运盐河为东西正干，通江诸水均汇入此河……

熟悉江淮东部地区地理状况的人都知道，高宝以东，泰州海安以北，兴化、盐城两县和东台、富安等中下十场地势凹下“形若釜底，众水所归，汪洋停汇为下河”，上河较下河则高出许多……因此上官运盐河北岸，当时仅泰县境内就设有涵洞72处，宣泄下河以利农田，“淮水小、江水大则开岸南各坝引江水调节之”。

上官运盐河担负着非常杰出的排泄洪水功能。《泰州志》记载：“金湾河水势七分入芒稻河，三分入运盐河，东流经宜陵镇抵泰州城，又东流经姜堰、海安，由力乏桥下海。”这说明，早在江海平原的海岸线还在力乏桥（即立发桥）附近的时候，上官运盐河排泄洪水入海的功能就非常引人注目了。

最令人赞叹的是，“淮水小、江水大则开岸南各坝引江水调节之”。就是这个“调节之”，在江海平原不断向东向南滋长延伸的过程中，在盐场卤灶东移南迁之后，正是“调节之”引来的江水浇灌了江海大地，使江海平原变成了膏腴之地；而运盐河之北的里下河地区，也同样靠引来的江水灌溉变成了鱼米之乡……这就是当年吴王刘濞开凿上官运盐河给江淮东部的人民带来的世代水利命脉惠利。

上官运盐河的文化底蕴

回顾世界文明史，任何国家、民族的历史文化底蕴都离不开水的滋润。许多享誉世界的辉煌文明正是治水改水演奏出的生命交响曲。远古巴比伦文明的底格里斯河和幼发拉底河是这样，中国的都江堰、大运河也是这样。而上官运盐河的开挖，在江淮东部的文明史上，同样起着“母亲河”的特殊作用。

高邮龙虬庄和海安青墩遗址，都是江淮东部地区的新石器时代遗址，它们标示着早在六七千年前，龙虬庄古人和青墩古人就生息繁衍在这片土地上了。但是很遗憾，全新世大面积海侵让这种远古文明遭受了灭顶之灾，正像考古学家们说的，人们作鸟兽散……而江淮大地、江海平原重新滋长生成后，远古文明的延续就在大禹治水、李冰修都江堰、夫差开邗沟的启蒙下，吴王刘濞作出了开凿上官运盐河的旷世之举。正是这个非凡的举措，龙虬庄文明与青墩文明有了传承的意义，而上官运盐河恰恰是连接远古时代与现代未来的璀璨纽带！

让我们看看这条运盐河的起点和终点吧。由西向东，扬州、江都、泰州、姜堰、海安、如皋、南通……有哪个城市不是吸吮通扬河之水滋润起来的？如果把上官运盐河比作一条贯穿古今的彩带，那么沿河两岸的城市就是颗颗璀璨的珍珠！谁都知道，在中国古代，任何城市的崛起都离不开水运便利，即便到近现代，公路、铁路、飞机成为现代化的交通工具，但一个城市如果没有水的连接或环绕，这个城市仍然没有完全的竞争力。扬州、南通作为上官运盐河的两端，之所以更为发达、更加繁荣，除了运盐河和其他一些不确定因素，恐怕更现实、更有说服力的还是前者占有大运河之利，而后者另有江风海韵的滋润哺育。

正是上官运盐河的开通，让南通和扬州紧密连接在一起，进而奠定了南通作为华夏中部海运与河运纽接点的地位。而江淮东部滨海地区的盐业生产也因这条运河的开通更加兴盛。史料记载，北宋年间仅通州诸场就产盐 48.9 万石；明洪武年间（1368—1398）盐丁多达 1.19 万人，到了清代竟达到 12.35 万人。难怪唐代日本僧人圆仁从掘港入境写出这样的见闻："见官船积盐，或三四船，或四五船，双结续编不绝，数十里相随而行。"唐代是这样，宋、元、明、清又如何？应该说，南通的崛起，上官运盐河起了很大的作用。

当然，南通是后来的端点，这么说或许还有点失之偏颇。那么就说海安吧，这座苏中小城是上官运盐河开凿之初的东端。《古海陵县志》有这样一段记载："上官运盐河（即老通扬河）旧为内城河，明时舟楫往来自外城河绕行。城圮，遂直通东西，左海右淮，上九场盐艘皆经此。”一座小城，在没有公路、铁路等交通工具的古代，有“舟楫往来”，有“九场盐艘皆经此”，且有内外城河可以穿行或绕行，该是怎样一种繁荣景象？正如古代诗人笔下描绘的“矧兹淮甸间，沃野富吴荆”“楚江葭苇带青枫，小市鱼盐一水通”。所以古代海安“三塘十景”中“三里风帆”最为壮观……难怪宋相文天祥愿意来此苏中小城逃难，大画家龚半千会光顾，而陆舜、张符骧、杨冰、韩紫石等贤良在这里诞生……

至于历史上有那么多“盐艘”驶达扬州，进而招引天下盐商集聚扬州，终究使扬州在唐代成为天下最繁华的都市。18 世纪末世界上总共有 10 个 50 万人口以上的大城市，扬州就位列其中。

于是扬州出冯延巳，出张若虚，出秦少游，出鉴真，出“扬州八怪”，出朱自清；泰州出“泰州学派”，出梅兰芳；姜堰出“太谷学派”掌门人黄葆年，出高二适；如皋出吕岱，出王观，出胡瑗，出冒辟疆；南通出李方膺，出张謇，进而诞生“中国近代第一城”……“一方水土，一方人物”。上官运盐河作为江淮东部的“母亲河”，源远流长，自然会给江淮大地和江海平原带来更绵长久远的福祉。

（载于 2006 年第 6 期）

懿德被江海

——怀念梁灵光

戴致君

梁灵光是革命老前辈，我因为从事南通地方党史资料的征集工作，得以认识梁老，后来又有幸受组织委派，协助梁老整理回忆录，在一段时间里，常随梁老左右，聆听他的教诲，被梁老传奇般的人生经历所吸引，更为他在战争年代百折不挠的斗争精神，实事求是、密切联系群众的优良作风所感动，梁老的崇高品质，梁老的道德风范，成为我心中一座永不磨灭的丰碑。

一

梁老是开辟苏中四分区抗日民主根据地的功臣。抗日战争爆发以后，梁老毅然从马来西亚回到国内，投笔从戎，经党组织同意，到苏北泗阳吴卫久的抗战支队从事政训工作。1938 年 9 月，他随这支部队来到如皋，从此开始了他转战江海平原 10 年的战斗生涯。

当时，南通地区党组织刚刚恢复和重建，以唐守愚为书记的中共江北特区委员会组织党员和抗日进步青年，在城乡和国民党地方武装中开展抗日救亡的宣传发动工作。此时的梁灵光，虽然还不是共产党员，但却以抗战支队政治处主任的合法身份，为江北特委在抗战支队和地方的活动最大限度地提供了便利，有效地保护了共产党人和抗日进步分子的安全。梁灵光与在抗战支队工作的陈伟达、洪泽等江北特委的负责同志，心有灵犀，密切配合。在梁灵光领导和支持下的抗战支队政工队，成为当时通如海启地区一支最具影响力的抗日宣传力量。江北特委正是通过这支力量，使党的抗日民族统一战线的方针政策更加深入人心，为以后苏中四分区抗日民主根据地的建立打下了坚实的群众基础和组织基础。

梁灵光还与抗战支队的主要领导人、国民党顽固派分子吴卫久、郑枢俊等进行了有理、有利、有节的斗争，在吴卫久反共面目还没有完全暴露之前，利用吴卫久牵制郑枢俊，同时组建了一支由陈伟达等共产党员和抗日进步分子领导和控制的武装部队，与日伪军进行了英勇的斗争。

1940 年夏秋，新四军东进黄桥地区。8 月，梁灵光任如皋县抗日民主政府第一任县长。10 月初，在黄桥决战中，梁灵光率领县警卫武装，配合主力部队截击顽固派韩德勤的部队，俘虏顽军 50 余人，缴获战马 5 匹和一批枪支。后来在苏北区党委召开的总结会上，受到了区党委副书记陈丕显的表扬，说是开了县长亲自带兵打仗的先例。

黄桥决战以后，梁灵光和钟民、周一峰一道，作为陈毅的代表，到如皋县的马塘与国民党地方实力派的代表薛承宗进行了艰苦的谈判，终于迫使薛承宗接受了与新四军合作抗日的 4 项条件。

新四军进驻通如海启地区后，梁灵光被任命为苏四区抗日游击指挥部政治部主任。紧接着，在通如海启地区各阶层代表会议上，又被任命为南通县抗日民主政府的县长兼县保安旅旅长。

1940 年 11 月 24 日，梁灵光只带 1 名警卫员和 1 名秘书，就成功地接管了手中握有重兵的原国民党南通县县长兼县保安旅旅长何润章的大印，展现了一个共产党员超人的胆略和智慧。

二

在抗日战争和解放战争期间，梁老转战江海平原，战功累累，威震敌胆。

梁老出身于书香门第，本是一介书生，可是他遵照毛泽东“在战争中学习战争”的教导，很快成为一名上马治军、下马理政的干将。他和县委书记周一峰等领导同志一起，一方面带领各级干部，深入乡村和城镇，发动群众，开展减租减息斗争，建立各种群众抗日组织；另一方面，着力改造旧军队，发展和壮大抗日武装，与日伪顽进行了坚决的斗争。

在根据地初创时期，以及后来的反“扫荡”、反“清剿”的斗争中，梁灵光率领的南通县警卫团（前身为南通县保安旅），面对已经控制了据点和主要交通线的日伪军，先后在五福桥、北刘桥、石港、胡家园、曹家埠、孙家窑等地袭击、伏击日伪军，攻打金沙、奇袭茅家镇，同时，还配合主力部队进行了一系列战斗，沉重打击了日伪军，巩固和扩大了根据地。

1943 年春，日伪开始对苏中四分区“清乡”，集中大量兵力，构筑据点和封锁篱笆，把根据地分割成许多小块，企图把共产党领导的抗日武装扼杀在封锁圈内。梁灵光和周一峰带领县团机关和精干武装，始终坚持在日伪的“清乡”区内，在人民群众的掩护、支持下，在各区区队武装的配合下，灵活穿插，机动游击，常使日伪的合围“梳篦”扑空，同时选择日伪防御薄弱的据点进行突袭，使日伪措手不及，备受打击。

1943 年 10 月，梁灵光调任苏中四专署的专员。在四专署工作期间，他和地委书记吉洛（姬鹏飞）、分区司令员陶勇等领导同志一起，在极其艰难困苦的条件下，领导四分区抗日军民，胜利地粉碎了日伪的“延期清乡”“高度清乡”，使日伪“扩展清乡”的计划成为泡影。作为行署的最高行政首长，梁灵光还组织领导了基层政权的改造。在根据地的财政经济和文教卫生等方面，做了卓有成效的工作，为支援其他根据地的斗争作出了突出的贡献。

抗日战争胜利后，苏中三、四分区合并，组建华中一分区，梁灵光任一专署的副专员。自卫战争爆发后，梁灵光又临危受命，于1946年8月任新成立的华中九分区司令员兼九专署专员。

其时，盘踞在南通的国民党第一绥靖区司令官汤恩伯（后为李默庵）指挥的5个整编师15个旅12万人，正蠢蠢而动，向苏中解放区大举进犯，形势异常严峻。梁灵光只带着十几个侦察员和通讯员就走马上任了。当时，地委书记洪泽又正在重病之中。就是在这样的情况下，开展了分区武装的建设和解放区的各项工作。

1946年10月，在主力部队的支持下，九分区第一个主力团——九分区七团成立。此后，梁灵光率领的九分区主力部队，或单独作战，或在各县警卫团的配合下作战，或配合华中主力部队作战，大小战斗不下数十次，几乎是所向披靡，战必胜，攻必克。即便是在最困难的时期，也一直坚守在原地。分区主力部队成为一支特别能战斗的部队，“梁灵光打仗真灵光”的故事也在群众中广为流传。

梁灵光从1938年9月随抗战支队进驻如皋，到1948年4月率分区主力部队上升到华野十一纵队，任三十三旅旅长，他的足迹基本上没有离开通如海启地区，他为这个地区人民争取民族解放、争取民主自由所作出的贡献，为数百万江海人民所铭记。

三

在战争年代，梁老平易近人、关心群众、密切联系群众的作风是有口皆碑的，可惜作为晚辈后生，我无缘感受梁老当年的风范，但在与他有限的接触中，在我征集南通地方党史资料时所见所闻中，我还是为他的这种人格魅力所震撼。

梁老一直把南通作为自己的第二故乡，对江海平原8000平方公里的热土、对数百万南通人民，始终充满深深的眷恋之情。改革开放以来，无论是在中央担任轻工部部长时，还是在广东担任广州市委第一书记、广东省省长时，抑或是从领导岗位上退下来以后，他都关注着南通。南通人有什么事找他，无论巨细，只要政策允许，只要他能办得到，全都会尽力去帮助、去促成。一次，梁老到南通，一位乡镇企业的负责同志找到他，反映在广东某厂购买的汽车维修有困难，梁老当即写信给汽车制造厂，要求妥善处理此事；前些年，南通的各级领导经常到广东去考察，差不多每次都得到了梁老细心周到的关照；20世纪90年代初，梁老以年近80岁的高龄，还应聘担任了南通海外联谊会的名誉会长，积极为南通的招商引资、经济发展献策献计。

梁老是一位很重感情的人。抗日民主根据地开辟期间，梁老曾经得到南通地方人士瞿树滋、吴沐初、李志刚等人的帮助和支持，后来这些同志也都成了我们党的领导干部。梁老每次见到我们，都要问起这些同志的情况。到了南通，只要时间允许，就要亲自去探望；有的同志过世了，他还要向我们详细地询问遗属的生活状况，捎口信表示慰问。南通军分区政治部原副主任王强，战争年代曾任华中九分区民运干事，是梁老的老部下。退下来以后，义务搞党史20多年，后来又协助梁老整理回忆录。梁老只要到江苏，都要约王强去聚一聚。前两年王强生病，梁老得知后，托人给王强送去了营养品。写到这里，我不禁想起了我年近

90 岁的舅舅——一个老实巴交的农民给我讲述的梁县长的一个故事。1942 年夏秋之交，南通县抗日民主政府县长梁灵光率部驻扎在四安温家桥一带。一天，驻地附近的一位老太太去世了，梁县长得知后，带领有关人员去老太太的灵前吊唁，并按当地习俗送了“人情”，行了跪拜礼。时隔 60 多年，我舅舅讲这个故事时仍是满脸激动。

当然，南通人民也没有忘记曾经与自己生死与共的老领导。1993 年秋，梁老到南通，住在南通县（现通州市）的招待所里，第二天一大早，原南通县抗日民主政府驻地北兴桥群众闻讯赶来，要与当年的老领导“叙叙旧”，还带来了方柿、芋艿等土产，让老领导尝一尝，当时的情景，令在场的同志无不动容。古时“箪食壶浆”的场面又在现代重现，只是他们欢迎的不是“王师”，而是一位从领导岗位上退下的老者。1996 年冬，我随梁老去北兴桥，又一次看到同样的场面。梁老刚在北兴镇政府的大院下车，早已等候在那里的人群就将梁老夫妇团团围住，许多上了年纪的老人争相和梁老夫妇握手，嘘寒问暖，亲热得就像一家人一样，全然没有那种在“大干部”面前的拘谨，那个场面，是我一生中遇到的最令我感动的场面。

梁老逝世快一周年了，但随着时光的流逝，梁老高大的形象，却越发深深地刻印在我的心中，使我永志不忘。

（载于 2007 年第 1 期）

苏通大桥：世界桥梁史上的一座丰碑

苏 建 方 平

这是一个让世界瞩目、令人们振奋的时刻：苏通长江公路大桥即将胜利合龙贯通了！站在长江边，远眺苏通大桥，宛如一道绚丽的彩虹，跨江出海，划破长空。780 万江海儿女为此欢呼，为此歌唱！南通人终于圆了自己大桥之梦：南通不再南不通！

腾江越海树丰碑

苏通大桥位于江苏省东部的南通市和苏州（常熟）市之间，是交通部规划的黑龙江嘉荫至福建南平国家重点干线公路跨越长江的重要通道，也是江苏省公路主骨架网“纵一”——赣榆至吴江高速公路的重要组成部分。苏通大桥西距江阴长江公路大桥 82 公里，东距长江入海口 108 公里，是我国建桥史上工程规模最大、综合建设条件最复杂的特大型桥梁工程。建设苏通大桥对完善国家和江苏省干线公路网、促进区域均衡发展以及沿江整体开发、改善长江安全航运条件、缓解过江交通压力、保证航运安全等具有十分重要的意义。

苏通大桥北岸连盐通高速公路、宁通高速公路、通启高速公路，南岸连苏嘉杭高速公路、沿江高速公路，全长 32.4 公里，主要由跨江大桥工程、北岸接线工程和南岸接线工程三部分组成。

跨江大桥工程：总长 8.2 公里，其中主桥为“100+100+300+1088+300+100+

100=2088 米”的双塔双索面钢箱梁斜拉桥。斜拉桥主孔跨度 1088 米、主塔高度 306 米、斜拉索的长度 580 米、群桩基础平面尺寸长 114 米、宽 48 米，它们分别以最大的跨径、最高的桥塔、最长的拉索、最深的基础，创下了四个世界第一。专用航道桥为“140+268+140=548 米”的 T 形钢构梁桥，为同类桥梁工程世界第二；南北引桥为 30、50、75 米预应力混凝土连续梁桥。

北岸接线工程：路线总长 15.1 公里，设互通立交两处，主线收费站、服务区各 1 处。

南岸接线工程：路线总长 9.1 公里，设互通立交 1 处。

苏通大桥全线采用双向六车道高速公路标准，计算行车速度南、北两岸接线为 120 公里 / 小时，跨江大桥为 100 公里 / 小时，全线桥涵设计荷载采用汽车－超 20 级，挂车－120。主桥通航净空高 62 米，宽 891 米，可满足 5 万吨级集装箱货轮和 4.8 万吨船队通航需要。全线共用钢材约 25 万吨，混凝土 140 万立方米，填方 320 万立方米，占用土地 1 万多亩，拆迁建筑物 26 万平方米。工程总投资约 64.5 亿元。

千呼万唤始出来

这是世界建桥史上的一座伟大丰碑，让我们来翻看一下大桥建设前期的日历：

1991 年，开始研究苏通过江通道规划。

1996 年 11 月至 1997 年 12 月，完成了《南通长江公路通道预可行性研究报告》。1999 年 4 月，交通部组织专家对苏通大桥项目建议书进行了行业评审。1999 年 9 月，国家计委组织专家对项目建议书进行了评估。2001 年 6 月，国家计委以计基础〔2001〕1089 号文批准苏通大桥项目建议。

2001 年初，省交通厅组织完成了初步设计工作的总体规划；2001 年 7—11 月，通过招标，确定中交公路规划设计院、江苏省交通规划设计院和同济大学组成的联合体中标承担跨江大桥初步设计。同时设计单位委托丹麦 COWI 公司，苏通桥指委托中铁大桥勘测设计院、日本长大株式会社分别进行了设计咨询审查。

2001 年 8 月 14—16 日，省计委联合省交通厅对工可报告进行了省内预审；2001 年 9 月 27 日，省计委将工可报告上报国家计委和有关部门。2001 年 11 月，交通部委托部规划研究院组织专家对工可进行行业评审。2002 年 2 月，受国家计委委托中咨公司组织专家对工可报告进行了评估。2002 年 4 月 26 日，中咨公司将评估报告递交国家计委。2002 年 11 月，国家计委以计基础〔2002〕2330 号文批复了工可报告。

2001 年 8 月，江苏省向国家环保总局上报了《苏通大桥环境影响评价大纲》。2003 年元月，通过交通部组织的环评报告书审查。2003 年 2 月，国家环保总局以“国环评审〔2003〕67 号”文批复了《苏通大桥项目建设环境影响评价报告书》。

2002 年 11 月，交通部分别组织有关专家对苏通大桥基础设计资料、结构设计参数、设计方案等进行了现场调研和审查。2003 年 3 月，交通部以交公路发〔2003〕95 号文批复了苏通大桥初步设计。

2003 年 5 月，江苏省交通厅以苏交计〔2003〕65 号文批准施工图设计。

2003 年 6 月，经交通部同意，同时江苏省发展计划委员会以苏计投资函〔2003〕123 号文转达国家发展和改革委员会意见，同意苏通大桥控制工程先行开工建设。

苏通大桥前期工作经历了规划、预可、工可、初设和施工图设计等众多复杂阶段。从 1991 年进行规划研究，至 2003 年 6 月开工，历时整整 12 年。人们千呼万唤、万盼千望，终于迎来了大桥开工的一天！

排除万难奏凯歌

有梦的地方就有路，有水的地方就有桥。在路与路相通、桥与桥相连的地方，就是路桥建设者们梦想的天堂。他们看着希望从足下诞生，蓝图从手上升起，梦想在眼前清晰。但是，随之而来的困难，足以让人望而却步，他们面临着四大自然条件的挑战：

一年中江面风力达6级以上的有179天，年平均降雨天数超过120天，雾天31天，还面临着台风、季风、龙卷风的威胁。

江面宽6公里，主桥墩位处水深为30多米，浪高1～3米。每天两潮，潮差2～4米。桥位处水流速度常年在2.0米/秒以上，最大流速为4.47米/秒。

基岩埋藏深达300米，覆盖层厚，土性软弱。河床易受水流冲刷。

桥区通航密度高，船舶吨位大，平均日通过船只2300多艘，高峰时日通过船只接近5000艘，航运与施工的安全矛盾突出。

可是，困难再大没有“苏通人”的决心大。在浩浩江水上，苏通大桥的建设者们在指挥部的正确领导下，团结一致，一步一个脚印，攻克了一个又一个技术难题，创造了一次又一次辉煌。其间，更是涌现了一大批吃苦耐劳、无私奉献的共产党员，他们用真情和汗水，谱写了一曲又一曲新时代艰苦创业的动人赞歌。

工程处处长曹建中是最早参与苏通大桥的建设者，他刚到不惑之年，把家里的事情全部交给了妻子，在儿子的记忆中，想要爸爸带他吃一次肯德基都是一种奢望，平时见面的机会少之又少。去年春节后，患有肺气肿的岳父病情恶化，在病床上躺了几个月，直到最后离开人世也没有见到女婿的身影。妻子不止一次地责怪，曹建中心中充满愧疚，可是他最难割舍的是要早圆大桥梦。他凭着一股拼命三郎的精神，现场指挥七八支施工队伍，出色地完成了大桥建设的各项工程。

知识型工长李洪军，相继担当全桥重中之重的控制性工程——C1、C3标的领衔工长。4年来，在钢铁丛林中，无论是三伏酷暑、65℃以上辐射高温，还是数九寒天、-12℃以下的三尺冰凌，他每天劳作13个小时以上，用心、智、力突破了世界级技术难关。

B1标箱梁工段长邓小华，作为党员示范岗的骨干，他爱岗敬业、勤于钻研、技艺精湛、身先士卒，实实在在发挥着党员的模范带头作用。在北引桥50米跨箱梁施工中，他硬是顶着钢箱梁内50多度的高温，参照技术资料，对主梁、横梁连接间的每一颗高强螺栓紧固、每一个销轴联结构件逐一检查；遭遇“麦莎”台风时，他放心不下工地，深夜还顶着10级大风和瓢泼般的暴雨，到现场巡查。

在苏通大桥，这样的党员如浪花朵朵，这样的事例如繁星点点。爱岗敬业、顽强拼搏、无私奉献、无怨无悔，是苏通建设者的真实写照。他们为实现把“党旗和国旗插到世界最高桥塔之巅”的铿锵誓言，不负重托、不辱使命，使党旗在长江中的惊涛骇浪上熠熠生辉！

苏通大桥工程浩大，大桥建设的质量、安全、廉政等都不能掉以轻心。驻桥纪检监察部门把廉政建设作为建世界一流精品工程的一项政治任务来抓，他们坚持以人为本，认真履行《廉政合同》，开展各项有益活动。指挥部高度重视整个项目的安全管理体系建设，按照上级“把安全管理的触角延伸到工程建设的每个环节”的要求，建立和健全安全生产组织体系。制定下发《关于进一步完善和落实安全生产责任制的指导意见》，使工程一线的人员有岗位、有职责。建桥者们用美好的青春和满腔的热血，让塔柱在攀升，使箱梁在延长。

今天，苏通长江公路大桥就要合龙贯通了，她将成为世界桥梁史上的一座伟大丰碑，大桥建设者们的丰功伟绩，将永垂青史！

（载于2007年第3期）

会通以求超胜

——南通精神再悟

吴声和

南通精神概括出炉已有很长一段时间。细细回味，感到“包容会通、敢为人先”8个字，内涵丰富，意蕴深刻，哲理明晰，逻辑严密。既是江海平原人文精神层面的披阅梳理，又是南通人民思想真谛的精确提炼，更是鼓舞南通人民立身奋进的精神坐标。

宇宙沧桑，天地万物，囊入胸怀。包容是博大的胸襟、恢宏的气度与大家的风范，既要有壮志凌云的崇高目标，又要有海纳百川、气吞山河的气魄，还要有上下五千年、纵横五大洲的历史与世界眼光。

包容是吸纳，是一种学习态度。善于汲取、与时俱进，读万卷书、行万里路，见广识博、思维敏捷，集天下之智。

包容是和而不同的理念，是统一战线的思维定式。不同流派、不同学科、不同风格，百花齐放、百家争鸣，尊重事物的多样性与差异性，求同存异，兼容并蓄，包容并举，共属一堂。用人之长，容人之短，心底无私天地宽。广交友，广纳贤，广搜信息，广拓思路，广开言路，团结一切可以团结的力量，汇天下之精华。

会通是融会贯通，交流融合，中医说：“通则活，不通则淤。”会通是一种智慧，体现了科学的思想方法与和谐的理念，善于处理各种纷繁复杂的矛盾，研究事物发展的矛盾法则、客观环境与历史背景，探索事物之间的相互关联，寻找和把握事物的内在规律，用辩证和谐的科学发展观，观察认识事物，强调实事求是、量力而行、顺势而为、乘势而上的原则，按轻重缓急，主观能动地协调处理热点、焦点、难点问题，推动事物健康地发展。

会通是灵活的战略战术，死板、教条，故而不通、胶柱鼓瑟，必然因循守旧、故步自封、坐井观天、刻舟求剑。会通善于谋势，有计划性、前瞻性。会通是科学的世界观和方法论，也是一种应变能力。

会通是一种大彻大悟、炉火纯青的境地，面对各种复杂棘手局面，洞若观火，举重若轻，游刃有余，不留后患。

敢为人先是一种人生的态度，也是对人的素质要求。一个“敢”字，意味着不甘示弱、不愿落后、勇当先锋。凡事不敢露头、不敢冒尖，前怕狼后怕虎，其结果是一事无成，一辈子成不了气候。而一马当先、勇往直前、勇立潮头的弄潮儿，才能引领时代风气之先。不畏人言，不媚世俗，不怕嫉妒，不怕打击，勇于开拓，勇于创新，敢走前人没有走的路，不怕挫折，不屈不挠，不怕牺牲，敢于拼搏。这既是创业、创新、创优的本质要求，也是和谐南通与全面建成小康社会的精神支撑。

刘勰在《文心雕龙》中说“通则不乏”“变通适会”。“通”是继承，“适会”是适应不同的具体情况。 明代科学家徐光启说“会通以求超胜”，会通是为了超越。只有达到会通的境界，才能达到画龙点睛、点石成金、出神入化的境地。

南通精神囊括做人的胸襟、境界与人生态度的要求，包含人的价值观、人生观、思想方法、工作方法等诸方面。如果说包容是宽广的胸怀，会通是科学的方法，敢为人先就是升华和超越，是奋斗的目标。包容、会通、敢为人先三者是递进的逻辑关系，完美地演绎了南通人民群体的文化个性特征，体现了南通人民革命英雄主义和与时俱进的时代精神。

（载于 2007 年第 3 期）

古代南通地区盐场名称由来考略

张荣生

今南通市境清末以前为淮南盐区重要组成部分，存在过众多煎盐场。最著名的12所煎盐场存续时间长约1000年。民国改元，这些昔日盐场绝大多数改为乡镇，有的被建为县城。溯自明代以降，治史学者试图探究南通各盐场名称的最初由来，然以资料贫乏，少有定论。本文依据搜罗资料，重加考证，结果如此。

1. 如皋场（今为如皋市治）

得名于汉。如，往，到；皋，沼泽，水边高地。如皋，意为“到了沼泽”或“到了水边高地”。考如皋成陆之初曾是大江入海口北岸一处沙洲，地势较北面的戴庄、柴湾和东面的东陈高约2.5米，境内多沼泽湖塘，故有是名。东晋义熙七年（411）设县，隋唐省入海陵县。《太平寰宇记》记载：“如皋港在县西一百五十步，港侧有如皋村，县因此为名。”唐太和五年（831）置为场，五代南唐保大十年（952）升为县。由建场至复为县历时121年。2005年夏，建筑工人在地下挖掘出高密度古井集群，推测当与宋以前如皋仓积盐储运有关。

2. 丰利场（今属如东县）

唐至五代名称不详。以“丰利”为场名始见于《宋会要辑稿》，盖取“盐利丰厚”之意，与通州“利丰监”名称含义类同（宋时利丰监亦常讹作丰利监）。一说唐时有大圣寺，旁植枫树，有母女于树下经仙人指点后化灾为福，人们因而视枫树为吉利之物，由“枫利”音转而为“丰利”，并演化出“古枫”等雅名。系民间传说，不足据。按：北宋时有南、北两个丰利场，南丰利场属通州利丰监，北丰利场属泰州海陵监。《太平寰宇记》记通州利丰监所属八场中有“丰利”系指南丰利场，北宋中叶已裁废。未裁而延续后世者为北丰利场。

3. 掘港场（今为如东县城）

“掘港”之名，始见于唐开成年间入唐的日本圆仁和尚所著《入唐求法巡礼行记》，文作“掘港庭”。“庭”当作“亭”，为唐时基层初级盐务行政机构，因国别语言差异，以同音汉字记音，误写为“庭”。文中记叙运盐河曰：“掘沟宽二丈余，直流无曲，是即隋炀帝所掘矣。”于此知唐时称运盐河为“掘沟”。另据明弘治《两淮运司志》“掘港场盐课司”条“运河”目注文：“河至此掘绝，因名掘港。”综上可知，“掘港”义即“掘沟通海之港”。亭以港名。至宋始用为场名，见《宋会要辑稿》。一说地处海滨而近边无港，因称“缺港”，“缺”“掘”土音相同而讹。一说内涝无泄，于此掘堰泄洪入海，水冲成港，因名掘港。均系民间传说，不足据。

4. 马塘场（今属如东县）

唐称“郭补村”，见日本国圆仁和尚《入唐求法巡礼行记》。五代称“金卤亭”。以“马塘”为场名始见于《宋会要辑稿》。该书《食货 · 盐法》载南宋绍兴十八年（1148）十月二十五日诏。文曰：泰州如皋县马塘创建盐场，以泰州马塘催煎盐场为名。既曰“创建”，则以马塘为盐场名似不应早于南宋初。又，清光绪《通州志》载钟颖于北宋至道（995—997）中任马塘场催煎官，则本场之最早创建又当不晚于北宋初。唯其事不见于今本《宋史》钟颖传，未知州志何据。至于“马塘”二字由来，则有三说：一说本地成陆之初为潮间带，地形低洼，杂草丛生，有麋鹿成群，而麋鹿头部似马，土人寡闻，以鹿为马，遂称其地为马塘。考马塘成陆在南北朝时期，而晚唐时尚称郭补村，故此说不足据。一说唐乾封初薛仁贵东征高丽，曾于此屯兵饮马，因而得名。考马塘非薛东征应经之路，故此说亦不可信。一说马塘得名当与牧马有关。考旧时马塘场南濒北海（三余湾），境内多草荡，当有放牧之利。而旧时朝廷亦有寓马于民之制。据明嘉靖《通州志》，明代通州立有马神庙，衙门设有管马判官一员，专管马政。额养儿马 170 匹，骒马

680匹，合计850匹。其制为编民以养之：儿马1匹，民10丁养之；骒马1匹，民15丁养之；合计11900丁。每马各择1丁专养，谓之马头，余丁贴办刍料，马有倒死则朋养者买以赔偿。又以1儿4骒为小群，10小群为大群，置群长1人以领之，医兽1人以验之。总其事于掌马之官。儿马每3年1次解数匹至南京骑操，骒马每年解数匹至北京备用。此制当由前代旧制传承而来。由此观之，五代至北宋时马塘确有可能曾是一个以牧马为主要产业的所在，并因此而得名“马塘”。后代本场文人自署其籍贯曰“骥渚”，概源于此。今南京东部有一地名曰“马群”，系古时为皇室畜马之所，其得名缘由与马塘相类，可参考。

5. 石港场（今属通州市）

古称樵珊浦。樵，打柴；珊，珊瑚，形如树枝；浦，水边或河流入海处。传说古时此地生有一株珊瑚，有樵夫误以为枯树，斫其枝而去，由此得名樵珊浦。考石港成陆之初本是以珊瑚礁为基础形成的海中沙岛，故民谚有“石港有石”之说。明清本场文人自称“石渚词人”亦源出于此。唐时涨接胡逗洲，为其东北缘。晚唐时古横江淤缩成清水港，石港为其入海口，遂有“珊瑚浦”（推定）之称；后以民间传说，又演变为“樵珊浦”。唐五代时建为煎盐亭场，称“樵珊亭”。“石港”之名，始见于五代文献。其时吴与南唐相继在胡逗洲设立静海都镇制置院，辖要塞5处，“石港寨”为其一，寨以港名。推原“石港”二字含义，似以“礁石之港”最为近之。以“石港”为场名，始见于北宋《太平寰宇记》，场以寨得名。场名一称“石堰”，始见于北宋淮甸人陈晔《通州煮海录》。堰，低坝，兼有挡水、溢流二用。大概宋时曾在该场河口筑堰，旱时蓄水，涝时溢洪，故有此称。一说石港之名来源于开港得石：传说从前曾在此地开挖通海河港，于沙泥中得一石碣，上刻“凤凰所栖，乃是宝地；石港新开，幸福万代”。遂名其地曰石港。此说未说明石碣上的“石港”二字从何而来，故显属后人附会，不可信。

6. 西亭场（今属通州市）

古称半沙。以西亭为场名始见于北宋初《太平寰宇记》。考西亭成陆之初本是胡逗洲东缘尖出于北海之中成东西走向的半岛，故有“半沙”之名。唐五代时建为盐亭。西亭之得名当在此时。又考西亭之“西”当是相对于东亭之“东”而言，故建亭之初当有东亭、西亭之分；后东亭或以坍海，或以裁并及其他缘故，而湮没无闻，仅西亭存留下来，至宋初升亭为场，遂为西亭场。据清嘉庆年间所修《两淮通州金沙场志》，“古西亭分上下场”，至清代仍有上下场之别。于此尚可看出古代西亭场境曾经区分为东、西二亭的历史痕迹。一说宋初建场时因西亭场处于通州七盐场的西端，因以为名。考永兴、石港二场较之西亭更居西偏，故此说不足据。清末民国初期，通州实业家张謇读《宋史 · 河渠志》时，曾录其中与通州有关者并注：“亭因盐场所有，故西亭缘此得名。”（可参考《张謇日记》“光绪十四年九月二十一日”条）

7. 金沙场（今为通州市治）、正场

金沙，本名古沙。以“金沙”为场名始见于北宋初《太平寰宇记》。考金沙原属南布洲西缘，南布洲生成于南北朝时，与胡逗洲生成时间相距不远，历时古久，故有古沙之称。至唐五代时建为盐亭。金沙之得名当在此时。关于“金沙”二字含义，清《两淮通州金沙场志》序谓取“披沙拣金”之义，未知何据。考南唐徐复治海陵盐政时，曾至马塘，见亭户以卤煎盐，感喟而叹曰：“此金也！”遂命马塘为金卤亭，又命石港为樵珊亭。由此推之，则金沙初始之名当为“金沙亭”，含义为“产金的沙洲”。金，美称盐也，因盐为当时赋税的主要源泉。后升亭为场，初名布洲场，北宋初又改名金沙场。

正场，在金沙镇西南。《两淮通州金沙场志》作“镇场”。清光绪《两淮盐法志》金沙场图作“正场镇”。清末《通州全属图》亦作“正场”。正场之名不知得于何时。《两淮通州金沙场志》称：“相传古金沙在镇场及姜灶港。”考明嘉靖《两淮盐法志》金沙场图，在场区西南姜灶港附近标有“五圣庙”“上真庙”及4座桥梁，与盐课司所在地的“上真庙”“五圣庙”及桥梁遥相映照，推测姜灶港一带当为宋元时金沙场署驻所，亦即后来之“正场”。再考正场之“正”，当是相对于“副”场或“併”场而言。据《太平寰宇记》，北宋初利丰监所属8场中有“利和场”，位于金沙场东南侧。该场于天圣中裁废。由此观之，大概北宋中叶利和场裁废时，曾一度作为金沙场的“併场”继续存在，因而称金沙场为“正场”。又，明代于各场设盐仓，设于场署的称正仓，设于其他便宜之处的为便仓，音转而讹，遂称便仓之所为便场，正仓之所为正场。后因江流北蚀，海门县境大部坍江，不得已将县治西迁，寄治于本场南境，场署相应北迁于现址，而将原址仍称为正场，遂沿用至今。其北迁年代，当在明嘉靖十八年（1539）遭遇大潮灾之后，嘉靖三十年（1551）《两淮盐法志》成书以前。

8. 余庆场

古名长沙。考余庆成陆之初本为南布洲东缘的一块狭长沙洲，故有长沙之名。亭户于此煮盐，渔户由此出海。明弘治《两淮运司志》“余西场盐课司”条“山川”目有“长沙东社洲”，注文曰：“民灶取鱼贡，结社于此。”由此本场又有“长沙东社洲”之称。“余庆”之名始见于五代文献。其时南布洲已与胡逗洲涨接，杨吴与南唐相继在胡逗洲设立静海都镇制置院，辖要塞5处，“余庆寨”为其一。余，饶足；庆，幸福。余庆，即幸福丰饶之义。典出《易·坤》：“积善之家必有余庆，积不善之家必有余殃。”五代后蜀主孟昶有联曰：“新年纳余庆，嘉节号长春。”五代时已建为煎盐亭场，亭名不详。或许即称“余庆亭”。北宋初升亭为场，即以余庆为场名，始见于《太平寰宇记》。

9. 余西场、余中场、余东场、江场

余西、余中、余东三场皆由宋余庆场分设而来。三场名始见于《元史·百官志》。分设的原因是北宋中叶海门岛涨接通州大陆后，余庆场辖境过于广大，分设三场便于元政府加强管理。三场名含义分别为“余庆场西部”“余庆场中部”“余庆场东部”。明弘治《两淮运司志》“余东场盐课司”条“关桥”目列有“余庆桥”，尚可看出本场系由余庆场分设而来的历史痕迹。清末民初通州实业家张謇推行废灶兴垦时，将大有晋盐垦公司所在地取名三余镇，即源于该司垦区原为余西、余中、余东三场之地的缘故。地理学家研讨通州成陆过程时将北海称为三余湾，亦源出于此。明嘉靖年间为抗倭在余东场筑城，传说曾有异鸟飞降本场，文人因以“凤城”为本场雅称，始于清。

江场，明嘉靖中为余东场的东便仓，音转而称为便场。在余东正场东南。其地灶户多江姓，遂有“江家便场”之称。嘉靖中为抗倭，曾围筑土城。清末民初演变为江家镇。

10. 吕四场、卢家场

吕四场始置于何时，颇难考详。清嘉庆《两淮盐法志》卷五本场《图说》:“唐武德三年始辟。”盖父老相传，唐初已有先人至此始辟草莱，捕鱼为生，并开发盐业。后人多据此推断唐初已设场置官。考唐初因袭隋代盐政，通盐铁之利与百姓共之，不征盐税，中唐以后变革盐法，始设盐官，岂有唐初独于此地设场置官统制盐税之理？其讹误显矣！一说五代末建场，见于清咸丰中张宗绪《慕仙楼记》:“吕四为古白水荡地，五代末始置场。”考五代时通州姚氏有职衔曰“东海都场官”，都场者，总场也，则此说似有所据。一说建场于北宋初，见清光绪《通州直隶州志》:“太平兴国中，置利丰监，辖盐场七：西亭、永兴、吕四、石港、利和、金沙、余庆。”然查乐史《太平寰宇记》，北宋初通州利丰监所辖有八场，皆有名目，并无吕四，故此说亦不能无疑。

今考吕四，唐称白水荡，简称白水，见日本国圆仁和尚《入唐求法巡礼行记》。五代属东洲镇。北宋初属海门岛（一称东布洲）。吕四作为场名，不见于北宋初叶《太平寰宇记》，也不见于北宋中叶《通州煮海录》，最早见于《宋会要辑稿》。该书“盐法”类载南宋绍兴十八年（1148）三月七日诏，后有数语为注：“以本路茶盐司言：吕四港场一十五灶，近不置监官，止令知县兼行主管，职事稍重，故降是诏。”又，该书“绍兴二十八年”条载八月九日淮东提举茶盐吴巘奏言中，已列有“吕四港场”煎盐盘灶数额，且称“通、楚州诸场皆是兵火以前旧场”，由此推知，吕四场系由港得名，得名时间至迟不晚于北宋中后叶。至于“吕四”

二字含义，诸说不同，颇难考定。一般认为吕洞宾曾四至本场，因而得名。此说始见于明弘治《两淮运司志》“吕四场盐课司”条。该条“古迹”目有“吕仙游迹”，注云：“吕洞宾昔游四次，故场得名。”而四至过程又有数说，多系民间流传，不系年代，其中唯清人张宗绪所撰《慕仙楼记》于四至经历各系年代，最为完整典范。考八仙故事虽早见于唐、宋、元文人记载，然迟至明人吴元泰所著《八仙出处东游记传》才归于定型流传民间，因此吕仙四游东洲事不见于宋人著作；而诸说之系年者又将第四次降临之期（场因而得名）系于明洪武四年（1371），较之《宋会要辑稿》首次记载本场名称推迟达200余年，其为后人穿凿附会者明矣！穿凿之由，在于本场位居海角，产仙鹤（丹顶鹤），而俗传吕洞宾故事中有江淮斩蛟、岳阳弄鹤、客店醉酒等情节的缘故。俗又因宋人吕夷简曾通判通、濠二州，以为本场系因吕夷简四至发赈得名。又以本场系北宋盐场，以为曾有场官名吕晋，为官四任，有德于场，因以为名。二说亦系传说，不可据。考宋时本场位于长江口与北海口二“口”之间，境内港口纵横，而二“口”纵叠则为“吕”字，二“口”横排则似“四”字，“吕四”二字恰好象征本场所处的独特地理位置和地貌特征。吕港、四港或即以此得名（好事者又给“四”添加“氵”旁，写作“泗”），嗣后建场，亦即用为场名。又考余东场境在北宋至和中曾称为吕灶（吕姓，江南句容人，传说最早至余东烧盐），而余东与吕四毗邻，或许最早前往吕四捕鱼烧盐者亦为江南吕姓，共有四灶，久之，遂有“吕姓四灶”之称，嗣经简化而为“吕四”，即以名港，后又用为场名。以上二说，于理近之，尚乏实证，有待新的文献或考古发现。明嘉靖中于本场筑城防倭，因传说吕洞宾曾骑鹤至本场，文人遂以“鹤城”为本场雅称，始于清。

卢家场，一作芦场、芦家场，明嘉靖中为吕四场的东便仓，音转而称为便场。在吕四正场东南。其地灶户多卢（芦）姓，遂有卢（芦）家场之称。清初坍于江。

11. 栟茶场

古名南沙。大概在汉代生成如东古沙洲群时另有北沙，故名。以“栟茶”为场名始见于《宋会要辑稿》。据《太平寰宇记》载，海陵监有“南四场、北四场”之分（未著各场名），推断其得名时间至迟不晚于北宋初。或许晚唐、五代曾称为“栟茶亭”，以后升亭为场。至于“栟茶”二字由来，颇费猜详，解者有二说。一说唐时曾称“贲家汊”，后雅化为“栟茶”。考今如皋南乡、海安北乡有贲家庄、贲家集、古贲等地名，此说似不无道理。也许南沙初成陆时港汊众多，而最早前往开发者为贲姓人户，人们遂将港汊冠以贲姓呼为地名，如“贲家港”“贲家汊”之类，后经文人加以雅化而为“栟茶”。一说唐时南沙生有棕榈（古称栟）、茶树各一株，干高冠巨，渔户下海捕鱼时据以辨认方位，于是闻名于时，为远近熟知，遂呼为地名。考棕榈、茶树均为古代树种，汉唐时广泛栽植，虽今日栟茶不是棕榈、茶叶的产地，但不能据以否认唐时曾经存在生长二树的条件，故此说似亦有理。二说孰是，有待新的文献或考古发现凭以判断。

12. 角斜场、旧场

角斜场名，始见于《宋会要辑稿》。据《太平寰宇记》海陵监所属有“南四场、北四场”（未著场名），推断其得名时间至迟不晚于北宋初。或许晚唐、五代曾称为“角斜亭”，以后升亭为场。至于“角斜”二字由来，清嘉庆《两淮盐法志》本场图有说：“其地广为里者十，袤为里者二十二，椭而修，如一角然，故名。”考明清二代本场东、南、西三面皆包孕于栟茶场境之内，如一楔；可知“角斜”之得名，系由于本场区域图形似角，而又呈东南向斜插于栟茶场区之内的缘故。场名一称东斜，亦以此。究其斜插之源，大概唐时前往栟、角二场境内开发煮盐的人户原属于不同的氏族，而又不愿相互统属，遂致各立“门户”，分区而治，以后历代相因，沿而未改。

本场场署于清雍正二年（1724）被海潮冲坍，清乾隆三年（1738）大使黄三俊移建于费家滩（后改称富家滩）。为与新场署所在地相区别，时人遂呼原场署所在地为“旧场”。

13. 西场、李堡场

西场之名，不见于《宋会要辑稿》，最早见于明弘治《两淮运司志》。该志“栟茶场盐课司”条“公署”目列有“西场巡检司”。据清代《如皋县志》，该巡司设于明洪武二年（1369），则其得名当不早于宋末，而不晚于明初。考西场一称旧场（明万历《通州志》载嘉靖三十八年西场平倭之战作“旧场”），以东18里有地名“新场”（明弘治《两淮运司志》“栟茶场盐课司”条“仓库”目“便仓”子目注文有“新场庙”，清嘉庆《两淮盐法志》栟茶场图作“新藏庙”，当为一物二名），再东36里即为栟茶场。又考西场之“西”，当是相对于东场之“东”而言。据民国《栟茶史料》，栟茶场一名“东场”，经文人雅化，又作“东亭”。由此推之，西场当为宋时栟茶场署驻所；元时随海势东迁18里另建新场署，遂称宋时原址为“旧场”；元末明初又随海势东迁36里再建新场署，遂称现址（二迁址）为东场，一迁址为新场，而旧场之名亦以位置愈显西偏而改称“西场”矣。

李家堡，明清二代为栟茶场的副场。堡，土筑的小城，引申为围有土城或木栅的村庄。明弘治《两淮运司志》“栟茶场盐课司”条“公署”目列有“李家堡寨”，李堡之名首见于此。据清人顾炎武《天下郡国利病书》：“上命信国公和行视师，筑海上备倭城，籍民四丁调一为戍兵，而如皋掘港始设备倭军营堡斥候，与通泰诸所并列矣。”另据明嘉靖《两淮盐法志》栟茶场图，本场境内绕场司共设有土堡6座，由西北向东南分别为李家堡（堡北有备倭营）、杨家堡、缪家堡、解家堡（堡东有备倭营）、孙家堡、徐家堡。由此推知，宋元时李堡作为煮盐的所在，也许曾称作“李家灶”或“李家团”；至明初，以地居要冲、形势控扼，始围筑土城，置备倭百户，管领军士，用以防备倭寇。由此得名“李家堡”。至清代，堡虽圮而名不能改，遂得留传至今。

（载于2007年第3期）

南通赋

袁瑞良

江育之市，海孕之城。地阔壤宽，江拥而海抱。水秀山清，浪倚而涛偎。日于斯初升，江于斯入海，海于斯分界。日之馈，赋宇宙之玄机。江之赠，予乾罡之浩气。海之爱，广天地之泽被。诚世上之金川，实人间之福地。台风望之而不过，龙卷发之而不威。天灾临之而不降，人祸生之而不溢。物长之葱茏，人居之优裕。天下之城，殊堪其优也。

得地势之利兮，享区位之贵。居长江之北，南与上海相望。卧黄海之西，东与台澎相对。守江海之汇，成水路之枢纽。扼扬子之尾，作航运之要塞。顺之则人行南北，畅之则货运东西。堵之则水不东流，江淮皆成瀚海。截之则船无进出，苏皖尽作平湖。其用也，九州安宁之柱石，东南稳固之门户。

留史之痕兮，存古之迹。海安青墩，上古之旧址。如皋白蒲，尧舜之苗裔。银杏树下，秦砖汉瓦。黄沙堆里，吴钩越戟。魏武士卒，军山跃马。岳家兵丁，里下挥旗。绿树婆娑，虚掩骆宾王之墓。海潮涨落，漫浸范仲淹之堤。

山美之如画兮，水媚之如诗。王安石登之而叹："遨游半是江湖里，始觉今朝眼界开。"文天祥望之而息："狼山青两点，极目是天涯。"孔子若在，必曰："登泰山而小天下，不可小狼山也。"濠河纤弱，流而无波。观之不醉而醉，赏之不诗而诗。梅林春晓举杯，容生宋公明浔阳之梦。水绘园中临池，易涌董小宛伤感之情。

物富之旺埠兮，食美之名衢。稻黄棉白，蟹壮蛤肥。刀鱼味鲜，鮰鱼肉嫩。河豚皮美，鲥鱼鳞脆。虾作碟间琼脂，蟹为盘中翡翠。席所必备，宴所不离。食若孔子之闻韶乐，三月不知肉味。餐如刘禅之囚洛阳，亡国不生忧思。食者为食兮，不远万里。餐者为餐兮，不惧生死。食之而宠辱皆忘兮，餐之而乡土不思。

长寿之福地兮，鹤龄之桑梓。百岁之翁，数居国家之首。鹤龄之妪，量为东南第一。国人知之瞪目，友邦闻之称奇。长寿之诀，淡泊名利。百岁之法，布衣素食。名若浮云，任来任去。利如雾气，随止随息。德为寿之根本，慈作命之桩基。积之而不止，施之而不息。

纯朴之时尚兮，良善之风气。诚之一言不虚，信之一诺不失。语之假无半句，话之真无一欺。富而不忘，饥寒之日。穷而不卖，灵魂之躯。扶危济困，莫问名姓。救死扶伤，不计得失。消怒解怨，化民之纷争。崇德倡善，增人之情谊。

栋梁之沃土兮，干臣之摇篮。张謇倡之，“父教育”，“母实业”。先人嘱之，读诗书，习经史。引学海泛舟，领蟾宫折桂。育安邦武将，孕固国枢机。因之而有兮，精英辈出。由之而会兮，才子遍地。当先行官，做护法使。负生态重责，任封疆大吏。舞丹青妙笔，塑俏体神姿。科技之奇才，奥运之勇士。妇女之领袖，统战之权威。

强国之先行兮，兴邦之前驱。百年之前，试创“深圳”。世纪之交，求索新局。首行农垦，先办纺织。广开学校，遍启民智。行发股票，漫融游资。立港通航，围堰筑堤。开风气之历史先河，创国家之诸多第一。奠工业文明之基，开实业救国之始。胡适誉之英雄悲壮，领袖嘱之万代铭记。

盛世之伊始兮，机遇之初至。外顺之潮流，内合之民意。改革体制，除僵化瘀。开放门户，广纳外资。因之而活力迸发，由之而生机四溢。欧商美企，开业奠基。韩楼日宇，签约选址。项目落地，厂房隆起。“中远”造船，“王子”印纸。“大生”染布，“鑫缘”吐丝。港口亿吨，“铁军”万里。苏通大桥，连之南北。通沪铁路，系之东西。洋口与洋山，遥相伯仲。吕四与镇海，互为姐妹。环西广场，忽影忽戏。“鸟巢”穹顶，忽开忽闭。经济总量，全省之四。财政收入，江北第一。银行存款，两千多亿。居民储蓄，人均万余。富甲江淮，名冠苏北。物有过剩之忧，神无颓靡之虑。城富秀美之貌，市多俏丽之姿。

呜呼！南通。崛起指日可望兮，腾飞屈指可期。六十年之发展，奠崛起之基础。三十年之改革，添腾飞之铁翅。重振雄风，可与苏南比翼。再展旌旗，可随上海齐飞。强国之梦，圆于世盛之际。复兴之愿，了于邦安之期。南通儿女，勿负青史。江海子弟，莫错良机。

（载于 2007 年第 5 期）

治人事天莫若啬

——对张謇取号“啬庵”之新解

施景铃

晚清状元张謇，字季直，号啬庵。清朝灭亡后，曾出任民国政府实业总长、农商总长等职。他从1895年开始在家乡南通兴办实业、教育、慈善事业，在区域自治的意义上进行着强国富民的实践，可谓呕心沥血、鞠躬尽瘁，获得了当时中外瞩目的成就。他一生留下的书信、日记、文章、诗歌等颇丰，著有《张謇全集》共6集7册。曾任翰林院修撰的他，其文字功底、学术造诣、品行修养自然不用赘述，而自号“啬庵”定有超出一般的特定意义。对此，本人对“啬”字格外地关注，张謇生前经常自喻为“啬翁”；逝世后，其墓地被后人尊称为“啬园”。可见一个“啬”字不仅关联着他一生的追求，也寄托着后人对他久远的追思。“啬”字的深刻内涵究竟在哪里呢？日前，趁同张謇之嫡孙绪武先生、嫡孙女柔武女士出席某企业开业庆典之际，当面请教，分别问及此字，他们姐弟所言，均为“节俭”之意。当然，这种说法首先是可以理解并接受的。因为节俭是“啬”字的泛解，并且是中华民族的优秀文化传统，作为中国现代化的先驱者，应该是优秀文化的传承者。二是从张謇的一生中是可以多处找到佐证的。1907年，张謇在《师范学校开学演说》中说：“俭何以是美德？俭之反对曰奢。奢则用不节，用不节则必多求于人，多求于人则人必不愿，至于人不愿则信用失而己亦病，妨人而亦妨己，故俭为美德……苟能俭则无多求于世界，并无求于国家，即使适然做官，亦可我行我意，无所贪恋，而高尚之风成矣。”（《张謇全集》第四卷第81～82页）张謇不仅把节俭作为美德来推崇，还把节俭列入他所创办的学校作为校训来弘扬，如盲哑学校的校训中有“勤俭”、南通大学农科校训为“勤苦俭朴”等。他不仅对别人谆谆教导，还把节俭具体到对自己、对家人的要求，身体力行，一直细微到饮食、起居、服饰等家庭的日常生活中。他在《家书》中嘱咐夫人：“在家加意管理、加意节省，每日一腥一素已为不薄……衣服不必多，做裁缝即可省”，做到“能少奢一分好一分”。张謇45岁才得一子，自然视若掌上明珠，但仍要求其子张孝若节俭。他在信中要求“除书籍外勿浪费”，还让儿子由海门返回南通的路上，自带点心，到茶馆买开水就食。他在北京任总长，在给儿子写的信中，让儿子转告其母亲晚上早些就寝，因为这样可省灯火。

虽然，张謇于人、于己、于家庭都信奉节俭，但我还是认为除了节俭之外还应该具有更深层次的含义。最近全国兴起的国学热，也促使我查阅了《论语》《孟子》等经典，在读到老聃《道德经》第五十九章时有豁然开朗的感觉。老子在这章一开头就讲“治人、事天莫若啬”，提出了治人、敬天的原则就是一个“啬”字。这是说总的方针是爱养精神、积蓄力量，不该做的事尽量不做，小到个人养生，大到管理国家都离不开“啬”这条原则。老子说：“夫为啬，是谓早服。早服谓之重积德。重积德则无不克。无不克则莫知其极。莫知其极，可以有国。有国之母，可以长久。”老子在这里指出：由于“啬”，才能遇事从容，早做准备，之后又层层推进释“啬”之义，说早做准备，就是“啬”与“德”的不断积累。“啬”“德”不断积累，可无往而不胜。无往而不胜，其力量是不可限量的。不可限量的力量，即可用以管理国家。最后老聃说：“有国之母，可以长久。是谓深根、固柢，长生、久视之道。”用今天的话来说，即有了治国的根本，可以长治久安。这就叫作根扎得深，柢生得牢，永远是治人事天原则。把张謇对“俭”的论述与《道德经》中对“啬”的论述加以对照，不仅内容是关联的，就文字结构和形式也如出一辙。我们可以推论，张謇不仅把“啬”包含的节俭之意视作传统美德以言传身教，更是把“啬”当作治人事天的原则，并成为他一生强国富民实践中的管理原则和指导思想。“重积德则无不克。无不克则莫知其极。莫知其极，可以有国。”“啬”和“德”的不断积累直至可以管理国家。在这种思想支配下，张謇把“实业救国”“教育救国”“地方自治”有机联系在一起。1901 年，张謇发表著名的政论《变法平议》震动朝野。1907 年即施行地方自治纲要，其内容涵盖南通近代城市建设的内涵和外延，如“实业、教育、水利、交通、慈善、公益诸端”。由于“啬”作为治人事天的原则，作为节俭之美德，张謇遵循爱养精神、积蓄力量，不该做的事尽量不做，该做的事不遗余力的思想，不仅建立了包括纺织、机械、冶金、面粉行业的具有 30 多家企业的大生实业集团，并以苏北为腹地，建构城乡一体、工农协调、垦牧并举的区域经济。据 1913 年国民政府实业报告，当时的南通工业总产值仅次于外国资本云集及民族工商业中心的上海，居全国第二位。与此同时，张謇于 1902 年起在南通建成全国第一所师范学校、全国第一个博物馆、全国第一个纺织学校……至 1918 年南通先后建成了农业、医学、纺织、国文专修、商业等各类大学、专科 9 所，中小学 19 所，构成了从幼儿园到大学、从普通教育到职业教育的完整的教育体系，囊括了当时全国的六个第一。他还兴办盲哑学校、育婴堂、敬老院，甚至多次鬻卖书法作品补贴公益。南通被当年日本著名作家内山丸造誉为“中国文化的理想城市”。在城市建设方面，1907 年，南通建成全国最早的新式马路——模范路（今濠南路）、桃坞路，并聘请荷兰、英美等国水利工程师兴修水利，保坍护岸，建闸修桥，疏通河道，形成了完整的城市水系。随着电话公司、电气公司、公共汽车公司等市政设施逐步完善，“中外人士之履南通者，无不谓南通市政之佳为全国之冠”。“南通县者……以地方自治，实业、教育、慈善、公益各种事业发达，部省调查之员、中外考察之士，目为模范县。”（《张謇全集》第四卷第436页）从以上的分析和推测，“啬”在张謇的头脑中绝不是吝啬、小气之意，而是节俭的美德；绝不只是日常家事节俭的操守，而更是强国富民现代化实践中治人事天的原则，是创办实业、教育、慈善、公益事业中重要的管理思想和管理原则。诚如一位著名学者评价张謇说，“他独立地开辟了无数新路，做了30年的开路先锋，养活了几百万人，造福于一方，而影响全国”。

张謇忧国忧民，以“治人事天莫若啬”的精神进行强国富民的实践，使人肃然起敬。联想到最近胡锦涛总书记号召党员干部要进一步树立忧患意识、公仆意识和节俭意识，是多么的迫切、多么的重要，再一次告诫我们“治人事天莫若啬”。

（载于2007年第6期）

忆南通

吴　镕

改革开放30年，南通史志办同志要过去在南通工作过的一些同志写点东西，我就拉杂写来。

困　难

1988年夏，省里要我来南通工作。4个年头里，1988年缺水少电，1990年治理整顿，1991年特大洪水，但是在700多万南通人民和各级干部的团结支持下，都渡过了难关。

南通华能电厂，与南京厂同时批准兴建。但南通缺电，如大旱之望云彩。1989年意大利专家撤走，中国专家一齐上；人力不够，军分区动员民兵铺设电缆。市委开常委会时经常因停电而点蜡烛，我就打电话找顾秀莲省长，请她拨电支持。由于南通人的努力，华能电厂比南京厂提前两年发电。搞电的同志很辛苦，我向他们道歉："你们为南通人民送来电力和光明，但你们却深受粉煤灰之苦，如南通建筑铁军一样，为人建高楼大厦、别墅楼群，自己睡的却是工棚，这就是社会分工的不同。'后天下之乐而乐'，是一种精神境界吧！"

定 位

在困难面前，南通发展如何定位？靠南京太远，主要是靠上海，当时提出了“四海方针”：立足江海，依据上海，联结沿海，面向外海。当时南通“难通”，但我们还是想用软环境来补。费孝通老先生，父母曾在南通工作，妈妈在南通怀了他，故取名曰“费通”。又因他从小孝顺，故曰“孝通”。此事费老亲口告诉我，得他同意，我在北京“南通联谊会”上公开这一“秘密”，当时陈丕显笑着说：“我都不知道，原来费老与南通还有这一层关系。”我请费老为南通写了 8 个大字：“江海明珠，风水宝地”，流传至今。我也写了四句：“南来北往，通洋达海，人杰地灵，好客四方。”把每句的开头一个字连起来读，成为“南通人好”，南通人确实好！

选 项

发展一个地方的经济，必须有大项目为载体。当时南通有一个“跑项目”的好群体（现在叫“招商引资”，那时是计划经济，主要是“跑部钱进”）。好不容易跑到一个“中国远洋集团”的造船项目，但思想不统一。有人主张把南通沿江建成“苏北外滩”，情侣散步，悠闲休息，美哉美矣，但南通人不能喝了西北风去享受。先要挣钱，改善生活。江岸线资源宝贵。市委提出岸线要“深水深用，浅水浅用，不能乱用”。负 17 米的深水岸线，建一船厂，一是挽救濒临倒闭的南通船厂，二是解决那一带坍江防汛问题。建厂后即遇大汛，中远公司支持 400 万元防汛。当时南通是“吃饭财政”，这是有力外援。至于旅游，另辟岸线。为此开了两整天常委扩大会，支持、反对，双方激辩，民主决策，兴建大船厂，后又与川崎合资，遂成南通一大品牌。

当时几个大项目，如华能电厂、醋酸纤维、龙爪崖自来水厂等。市委提出，能创名牌创名牌，创不了名牌靠名牌。与上海宝钢合作办了南通钢铁厂以解困。

当时还想三元靠南京熊猫集团，合纤厂靠仪征大化纤，可惜因种种原因而未成，实为憾事。

防　灾

1991年大水，南通排水量超过苏南苏锡常三市之总和，一处未破圩。邻市破圩救灾，轰轰烈烈，出了不少英雄，拿了不少救济。当时海安县县长卢玉林不服气，写了一篇大灾后的反思文章，凌启鸿副省长拍案叫好，批给《新华日报》发表，但最后怕引起争论，扣下未发。卢县长不服的是：破了圩出英雄，防灾于未然的却一分奖金、一粒救济粮也没有拿到。我安慰他说："人家也确实辛苦，我们防了灾，平安就是福，何必去争救济？世界上不公平事多多，但求无愧我心。"

1991年大水最紧张时，我却在美国随中国农业访问团考察农业。我在芝加哥致电在通主持工作的市长徐燕和朱剑等同志，准备提前回国抗灾。但市委、市政府一班人立即回电，要我好好完成考察任务，家里困难由他们顶着，"四套班子"团结如一人，率领全市人民抗灾，这使我十分感动。类似的事很多，如举办民间艺术节，其他地方挤死20多人，省里也劝我们"不要冒险"，但通告已发，干群上下齐努力，八千民兵都上阵，终于平安举办。为此我写过一篇专文，题目就叫《南通人好》。

防　耗

南通人好，是否就没有毛病呢？有。张謇老先生和现在还健在的季修甫老先生都讲过"通州老鼠"的故事，有些人鼠目寸光，不成大事，"耗子"还会闹"内耗"。为此，针对"鼠目寸光""小肚鸡肠"，张謇将企业起名"大生"、轮埠叫"大达"，还有"大德"等，均喻以大制小。

我在南通，遇到省财政厅副厅长朱醒民，如皋人氏，为家乡办好事，但也有人民来信揭发他“收了人家的老母鸡”等，老人家很生气，一些项目从南通跑到了张家港。我也为此讲了一番话，后成为一篇文章，叫《克服内耗的思索》。极少数人成事不足，败事有余；经济不发达，人民来信很发达；“花他八分钱，查个两三年”；“关键时刻戳一戳，搞不倒你也把你搁一搁”；“时间一错过，年龄一到限，就送了你的命”。这样做的人是极少，但却败坏了南通的声誉。

故而，“防耗”过去是，现在是，将来恐怕还是南通的一大任务。

美 景

随着苏通大桥等“大交通”的实现，南通与上海更贴近了。上海有南翼宁波，北翼南通，南通是“苏北小上海”。历届同志和近800万南通人民在8000平方公里的大地上谱写出了辉煌的新篇章。长江后浪推前浪，青出于蓝而胜于蓝，一代胜过一代，这是历史的必然。

改革开放的南通，在新的起点上又一次起锚扬帆，走向世界！

（载于2008年第3期）

苏通大桥两则

吴声和

她改变了一座城市

苏通大桥在一个吉祥的日子里成功合龙了，这是一座汗水与热血、智慧与胆略浇铸的史诗般的桥梁丰碑，是中国人民创业创新的精神脊梁。

苏通大桥的核心价值是她与生俱来的文化价值。她实现了南通人民的百年夙愿，消解了南通人民千年积怨；她为南通庄严正名，她向世界宣告：南通从此不再南不通；她为南通赢得自尊，引来自豪，倍增自信，更加自强；她为南通强劲的发展势头铺垫了延伸拓展的广阔空间。她像气势雄伟的苍龙腾越长江纵情舒展，为大江两岸的文化交融助推互动潜力，引领南通开一代新风，成为南通进入一个崭新时代的标识！

苏通大桥是横卧在长江入海口的巨型水上雕塑，是凝固的音乐建筑形象。滚滚长江昼夜不息奔腾入海，浪淘尽千古风流人物，卷起千堆雪，鸣奏着历史沧桑和时代进步的和音。她的每一截钢梁，每一根斜拉索，乃至每一个螺丝钉，无一不是流淌的文化元素，无一不是脉动的音符。她与五山托拱、江海环抱的城市风光相映衬，将城市的友谊纽带伸向苏南，通往上海，联结全国，为滨江临海的南通注入了特殊的江海文化气韵，铸就了城市的强势生命意象，丰富了南通人民对城市发展的想象空间，产生巨大的引擎力量和形象力量。

她将激活苏中苏北，乃至将欧亚大陆桥头堡南移；她为长三角核心板块的纵横聚合，产生巨大的捏合作用，构筑起长三角核心区域和谐走廊，增强了长三角吸纳凝聚和召唤辐射力，使之形成纵横捭阖的新发展大势，成为具有新的带动势能的旗舰，进而使长三角以崭新的姿态在国家发展战略中的地位凸显，所以苏通大桥奠定了南通在长三角核心板块中的位置，使之成为名副其实的长三角北洲头城市和太平洋西岸黄金走廊的枢纽城市。

苏通大桥的文化价值在于她是“包容会通、敢为人先”的南通精神写照。她迎朝阳、沐海风、揽江韵、笑看江海融合；她吞长江、连吴越、浩浩荡荡、气势磅礴，划破海阔天空；她镌刻了人类建桥历史上四个世界纪录，见证中国速度与大江两岸跨越发展的足迹；她战胜千难万险，汇集着敢为人先的精神资源，敢想、敢闯、敢于创新，攀登科技高峰。

苏通大桥的文化价值在于她烘托着南通跨越腾飞的发展大势喷薄而上，释放出卓荦异彩。古人云：战以勇为主、以气为决，以气势决定胜负！一座城市的快速发展，首当其冲是谋发展之势，在经济社会发展的宏大目标引领下，万众一心，奋力拼搏，实现区域又好又快的发展局势；善于运用文化的力量，将蕴藏在人民群众心底里的价值取向和发展愿望凝聚成共同的奋斗目标与追求的精神动力，使之汇成万马奔腾、排山倒海的发展洪流。苏通大桥是系在长江巨龙入海口脖子上的彩链，是世界版图上第三大河入海口上空一道永不消逝的彩虹。苏通大桥的建成，必将激励南通人民在科学发展、和谐发展、跨越发展的大道上迈开更加坚定的步伐，走向新的辉煌。

走进桥港新时代

苏通大桥的巍峨架势，洋口大港的恢宏气势，引爆出跨江越海的发展大势。天时地利政通人和的南通现象，形成天人合一的互动感应，演绎出南通跨越发展的新时代。

桥港时代是以大桥大港为丰碑的经济社会发展新坐标、新层面、新境界的时空标志，是南通区域发展的优势特征、战略发展模式与平台格局的升级飞跃，翻开了南通发展的历史新篇章，迎来南通科学发展的新春天。

桥港时代是南通发展的历史定位。从古代的通江达海、近现代的“南不通”，到太平洋西海岸黄金走廊的枢纽城；从抵御江海潮侵蚀、勇敢地搏击江海风浪到江海联动开发，实现跨江越海的大发展，起落沉浮、沧桑巨变，印证了南通人民征服江海、控江引海、跨越江海的奋斗轨迹，大桥大港正是浓缩了南通 5000 年奋斗历史的恢宏画卷。

桥港时代是南通科学发展观引领下新的跨越的一面旗帜。长江入海口江面开阔，南黄海风急浪高，创世界纪录的大型桥梁和洋口海港的建设，实现了从造桥古国、大国到强国的跨越，圆了孙中山先生“东方大港”的构想遗愿。归因于解放思想的法宝赋予的胆略睿智，体现了科学发展结出的丰硕成果，见证了中国特色社会主义的强大优势活力，凝结着党和人民的心血愿景，代表着中华民族的精神脊梁。

桥港时代的鲜明主题是科学发展观引领下一个区域更好更快的新跨越。跨越发展对南通产生了强大的思想精神影响，本身就是一种文化现象，造桥建港是改变和延伸城市发展生命的科学创新构想。文化的创意理念一旦转化为推动经济社会进步的重大实践，就会冲破禁锢城市发展命运的樊笼，成为拓展城市生命空间的发展力量。连同吕四大港、沪通铁路及崇启、崇海大桥的建设，这种创意理念的实践将彻底改写南通发展的命运之舟，引发南通科学跨越发展的新大潮。

桥港时代的人文价值将大大拓宽人们的视野，开阔人们的胸襟，转变人们的思维定式，极大地丰富南通人民对城市发展的想象空间，大桥大港产生的巨大的引擎力量和形象力量，也将形成更大的创业、创造、创新的新势能。

桥港时代的主题代表了 780 万南通人民新时期发展愿望。大桥吞长江，连吴越，与狼虞二山鼎足而立，正是包容会通、敢为人先的南通精神的写照；逝者如斯夫，时不我待！跨江越海，走向世界！正是观光大桥的南通人发自内心的豪情。南通人民是这样认识自己脚下这片土地的：南通不再南不通啦！南通不再偏安一隅啦！这里是灵动的土地、枢纽的地带。“长三角”看重这块土地，是她链接在“金三角”顶角的位置；世界瞩目这块土地，她是黄金海岸与黄金水道交汇的黄金港湾，是镶嵌在太平洋发展中轴线上中点的宝地，具有金灿灿的黄金魅力。

桥港时代的重大使命是加快融入“长三角”城市核心圈，构建沪苏通“小金三角”，加快全面小康和现代化建设步伐。“长三角”是中国的黄金加州，“金三角”是“长三角”上金碧辉煌、魅力四射的头羊城市，是世界第六大城市带核心区域，是中国经济文化最具辐射力和影响力的枢纽地带，在中华民族伟大复兴的征途上肩负着重要的历史责任。作为“长三角”北侧的顶角城市，南通居其位、谋其势，当仁不让！把自己锻造成金顶角，这是责无旁贷的任务，只有这样，南通在“长三角”发展战略主旋律中才有更大的作为。

市委、市政府已经擂响催人奋进的战鼓，描绘出桥港时代发展的蓝图，我们感受桥港时代的风范，肩负时代的重任，把握时代的脉搏，不辱时代的使命，激情拥抱扑面而来的桥港时代！

（载于 2007 年第 4 期、2008 年第 3 期）

一九四九年二月二日：南通解放

朱亦民

钟楼上飘扬起第一面红旗，是在60年前的1949年2月2日(农历正月初五)。这天上午，九分区的先头部队威武地从东西城门进入通城，华中军区第九军分区副司令彭寿生，带着警卫员王新华登上钟楼，把一面鲜艳的红旗插上了钟楼顶端！随之，西城门口悬挂的蒋介石的铁皮大画像被“哐啷”一声砸倒在地。军民同呼“我们胜利啦！南通解放啦！”有的群众还脚踩铁皮像骂着：“蒋该死垮了，老百姓有好日子过了！”

为了准备解放通城，九地委在如东苴镇成立了中共南通工作委员会，抽调大批干部集训。工委下分党群、宣教、公安、工商等多个大队。谁料形势发展很快，1月28日（大年夜），我们接通知第二天向南通进发，大家激动不已。年初一，我们一大早起来，打起背包，喝点稀饭就整队出发了。一路上听到枪声不断，大家风趣地说是新年的“鞭炮”，有的说是庆祝南通解放的“鞭炮”。解放军在前面打下一地，我们就跟上去休息，并互相背“城市纪律守则”等。就这样叫走就走，让停就歇，真是令行禁止。初二日午后，队伍已到刘桥，离城里越来越近了。约莫下午4点多钟终于到达南通城外，从东大街过吊桥经新市场进东城门（现群艺馆一带）。这时地下党组织的群众手举小旗、高喊口号欢迎我们，熟人还喊起我们的名字。但我们不能停留，只是向他们招手致意。我们党群大队直奔敌县党部（钟楼东侧），在门外空地上坐下待命。刘光同志是我们一队的队长，队委有赵展、张平等大姐，梅村、张明等同志也是领队。人群纷纷围拢过来，其中不少一块儿参加过南通城三一八斗争的，战友重逢，倍感亲切，激动得互相拥抱着说“死伢儿回来啦！南通解放啦！”一阵欢庆后，大家想起了在“3·18”南通惨案中牺牲的钱素凡老师、顾迅逸大哥等，不禁流下思念的眼泪。

这时，敌舰还停留在江面，敌机常来骚扰，隐藏的匪特散布谣言搞破坏，夜间工作迟了回队常会遭遇“黑枪”。王一男同志不放心我单独归队，常留我在她家住。接管工作在军管会统一部署下进行，每人都佩戴着军管会臂章。工作千头万绪，社会要稳定，生产要恢复，商店要开业，学校要开学，人民生活要安排，真是百废待兴，更重要的是军队准备渡江战役，政府要组织几万民兵及船只、粮草支前。任务既重，时间又紧，只有依靠群众、发动群众，把各方力量组织起来。我们听了领导的报告，都起早带夜工作，党群队的干部主要任务就是深入群众中去，讲形势，宣传党的城市工作政策，消除群众顾虑。

回忆解放初期的工作，记忆最久、教育最深的有几件事。

一、开展诉苦活动。我们在大生一厂发动工人控诉反动资本家及工头的欺压，工人被抄身、打骂、开除，连最起码的人身自由也没有，“干活当牛、吃饭当猪、走路当贼”。生动真实的控诉，激起在场人员的愤怒，工人觉悟提高，我们也深受教育。

二、严守纪律。我们进城后坐地待命，已是傍晚时分，炊事员尚未及烧饭、供水。看望我们的亲友拉我们去吃晚饭，可我们在待命，不能离开队伍。好容易把他们劝走，谁知近旁的亲友又从家中拿来了馒头、年糕等给我们吃。尽管我们赶路一天，又冷、又饿、又渴、又累，香味又那么诱人，可谁也没吃。大家都自觉遵守进城守则，不吃、不拿群众物品。有的同志为党背着黄金（革命经费），可谁也不想动一点点去换食品。有的把上午发的没吃完的馒头从捂在胸口的棉衣内拿出来，掰着给大家吃。

三、半桶猪肉趣事。当时供给制生活艰苦，除了过年、过节，是没有肉吃的。大年夜供应每人一斤红烧肉，小组夜间没吃完，用煤油桶装着挂在院内，“天然冰箱”把肉冻了。大年初一奉命出发，谁都舍不得丢下香喷喷的猪肉。有位男同志（姓解）自告奋勇拎猪肉桶，说到南通城庆祝解放时吃。从如东苴镇到南通城100多里路程，背着背包，提着日用品是很累的，可一路上他不让我们换着拎。解放南通这天，我们很迟才吃到晚饭，解同志在院内用砖块一架，点燃枯树枝就热猪肉。天冷，肉冻结了不易烧烫，却把桶底焊接处烧熔了，眼看着底一掉猪肉就要掉光，这时他急中生智，喊女同志把洗脸盆拿来接猪肉。吃晚饭时，大家都说解大哥辛苦有功，纷纷把肉朝他碗里夹，他却连声说：“大家都辛苦，大家吃，大家吃。”我至今还很留恋当年同志间的团结友爱，互相关心帮助、互相谦让的革命友谊。

四、兑换群众手中的伪币。进城后党组织布置我们深入群众中宣传党的政策、了解群众困难、倾听百姓呼声。那时王野翔、赵琅等领导晚上经常来听我们汇报。当大家讲到群众持有反动派的伪币，商店不肯收，多数城市贫民买不到粮草、盐、火柴等日用品，地市领导非常重视，立即研究，决定从银行提出一批江淮币（后统称人民币），定量换给群众使用，第二天下午全城统一行动。基层政权已经建立，分头通知召开群众大会。我分在通师一附会场，这是全市的大事，分区还调了文工队的女同志与我们一起下去。我向群众讲形势，宣传党的方针政策，登记兑换江淮币给群众，以解燃眉之急。有的老人换到了江淮币后激动得流泪说：“还是人民政府好，不能再听谣言了。”我以前登门走访时，有位老爹不愿开门，顾虑反动派再来，而这次会后他却拉着我反映了许多情况，群众的心和党贴近了。

五、领导关心干部，身先士卒。刚解放时敌舰停在江面蠢蠢欲动，党做了具体安排。一是把我们宿营地从钟楼迁到城东北县中（现实验中学），便于向城外撤退；要求在城内的干部家属必要时也撤出去。二是有些同志是上海等地来的，路不熟，南通话听不懂，王书记决定：“如有情况以三声枪响为信号，大家立即撤回县中，南通籍的同志和外地同志编在一组下去工作，我坐镇这里，你们有一个人没有回来我都不撤走！”他还让掌管公安的林德明同志给我们讲敌情，提示我们夜间在外如何防敌等。多好的领导，多细的安排。大家明确了任务、责任，我是组长，千万要照顾好组里的同志，更不能丢下一个人。下去工作时，我都留心着外地的同志，有时间教他们几句南通话，教他们认认路，由于大家共同努力，整个队伍都没出现问题。不几天敌舰就灰溜溜地开走了。

时光流转，不觉已是60个春秋，古城南通发生了天翻地覆的变化，特别是改革开放30年以来经济跨越发展，成就辉煌。我曾调至外地工作了30年，20世纪80年代初有幸又调回南通工作。在迎接南通解放60周年之际，作为曾是解放南通城干部队伍中的一员，忆往事思绪万千，看明天精神振奋，愿家乡南通建设得更加繁荣富强！

（载于2009年第1期）

江海长寿文化漫谈

顾乐鸣

1982年,江苏省南通市进入人口老龄化。全市60岁以上的老年人有76万人,占总人口的10.2%,80岁以上的高龄老人约7.5万人,占老年人数的10%左右。此后,老年人口和高龄老人分别以年均3.2%和5.4%的速度递增。2007年,全市60岁以上的老年人达到159万人,占同期总人口的20.65%。其中,80岁以上耄耋老人有22万人,占老年人数的14.3%;百岁以上的期颐老人663人,每10万人口中的比例是8.84。人口的平均寿命由1948年的32岁,提高到78岁,在短短的59年中增加了46岁。10多年来,南通的长寿现象一直为国内老龄科研机构所关注,多次组织专家学者前来调查考察研究论证。2004年,南通被称为全国三大长寿区域之一。

本文对南通人健康长寿方面,包括文化理念、文化精神、文化习俗、文化设施以及文化活动等江海长寿文化,作一点粗浅的探讨。

江海长寿文化的特点

1. 南北交融成一体。江海文化大体上由三部分组成,即海安、如皋、如东西部一带的如海文化,通州(古称胡逗洲)大部及市区一带的本土文化,启东、海门、通如东部一带的沙地文化。如海文化具有北方以儒家思想为主体的齐鲁文化的特点,沙地文化则蕴含着南方吴侬软语温柔细腻的吴越文化的韵味,本土文化则夹杂着阳刚率直的荆楚文化的色彩。故江海文化是南北两大文化体系以及后来西文东渐的荆楚文化相互交汇融合、相互影响吸收、长期砥砺磨合，并不断创新发展的结果，终于成为自成一体富有浓郁特色的江海地方文化。

2. 天人合一的理念。南通人民在长期的生产劳动中，体悟出人必须尊重自然，与自然和谐相处，形成了天人合一的理念。饮食方面受益于得天独厚的区位优势，既食陆畜又食水产，既吃大米、面粉，又吃薯类玉米等杂粮，饮食结构比较合理。居住方面，选择偏东南 15 度为最佳造房方位，这样建成的房子，春夏季常有的东南风贯门而入，凉爽宜人；秋冬季时西北风擦墙而过，寒冷无妨，且采光充足，空气清新。多数人家习惯于屋前植树屋后栽竹，中间盖堂屋，树壮竹茂，鸟语花香，居住环境舒适宜人。

3. 淳朴的民间习俗。明嘉靖三十九年（1560）《如皋县志》记载："如皋濒海控江，民多朴野，其性驯柔，其俗质实，民畏法而耻罪、士读书而循理，习尚俗礼，多俭约之风。"整个江海地区的民风大体如此。南通人性格温顺，谦恭礼让，热情好客。勤俭朴实，艰苦创业。捐资办学，修桥铺路之事屡见不鲜。好事不留名的"莫文隋"精神和以扶老助残为特色的"江海志愿者"行动深入人心，社会主义精神文明之花开遍江海大地，受到中宣部和中央文明委的表彰。这些正是传统文化在新的历史条件下的升华。

4. 厚学重教的品格。南通历来厚学重教。北宋初年，如皋籍著名教育家胡瑗，一生从事教育，对后人影响深远。清末状元张謇，提倡"父教育、母实业"的主张，先后创办了全国第一所师范学校等多所学校，弘扬了重教之风。通州师范学校创办一百多年来，培养教师数以万计，遍布城乡中小学校，极大地推动了南通教育事业的发展，结出了累累硕果。南通中学的毕业生先后有 10 多位成为国家两院院士。启东中学学生在国际化学、物理奥林匹克竞赛中有 10 多人次获得金银奖牌。南通人整体素质之高，由此可窥一斑。

5. 尊老敬贤的传统。南通人素以尊老敬贤为荣，子女孝敬老人，家庭代际关系和睦。家中有花甲老人，子女就要为他祝寿，一旦年事已高，子女对老人呵护照料就格外周到。20 世纪 90 年代以来，市政府 3 次发出文件提出了对老年人实行社会优待服务的若干举措，例如老年人在乘车、看病、购物、欣赏电影戏剧、景点参观以及安装有线电视等方面受到一系列的优待照顾。2007 年，市政府又规定 65 岁以上的老年人可免费乘坐市内公交车，这项举措已使市区 7 万多名老年人得到实惠。逢年过节，各级领导分头走访慰问老党员、老干部、百岁老人及特困老人。许多中小学生、共青团员、武警官兵常常利用节假日到敬老院、老年公寓或老人家庭，送温暖、献爱心。整个社会呈现出尊老敬贤的浓厚风气。

江海长寿文化的作用

有道是“一方水土养一方人，一方人创一方文化”。文化属意识形态，它既为物质所决定，又反作用于物质。江海人民创造了江海文化，江海文化又培育催生了南通人的健康长寿。其主要作用大致体现在以下几个方面。

1. 教化作用。南通地区的方言土语很复杂。但不管其如何复杂难懂，总有相当多的与健康长寿有关的谚语警句在民间广为流传。如“秋吃萝卜夏吃姜，不劳医生开处方”“若要百病不生，常常饥饿三分”“喝开水，吃热菜，不拉肚子不受害”等，是提醒人们注意科学合理饮食的；“清退高热症，煮粥加芦根”“若要不失眠，煮粥加白莲”“若是口渴心烦躁，煮粥放点猕猴桃”等是向人们传授食疗方法的；“春捂秋冻”“热从头上起，寒从脚底来”等，是要人们注意衣着保暖的；“人老腿先老，防老要多跑”“饭后百步走，活到九十九”等是告诫人们注意适当运动的。“笑一笑，十年少；愁一愁，白了头”“心宽能增寿，德高能延年”是劝导人们保持乐观心态的；“若要好，小敬老”“家有一老，赛过一宝”是教育人们孝敬老人的。上述谚语警句言简意赅，生动易懂，充满着哲理，有着很强的教化作用。

2. 营养作用。南通饮食文化内涵丰富，既讲美味可口，也讲营养价值。既有猪、羊、鸡、鸭、兔之类的陆畜食物，又有鱼、虾、蟹、鳖、贝之类的水产食物。南通特产长江“三鲜”：刀鱼、鲥鱼、河豚，鲜美无比，天下闻名。脆饼、麻糕、茶干、萝卜干、麻虾酱等都是寻常人家常吃的特色食品。本地产黄豆，青毛豆每年可吃四至五个月，豆制品花色品种很多，冬季磨成豆浆喝，其营养价值可与牛奶媲美。一年四季绿色蔬菜，新鲜瓜果不断。田里长的、圈里养的、海里产的物品品种齐全，资源充足，市场繁荣兴旺，保证了人体40多种必需的营养素。

3. 保健作用。南通人民在服饰、居住、饮水、民风、民俗等方面均有自己的特点，且有一定的科学道理。妇女喜欢穿蓝印花布服装，纯棉布料，保暖舒适。过去农民住草屋，如今大多数人家住上了瓦房，有的盖了漂亮的楼房别墅，大大提高了居住舒适度。夏秋之间常常用佩兰、藿香、薄荷叶泡茶，以清凉消暑。偶遇风寒腹痛，喝生姜红糖茶，驱寒暖胃。民众常用的瓦罐、铁锅、棉鞋、芦花靴、木盆、竹篮等，也都讲究保健作用。民间习俗腊月二十四“掸灰尘”打扫卫生；除夕夜“煨百虫”；清明节祭祖扫墓；端午节，挂菖蒲艾条包粽子、墙边屋角洒雄黄酒；中秋节，亲人团聚吃月饼；重阳节，遍插茱萸，持蟹赏菊；腊月初八吃腊八粥等，这些传统的民风民俗，无不寄托着民众防灾避祸，祈求人寿年丰的深切情怀。

4. 强身作用。古代格言说“流水不腐，户枢不蠹”，它告诫我们经常运动才能保持身体健康。昔日少儿中流行老鹰捉小鸡、背老娘舅过河等游戏，民间盛行的踢毽子、抖空竹、拍皮球等活动老少皆宜。南通人喜欢放风筝，立春过后处处可见形式各异的风筝扶摇直上蓝天，如今一年一度风筝节更是吸引了八方宾客，热闹非凡。重要节日常举行庙会，舞龙灯、跳狮子、荡湖船、踩高跷、打莲湘、打腰鼓等传统的民间文艺异常活跃。现在市区有数万名老年人每天在公园广场、濠滨绿地坚持不懈地锻炼身体。这些广泛持久的群众体育文化活动，起到了强身健体、延年益寿的作用。

另外，江海文化还有其陶冶、愉悦和慰藉作用，这些都有益于人们的健康长寿。

探寻江海长寿文化的历史足迹

健康长寿是南通人民世世代代的期盼和永远不懈的追求，在江海大地上的许多历史遗迹以及图书博物馆藏的史料典籍中，记录着南通人民探寻健康长寿的心路历程和串串历史足迹。

1. 丰富的历史文化遗迹。俗话说：吃了五谷杂粮，哪能不生病？南通人民深知要战胜疾病、延益寿命还得依靠医药，故而对历代医药名家十分崇拜。昔日如皋城里有一座药王庙，始建于唐代，清康熙年间重修。庙中除供奉医药之神外，还设立了岐伯、扁鹊、华佗、孙思邈、张仲景等历代名医的塑像。人们经常去烧香祭祀，不忘他们给人间带来的福祉。无独有偶，南通城南狼山上有座广教寺，寺中供奉的大圣菩萨，原是唐代长安的一位和尚，深谙医术。一年疫病流传，他离开长安云游东方，一路为民治病，广做善事，深得民众敬仰。最后，在狼山圆寂被供奉为大圣菩萨。南通周边数百里内的民众常来烧香叩拜，祈求大圣菩萨赐给安康。求神灵保佑毕竟只是一种心理上的寄托，许多有识之士则更多地付诸行动，倡导尊老敬老的风气。清末状元实业家张謇，为庆贺其兄长七十大寿，在南公园里面建了一座“千龄观”。建筑落成他赋诗一首以示心志，诗曰：“南濠云水映楼台，碧瓦朱甍观又开。不是私家新缮筑，要容敬老万人来。”确实，此“观”后来成为整个通州地方高寿者每年聚会祝寿交流长寿经验的场所。社会上对奉行孝行的人长期不忘，对少数不肖子孙欺虐老人的行为则为所不容。在清朝初年，南通城隍庙左侧有一个“孝子祠”。祠里供着一些孝子像，谁家的儿子不孝顺父母，街坊邻居就会将逆子拖到“孝子祠”里，罚其跪在孝子像前反思悔改。这一招儿果然使通城子弟们在孝敬赡养父母问题上都不敢怠慢。在孝文化氛围比较浓厚的环境里，老人们颐养天年，寿命得以延长。社会上不断有百岁寿星出现，封建帝王就颁诏旌表，地方官府积极施行，于是出现了许多“百岁巷”“百岁坊”的地名。自清雍正十年（1732），在如皋宣化门南大街建立了第一座“百岁坊”之后的两百多年间，仅如皋一地就有“百岁坊”6座，“百岁庄”1座，“百岁桥”3座，“百岁巷”“百岁祠”各1处。另外还有以寿字命名的延寿寺、万寿寺、福寿庵等7座。

2. 迅速发展的长寿文化设施。进入21世纪以来，随着各级政府科学发展观的确立以及对人口老龄化和老年事业的重视，长寿文化设施得到较快的发展。市区先后建成老干部、老年活动中心3个，总面积近1万平方米。如皋、如东、海门等县（市）也分别建立了老年活动中心。另由民政部门牵头，筹集资金4000多万元，建成“星光老年之家”119个。上述老年文化设施的建成，满足了许多老年人室内文化活动的需求。全市有规模较大的市、县（区）级老年大学9所，乡镇老年学校40所。1万多名老年人在各级老年学校里兴致勃勃地学习着各种专业知识。为了建设布局合理、文明整洁、环境优美、适宜居住的城市，近几年，结合旧城改造，市政府下大决心，投入巨资，动员居民搬迁以后，在几乎是“寸土寸金”的城市中心地带建设了环西文化广场、市民广场和体育公园，沿濠河建成大面积的濠东和濠西绿地，沿长江开辟了滨江公园和园博园等，新增公园广场绿地面积200多公顷，为老年人提供了休闲会友、健身娱乐的极佳去处，成为城市一道亮丽的风景。更为可喜的是不仅政府重视长寿文化设施建设，一些民营企业家也纷纷加入进来。如皋有一位私企老板投资近1亿元征地600亩，在如城西郊兴建了一座“如皋东方大寿星乐园”，通如和沪浙苏等地前来休闲旅游的老年人络绎不绝，深受老年人的欢迎。

3. 蓬勃开展的长寿文化活动。如果在20世纪80年代之前，人们对健康长寿的追求基本上是自发的无序的行为，那么80年代中期，南通市各级老龄工作的专门机构成立以后，人们关于健康长寿的文化活动就纳入了各级老龄工作机构的职责范围，成为一种有组织、有计划的自觉行动。当代为促进老年健康长寿而开展的各种文化活动蓬蓬勃勃且深入持久。1987年，我市将重阳节（农历九月初九）列为敬老日。在节日期间，各级政府都要召开热烈隆重的庆祝大会，向老年人表示祝贺，并分头走访慰问老年人。各部门各单位亦开展相应的庆祝活动，尊老敬老的气氛十分浓厚。老年人精神文化生活丰富多彩，市区有老年文艺活动团队 196 个，体育健身活动组织 500 多个，有 7 万多名老年人经常在各种活动场所里进行文化娱乐体育健身活动，活跃了身心，增强了体质，精神面貌为之一新。十多年来，南通市老年学会和如皋市长寿研究会，开展了一系列关于长寿问题的调研工作和宣传活动。他们深入高龄长寿老人众多的地方，广泛地搜集积累资料，以科学的态度分析论证、研究探讨，先后在国家和省、市级理论刊物上发表有关长寿问题的理论文章近百篇，出版了“长寿探源”和“情系华发”等专著 4 部，拍摄制作了反映 30 位百岁老人生活状况的《长寿探秘》电视纪实片 5 集，制作发行近万套。如皋市的长寿文化宣传活动更是热烈而张扬，2002 年到 2007 年，先后举办了三届“中国 · 如皋长寿文化节”暨“长寿理论研讨会”，国内许多知名专家学者到会发表论文参加研讨。中央电视台《夕阳红》栏目多次到如皋拍摄百岁老人的生活花絮，其中 2002 年拍摄的以如皋百岁老人生活花絮为背景的专题片《和乐中华》在西班牙马德里召开的第二届世界老龄问题大会上播放，引起世界各国代表的巨大反响。此后，世界各国媒体纷至沓来拍摄、报道如皋百岁老人的生活状况，向世界人民介绍如皋长寿之乡的面貌，同时，也具体生动地宣传推介了江海长寿文化。

按照以人为本、关注民生的施政理念和全面协调可持续发展的科学发展观的要求，在社会主义物质文明、政治文明和精神文明的建设中，在我们今后的工作中，更应重视江海长寿文化的建设，着力构建江海长寿文化体系，要进一步弘扬新的孝道文化，加强老年文化设施建设，开展各种老年文化体育活动，坚持科学保健养生，使南通成为名副其实的全国长寿之乡。

（载于 2009 年第 1 期）

深切怀念我的父亲向明（节选）

巨东梅

今年3月27日，是我父亲100周年诞辰纪念日，12月18日是他去世40周年的纪念日，我特撰文表达对父亲深深的怀念之情。

革命一生　战斗不息

我的父亲向明，原名巨同璞。在白色恐怖笼罩下的革命年代，由于地下革命斗争的需要，他曾多次改名，最后一次改名为“向明”。

父亲1929年参加革命，1931年加入中国共产党。1929—1932年，他担任过青岛市沧口区委宣传委员、济南市委书记、山东省委组织部部长。在白色恐怖的艰难岁月里，他曾多次领导过学生运动、纱厂工人罢工，同资本家和国民党反动派进行了不屈不挠的英勇斗争。1933年，由于叛徒出卖，被国民党反动派逮捕入狱。在狱中曾多次领导绝食斗争，表现出一位共产党员崇高的革命气节。

1937年，父亲出狱后，立即找到党组织，投入轰轰烈烈的抗日斗争中。1938—1945年，他曾历任同蒲正太铁路工委山西省委代表、豫东特委中原局党代表、豫鄂边区党委书记、豫皖苏区新四军六支队二总队政委、豫皖苏区党委民运部长兼书记、苏中四地委党委书记兼军分区政委、苏中区党委委员、苏北区党委组织部部长、苏北盐阜区地委书记兼军分区政委、新四军三师八旅政委、苏北区党委组织部部长等职务。他英勇奋战，出生入死，为创建、巩固、发展苏中和苏北抗日根据地做出了卓越的成绩。

解放战争时期，父亲历任鲁中区党委书记兼军区政委、华东第三野战军八纵队政委、胶东区党委书记兼军区政委。他指挥部队参加了鲁南战役、沙土集战役、泰蒙战役、莱芜战役及孟良崮等战役，并参加了陇海阻击战。他带领部队全体指战员英勇作战，粉碎了国民党反动派对解放区的多次进攻，为山东党的建设、军队建设和政权建设作出了贡献。

1949—1954 年，父亲历任青岛市军事管制委员会主任、第一任市委书记、山东省政府副主席、山东分局第二副书记、代理书记等职务。他领导并参与了接管青岛的准备工作以及进驻青岛后的经济恢复工作。他领导全省人民维持治安秩序、镇压反革命、恢复发展经济、进行土地改革、组织农村互助合作、开展城市民主改革、抗美援朝等各项工作，为中华人民共和国成立初期山东的经济恢复及社会主义建设作出了贡献。

许多与父亲一起工作过的老同志都反映："向明同志对工作极端负责，任劳任怨，忘我工作，经常带病坚持工作。""向明同志心里，只有工作，唯独没有他自己！"

由于年轻时坐过监狱，年老时又有受批判、遭游斗的遭遇，致使父亲患有高血压、动脉硬化、肝炎、眼疾等多种疾病。1969 年，父亲已是年近花甲的老人，而且患有多种疾病，但他仍不甘示弱，在干校的农田里和小伙子们比着干，独自承担了从井里打水，将水桶用推车远道推到田里的繁重体力劳动。一天，由于人老眼花，没能刹得住车，致使车翻了，人摔倒在深埋在地里的水缸中，不久便含冤去世。

助人为乐　人民公仆

父亲有着一颗金子般的心，他生前始终把张思德和雷锋作为自己学习的榜样，对同志像春天般的温暖，助人为乐，全心全意为人民服务。他平易近人，没有架子。他对待警卫员、保姆，就像一家人一样，关心他们的生活和学习情况。他经常在生活方面资助他们，送他们衣物和生活必需品。

父亲去世后，我去干校整理他的遗物时，许多叔叔阿姨都泣不成声地对我说："老向真是个大好人啊！我们生活困难时，他曾多次慷慨地接济过我们。"

父亲始终将雷锋作为自己学习的榜样，学习他助人为乐，做一颗永不生锈的螺丝钉。"文化大革命"期间，父亲所在的五七干校由于离城里较远，不能及时看到当天的报纸。为了让干校的同志们能及时收听到当天的国内外新闻，及时了解党的方针政策，父亲就用自己的工资买了个大半导体收音机，供大家收听。干校附近没有理发馆，父亲就花钱买了一套理发工具，免费义务为大家理发。当他看到干校里缺少桌椅板凳，就专门买了一套木工工具，为干校做了一些桌椅板凳。干校里盖房子，年老体弱的父亲也不顾自己的身体，争着上脚手架……干校的叔叔阿姨对我说，类似这样感人的好事，老向默默无闻地做了很多很多。虽然背着"反革命"罪名，但他仍能每天充满革命活力，愉快地在农田里施肥、割麦子，根本看不出是一位随时接受群众批斗的人。对批斗过他的人，他从没有牢骚，也没有怨言。

1962 年底，父亲被解除了隔离审查。在天津等待分配工作的日子里，虽然仍戴着"反党联盟成员"的帽子，但他却不悲观、不沮丧，以一位革命战士火一般的热情，默默无闻地为社会做一些有益的事情。

刻苦学习　艰苦朴素

父亲高小毕业后，虽然以优异的成绩考上了山东省立第四师范学校，但由于家庭贫困，交不起学费，只好含泪辍学。参加革命工作后，他挤出时间，刻苦学习，不断提高自己的文化修养。父亲在生活上勤俭节约，舍不得花钱，但在买书方面却毫不吝啬。家里的书架上除了大量的马、恩、列、斯及毛泽东著作外，还有中国通史、中国古典名著及现代文学作品。还有黑格尔、雨果的著作以及外国文学等书籍。

正因为有这些古今中外丰富的知识积累，使得他在工作中从不依靠秘书代笔。无论是作报告，还是发表文章，都是亲自动手起草，还经常引经据典，具有说服力。

父亲生活十分节俭。妈妈回忆说："在抗日战争时期，部队规定每年两次以旧换新，发新衣服。但是，你爸爸每年都要为公家节约，带头不换新衣服，裤子后面和膝盖上常常打着补丁。解放后，军区规定每年给首长做一次衣服，而你爸爸总是以各种理由拒绝。"记得 1963 年，在天津时，爸爸在家里发明了废物利用的环保"小发明"制作。即将看过的报纸，用水泡过，做成纸浆，再糊在容器上，待干后取下，用作盛米、面的器皿，上面再加一个盖，既经济实用又环保。

1969 年爸爸去世后，我到干校取回爸爸留下的遗物，一位为共产主义奋斗一生的老战士所留给子女的，只有供给制时公家发的一件旧军毯和一些简陋的生活用品，真可谓是"无产阶级"战士了。

和父亲一起工作过的同志们都说："向明同志生活上严于律己，艰苦朴素，不搞特殊化。按规定，工作到夜里 12 点，伙房就有夜餐供应。可他常常通宵工作，虽有严重的胃病，但就是坚持不让伙房给他做夜餐。向明从不收礼，拒绝接受任何馈赠的礼品，还在机关里立下了规矩，实在推不掉的礼品，就一律送给托儿所的孩子们。”

父亲对我们要求很严，不许我们吃饭时碗里剩一粒饭粒，就连掉在桌上的饭粒也要我们捡起来吃掉。他常教导我们：“‘谁知盘中餐，粒粒皆辛苦’，农民种粮不容易，要学会节约。”记得 1964 年，当父亲知道我考上北京外国语学院时，十分高兴。他送给我一本刘少奇同志的《论共产党员的修养》，嘱咐我一定要认真学习，将它作为自己行动的座右铭，而父亲正是以这本书作为自己一生行动的座右铭。

中共河北省委在追悼父亲的悼词中指出：“向明同志是我们党的一位久经考验的无产阶级忠诚战士，是我党的优秀党员，他的一生是革命的一生，战斗的一生，他的逝世是我们党的一大损失。”

我最亲爱的父亲离开我们转眼已 40 年了。他生前虽然没有给我们留下任何遗产，但是，他的崇高品德，他的坚强革命意志，却是留给我们子孙后代取之不尽，用之不竭的宝贵精神财富，他永远是我们做人的楷模。父亲永远活在我们的心里！

（载于2009年第2期）

南通博物苑复兴亲历记

季茂之

20世纪50年代初，我在市委宣传部工作期间，曾几次见林克部长听取南通博物馆的工作汇报。当时，文化部门由部领导直接过问其工作，除从解放区进城的新华书店外，只此一家，可见市委对博物馆工作的重视，这是一方面。另一方面，博物馆馆长由钱啸秋副市长兼任，论级别、规格，自然与其他单位不一样了。副馆长为文教界知名人士管劲丞先生和一位有相当资历的党员干部刘捷军同志。刘捷军来部里汇报工作、讨论工作时常由我记录，由此，我才粗略地知道一点博物馆工作内容，以及文教界对博物馆的深厚感情，他们视博物馆为南通的瑰宝。

1954年5月，江苏省人民政府贯彻“整顿巩固、重点发展、提高质量、稳步前进”的文教方针，撤销南通博物馆。南通文教界人士意见很大。南通博物苑历经沧桑，抗日战争期间，惨遭日本侵略者严重破坏。抗日战争胜利后，国民党政府不闻不问，到解放前夕已是一片废墟。1949年，南通城解放以后，才在一片废墟上重建起南通博物馆。现在要撤销了，思想上怎么能接受呢？他们向宣传部提出保存的要求。林克部长是文化人，观点和他们相似，但这是上级的决定，部里无能为力。我也为此感到失望，却从此对一个不存在的博物馆有了逐渐加深的感情。遥想当年张謇先生是何等的远见卓识，费了多少心血，克服了多少困难，才建成了博物苑。而解放后的恢复，南通人民又是何等的见识、何等的热情，他们付出的巨额捐款，占了整个恢复经费的五分之四，这不是一个小数字。

想不到时隔3年，事情发生了可喜的变化，更想不到的是，我是这个喜讯最早的接受者，并且经历了这个可喜变化的全过程。

1956 年，我已调至市人民委员会文化科工作。这一年 6 月，接到江苏省文化局 6 月 9 日的函件，要求我们编制南通博物馆整修计划，提出“我局决定 1957 年在你市前南通博物馆旧址建立南通市历史建设博物馆”，这实际上就是要恢复南通博物馆。我收到这个函件，极为振奋，立即组织人员编制整修计划和安排相关事宜。这个信息不胫而走，许多热心人士梦寐以求的事情得以实现，十分高兴，都对我们鼎力相助，重建工作进行得十分顺利。

省文化局怎么会突然来了这个决定呢？后来才知道，当年 5 月 21 日，文化部郑振铎副部长在全国博物馆工作会议开幕词中指出：“中国博物馆事业的历史并不太久。最早的公共博物馆，除了帝国主义者们在沿海地区所办的几个之外，要算张謇他们办的南通博物苑了。”

郑部长的话立即引起全国文博界的关注，恢复南通博物苑必然成为应有之议，江苏省文化局立即行动，在不到 20 天的时间里，就作出了恢复南通博物馆的决定。

南通博物馆恢复后的第一任馆长尤勉斋先生知道了这个情况，感慨地说：“郑部长一句话，救活了南通博物馆。”事实正是这样，可见郑部长一句话，有多么重的分量！

之后，我参加全省文化工作会议，听取省文化局办公室郭铁松主任传达文化部文件，即郑部长在全国博物馆工作会议上所作的开幕词。在传达到有关南通博物苑一段时，郭主任脱离讲稿，说了一句，郑部长在会后曾向省局领导问起南通博物苑的情况，这无疑是一个有力的推动。我当时兴奋不已。省局会议结束以后，我和省博物馆筹备处王主任同车抵达苏州，核对交由他们保存的南通藏品的清单，非常顺利，直到后来我们去苏州、南京取回藏品，都是一路绿灯，体现了省局的得力安排和他们的胸怀、气度。

时隔 40 多年，有一次我和博物苑学术委员会的同志谈论博物苑发展变化情况时，提及这件事，赞叹郑部长丰富的文博历史知识和省文化局的办事效率，他们说："5 月 21 日郑部长提出这个问题，6 月 9 日省文化局就作出了恢复博物馆的决定，中间只有 20 天的时间，这是多么快的速度！"

是的，一句话的分量，20 天的速度留在文博界同志的记忆里了，记载在中国博物馆发展史上了，后来者将由此得到深刻的启示：一句话的力量来自领导者高瞻远瞩、科学决策和个人人格魅力所形成的威望；20 天的速度缘自主其事者正确的事业观、高度的责任感和紧张有序的工作作风，这和博物苑事业一样，也成为我们的宝贵财富，永远留存。

再回到 20 世纪 80 年代。1983 年我调离文化局之前，仍然分工联系文博几个单位。博物苑面对"文化大革命"以后的残局，开展工作真是举步维艰。幸好徐冬昌、黄然、穆烜等领导既是学者型的领导，又是实干家，他们有强烈的事业心和艰苦奋斗的精神，在几位得力的中层骨干的帮助下，团结全馆同志，努力工作，克服了前进道路上一个又一个障碍。同时，市领导、有关部门和社会上热心人士的鼎力相助，也是一个不可或缺的条件。我为他们力图振兴的精神所鼓舞，也为几个突出困难所深感忧虑：长期驻在苑里的几个单位，不是要他们走就能走的，他们工作用房与苑景很不协调，又如何处置？要人民公园迁出，恢复苑的完整布局，这更是一个难题，市领导和相关部门思想认识很不统一，我也经历过激烈的争辩。

1982 年九十月间，一个星期天的下午，天朗气清，朱剑市长来到我家约我出去转转。上车时见徐虎副市长坐在车里，原来是出去寻找几块文化单位的用地。转了几个地方之后，到文峰塔下已经残败的五福寺停车，在寺里一边转悠、一边揣摩，朱市长笑着对我说："文联、画院建在这里，你满意吗？"我说："太好了。"我们又走到色织一厂，朱市长指着西边的车间，说："这里建个美术馆，我看很好，但是现在搬迁没有钱，要等第二步了。"我们边走边谈，登上文峰塔，俯视远眺，风景绝佳。在眼前（即对面文峰饭店后面）有一块开阔地，三两处池塘点缀其间，外边南、北、西三面，濠水荡漾，境地清幽。朱市长忽有所悟，兴奋起来："好，好！就在这里建人民公园，博物苑的问题解决了。"此时，我才悟出这是我们今天活动的主题。又一阵议论，朱市长对徐副市长说："今天议的就定下来了，请你抓紧与城建、规划部门联系落实，请他们论证。一次规划，分段实施。"我心上一块石头落了地，朱市长这一决定，就为人民公园与博物苑脱钩创造了条件，实际上为恢复博物苑完整苑貌和今天的新馆建设打下了基础。

我们的车经过晶体管厂时，朱市长又提出这个厂搬迁后这块地作何用处的问题，我提出可否作音乐厅用？徐副市长表示认同，朱市长说："通师搬回，最得人心，但地方太小，不够用了。以后作文化事业用地，例如你们说的音乐厅也可。"他还说："这样，连同美术馆的建设，这濠河东南一角，就形成了以南通博物苑为中心的文化区域。"

朱市长对发展文化事业的认识和布局，联系整体建设，有深沉的思考，长远的安排，很大的魄力。当时改革开放刚刚起步，发展经济的担子很重，领导人如此重视博物苑的全面恢复，并且具体地安排上自己的工作日程，这是很不容易的。这是一种远见卓识，这是一种精神，我很受感动，并且成为我为此努力的一种新的动力，激励我后来作为市人民代表和人大常委会委员继续做工作的力量。

在市委领导下，在主管部门艰苦工作和相关方面的大力支持下，通过苑里苑外大家的共同努力，复兴南通博物苑的愿望终于实现了。今天的博物苑，林木葱茏，鸟语声声，老馆焕然一新，新馆熠熠生辉，一派新气象勃然兴起，使人振奋，先贤开拓的事业后继有人，濠河之畔的文化瑰宝发出了新的光彩；纵观全市，博物馆事业有了新的发展，具有时代特征，是一幅新时期文化建设的美丽画卷。这耀目的景象，使我这个大半生从事文化工作的老人感到无比的喜悦，无比的欣慰。

（载于 2009 年第 3 期）

从广教寺走向海外的“当代玄奘”

——追思南通籍高僧圣严法师

余继堂

仰望耿耿河汉，浩浩星空，倏地，一颗灿灼的星辰，从头顶的苍穹向天边划去……这颗陨落的星辰，就是当今中国佛教界的耆宿、台湾法鼓山的南通籍高僧圣严法师。这位被海内外信众推崇为“当代玄奘”的高僧，于 2009 年 2 月 3 日在台北圆寂，世寿七十八。我为中国佛教界失去一位大德智者而哀婉，为一位具有世界影响汉传佛教大师的离去而悲恸。

法　缘

圣严法师同南通有着深厚的渊源根脉。

1931 年，圣严法师出生在南通狼山附近的小娘港，俗名张保康，自幼体弱多病，直到 6 岁才会走路，在兵荒马乱、民不聊生的凄惨、困顿中度过童年。那时长江频发洪灾，他们举家迁至常熟。13 岁在狼山广教寺法聚庵剃度出家。1949 年，随溃退国民党军队去台，1959 年退役后，于东初老人座下再度出家。1961 年于高雄美浓朝元寺闭关潜修 6 年，阅读佛教经籍典藏。39 岁时，他负笈东瀛，留学日本东京立正大学，6 年后摘取文学博士学位。1985 年在台湾北投“中华佛教文化馆”，创办“中华佛学研究所”。1989 年辟建法鼓山，以“提升人的质量、建设人间净土”为理念，创建法鼓山僧伽大学、法鼓大学、社会大学等，以资培养佛教研究高等人才。

圣严法师曾多次应邀出席世界各地的佛学会议，在许多大学讲演弘法，指导禅修，近 20 年中足迹遍及 20 多个国家，他在世界各地的皈依弟子多达数万人。他一生勤奋不辍，笔耕不止，有 100 多部著作出版发行，其中 20 多种著作被译为多种文字出版。1998 年，圣严法师被《天下杂志》遴选为 400 年来台湾地区最具影响力的 50 位人物之一。

我有幸与圣严法师相识，缘于我曾两次参与对法师一行参拜祖庭的接待。1988 年春天，改革开放的春风推动了大陆、台湾两地人员的往来。我时为南通宗教事务处秘书，接待圣严法师这样高层次的客访，是“文化大革命”后南通宗教事务处和狼山广教寺的首例。我们既期待又感到有几分神秘。那时宗教处的办公条件极为简陋，公务用车还是部队淘汰的一辆吉普，处里又向市委统战部借了一辆轿车，广教寺有一辆日产面包车。我们将当时硬件设施较好的天南大酒店作为圣严的下榻之所，礼品为一尊黄杨木雕弥勒佛和一幅通绣吴昌硕大师的手篆佛字。

圣严法师一行是乘“江汉轮”从上海而来。这天凌晨，我们早早地等候在南通港码头。在早春乍暖还寒的江风中，圣严法师和 3 位弟子走下船来，法师面庞瘦削，腰背微驼，长衫背囊，似普通的行脚僧人。

早膳后，即驱车抵狼山。阔别 40 多年重回祖庭的圣严，面对眼前既熟悉又陌生的景物，他感慨万千。他在出家当过小沙弥的法聚庵，寻寻觅觅，像梦游般地踽行，寻找尚存的记忆，寻找走向海外的第一行足迹。

圣严法师曾不止一次在他的著作和同友人的对话中，说起育枚对他的知遇之恩。解放前，广教寺在上海有两座下院，一处在虹口，一处在沪西忆定盘路，都称狼山大圣寺。1944 年 10 月间，圣严被差遣到沪西忆定盘路大圣寺，协助师父赶经忏，也就是当时穷困的寺僧们为能混口饱饭吃。1946 年，上海静安寺兴办佛学院，育枚任佛学院教务主任，为了培养僧才，育枚说服圣严的法祖贯通法师，派圣严到佛学院读书，使圣严的命运发生了根本变化。对于这位恩师和伯乐，圣严常怀着感恩之心。这次在狼山顶，他拜见育枚，伏地行叩拜大礼，师生互赠礼品、互道珍重。

1995 年，圣严二度率领佛教弟子三百人的朝参团再登狼峰。他再度拜谒了恩师育枚。此次他目睹了广教寺灾后重建（1991 年夏，广教寺发生了特大塌方）的新貌，感到十分欣慰。在萃景楼，他欣然挥笔题写了“紫琅千圣云来集”七个字，也是对这座享誉海内外佛教名山良好的祈愿。

在我和圣严不多的交往中，心底一直追溯着一个人生千古不变的话题，这就是机缘和契机固然重要，但居第一位的仍然是自强不息、矢志不移地奋斗与献身精神，这也许就是我读圣严这部“无字书”的感悟。

书　缘

圣严法师会一口流利的普通话，他说话不多，却富机敏、幽默，遣字用句洗练、儒雅。

与圣严法师两次近距离的接触后，我便比较留心阅读他的著作。他通俗、精当的语言，阐释佛典艰深的奥义，给我启迪通慧，如他教示“人生化的佛法，人性化的佛学，人间化的佛教”，是对人间佛教的进一步阐释，为我日后撰写佛学方面的著作，开启了一扇心窗。

1991年，圣严法师为筹建法鼓山道场，率领一个寺院建筑专业考察团去山西五台山等地朝山考察。途经北京，应邀到中国佛学院讲课。此时广教寺有两名在读的佛学僧能持、能忍，有幸聆听了同门“大师兄”精妙的讲演。课后，二人拜见了圣严，圣严高兴地接待了两位年轻后生，并详细询问了他们的学习情况。当圣严得知已有两名广教寺的学僧（学愚、建华）在斯里兰卡攻读研究生时，更为欣慰，他勉励能持、能忍要努力进取。会见时，二僧还向圣严法师赠送了笔者撰著的《狼山风光》旅游书（江苏科技出版社出版）。圣严法师高兴地收下了这本和他有着浓厚法缘的书籍。会见和赠书的过程，被圣严法师记入了《行云流水》一书中。这是我同圣严法师最早的书缘。

1998年，我的另一本记述南通佛教历史、文化发展演变的《江东佛门春秋》（宗教文化出版社出版），书中第三章“僧宝云集”，我依据有关资料，撰写了一篇题为《圣严法师与南通狼山》的文章。书前彩页还选登了一张法师1995年来狼山时与月朗、峻德、锦荣3位监院的照片以及法师的题字。书印成后，我拜托他的俗家外甥黄成佳先生寄书给法师。他收到书后，亲笔给我来信，称读到我的书后，令他“抚今追古，感触良深”。对改革开放后的佛教新生充满喜悦，称赞“寺复旧观，僧见新貌”。是年12月，我给法师回了信，表达了对他一生刻苦磨砺、自强不息、献身佛教事业精神的感佩，逊谢了大师信中对我的誉辞，并渴望能读到他更多的著作。不负我所求，不久法师给我寄赠了《正信的佛教》等3部著作。

2003年佛缘再续。我编著的《南通佛道教传说》一书由中国文联出版社出版。全书31万字，收集了古今传说170篇，收录了圣严法师《归程》著作中讲述的7个传说故事，不仅惠及广大读者，也充盈和完善了南通民间文学的宝库。书正式出版后，我再次寄给圣严法师，表达了对他的敬意和感谢。

善　缘

被称“四大天王”之一的香港影视明星张学友曾问圣严法师：“为什么会在物欲生活的满足后，仍会感到心灵空虚？”他从容应答：“人从生命过程中走过来，踏踏实实地做人非常重要，依自己的因缘顺势而为，对别人多一些爱心，对自己少一些困扰，需要有慈悲和智慧。”

这段话可用来观照圣严法师一生的佛心依止。我和圣严法师虽说交往不多，但有几件事给我留下了深刻的印象。

圣严法师办佛教教育，选拔高素质的人才，是有口皆碑的。他不止一次说过：“不办教育，佛教就没有明天！”

在法鼓山他创办了文教、慈善基金会，其分支遍及欧、亚、美、澳各大洲，为佛教的未来打下了坚实的基础。当广教寺从中国佛学院毕业的能忍、能持两僧有意向去斯里兰卡留学攻读研究生，向圣严法师求助时，他毫不犹豫地应承下来。经过一番周折，圣严法师通过斯里兰卡的皈依弟子，为二僧找到一施主，帮助他们如愿成行。这里，法师不仅有呵护祖庭的心结，更是出于对绍隆佛种的无私襟怀。二小僧数年后学成归来，一位任南通市港闸区普贤寺方丈，成为南通佛门中坚；一位远渡重洋到美国弘法。

圣严法师的大悲之心，还体现在“无缘大慈、同体大悲”的悲心深愿，慈济群生。

1991 年夏，广教寺遭遇百年不遇之暴雨，寺房发生灾变，圣严闻讯，火速从境外汇来 1 万美元，为寺院重建雪中送炭。

1999 年，台湾“九二一”大地震发生后，圣严法师立即率领僧俗积极投入救灾。他以佛教理念安抚人心，举办法会、洒净、祈福家园、超度亡者，他又将信众捐赠法鼓山建设的款项移作救灾，并全力救助贫困的在学子女家庭，承诺了一部分孩子读小学、中学及大学的费用。

2008 年 5 月 12 日，四川汶川大地震发生，圣严法师闻悉寝食难安。他立即组织为灾区募捐，派遣医疗队到重灾区的安县和秀水，与秀水第一中心小学、秀水中心卫生院等签订 3000 多万元人民币的援建协议，并承诺建两所小学、一所中学和医院、自来水厂等。

圣哲凋谢，两岸同悼。国务院台湾事务办公室主任王毅致电法鼓山果东方丈，缅怀圣严法师一生弘扬佛教事业，高度肯定他对推动两岸佛教交流所作的贡献，特别对圣严法师积极参与四川地震的救灾圣行表示赞扬。法师的外甥黄成佳先生同大陆的 6 位亲属，得知他逝世的消息后，即辗转飞赴台北，送法师最后一程。归来后，他对我说，台湾地区领导人以及其他政要和 10 万名民众自发前往瞻仰仪容，送别法师。圣严法师是南通这块崇川福地孕育出的一粒佛种，一枚佛珠。这位被世人称为“当代玄奘”的南通高僧，毕生播撒慈光，成就辉映五洲。

（载于 2009 年第 4 期）

永远的丰碑

——纪念父亲吴天石100周年诞辰

吴允弘

爸爸是一个普通的共产党员，终身从事教育工作的普通干部。他的职位在有些人看来是“高干”，但他不把他的工作看成是当“官”，而是在从事人民教育事业，以此为党工作、为人民服务。他在江苏省负责教育工作13年（从1954年到1966年遇难为止），得到广泛的好评。他安于本职工作，从不想升官。教育部和华东局都曾准备调他去，都被他辞谢了。他常说：“以后不做教育行政工作了，就回归老本行，去当教师教书。”他当省教育厅厅长时，就经常去各地的学校听课，南京师范学院附小的斯霞老师的课就听过几次，并发现了这个典型，亲自写了介绍文章。南通的李吉林老师也受到他的鼓励和帮助。他亲自主持召开全省语文教学座谈会，总结经验，在省里推广，以提高语文教育的水平。他还准备到学校去兼课，但由于工作太忙，上了几次课以后，因为无法长期坚持下去，才不得不停止。

爸爸心目中的教育是德智体全面发展的教育，不是为分数、为升学率服务的片面教育；是提高全民素质的普遍教育，而不是精英教育。在普通教育内容上，他主张知识的全面学习，反对偏才或专才教育，反对过早的专攻一门或文理分科。

爸爸反对学校以升学率为指标。当时中小学不分什么省市区重点，什么四星、五星、示范学校、重点班之类的等级，没有各种名目的评比，也不统计升学率。那时国家经济还很困难，教育经费很紧张。对于省属学校，没有听说有什么经费上的特别照顾，我上过学的省苏州高级中学、省常熟中学和南京师范学院附属中学，都是江苏省很好的中学，没有什么特殊待遇。而当时爸爸对农村学校的经费则尽力争取。1961 年，有一次我直接听到爸爸当面向省长惠浴宇争取农村学校的经费，惠浴宇说："等国家经济好转了，大肥肉可以随便吃了，就可以多给你经费了。"而现在南京师范大学附属中学的校舍建筑，就比英国的新建大学还要高级，接待室比高级宾馆的会议室还要漂亮。其他学校校舍也得到很大改善，仪器、教具等等也都实现现代化了，电化教育也很大地普及了。这些都说明了，经过几十年的发展，我国的经济基础已经极大地提高了，不是 1961 年向往"大肥肉可以随便吃"的时期了。

爸爸主张学生的学习要全面发展，不能偏科，德智体也要全面发展，才能成为有用的人才。1957 年，我于南师附中高中毕业，面临考大学。为了应付高考，最后一个学期里，有不少同学放松了副科学习，专攻考大学要用的学科，专攻难题。我回去问爸爸这样做好不好，他说："学习还是要全面发展。"我坚持这样做了，毕业时各门功课都是 5 分。当时采用苏联的五分制，五分是最高分。以后在工作中，特别是在国外与外国学者相比较，才体会到它的好处。爸爸多次跟我说过："学习一定要全面发展。"对于科研工作，他也主张"由博返约"。他在给我的信中说："在研究工作的同时，重要的是打好基础，练好基本功。现在基本功深一分，将来即受用一分。做学问是要由博返约的，就是要有广博的知识，然后专精一门，才能真正专下去。"在学习方法上他反对死读书，认为学习要联系实际、学以致用。1949 年，他回访母校无锡国专时，演讲的题目就是《死读书不如不读书》。

成为他受批判和遇难的直接导火索的，是他在 20 世纪 60 年代写的受到青年欢迎的书《谈谈我国古代学者的学习经验和学习方法》。这本书是他多年来研究和思考的总结，也是他的教育思想的归纳，对青年很有教育意义。我 20 世纪 50 年代在苏州，夏天晚上乘凉时，多次听到他向来访的朋友介绍过他的这些想法。以后到南京工作和吴贻芳同住在四条巷，在夏天晚上乘凉时，也多次听到他向吴贻芳介绍过这些想法和准备写此书的内容，吴贻芳很赞同。

前几年，有一个老师撰文写道：“一本书教育了我家三代人。”“20 世纪 60 年代初期，笔者读初中。当时国家经济困难，百姓生活窘迫，但是全民学习的气氛很浓厚。1962 年暑期过后我们即将由初二升到初三。当时自己属于半大小子，贪玩散漫，凭兴趣读书，学习方法也全靠自己琢磨，抓不住重点。暑假逛书店，一本价值一角七分钱、68 页的 32 开小册子吸引了我的注意，后来竟然与我相伴 40 多年，传给了儿子再读，现在又准备传给快要上学的小孙子看了。这就是中国青年出版社 1962 年 3 月出版、吴天石著的《谈谈我国古代学者的学习精神和学习方法》。这本书给我力量和智慧，我在教师岗位一直坚守到退休，至今笔耕不辍。在经济学、教育学、管理学方面有多篇论文发表，并且主编了包括国家规划教材在内的若干著作。当自己孩子也到了上学年龄的时候，我郑重其事地把这个小册子送给他们，盯着孩子们通读以后谈自己的体会。几十年以后，纸张已经发黄的这本书又成了孩子们成长的催化剂，直到他们读完了博士，还在发挥作用。薄薄的小册子，被孩子们精心保护，并且加了塑封，说是准备留给他们的孩子继续学习之用。一本小书，相伴终生，惠泽三代。感谢和怀念辛勤播种光明的前人和英年早逝的教育家吴天石先生！”这本书不但介绍古人的学习方法，更重要的是介绍了去除封建糟粕后，古人的尊师重道、刻苦学习、联系实际、学以致用的学习精神。可是“文化大革命”中，这本书却被批判为爸爸的反动教育思想的总结。

爸爸在教育厅的工作重心是中小学普通教育，特别是贫困农村的中小学教育。在当时国家经济很困难的时候，为了解决农村小学生升学和提高文化水平的现实困难，在党中央、江苏省委的领导下，他还特别为建立、巩固和发展农业中学付出了几年的心血。没有教师，就从城市里招高考落榜的高中生，经短期培训后担任。没有经费，就在农村人民公社协助下，广大教职工和学生共同劳动生产，边解决经费问题边结合劳动生产联系实际进行教学。在办农业中学的几年中，他和当时江苏省委分管文教的省委书记陈光共同工作，因志向相同，而成为无话不谈的朋友。几十年后的今天，我见到当时的农业中学教师时，他们都还说："吴厅长为农村普通教育的发展办了实事。"

爸爸认为教师是学校的主力，没有好教师就办不好好学校。他很关心普通教师，尽可能为他们解决实际困难，为他们取得的成绩而高兴，还要使教育厅成为教师之家。

有一年爸爸在苏北，到淮阴刘老庄附近农村学校视察，乘一辆小吉普车在贫困农村高低不平的黄土小路上压死了一只小猪，因急于赶路，一些同志提出等视察完成后，回来时再找农民赔偿。爸爸不同意，他说："一只小猪对一家农民来说就是大事，我们现在走了，他们会以为我们不赔了。"当时按爸爸的意见找农民赔偿小猪后，才继续赶路，虽然迟到了，但还是完成了视察工作。在爸爸看来，人民群众的事都是大事。同样，在爸爸看来，普通教师们的事也都是大事。

有一次爸爸去苏北调研工作，遇到一位50年代复旦大学英语专业的毕业生，在一所中学教俄语，这位素昧平生的知识分子找到了他，诉说他的苦衷和抱负，希望能调到一个能发挥其专业作用的地方工作。回南京后，爸爸着手为他联系，终于使他如愿以偿，调到南京师范学院外语系英语专业工作。

我的大姨父和大姨妈在南通市工作，他们的独子在如皋一所中学教物理。50年代初，他们希望爸爸帮助他们把独子调到南通市工作，爸爸、妈妈做他们的工作说："这样的情况很多，你们也不是最困难的一家，以后再说。"过了几年以后，姨父、姨妈老了，我的表弟才按照政策调回南通市某中学工作。对此事姨妈一直有意见。

乐瑞丰是我的高中同学，爸爸并不知道他是我的同学。乐瑞丰师范学院毕业后分配在苏北农村教书，他家在南京远郊的贫困农村，家里有11口人，只有他父亲一人可劳动，非常困难，他想回宁帮父亲撑撑快要倾倒的11口人的这个家。他说："1963年的夏天，我带着无望的心情，走访了省教育厅，说出了来访的目的和困难。当时吴厅长带着同情、关心和理解接受了我的申请。两周后，我接到了回信：'文已下发，回校办手续。'我们全家都惊呆了，感激的泪水，唏嘘的哭声，融成一句话：'吴厅长，你救了我们一大家子了。'1963年底，我回宁了。我带着吴厅长的鼓励和希望，又走上了讲台，从事我的执教工作。我辛勤地工作，不断提高自己的教学水平，得到了学校的认可和嘉奖。"一直到两年前，我们班开毕业50周年同学会时，乐瑞丰才知道吴天石是我的父亲。乐瑞丰在回忆中写道："阴沉的日子终于过去了，明媚的阳光终于洒向祖国大地。祖国在发展，人民在欢笑。此时，我要向吴伯伯献上一束鲜花，愿您在九泉之下，好好地安息！党的好儿女，教育界的老前辈，人民的好公仆，我们永远怀念您，您的名字永垂不朽！"

我的高中同学蔡抚民，高中毕业后，因为他父亲的历史问题（他父亲曾任国民党军统的中将）没有被大学录取。后来，他经过徐州师范学院的短期培训，分配到苏北的贫困地区睢宁县农村任农业中学教师。他工作努力，肯动脑筋，工作中成绩突出，还向我父亲写信提出了不少好的建议，很受重视，我父亲曾亲口向我说过此事。因他的突出成绩，当选为江苏省农业中学优秀教师，出席了江苏省农业中学先进工作者代表会议，并没有因为他的家庭历史问题而受到影响。

鲁迅说："死者倘不埋在活人的心中，那就真真死掉了。"普通的农业中学教师蔡抚民说："大千世界，半个世纪，多少事付诸东流，但二十世纪五六十年代，我们的省教育厅吴天石厅长，却一直活在人们的心中。大家纪念他，感激他，而我只是其中的一个。"

我的好父亲，您是人民心中的丰碑，我们永远怀念您！

（载于2010年第1期）

在敌人眼皮下办《东南报》

颜　辉

69 年前，抗日战争时期，苏中行政区的南通与日军侵占的上海、南京隔江相望，威胁着长江下游日军军需的主要补给线和掠夺物资出海的通道。日伪企图先从南通这一带实行“清乡”，得手后再扩展到整个苏中地区。粟裕同志领导的苏中区党委和吉洛（姬鹏飞）同志领导的苏中四分区（南通）地委，预见到局势的严重性，全面紧急动员反“清乡”斗争，粉碎敌人阴谋。当时海门、启东和南通东部合并为海启县，是日伪“清乡”的重点。

为揭露日伪的残暴，讴歌抗日军民的英勇事迹，号召全体军民团结一致夺取抗日战争全面胜利，县委决定创办一份战地油印报。因海启县又称东南地区，故取名《东南报》。办报是秘密的，报社就选择在“清乡”圈的中心地段，在敌人眼皮底下进行活动，将锋利的尖刀直插敌人心脏！

18 岁那年初春，我弃学从军，离开上海前往江北的苏中抗日根据地，先在海门县七区“农抗会”做民运工作，后担任新四军东南警卫团政治处宣传干事。1943 年 3 月中旬，海启县委书记兼东南警卫团政委洪泽对我说：“县委要创办《东南报》，你字写得很好，可以刻写钢板，写的文章也不错，可以兼当记者、编辑嘛。”我毫不犹豫地回答：“行！那我就学着干吧。”临走时，洪政委叮嘱我说：“在敌伪‘清乡’圈内，出这么一张报很不容易，也极危险，要有大无畏精神才行。”团长王澄插话说：“反‘清乡’斗争无论怎样艰苦，只要有《东南报》在，群众就知道县委还在领导这场斗争。”

东南报社仅有6人,原《上海报》编辑马力同志调来担任主编。为确保安全,报社设在秘密党员尹祖陶同志家里(位于现在启东市天汾镇)。尹家离敌人据点只有3里远,越近越危险;但单家独宅,地形也好,向北转移余地较大。

半个月后,敌伪对苏中四分区的"清乡"开始了,15000名日伪军大举出动,分成十几路,反复"梳篦""拉网",企图将海启的抗日武装及领导机关一网打尽。为确保安全,报社同志把油印机、钢板、蜡纸、白报纸等物品,藏到尹家宅后的竹园地洞里,有的还藏到可靠群众家存放的寿材(棺材)里。尹祖陶家在八字桥桥头开设一家豆腐店,如发现敌情就把"豆腐标"放下来,情况紧急就扯起白笼布,情况危急则在供奉财神的香台上燃放小鞭炮。尹祖陶的老娘在门口纺纱,时刻注意"豆腐标"和白笼布。他的妻子和儿女下田种庄稼、挑羊草,以不同形式放哨。东南报社的同志们住在这里,受到尹祖陶全家的掩护。敌伪军逼近时,报社同志就和群众一起转移。夜晚,分头到干部、群众家采访,然后赶回写稿、编辑、刻写、印刷。全套工序必须赶在拂晓前完成,并将废纸和油墨痕迹彻底除净。困了,钻进芦苇丛睡一会儿;饿了,乘迂回的空隙匆忙扒几口饭;枪声一响,跳起来和敌人周旋。秘密交通员冒着生命危险,捎来各区、乡及部队的稿件,同时将新出的报纸带走,及时分发下去。

有次印报缺纸,尹祖陶起早买回一大卷白报纸,不料返回时碰上两名伪警察,端着刺刀顶到他胸前,厉声盘问:"这么多纸干什么用?"说着就要拖他走。他定了定神,灵机一动,赔着笑说:"父亲过世1周年,剪作冥衣用。"伪警察觉得大清早遇到这种倒霉事不吉利,转身就走。

就在这险恶艰苦的环境里,在腥风血雨的岁月中,报社的每一个同志都坚持战斗在自己神圣的岗位上。每次出版,我借助一盏光线微弱的豆油灯,伏在破旧饭桌上,一笔一画精心刻写。铁笔刻下去,一撇一捺都得用力均匀。轻了,影响渗油,印不清晰;重了,蜡纸会破,一漏油就印不好、印不多。钢板是有纹理的,顺势下笔方能刻得又快又好;蜡纸是半透明的,光线微弱就难以看清,几行字下来，握笔的手指便发僵发硬。刻好蜡纸早已是子夜时分，经校对、修改，便投入油印。五六百份刊登着杀敌、锄奸、缴枪、策反等胜利消息和揭露敌人残暴行为的报纸，散发着油墨清香，迅速在军民间传阅，大家欢欣鼓舞，斗志倍增。为了让报纸办得更精美，我还学会了题图、插花。偶尔看到这张报纸的伪军惊讶地说："新四军印的东西这么好，一定是在外面印好了运来的！"

敌伪"清乡"的主要手段是编保甲，吹嘘"保甲编成，'清乡'完成"。为了配合粉碎编保甲阴谋的尖锐斗争，《东南报》刊登了反保甲歌谣："门牌是亡人牌，户口簿是阎王簿；册子上个名，将来跑不成；保甲编成功，壮丁抽个空；哪个写我名，等死不如拼；谁要编保甲，人人皆可杀！"歌谣很快便在群众中传唱开了。敌人来编保甲那天，只见土地庙贴着一幅大标语："哪个录我名，坚决与他拼！"日伪搜遍全乡，才找到 20 多名老人，匆匆发下户口簿。不久后的一天晚上，在革命干部带领下，全乡 1000 多名群众集体焚烧户口簿和门户牌，敌人折腾了 20 多天，结果连一块门户牌都没有挂上。日伪为了将新四军"镇"在一定圈子里不能活动，从 4 月开始，大肆砍伐竹林，还从江南运来大批毛竹，筑起了数百里长的竹篱笆。这道封锁线，一定要扫除！

《东南报》用大量篇幅报道了"大破竹篱笆"的新闻，同时刊登了胡石言创作的歌曲《"清乡"谣》，大意是：汪精卫"清乡"篱笆千里长，鬼子兵"清乡"梅花桩，血写的仇恨永远记在心上，是你的血债得用鲜血来还偿，竹篱笆千里一把野火烧精光……这首歌的词曲通俗生动，易学易唱。经充分准备，7 月初的一天晚上，封锁线上突然亮起一片火光，火势越来越旺，浓烟蔽天，人声鼎沸，《"清乡"谣》歌声四起，400 万根毛竹筑成的 300 多里长的竹篱笆顷刻一烧而光，大长了抗日军民的志气！中共中央机关报《解放日报》突出报道了火烧竹篱笆 300 里这一壮举，在国内外产生了巨大影响。

有次报社转移，不料我患了恶性疟疾，只得留在尹家。敌人经常出来"扫荡"，真令人愁肠百结！好在当时的玉米、高粱长得又高又密，一望无际的庄稼枝叶肥硕，撑起了一片“青纱帐”。尹祖陶每天天蒙蒙亮就将我背进东边的芦苇丛里躲藏，还送来老被絮，让我在发寒时裹身。发病时发寒发抖，身上盖上两三条被子浑身还发抖。我心里更急，五尺男儿也敌不过这缠身的病魔啊。太阳下山了，他再把我扶回家。吃饭时分，尹家孩子佯装割羊草，把饭菜和开水装在竹篮子里送来。尹祖陶的妻子悄悄杀了家里正在下蛋的母鸡，熬了鸡汤给我补养，却不让自己的4个孩子喝一口汤……

秋去冬来，“青纱帐”不见了，苏北大平原光秃秃的，一眼就能望到天边。没有了可供隐蔽的“青纱帐”，我们的活动就极大地受到限制，只得全面转入地下，昼伏夜出。斗争的环境格外艰险严峻，百万人民群众就成了我们的坚强堡垒。钻进群众中间，我们是普通百姓；战斗一打响，我们就成了出穴的猛虎。百万人民掩护我们，不少群众家的房子被敌人烧为灰烬，不少爱国人士惨遭敌人毒打，甚至献出了宝贵的生命。有天大清早，大家正忙着分发报纸，尹家女儿小芳忽然惊叫：“快，‘豆腐标’放下来了！”尹家两个儿子帮着将所有工具和印好的报纸转移到竹园地洞里。桌子上来不及收拾的稿件，只好塞进灶门付之一炬。大家匆匆向北转移，脱离了危险区。原来敌人化装偷袭，来到豆腐店。那位耳朵半聋的伙计看到几个便衣，知道不妙，猛地放下“豆腐标”。敌人起了疑心，严厉拷问，这位伙计坚决不说，遭了一顿毒打，直到纸烟店陆家老伯伯闻讯出面作证才放手。报社的同志们赢得了充裕时间，痛惜的是那位爱国的伙计内伤严重，不久去世了。

1943年12月，为了纪念反“清乡”斗争这段不平凡的岁月，我们《东南报》决定出版一本小册子——《血腥的旗帜》。

这个小册子，和我们全抗日根据地一样遭遇了苦难的命运。我们于1943年12月中旬起开始《血腥的旗帜》《反“清乡”一日》征文和搜集材料。它和编者一同经历了无数次情况和辗转迁移，而不幸的是，在1944年1月底，一部分原稿约5万余字，在一次恶劣的情况中，化为灰烬。后来虽补了一部分，但大部分已无法补全了。

1944 年 2 月间，我们编辑出版了油印本《血腥的旗帜》，仅印了 200 本。记得《血腥的旗帜》就是马力同志取的书名，并为它写了前言，在印刷这小册子时，他曾轻轻哼着《马赛曲》：“血腥的旗帜举起来了……”

那歌声，给人以深沉而有力的激励。

当年 2 月底，陆地上环境太紧张，就把东南县委会议移到海上老鼠沙去开。会议开始前，洪泽书记从文件包里拿出几本散发着油墨香的小册子，分发给大家。他说：“这本《血腥的旗帜》，是东南报社马力、颜辉、高风、季淮等同志编的。这本小册子记载了 1943 年我海启县军民反‘清乡’斗争的英雄业绩，不仅对鼓舞我海启百万人民的斗志有重要作用，而且它将成为具有永久纪念意义的宝贵文物。”

县委委员许淦、赵一德等翻阅着这本小册子，感到多么亲切啊。

副书记鲍志椿说：“在‘清乡’圈内，斗争如此紧张、残酷，我们海启县居然能坚持出版了《东南报》。”

洪泽说：“我们还出版过几期铅印报哩！”

鲍志椿说：“这简直是不可想象的奇迹。”

洪泽说：“《东南报》的同志们，住在农民尹祖陶家里，受到尹祖陶全家的掩护。敌人几次来搜查，马力他们由于尹祖陶派出的小孩子哨兵及时报告情况，避免了损失。尹祖陶一家也很了不起啊！”

《东南报》和《血腥的旗帜》在紧张的战争环境中都散失了。解放后，我们曾多方设法寻找《血腥的旗帜》这本小册子，仅发现两本。1958 年 12 月，南通军分区参谋长彭友同志发现并保存了一本，另一本是 1959 年春，在南通市委任职的江行找到的。1961 年 11 月底，我到南通出席党史座谈会，遇见江行同志，他把那本珍贵的小册子转送给我并写了赠语：

《血腥的旗帜》，在抗日反“清乡”斗争时期极其困难的条件下，由马力同志编辑，铁笔战士——颜辉同志刻划印刷出版的。

解放以来，到处搜集，仅发现一本。这一本是从马力同志家里找到的。马力同志于1946年秋病故，此本是他的爱人保存下来的。《血腥的旗帜》转到我手，我已保存了两年了，今颜辉同志从宁来此，特予转赠，以志纪念他的辛勤劳动！

江行

1961年11月29日于南通

《东南报》8开2版，不定期出版了近两年，直到抗日战争胜利，这份国内唯一在“清乡”圈内出版的油印报，光荣地完成了历史使命。可谁能相信，我们报社就驻扎在尹家这件事，竟连东邻西舍都不知悉。因党组织要求尹祖陶严格保密，他一家人守口如瓶。直到1983年11月我前往启东寻访当年的恩人，这个严守了40年的秘密方才公开于世。抗日战争的胜利，就是人民战争的胜利！没有广大人民群众的支持和掩护，《东南报》就不可能像一簇战地黄花，傲霜怒放，香溢四野；就不可能像一柄匕首，锋芒锐利，威震敌胆……

（载于2011年第1期）

党从上海播下南通的火种

徐泽霖

1921 年，中国共产党第一次全国代表大会在上海召开，这里成了党的诞生地，是当时革命的中心和发源地，她向全国播下了革命的火种。

南通距上海很近，南通的先进分子从那里接受了马列主义、革命思想的传播。为了在南通地区建立和发展共产党组织，早在 1923 年 7 月 9 日举行的中共上海地方兼区执行委员会第一次会议上，即分工国民运动委员会委员长沈雁冰负责筹建南通地方委员会。当年在上海从事革命活动的共产党人恽代英、陈延年等抓住有利时机，积极在南通进步革命学生中发展共青团员、共产党员，帮助改组后的国民党建立地方组织，扩大革命阵地。

8 月 2 日，中共上海区委（即江浙区委）成立。10 月，江浙区委决定派遣得力干部开辟通海如泰地区的工作，成立强有力的独立支部。

当年在上海江浙区委担负党的宣传和组织工作的袁玉冰，和在南通纺织专门学校求学的、江西兴国县的同乡同学邱会培关系非常密切，经常有信件往来。邱会培从上海袁玉冰那里不断接受革命思想的教育，阶级觉悟提高很快，不久便成为一名共产党员。1926 年前，党在大生一厂建立了中共独立支部，有共产党员 6 人，邱会培为书记，这是南通最早的党组织。组织上要求他们："要有牺牲奋斗的决心，把那些阻碍前进的荆棘，一刀砍去，尽力去寻出一丝光明的道路来，一步一步向前进！"邱会培受到很大启发，他和其他共产党员一起，在南通唐闸地区领导工人运动。深受资本家压迫剥削的唐闸工人通过工人夜校的阶级教育，迸发出一股斗争的力量，积极参与上海“五卅血案”的后援运动，使南通的革命斗争向前发展。

1928 年初，江苏省委贯彻党的“六大”决议精神，农委书记王若飞亲自从上海来到南通，仔细了解南通学校、工厂和农村的情况，分析当时的斗争形势，组织群众，建立农民武装，有准备地进行武装暴动，支援南通和全国各地的革命斗争。王若飞在如皋城郊一个庙里开过县委扩大会，讨论发动农民武装暴动问题，他还到如皋西乡视察，指导农民暴动。

“五一”农民暴动失败后，王若飞在上海召集了农民暴动领导人王盈朝、苏德馨、吴亚苏等在唐山路源福里开会，总结农民起义的经验教训，讨论今后继续开展对敌斗争的问题。最后，王若飞传达了省委决定：会后，在沪的同志回乡，重新整顿和建立农民战斗组织，继续开展武装斗争，不断壮大自己的力量。

1929 年 11 月，中共江苏省第二次代表大会在上海召开。中共通海特委书记李超时和中共南通县委书记刘瑞龙两位同志，作为通海特区代表，按省委通知地点，两人同去麦根路桥（现恒丰路桥）南一座花园洋房参加会议。他们在会上听取了李立三、周恩来等中央领导同志有关组织游击战争等方面的报告。讨论时，他俩代表通海特区，要求将通海如泰的地方工农红军正式编入中国工农红军，并向省委提出了建议方案。

会后，党中央同意江苏省委的报告，在通海如泰地区成立中国工农红军第十四军，由主持军委工作的周恩来同志，分派经过武装斗争锻炼和军校学习的优秀军事干部，先后来到如泰通海地区，担任红十四军军长、师长、师政委、大队长、军事特派员等。1930 年 4 月，红十四军宣布正式建立，在农村进行土地革命，开展游击战争，建立农村革命根据地，从而打败了敌人多次“围剿”，壮大了自己力量，巩固和发展了苏区。在建立红十四军的同时，李超时、刘瑞龙在唐闸地区领导工人运动，密切配合游击区，有力地支援了红十四军武装斗争。刘瑞龙发展的党员、资生铁冶厂工人顾臣贤，发动工人积极分子组织力量，购买枪支弹药，送往游击区，并在工厂张贴标语，宣传工农红军的战果，向敌人发动政治攻势，以牵制敌人对付红十四军的力量。

在红十四军正式建立初，上海与南通地区的通信联系更加密切，需要及时传达上级指示和汇报情况，迫切需要一个负责中转事宜的办事机构。1930 年 4 月中旬，由红十四军二支队政委黎时中在沪筹备红十四军驻沪办事处，办事处成立后由石光同志负责。

南通党组织得到上级的及时指示，虽然革命遭受到挫折和失败，但党员干部从上面指示精神中得到信心和力量，使革命沿着健康道路向前发展。从 1928 年起到 1933 年，南通地区在党的领导下，曾多次爆发工人大罢工和持续不断的农民运动以及影响深远的红十四军的斗争活动。

由于当时敌强我弱，加之党内错误路线的影响，在反动统治者的血腥镇压下，党领导的农民运动、红十四军武装斗争和工人运动失败了。1933 年，南通地区党组织遭到彻底破坏，这时一部分党员调到外地工作，另一部分失去了组织关系的同志，在积极寻找党的关系的同时，隐蔽下来，继续坚持斗争。他们充满着革命必胜的信心，懂得现在虽然只有一点小小的力量，但是它的发展会很快的。他们去上海党的诞生地积极寻找党组织，先后去上海联络的有南通县的单仲次、顾民元等人。顾民元找到上海地下党组织负责学运工作的黄文荃（张英），还找到胡愈之、张宗麟创办的实际上是受党领导的出版机构复社，与在复社工作的中共党员吴佐成（吴之良）取得了联系，提出了请组织派人到江北领导抗日斗争的要求。

这时，中共江苏省委在上海重建，省委根据南通到上海寻找党组织关系的同志要求，决定在江北地区重建党组织。1938 年 3 月，茅珵在上海找到中央特科，特科将茅珵介绍到省委，经谈话后，即派茅珵去江北南通地区开展工作。茅珵回江北后，通过关系，打进了国民党的通崇海启抗敌指挥部。1938 年 8 月，江苏省委了解情况后，决定成立中国共产党江北特区委员会，由省委指定唐守愚为特委书记，陈伟达、吴佐成为特委委员，来到江北地区通如海启一带开展工作。

在中断了整整5年党组织活动的南通地区，党从上海播下了革命火种——党的领导机构江北特委，但它仍然处于地下，艰难地秘密领导着通如海启人民进行抗日斗争。

中共江北特委建立之初，只有少数几个从上海派来的共产党员，经过两年的建党工作，党的组织从无到有，从小到大，逐步得到恢复、重建和发展，到1940年8月，共产党员人数已达150余人，有十几个党支部和党的基层委员会。由于南通地区有十几年革命斗争的基础，这里的环境不仅具备了发展的可能性，也具备了发展的必然性，这在以后的革命斗争中得到了充分的证明。

后来，在通如海启抗日民主政权的区、县的领导干部，绝大多数是特委开辟这些地方所培养的干部和发展的党员。新四军东进后，继续领导着抗日民主根据地的开辟和建设，取得了通如海启抗日战争、解放战争的一个又一个的胜利。

星星之火，可以燎原。党从上海播下的革命火种，在南通燃起了革命火炬，虽一度遭到国民党反动派的摧残熄灭，但党又从上海播下南通的革命火种，再一次燃烧，像一团火一次比一次旺盛，终于取得了全面胜利。

历史事实证明，中国共产党的发展壮大，党领导的革命战争胜利，是历史发展的规律，是顺应时代的要求，是形势发展的必然，中国共产党是任何敌人压不倒的，是不可战胜的。

（载于2011年第2期）

李渔的家庭昆剧班子

姜光斗

在中国戏剧史上，清朝初年时，出现过两个著名的家庭昆剧班子，这就是李渔与冒辟疆的家庭昆剧班子。无独有偶，这两个家庭昆剧班子的主人都是如皋人，他们又都出生于明万历三十九年（1611），今年恰恰是他们两人400周年诞辰纪念日。

本文主要说李渔的家庭昆剧班子。

清康熙五年（1666），李渔到了平阳，遇到乔姬，结纳了她，并将她培养成一名出色的昆剧演员。

先是李渔这次出行只带了一名女演员，由于没有伴侣，平阳知府程质夫出钱买了一个13岁的女孩子赠送给李渔，这就是乔姬，因为没有名字，大家称她为“晋姊”。当时，李渔刚创作问世不久的《凰求凤》，居然已经传到三千里之外，官员让当地演员演出此剧来款待李渔，乔姬在帘后偷看偷听，悟性惊人，居然浅浅一过，就能深解剧情，并能唱出曲词。李渔惊喜之极，雇当地旧肃王府一金阊老优教乔姬学习唱戏。

李渔在《乔复生王再来二姬合传》中写道：“……（乔姬）谓予曰：‘歌非难事，但苦不得其传；使得一人指南，则场上之音，不足效也。’予笑曰：‘难矣哉！未习词曲，先正语言，汝方音不改，其何能曲？’对曰：‘是不难，请以半月为期，尽改前音而合主人之口，如其不然，请计字行罚。’予大悦。随行婢仆皆南人，众音嘈嘈，我方病若楚咻，彼则恃为齐人之傅，果如期而尽改，俨然一吴侬矣。

事之不期然而然者，往往不一而足。此时身已入秦，秦俗质朴，焉得授歌之人？适有一金阊老优，年七十许，旧肃王府供奉人也。失主无归，流落此地，因招致焉。始授一曲，名《一江风》。师先自度使听，复生低徊之久，谓予曰：‘此曲似经过耳，听之如遇故人，可怪也。’予曰：‘汝未尝多听曲，焉得故人而遇之？’复生追忆良久，悟曰：‘是已，是已！前所观《凰求凤》剧中，吕哉生初访许姬，且行且唱者，即是曲也。’予不觉目瞠口吃，奇奇不已，谓师曰：‘此异人也，当善导之。’于是师歌亦歌，师阕亦阕，如是者三，复生曰：‘此后不烦师导矣。’竟自歌之。师大骇，谓予曰：‘此天上人也！予授曲三十年，阅徒多矣。数十遍而微知大意者，慧人也；中人以下之资，数百遍尚难释口，不待痛惩切责，未能合拍。乃今若此，果天授，非人力也。’斯言近实而未验，乃不三日，而愚智判然矣。因当日随来旧姬与之同学，均一曲也，人一能之，己百之，犹不免于痛惩切责，以是知师言不谬，而此女洵非人间物也。由是日就月将，无生不熟，数旬以后，师谓青出于蓝，我当师汝矣。客有求听者，以罘罳（屏风）隔之，无不食肉忘味……未至兰州，地主知予有登徒之好，有先购其人以待者，到即受之，不止再来一人，而再来其翘楚也。始至之日，即授以歌，向以师为师，而今则以复生师之矣，复生之奇再来，犹师之奇复生，赞不去口，而且乐形于色。谓：‘而今而后，我始得为偕凰之凤、合埙之篪矣，以若为生而我充旦，其余脚色，则有诸姊妹在。此后主人撰曲，勿使诸优浪传，秘之门内也。’时诸姬数人，亦皆勇于从事，予有不能自主之势，听其欲为而已。岁时伏腊，月夕花晨，与予夫妇及儿女诞日，即一樽二簋，亦必奏乐于前；宾之嘉者，友之韵者，亲戚乡邻之不甚迂者，亦未尝秘不使观。如金陵之方邵村侍御、何省斋太史、周栋园宪副，武林之顾且庵直指、沈乔瞻文学，皆熟谙宫商，殚心词学，所称当代周郎也，莫不以小蛮、樊素目之，他可知已。予于自撰新词之外，复取当时旧曲，化陈为新，俾场上规模，瞿然一变。初改之时，微授以意，不数言而辄了；朝脱稿，暮登场，其舞态歌容，能使当日神情，活现氍毹之上。如《明珠·煎茶》《琵琶·剪发》诸剧，人皆谓旷代奇观。”

结纳王姬是在康熙六年（1667），大家称他为“兰姊”。

李渔的家庭昆剧班子，自从有了这两位出色的演员以后，在此后的六七年中，走遍了大江南北几乎大半个中国。主要是演出李渔自己创作的喜剧，有时也演出经过李渔改编的其他剧本。每到一处演出时，都受到热烈的欢迎。李渔也靠着这个家庭昆剧班子，得到各地官员丰厚的馈赠，借此维持家庭庞大的支出（当时李渔家中有 40 多口人）。

康熙七年（1668）正月初一，李渔带着家庭昆剧班子在徐州。时值当地官员李申玉的妻子生日，李渔写了《李申玉阃君寿联》祝贺。他在序中提道：“是日称觞，即令家姬试演新剧。”这是李渔的家庭昆剧班子演出的最早记载。所演新剧，可能就是刚脱稿的《巧团圆》。自从李渔得到乔、王二位天才演员后，这个家庭昆剧班子，不满一年，便已正式面向社会、登台演出，他的编剧、导演的功力，由此可见一斑。

《巧团圆》写的是“亲父子依然完聚，归翁婿好事重修”的故事，用来祝贺生日恰到好处。樗道人为《巧团圆》作序，写道：“笠翁之著述愈出而愈奇，笠翁之心思愈变而愈巧。读至《巧团圆》一剧，而事之奇观止矣，文章之巧亦观止矣。笔笔性灵，言言精髓。吐人不能吐之句，用人不敢用之字，摹人欲摹而摹不出之情，绘人争绘而绘不工之态状。”

康熙十年（1671）春，李渔在扬州，蒲松龄在宝应知县孙蕙幕中，邀请李渔的家庭昆剧班子去宝应给孙蕙祝寿。蒲松龄亲手抄录李渔的《南乡子 · 寄书》词相赠。由此可见，这个家庭昆剧班子的名声已经很响了。

在苏州，李渔与尤侗、余怀、宋澹仙诸友观摩戏剧。

尤侗《闲情偶寄·序》曰：“（笠翁）薄游吴市，集名优数辈，度其梨园法曲。红弦翠袖，烛影参差，望者疑为神仙中人。”这种观摩，既有聚集同道互相切磋以期相互提高的用意，也有让家乐班子的演员开阔视野提高技艺的用意，可见他对戏剧事业的重视。

李渔有《端阳前五日，尤展成、余澹心、宋澹仙诸子集姑苏寓中，观小鬟演剧，澹心首倡八绝，依韵和之》。这天晚上，演出李渔改编的《明珠记·煎茶》，第六道写道：“更衣正待演无双，报道新曦映绿窗。佳兴未阑憎夜短，教人饮恨扑残缸。”竟然通宵达旦，可见其兴致之高，趣味之浓。又有七绝《端阳后七日，诸君子重集寓斋，备观新剧，澹心又叠前韵，即席和之》，题下记“是日澹心亦携幼童三人至，亦奏新歌”。可见李渔的家庭昆剧班子不仅演李渔所创作的剧本，也演他所改编的流行剧本。

此外，他有《花心动·王长安席上观女乐》（观演《牡丹亭》）：

“此曲只应天上有，今日创来人世。听有余音，看有余妍，演处却全无意。当年作者来场上，描写出，毫端笔底。虽爱饮，只愁忽略，不教沉醉。我亦逢场作戏，叹院本虽多，歌声尽沸。曲止闻声，态不摹情，但使终场而已。焉能他日尽如斯，俾逝者常留生气。借君酒，权代古人收泪。”

赞赏王长安的女乐演得好，“听有余音，看有余妍”，批评世俗的演出唱得不好，演得没有感情，“曲止闻声，态不摹情，但使终场而已”。

又有《二郎神慢·和尤悔庵观家姬演剧，次原韵，时寓姑苏之百花巷》：

“百花巷，虽隘小，高车时降。喜同调嘉宾无尔我，相对处旅怀增放。主不识羞姬忘丑，曲有误，人前争唱。周郎好，明知不顾，越引得歌声飘飏，惆怅，今宵容隐，难逃日上。怕到处逢人开笑口，亲见无盐劣相。好色登徒今若此，叹目睹何如想象。听此等歌声，不若酣眠梅花纸帐。”

康熙十一年（1672）新春，吴冠五、周栎园（亮工）、方楼冈、方邵村、何省斋聚芥子园观诸姬演剧。

李渔有七绝题曰《堵天柱、熊荀叔、熊元献、李仁熟四君子携酒过寓，观小鬟演剧，元献赠诗四绝，倚韵和之》其一曰：“试问周郎曲若何？燕姬赵女复秦娥。为听字里方音别，才晓人间辙迹多。”李渔颇以正音有方自豪。

李渔又有五古诗题曰《予改〈琵琶〉〈明珠〉〈南西厢〉诸旧剧，变陈为新，兼正其失，同人观之，多蒙见许，因呈以诗，所云为知者道也》，诗中写道："一一施针砭，启我地下聋"，李渔又颇以能纠正前人剧中的失误而自豪。

康熙十一年（1672），乔姬病故。

李渔作七律《断肠诗二十首哭亡姬乔氏》，他在序言中说："人谓悼亡诗至二十律，无乃过繁。予犹苦其韵短情长，不足舒悲痛牢骚之万一也！"所以他又在《踏莎行·楚归江上悼亡姬》中写道："一派愁江，两条愁岸，合来才勾伤心半。去时舟即此时舟，可怜失却归湖伴。红蓼滩头，白苹沙畔，当时好景谁同玩？一声玉笛楚江风，将身吹作梅花瓣。"开头两句，用"愁"字来形容"江"和"岸"，真是铺天盖地都是愁啊！李渔悼惜这位杰出的昆剧演员的惨烈心境，真是跃然于纸上啊！

康熙十二年（1673）初夏，李渔挂帆北上，再次作京师之游。此番出游，仅王、黄二姬随行，可见家庭昆剧班子业已受挫。谁料在途中王姬又病故。李渔又写了《后断肠诗十首》痛悼。其一曰："肠断于今甫一年，那堪随续断肠篇。夜台有伴生人独，年少都亡老命悬。只道泪干无可泣，谁防情至又如泉。书生福薄宜如此，红粉何辜冒死冤。"真是惨晶泣血，痛不欲生啊！

李渔家庭昆剧班子这两根台柱折断后，再也没有看到李渔有关演剧的记载，大概这个轰动了六七年的家庭昆剧班子也就自然烟消云散，这不仅是李渔的终生遗憾，也是中国戏剧史上的一大遗憾！

李渔的家庭昆剧班子所演的大多是他自己创作的喜剧，目的是娱乐观众。李渔在《风筝误》的收场诗中写道：

传奇原为消愁设，费尽杖头歌一阕。
何事将钱买哭声，反令变喜成悲咽。
惟我填词不卖愁，一夫不笑是吾忧。
举世尽成弥勒佛，度人秃笔始堪投。

（载于2011年第2期）

怀念母亲苏同仁

吴阿南

妈妈牺牲至今已68年了。在中国共产党90周年诞辰即将到来之际，我对她无比怀念。

我于1933年出生于上海。在我出生前，父亲吴亚鲁（1898—1939，江苏如东人）因叛徒告密而被捕入狱。我和妈妈一起生活了仅1年，因她奉命去苏联学习，就把我送往宿迁外公家寄养。从那以后，我再也没有见过父母的身影。我对妈妈的了解，主要来自亲戚、父母的生前战友和党史资料。由于条件的限制，我所知道的远远不能反映她为革命而战斗的一生。为了继承和发扬她不畏强暴、不怕牺牲的革命精神，仅就我了解到的情况整理出本文以作纪念。

妈妈苏同仁（1905—1943），化名李慧，江苏宿迁人，出身于书香世家。1924年在江苏省立第三女子师范学校（简称“三女师”）学习时参加中国社会主义青年团，1925年成为中国共产党党员，她是徐海地区第一位女共产党员，是江苏睢宁县党组织的创始人，参加过北伐军和南昌起义、广州起义，先后任福建和山东省委秘书，出任过第三共产国际交通员（联络员）。妈妈长期在敌占区做党的秘密工作，出生入死，历经艰险，为了中国人民的解放事业奋斗一生，最后惨死在敌人的牢狱中。

小学生闹革命

妈妈自小性格倔强，充满朝气和反抗精神，同情弱者，好伸张正义。1919年，她在宿迁县立女子高等小学读书期间，出于对革命导师列宁的崇敬，把列宁像挂到自己的卧室里。这在当时的青年中引起了强烈的反响。“五四”运动爆发，波及全国，宿迁学生纷纷响应。妈妈在外公苏墨林支持下，表现非常活跃，她不顾校方禁令，积极联络校内外学生，策动同学赶制标语和旗子，上街参加集会和示威游行。为了大造声势，她又把自己学校的国旗挂到县立艺徒学校（当时外公为该校校长），后来为这件事而被学校开除。同年秋，她转入培贤女中附小继续上学，直至高小毕业。

徐海地区第一位女共产党员

1921 年春，妈妈在外公支持下赶赴徐州，考入三女师，为首届插班生。她满怀激情踏入新的学校读书，盼望有个美好前程。然而该校校长钱韵荷却以封建伦理毒害青年，用囚徒式的校规管理学生，不让外出，不让参加任何政治活动，实行私人信件检查，会客隔着栅栏，还要受监视等。教学内容极其枯燥无味，除四书五经外，大部分是手工图画等。妈妈对此深感失望。她一面向同学表达改革现状的愿望，一面组织同学排练《棠棣之花》《婴儿之死》等节目，进行反封建、反强暴、争取妇女解放的宣传，同学们因此深受鼓舞。

1923 年夏，党组织派父亲吴亚鲁（中共地下党员）到徐州开展党的工作，受聘到三女师任教。他以教师身份为掩护，以三女师为活动阵地，积极宣传反帝反封建和妇女解放的思想，讲述社会主义、共产主义革命的道理，引导学生阅读进步书刊。在父亲的培养和教育下，妈妈在政治上逐渐走向成熟，逐步接受了马克思主义，初步认识到只有社会主义才能救中国。1924 年 4 月，妈妈加入了社会主义青年团，并先后被选为徐州社会主义青年团执行委员会执委、宣传部主任，徐州团地委委员，负责学运工作。1925 年，妈妈转为中国共产党党员，成为徐海地区第一位女共产党员。从此，她把自己的命运和党的命运联结在一起，积极投身党的革命事业。

三女师是公费学校，每月伙食费 6 元均由公家发给。然而，由于学校领导腐败，管理人员从中渔利，学生伙食搞得很差，虽经妈妈等人一再向校方提出意见，要求加强管理、改善学生伙食，但校方都以种种借口，敷衍了事，伙食状况依然如故。在忍无可忍的情况下，妈妈等人便发动同学罢课，以示抗议。校长怕事情闹大，被迫答应了同学们的要求。后来伙食不但得到改善，而且每人每月还可以分得两元零花钱。通过这件事，同学们认识到：只有斗争，才能维护自己的合法权利；只有团结，才能取得胜利。

1925 年，三女师学生曹子谦因病不治身亡，尸体放在调养室，校方无人过问。同学们非常气愤，妈妈作为曹的同乡，更是义愤填膺，她对同学们说："校方置学生死活于不顾，这不光是不负责任，也是不人道的，说不定有一天轮到我们头上……"在妈妈的鼓动下，同学们涌入校长室说理，校长却百般推卸责任。为了大造声势，扩大影响，在父亲的组织领导下掀起了驱赶校长的斗争。妈妈一面做学生的工作，通知死者家属，一面向社会上的人宣传，说明真相，从而得到了大家的同情和支持，并促成徐州教育界知名人士开会，电请省教育厅查办。最后在社会舆论压力下，曹子谦的后事得到了公正处理，校长也被迫辞职，斗争取得了圆满胜利。

1925 年，上海发生"五卅惨案"，激起了全中国人民的反帝爱国热潮。徐州各界民众在地下党的领导下，掀起了声势浩大的声援上海工人学生的运动。妈妈在这场运动中积极组织学生上街演讲，开展募捐活动，支援上海工人罢工。此间，妈妈代表徐州团地委到上海向团中央汇报徐州学运情况（徐州团组织直属于团中央领导），并要求团中央敦请向警予或刘清扬接任三女师校长职务，请萧楚女来徐协助工作。后来，恽代英、萧楚女秘密来徐州作了报告。妈妈由沪返回时，又赶到在苏州省立第二女师毕业班学习的我大姨苏同文处，对她说："上海工人顾正红被日本人杀了，要组织捐款，要宣传，要游行，支援上海工人斗争。"在大姨的积极配合下，妈妈又向该校一些学生介绍"五卅惨案"的经过，并动员说："日英帝国主义到我们国家屠杀我们的同胞，我们还能安心读书、甘当亡国奴吗？

我们要团结起来，支援上海同胞，严惩凶手，以雪国耻。”在妈妈鼓动下，大姨当时作为该校学生代表，不顾学校禁令，拿着话筒带领同学们冲出校门，走上街头，开展宣传和募捐救援活动。从此，苏州二女师的反帝爱国运动就轰轰烈烈地开展起来了。后来，因为这件事，校方不给大姨发毕业文凭，只发学习证书。经过外公到校说理，才补发给文凭。

妈妈在三女师的一系列活动，赢得了同学们的拥护和信任，很多同学都团结在她的周围。

睢宁县共产党的创始人

1925年8月，妈妈在三女师毕业后，受组织派遣到江苏睢宁县开展党的工作。她以睢宁女子小学教师为掩护，积极宣传马列主义和“五四”运动的新思想、新文化，培养骨干，发展共产党员。同年冬，在她亲自领导下建立了睢宁县第一个党支部。在第一次党支部会上作出继续扩大宣传马列主义、大力发展党员、扩大党的组织等决议，有力推动了该地区革命斗争的发展，从而揭开了睢宁人民革命斗争的新篇章。她是睢宁县党组织的创始人，睢宁人民至今都非常敬仰和怀念她，并为她立碑纪念。

1926年春，妈妈受组织派遣到北京从事党的秘密工作，常到正在北平大学读书的我大姨住处开会、写材料，有时还叫大姨给她们放哨。父亲给她的信都是由大姨代收转交的。同年，妈妈转去南京（父亲当时为南京地委宣传委员）和父亲结成革命伴侣。

北伐和南昌起义军中的女兵

1926年底，妈妈和父亲经睢宁去武汉参加了北伐军，在叶挺十一军二十四师政治部工作（父亲任政治部宣传科科长）。1927年4月，北伐军到河南攻打张作霖部队时，妈妈和被誉为“铁大姐”的周铁真混入男兵队伍偷偷上了前线，在战场上英勇参战，抢救伤员。不幸的是，十一军二十六师七十七团党代表兼团长的蒋先云在临颍战斗中壮烈牺牲，她们在战场上把他的遗体包扎好，在妈妈护灵到武汉时，被人发现她们是女兵，部队领导即下令所有女兵撤离前线。同年7月，妈妈随父亲从叶挺部队调往贺龙二十军政治部工作，随即经九江去南昌参加南昌起义。妈妈在作战、行军、救护等工作中，都表现得异常勇敢、顽强。南昌起义后，妈妈和父亲随贺龙部队南下广东，到达海陆丰根据地，从事革命活动。周恩来曾赞扬女兵们说：“女将们，你们这一路上表现得很不错……将来也能够和男同志一样担负重要的革命工作……”同年12月，妈妈又随父亲去广州参加了广州起义。

福建、山东省委的秘书

1927年底，经中央批准，父亲调往福建，先后任厦门市委书记、省委秘书长兼宣传部部长、省委常委等职，妈妈随之前往做秘书工作。一段时间里她留守家中（实际是党的秘密联络点），担负着组织联络、传递文件的任务。有一天，敌人突然包围了妈妈的住地，正逢父亲外出，家中只有三姨与两个小姐姐和她住在一起。在这紧急关头，妈妈迅速将文件塞进小阁楼横梁上一个暗洞里，又和三姨分别把余下文件塞到两个姐姐的内衣里，包扎好，各自把两个姐姐抱在怀里。敌人冲进来把东西翻得乱七八糟，什么也没有找到，看着两个孩子在哭闹，就骂骂咧咧走了。后来大家还把两个姐姐叫作“秘密文件柜”。

据大姨说，1930年的一个夏天，妈妈去北方执行任务，不幸被捕，在被押送去南京的路上，经蚌埠过夜，因为天热，看守人不愿关门，妈妈一向有睁眼睡觉的习惯，趁两个看守人熟睡之机便冒险脱逃。之后回到宿迁老家，外公帮她化了装，坐上一顶黑色轿子，由一位亲戚乘黑夜护送离开宿迁。后来，外公被当局以“通匪”罪名逮捕，关押在南京国民党警备司令部。全家人非常焦急，外婆整天哭哭啼啼。当时大姨正有孕在身，四处托关系，最后花三百大洋才把外公保释出来。

1930年12月初，中央又派父亲到山东省工作，先后任山东省委秘书长、宣传部部长、常委。妈妈随同前往，负责省委秘书处文书工作。当时，正逢山东党组织遭到严重破坏，许多党员被捕或被通缉，工作环境非常艰险，人手又少，相当一段时间，省委只有一个秘书处，而无其他办事机关。妈妈就是在这种条件下默默地工作，直到离开山东。

1932年2月，上海“一·二八”事变之后，父亲在山东因身份暴露，被组织调往上海，在地下党领导的互济会任援救部部长，秘密组织赤色工会。妈妈随同前往援救部工作，负责组织募捐、营救被捕党员和处理死难烈士家属的工作。

1933年春，父亲因叛徒出卖被捕，判刑三年零六个月。妈妈当时正有孕在身，经常利用探监机会和亲友们给父亲送食品、药品、报刊以及要翻译的书刊和要校对的稿件，然后，再把翻译和校对好的文稿带出来。父亲入狱后，妈妈于同年夏生下了我。一次，妈妈抱着我去监狱看父亲，父亲为了纪念自己的蒙难，给我起小名叫“阿难”。父亲入狱后，家中生活更加困难，主要由姑妈、姨妈、大舅协助照管。经济上靠亲友支援一点钱和当东西维持。但是，妈妈总能以坚强的毅力，勇敢面对，去克服种种困难。

第三国际交通（联络）员

1934年9月，妈妈奉命被派往苏联学习。她含泪先让大舅把我送往宿迁外公家寄养，然后告别了关在监狱的父亲。妈妈走时由三姨送她上船，从上海至符拉迪沃斯托克再转去莫斯科，在第三共产国际办的东方大学学习，后来担任第三共产国际交通（联络）员，曾代表中国妇女出席在欧洲举行的“三八”国际妇女节纪念大会。1936年春节前后，妈妈从苏联回国。当时，还托人给我带回一件很洋气的蓝色细毛线衣和一块带格子的毛料，家里人用那块毛料给我做了件小旗袍。妈妈回国后主要在上海、天津等地做情报工作，了解日本人的情况。

1937年再次去苏联，1939年左右回国，往返于新疆至陕北一带，进行联络工作。1939年6月12日，父亲在国民党反动派制造的“平江惨案”中，为掩护战友英勇牺牲。妈妈得知消息后，化悲痛为力量，为革命更加忘我工作。之后，家人再也得不到她的消息。直到1943年，和妈妈长期一起工作的孟用潜叔叔到重庆陈家桥告诉我大姨，他已向周恩来同志打听过妈妈的消息。周恩来同志亲口告诉他，同仁在陕西被叛徒出卖，关押在陕南监狱，判刑五年。到第三年时，因严刑拷打，身体虚弱，得了伤寒病，不给治疗，最后死在狱中。

妈妈长期在白区从事党的秘密工作，经历过无数的惊涛骇浪和艰苦的环境考验，她以党的利益为第一生命，一贯对党忠诚，坚持正确路线，不顾个人安危，机智勇敢，顽强斗争，最后献出了宝贵的生命，表现出共产党人的高尚革命气节。她的事迹，得到了人们的赞扬和敬仰。为了纪念她，宿迁市凤凰岭公墓，以“宿迁八大名人”之称为她建造了烈士纪念碑；在她一手创建共产党组织的睢宁县城，以她的名字命名修建了“同仁广场”，广场内建造了同仁雕像、同仁亭、同仁桥等；在江苏如东县马塘革命烈士纪念馆里也有父亲和她的事迹介绍。

我的母亲——苏同仁，将永远活在人民的心中。

（载于2011年第3期）

永远热爱党

——我的人生启程

张绪武

20 世纪 40 年代敌伪时期，孤岛上海英法租界一片黯然、一片麻木。母亲因长期有病而不见好，同时考虑到换换环境也许对我有利，所以决定携我离开上海回家乡南通，从此相依为命，过着普通老百姓的日子。回到南通后，老家濠南别业早已被日军侵占为司令部，我们只好住进祖父晚年休息的地方——濠阳小筑。母亲坚决不与日本侵略军、伪政权来往，只是依靠一点房租过苦日子，我们母子生活要求并不高。

家中子女里，我是最小的，从小受到祖母、父亲、母亲和 4 个姐姐的疼爱。我 8 岁时父亲即离去，和父亲相聚在一起的时间非常短促，之后随着我对他的了解和想念，当年他对我瞬间的爱，愈益感到十分珍贵。我的性情原来还是比较活泼的，但自从家庭发生了较大的变故，亲人相继离去，母亲身体、精神又长年不好，非武大姐和柔武二姐又远赴重庆，孤独的我，情绪上很自然地受到了影响，时间久了，多了一份沉默，少了一份开朗，多了一份忧愁，少了一份快乐。回到家乡南通，对我来说，外面的世界更小了，不久我调进南通中学高一班学习。

那时母亲因受着疾病困扰，人一直处于时而清醒时而昏迷的状态。所以每天下午放学，我走在回家的路上时，就会想着：“妈妈！你清醒着吗？”一走进家，如果看到阿宝姐（贴身侍候我母亲、亲如女儿一样的丫头，她为掩护地下党员王敏之同志作出很大的贡献）忙着告诉我：“少太太在等着你呢。”我即欣喜万分奔到母亲床前。那时母亲抚摸着我的头，我依偎着母亲，有着说不完的话。有时母亲尽情地给我讲一些古文，如《捕蛇者说》、《醉翁亭记》、《祭十二郎文》及前、后《赤壁赋》等，母亲当年给我讲解朗读的声音至今犹在耳边，如《捕蛇者说》：“……余闻而愈悲，孔子曰：‘苛政猛于虎也！’吾尝疑乎是，今以蒋氏观之，犹信。呜呼！孰知赋敛之毒有甚是蛇者乎！”又如《祭十二郎文》：“……呜呼！汝病吾不知时，汝殁吾不知日；生不能相养于共居，殁不能抚汝以尽哀……一在天之涯，一在地之角，生而影不与吾形相依，死而魂不与吾梦相接。吾实为之，其又何尤？”人性的善良，最底层人民的悲痛和凄凉，深深地感染着我。直到在母亲床前陪她吃完饭，我才满心喜悦地去做功课，度过一个愉快的平安夜。但更多的情况是，放学后回到家，阿宝姐不照面，似乎整个天都暗了。母亲仍昏睡着，我只能扔下书包，久久地趴卧在母亲的脚下。时间停止了，空间消失了，当阿宝姐来招呼我去吃晚饭，我的眼泪也干了。而这样的夜晚，在那时却占去了我大部分的岁月。

母亲心里也很难受，担心影响我的成长，主动提出让我去住校，和同学们生活在一起，认为这样对我身体和情绪都有好处。但我不放心母亲。母亲说：“星期天你还会回来的，家里有阿宝照顾我，不用担心。”母亲一直把阿宝当作是她的义女，阿宝也一直如待自己最亲的亲人一样地照顾着母亲。

我住校后，整日和同学生活在一起，业余时间在一块打球，到图书馆看书，能够说说笑笑，情绪虽然好得多，但总离不开家庭的一些阴影，所以有时沉默、有时忧郁。

同班同学凌宝华主动地接近我，和我谈心。他借书给我看，记得第一本书就是《钢铁是怎样炼成的》，当时他只说了一句：“你就自己看吧。”我从小喜欢文艺，对文艺书籍有兴趣，可《钢铁是怎样炼成的》里保尔的故事向我展示了一个完全陌生而新鲜的情景。世界上有这样的人，有这样的事，使我知道了另一个天地，也进入了另一个天地，虽然对我来说仍是朦胧的。凌宝华继续借类似的书给我看，我都爱不释手。

有一天，已近黄昏，我正在宿舍里看书。凌宝华匆匆走了进来，对我说，快把书包起来。我将几本书包好后，他用一根绳子捆好挂到窗外外墙的钉子上。一会儿，便有3个凶狠狠的人走了进来，床上床下到处乱翻。等到那些人走了以后，我心神尚未定，凌宝华又告诉我一些过去从不知道的事。或许，这就是对我走上革命道路最早的引导吧。

1944年秋天的一个清晨，同学们在操场上做完早操，列队走向教室时，最前面突然响起了军号声，随着号声，前面的同学跑步奔向校外。我不知道发生了什么事情，也不由自主地紧跟着前面的同学跑了出去。约半个小时，我们到达了伪政权专员公署（我三祖父张謇的故居——城南别业）的门前，一位高年级的同学站了出来，面对同学大声地说："同学们，我们的学习，我们的成长全靠老师们对我们的教育、培养，他们多辛苦，但他们收入少，待遇低，吃不饱，养不活家庭，又怎么能教好我们？我们又怎么对得起我们的老师？我们要向专员公署请愿，坚决要求提高老师的待遇，改善他们的生活！"大家清楚了是怎么一回事后，没有一个退出的，情绪都很饱满。在领头同学的指挥下，大家有秩序地坐在地上。过了约大半天，送请愿书和当局交涉的同学告诉大家：当局接受了请愿书，同时答复一定研究，原则同意提高教师们的待遇。得到这一结果，大家才逐渐地离开了现场。

就是这一个偶然的机会，使我参加了学生活动，一个16岁的青年，单纯而幼稚的心灵深处，开始撒下了热诚、正义的种子，走向了光荣同时又艰难的历程。那个时代，在沦陷区，有许多青年拥有和我相似的人生故事。在以后的岁月里，他们可能和我一样继续着同样或不尽相同的故事，但我们绝不会淡忘"祖国"这个神圣的名字，是她相伴我们度过了一生，在和风细雨的日子里，也在狂风暴雨的冲击中。

由此开始，我认识了吹军号的孙锦襄同学（外号大炮），他比我低一班，见他总是满脸的阳光，他和我从小一起长大的李连钊同班，我们后来经常在一起玩，一块谈天说地。在新中国成立以后，孙锦襄同学去了浙江化工学院蜡纸厂工作，曾回南通故地与老同学聚会，也曾来看过我，依然红光满面。1982 年，传来他去世的消息，太早了，太可惜了，他疾恶如仇、仗义执言的形象犹在眼前。李连钊同学一直在家乡南通默默奉献，永远是那样敦实、沉稳。

记得有一天，孙锦襄神秘地对我说，“乡下”带信来，希望我们 3 人利用星期天的时间到“乡下”去玩，也可以阅看一些书，但一定不能告诉别人。“乡下”指的是什么，我们都懂，为此我很兴奋，盼望着他的通知。

在日本侵略军侵占我家乡的一个夏日刚过已有秋意的日子，一个星期天的早晨，孙锦襄、李连钊和我穿着长袍，边谈边走，越过了日寇的岗哨，走上去唐家闸的大路。到了十里坊后，转向了农村弯弯曲曲的小路。大约过了半个小时，在一个农户家，我们见到了在游击区的陈安羽、王敏之及另一位年轻人。他们热情地欢迎我们，和我们谈谈抗日的情况，问问我们学校、学习和家庭情况，并安排我们在那儿阅读一些书籍。在那里，我第一次看到艾思奇的著作《大众哲学》，第一次接触了“人生观”“世界观”等词汇和概念。对我来说，这完全是新的东西，当时既感到新鲜，又有一种说不出的兴奋。中午，主人让那位年轻人在小河沟里网来两条鲫鱼现烧了，还煮了一大碗刚从地里挖出来的碧绿的青菜，并炒了一盘嫩黄的鸡蛋来款待我们。我们度过了非常愉快而有意义的一天，在夕阳淡淡的余晖下回到了城里。这次经历是我永远不能忘记的，因为它象征着自己“启程”的一天。以后我们在假日里又悄悄地去了两三回，从此懂得的道理更多了。

1945 年春季，“乡下”带来信，让我立刻到他们那儿去。这一次陈安羽、王敏之同志向我更详细地谈了全国以及南通地区抗日、对日斗争的情况。他们对我说：“为了配合当前形势的发展，组织考虑派一位同志到城里去做地下工作，为了更安全和有利于工作的进行，经反复研究，想借住在你家。请你和母亲给予掩护。你家是南通城第一大府，社会影响极大，谁也不会想到‘状元府’里会藏着共产党，因而比较安全。我们也知道你母亲为人善良、正义，能同情穷苦人。也请你向你母亲谈谈，共产党是穷人的党，她的理念和宗旨就是解放旧中国，解放全人类，使劳动人民过上好日子。能得到你们的帮助，我们会非常感谢你们的。当然，这也为你们带来了一定的风险，请原谅，我们会十分谨慎从事的。”也许由于自己年轻，也许虽然接触党组织的时间不长，但党的思想和党的作风已印入我的内心，我毫无顾虑，立即答应回去就和母亲商量。他们又嘱咐了几句，吃了晚饭，送走了我。

回到家，我如实向母亲谈了，特别向她谈到“乡下”共产党的干部给我留下热情、真诚、实在、朴素的印象。我母亲陈开成虽也出身于官宦富贵之家，年幼时受过旧学的教育，但之后进入上海教会学校启明女子中学学习直至毕业，接受了新学和一些新的思想。和我父亲结婚后，父亲为我母亲取字“石云”，生我兄弟姐妹六人,家庭十分幸福。只是对我祖母重于大家庭的礼教,母亲不是很适应,她又秉性耿直，免不了有些小的不愉快。抗日战争前后，父亲和四姐相继辞世，五姐为国牺牲，一个个灾难沉重地打击着她。但她并未消极，虽苦对人生，但善良同情之心永在，愿为穷苦的人、有困难的人做一切事，即使患病卧床行动不便，也不忘力所能及地帮助他人。国共合作破裂时，国民党撕破脸面，进步国民党员金云直等被诬陷入狱，母亲挺身而出，认保救出了他们。正是由于组织听说了这样的事，坚定了对她的信任，才将掩护地下党的任务交给了母亲。母亲自己也未料想已到体弱年衰之时，又能进入了另一个人生。

另一因素，母亲十分喜爱的沈序（我的表姐，俞铭璜的夫人）也经常从游击区到我家来（当然对外是保密的）。她来时，常喜坐在母亲床前说说话，而母亲总要问长问短。沈序表姐讲到那里的革命干部和当地老百姓同生产、同劳动、同生活，人与人之间完全平等，这些事，母亲听了时常会高兴得笑起来。

我向母亲讲，党组织真诚地希望我们支持党的打倒日本帝国主义、将日本侵略军赶出中国、解放贫苦老百姓的事业，进而又将乡下组织想派一位同志住到我家来，恳请母亲和我能够加以掩护的意思说了，并且还说到他们也知道母亲体弱多病，这样会给我们增添麻烦，很过意不去，但从抗日大局着想和有关情况来看，我们家庭的条件是十分有利于党开展地下工作的，请求母亲予以支持。母亲听后反问我："你的意思呢？"我说："这事有一定风险，但一般不会怀疑到我家藏着地下党的。他们待人诚恳热情，朴素和蔼，他们一切是为了劳苦百姓，如母亲同意，我也同意。"母亲又问来人年龄多大，我们怎么掩护。我对母亲说，到家来住的同志大概近30岁，老家是宁波的，要作为亲戚住在我家，可能他的活动和工作基本在夜间。母亲说："让我想一想。"第二天吃过晚饭，母亲把我叫到她的房间，关上了门，对我说："你大姐、二姐都在重庆，哥哥在上海，你我相依为命，能帮助别人的就尽力帮助，但要谨慎。要我们掩护，来的人就应该是我们的'亲戚'。虽然目前到家走动的人并不多，但总有个人来人往，特别是那几位账房先生走动得更勤。我想你外祖父家离得远，在安徽石埭，因此这个'乡下人'，对外就说是我的表侄，是从安徽到南通看望姑妈来的，这样妥帖些。"母亲又说："但有一个人是必须告诉的，就是阿宝，她照顾我多年，聪明伶俐，最为忠心，对你也很好。她还可以帮助了解一些其他的情况，要向'乡下'说清楚。"我很快地向"乡下"作了汇报，他们非常感谢母亲的热诚和妥善的安排，事情就这样定了下来。派来的人就是王敏之同志，母亲为他取名陈克然，"陈"是母家之姓，而我表哥一辈的排行为"克"字，"然"字可能是母亲随时随地都在提醒他"要自然""要信然"。

1945年8月18日下午，按照约定，我到十里坊接了王敏之同志和他的"随从"姚俊德进了城。经过西大街，在景福斋茶食店选购了白兰地酒、金华火腿等四式礼品，分别坐上人力车，约20分钟就到了我家——濠阳小筑。

表少爷到了！王敏之走上前去，恭敬地叫了一声"姑妈，您身体好！"母亲好高兴，握着我这位克然哥的手说："累了吧？"回身向在座的人作了介绍。书童阿富送上毛巾、绿茶。第二天母亲还让阿富陪克然哥到街上选做了几套新衣服。母亲亲自安排克然哥住在六角亭，六角亭三面有窗，视线较好。

克然哥每天起来很早，和我共进早餐，按时向母亲问早安，陪母亲说说话，谈老家父母以及“乡下”老百姓的生活情况。母亲也问起克然哥何时参加革命等事。母亲曾谈到，当时有人传播谣言，污蔑共产党、新四军时，她总是对他们说，没有亲眼看到不能瞎说，如果共产党、新四军像你们所说的那么坏，还能存在到今天吗？如果来人了，就转向其他话题。有时，亲友账房先生邀克然哥陪母亲打牌，他说不会，母亲说：“你得学着打，哪有‘少爷’不会打牌的？学会了好替换我，我可休息一会。”看起来真为难了克然哥，但他很快就上手了，并且是那么自然。没人的时候，克然哥的大部分时间用于阅看书籍。他的工作时间主要在晚间，吃过晚饭后，夜晚就属于他的了。他什么时候开始工作，什么时候结束工作，我们不知道也不过问，虽组织未要求过，但我们自觉地认识到这一点。尤其是母亲经常对他说：“你住在我们这儿，就是一家人，你自己要分外小心。”晚间我们所要做到的，就是关注着“门”。阿宝每天深夜，随时听着预约的敲门声，给他开门，有时母亲知道前一天克然哥回来很晚，即使有人在，母亲也会对他说：“克然你到我房间去，我写的信字太大了，帮我抄一下。”他会走开，但并未休息，又去写材料和报告。久而久之，亲友账房先生都夸克然哥没架子、和蔼、文雅、有学问。

有一天晚饭后，已到休息的时间，我正和母亲说话时，克然哥进房来向母亲道晚安。在母亲和他谈什么事情时，我走出房间，隐隐地看到在前庭院玉兰树的后面有一个人站在那儿，把我吓了一跳。我一边问是谁，一边走向前去。只听对方说：“绪武，是我。”这给我很大的惊奇，原来他就是我的同桌同学小丛。他在深夜到我家来干什么？还抱着一个孩子。这时，克然哥已匆忙地走了过来，轻声地说：“二弟，你们见了面也好。”接着对小丛说：“已经很晚了，你快回去吧。”小丛转身走向黑黑的大门，消失了。克然哥赶忙拉着我走进我的房间，对我说：“小丛刚从子弹翻造厂过来，他的父亲是子弹翻造厂的厂长，他是送子弹来的。我必须将这些子弹连夜送到“乡下”去，我回来再和你细说，你会理解我的。”克然哥来我家后，我第一次流下了眼泪，不是因为克然哥瞒着我，而是革命工作采取直线联系的需要，我说不出来自己当时的心情，只感觉克然哥太辛苦了，太紧张了，他度过了多少不眠之夜。

抗日战争胜利，全国人民欢欣鼓舞，但这欢乐却显得短暂。算着居住在上海的外祖母生日将到来，母亲在阿宝的陪伴下，带着两幅苏绣去上海给外祖母祝寿。未想到母亲到达上海新村36号家宅时，却被挡之于门外，原来家宅已被从重庆派来的国民党的所谓接收大员上官云相所抢占，供他姨太太居住，母亲与被迫迁走的长兄融武又联系不上，措手不及，只得暂时和阿宝在旅馆里安身。外祖母生日一过，母亲却因付不出住宿费被困在旅馆里。我知道消息后立即去找账房，但账房只说账上已付不出钱，在如此紧急的情况下，克然哥立即向城工委报告，政治交通员连夜送来法币200万元，后来“乡下”又送来300万元。不久，母亲和阿宝才从上海平安回来。我紧紧地握着克然哥的手，饱含着眼泪，不知说什么好。党给予我母子的岂是一般的情，是仁、是义，党犹如我们的再生父母。

不久，非武大姐、柔武二姐从重庆回到上海，将回南通看望母亲。母亲和我掩护王敏之同志之事，她们全不知情，为了防止意外暴露身份，在与母亲商量后，王敏之只得暂时离开我家。而为组织的安全，母亲和我包括阿宝对此只能只字不提。

1946年，“南通惨案”发生前夕，白色恐怖笼罩全城。两位姐姐那时才对我参加青年进步活动有所了解，迫不得已，立即伴我离开南通去了上海。几天后，国民党反动派制造了“南通惨案”，8位进步青年被暗害，我们流亡到上海的青年在上海地下党组织的指导下，在上海社会人士许广平、胡风、马叙伦、周建人、赵丹等的支援下，开展呼吁活动。“南通惨案”发生后，地委感到地下党领导机关设在城外，无法掌握南通城复杂多变的情况，便安排王敏之再次进城，又住入濠阳小筑。王敏之同志以后在《怀念党的挚友陈石云女士》一文中写道：“在此情况下（指家姐和我去上海后，他第二次住进濠阳小筑），陈石云女士不顾个人安危，一如既往，热情地接受我住在她家里。她积极支持反对内战、争取和平，反对独裁、争取民主的斗争。她对国民党制造的‘南通惨案’非常愤慨，她对我说：

‘绪武虽然被迫走了，你放心住下，不会出事的，我会更好地照顾你。’”约半年后，王敏之按地委领导指示，撤离濠阳小筑。1947年夏，友人自远方来，母亲带病设宴招待，谁知当晚腹泻不止，中西名医全力医治，但仍未见效，溘然仙逝，永远离开了我们。9月的一天，王敏之随“公民普训”的队伍经过濠阳小筑，惊见门口高挂着一对白灯笼，方知母亲已不幸病逝，顿时万分悲痛。这个场景，他在晚年回忆我母亲的文章里写道：“她的音容笑貌，她对我的工作精心掩护和积极支持，都历历在目。那时我只能以默默地回忆寄托我的哀思。解放后，我才能到她的墓地凭吊……她死得太早了，如果她能多活几年，看到南通解放，看到全国解放，她老人家该多兴奋呀！今天祖国阳光灿烂，广大人民意气风发，都为祖国社会主义事业勤奋劳动，高歌猛进，陈石云女士支持共产党，支持革命的精神，将永远铭刻在人们的心坎里。”

时光如箭，党的事业永在，永放光芒。

（载于2011年第4期）

张謇所创全国之最考

张廷栖

清末状元张謇，在中国传统文化的基础上，汲取外来文化的精华，以敢为人先的开拓创新精神，在家乡实施教育救国、实业救国主张的实践中，以强烈的爱国爱民情愫驱动，“他独立开辟了无数新路，做了三十年的开路先锋，养活了几百万人，造福一方，而影响及于全国”。张謇勇于开拓，敢于创新，开创了许多前人所未有的事业，有许多位于全国的第一，实属全国之最。已经通过学者论证，并已获得承认为全国第一的，有如下几个全国之最。

南通是“中国近代第一城”

这是中国城市规划与设计大师吴良镛院士于 2003 年加以精心论证的。在他的《张謇与南通“中国近代第一城”》的著名论文中得出的结论是：“张謇先生经营南通堪称‘中国近代第一城’。”是年 6 月，在南通举办的由全国建筑规划和设计专家参加的“‘中国近代第一城’学术研讨会”上得到认可。吴良镛院士后于 2006 年出版了《张謇与南通“中国近代第一城”》的专著，进一步论证张謇经营的南通城市建设虽然不是全国最早、最大，但是属最好，是近代城市建设的典范，就此而言可称“中国近代第一城”。从此，它成为南通城市亮丽的品牌。

南通博物苑是中国人自己创办的第一个博物馆

国家文物局原局长吕济民（研究馆员），在他的著作中对南通博物苑有这样的一段文字表述："南通博物苑是中国第一个博物馆，这是我国文化界和社会各界经多次论证决定的，并取得国际博物馆界的认同。1956 年中华人民共和国文化部召开第一次全国博物馆工作会议，正式提出'中国第一个公共博物馆要算张謇办的南通博物苑'，得到会议代表和文化部的认可。"从此,《中国大百科全书》《中国博物馆志》都确认南通博物苑为中华第一馆,中国博物馆事业从南通开始。

通州师范学校是中国第一所民立师范学校

这是张謇当年就已明确了的。张謇打算通州自立师范学校时,"适湖南、湖北、直隶先后有师范学校之议"。也就是说张謇知道在通州师范学校之前就有创办师范学校议决，所以张謇明确指出："夫中国之师范学校，自光绪二十八年（1902）始，民间自立师范学校自通州始。"也就是说民立师范是从南通开始的。我们有时称南通师范学校是"中国第一所师范学校"，可以说是打的"擦边球"，严格的意义上还不能这样说。有人将其放大，说"只有到了张謇，首创师范"，这是违背历史真实性的。事实上在张謇创办南通师范教育的 6 年前，即 1896 年，盛宣怀创办的南洋公学（交通大学前身），当时设置就有师范院、外院、中院和上院四院,并开创师范教育。早有结论：南洋公学的师范院"为我国师范教育的开端"。所以师范教育并非张謇首创。还有人进一步夸大，将张謇拔高到中国教育体制两次重大改革者之一。第一次是孔子开创"私学",打破了"学在官府"的"官学"；第二次就是张謇"首创师范学校"，"实现中国教育现代化变革的突破点"，成为与孔子齐名的教育改革家。这种无限制地拔高不是学术研究应有的态度，而是会被人视为在“吹肥皂泡”，反映了我们学养的浅薄甚至是无知。

伶工学社是中国第一所戏剧学校

在1919年创办伶工学社之前，我国未有戏剧、艺术类的学校。后来田汉任校长的上海艺术大学，是1927年创办的艺术学校。再后来田汉创办的南国艺术学院，就更迟了，是1928年的事。当年张謇就说伶工学社“为全国之导线也”。戏剧大师梅兰芳在回忆文章中说，在那时的南方，伶工学社“是开风气之先，唯一的一个训练戏剧人才的学校”。此说后来被学术界认可而广泛应用，如《中国近代音乐史简述》中说，张謇“创办‘伶工学社’，成为我国近代建立的第一个专业戏曲、音乐教育机构”。又说“伶工学社创办于1919年。张謇自任董事长……成为我国近代第一个专业戏曲学校”。说明伶工学社被戏剧界公认为我国第一所戏曲学校。

南通纺织专门学校是全国第一所高等纺织学校

笔者为此专门做过论证。中国最早的纺织教育是创办于1897年的浙江蚕学馆。是它开了我国近代纺织教育的先河，在纺织教育史上有其特殊的地位。但它并非一所高等纺织院校，蚕学馆直到1955年并入杭州工业学校时，还只是中等专业学校，所以蚕学馆不能称为全国最早的高等纺织院校。还有北京工业专门学校，它的前身是京师高等实业学堂，于1912年改组而成，当时该校设有机织科。北京工业专门学校，虽然是一所高等院校，开设有机织科，但该校不以纺织为主，机织仅是它其中的一个系科，它还设有机械、电气、应用化工等系科，因此它也并非是一所独立设置的纺织高等院校。而1912年张謇创办的南通纺织专门学校，张謇于1924年在《致美国政府请求以退还庚子赔款酌拨补助南通文化教育事业基金意见书》中就提到：“纺纱须纺织专门人才，又设立纺织学校，此校为全国所仅有。”1918年8月25日，美国《新贝德福周日标准报》上发表的《中国棉纺织厂寻求美国机器》一文中，对南通纺织专门学校就有评论：“在整个广阔的中华帝国，它是唯一的纺织院校。”由此得出，张謇所创办的南通纺织专门学校是具有国际影响的全国最早的纺织高等院校。

通海垦牧公司是全国第一个农业股份制企业

根据上海市档案馆编写的《旧中国的股份制（一八六八年—一九四九年）》一书，列举“清末国内部分有代表性的股份制企业”中有工业、银行、图书等企业，没有农业企业。说明在现有档案中未发现有农业股份制公司。虽然于清光绪二十四年（1898），海州沈云霈、宋治基等曾成立“树艺公司”开发云台山，但仅以公司之名，并非股份制农业企业，直至3年以后才向社会公开集资。从张謇开始将西方的企业制度应用到垦牧方面来，建立了农业股份制企业——通海垦牧公司，在“树艺公司”招股之前。成功后江苏沿海一带才纷纷仿效，形成了垦牧高潮。通海垦牧公司是全国第一个农业股份制企业为专家所公认。清华大学陈争平教授在论文中说，“中国有史以来第一家新型农业公司终于办成，其股东中有富商、地主、官僚，也有企业法人”。重庆出版社出版的《中国走向近代化的里程碑》一书中，也明确其为“第一家近代农业企业”。

大生企业集团为中国最早的民营资本集团

根据陈争平教授的观点，张謇创办通海垦牧公司，标志着大生纺织企业的跨行业发展，逐步形成一个资本集团。当时的企业界有“南张北周”之说，北方的周学熙没有形成资本集团，而且他官办的企业为多。由此，陈争平教授在第三届张謇国际学术研讨会上说：“它是中国最早的民营股份制企业集团”，张謇“建立了在清末民初时中国最大的民营企业集团”。重庆出版社出版的《中国走向近代化的里程碑》一书中，也明确大生企业系统为“第一个民族资本企业系统”。

河海工程专门学校是中国第一所水利高等院校

1914 年，张謇在担任农商总长期间，兼任全国水利局总裁。为了培养水利人才而创办了这所河海工程专门学校。在之前，虽然于光绪二十二年（1896）两江总督张之洞在南京创办储才学堂，分设交涉、农政、工艺、商务四门，在农政门分设种植、水利、畜牧、农器等目，该校水利方面的专业可能是开了近代水利教育的先河，但仅为一个课目，并非独立的水利学校。后来张謇在通州师范学校附设测绘班，与培养水利人才有关，也仅为临时所为的办班而已，不是水利方面独立设置的高等学校。重庆出版社出版的《中国走向近代化的里程碑》一书中，也明确“南京河海工程专门学校是中国第一所水利专门学校”。所以在河海工程专门学校之前无水利专门学校可言。

南通盲哑师范传习所是中国第一所培养盲哑师资的学校

张謇看到“盲哑累累，教育无人”，为了办盲哑学校，需要盲哑师资。而国内无盲哑师资，“欲延聘西师乎？资重而不可以时得，权且不操于我”。于是1915年，借助博物苑中馆创办盲哑师范传习所。查《中华近世通鉴（教育专卷）》，未有盲哑师范的学校。虽然办学时间很短，但就现有资料，开创了盲哑师范教育，它是清末民国初期唯一的一所盲哑师范学校。

狼山盲哑学校是中国人自己创办的第一所盲哑学校

张謇培养了盲哑师资以后，于1916年11月在狼山创办盲哑学校。在此之前，光绪二十四年（1898），“美国传教士梅耐德夫人在山东烟台创办启瘖学馆，招收聋哑儿童入校学习。这是我国最早的聋哑学校。”可是，它不是中国人办的。张謇在盲哑学校开学典礼的讲话中提到，“我国北京、上海、烟台等处，虽亦有盲哑学校，然皆基督教会所设立”。所以有人说狼山盲哑学校“开华人自办盲哑学校之先河”是有根据的，它是中国人自己办的第一所盲哑学校。

（载于2011年第4期）

张謇与辛亥革命

——纪念辛亥革命100周年

陆仰渊

1911年的辛亥革命，张謇目睹了武昌起义的战火，当时他抱着焦虑与矛盾的心情在探索。但革命形势发展迅速，迫使他认清了现实，坚定地抛弃了立宪主张，力主共和，有力地推动了革命形势的发展，为共和政体的建立起了积极推动的作用。

张謇在武昌起义时的态度

1911年，正是张謇在南通创办大生纱厂和创办盐垦事业兴旺发达之际。10月4日，张謇乘江轮抵达武汉商谈租办武汉纱布厂事宜。10月10日他在武汉就听说革命党人彭楚藩、刘复基、杨洪胜3人因起义之事泄漏在武汉被捕杀的消息，及至晚上登船东下，在船中“见武昌草湖门工程营火作……舟行二十余里犹见火光”。目睹了武昌起义，心中十分焦虑。翌日船抵安庆，张謇拜访安徽巡抚朱家宝，计划商谈治淮工程，在电报中得知武昌已经被革命党人占领，湖广总督瑞澂躲避在楚豫兵轮上，安庆新军也欲响应，于是他又匆匆赶赴南京。

10月13日船抵南京，张謇次日即拜访江宁将军铁良（满族），商谈武汉发生的形势，趁机要求铁良“速奏立宪法”。铁良推说这些要和两江总督张人骏商量。15 日，张謇去见张人骏，说：“武昌地据上游，若敌顺流而下，安庆又有应之者，江宁危矣。”要张人骏速奏清政府立宪法、开议会。张人骏回答：“大抵立宪，不援鄂，谓瑞能（澂）祸首，能自了，不需人援。”张謇对铁良和张人骏的态度非常失望，在当天给在上海的立宪派另一头面人物赵凤昌写信说：“因鄂变而风鹤之警甚多，然皆意中之事，政府造成，无可言者。”10 月 16 日，张謇到苏州见江苏巡抚程德全，趁机催他向清政府提立宪要求。当晚张謇在旅馆内伏案撰写《奏请改组内阁宣布立宪疏》，建议清政府“先将现任亲贵内阁解职，特荐贤能，另行组织”。但程德全未作行动。18 日张謇在南京听说清政府要请西方国家派军队去武汉镇压起义军，十分震惊，提笔起草了《江苏咨议局致各省咨议局电》，又立即赶赴上海邀请《申报》等报社记者，要他们立即刊发。电文说：“鄂变踵川事而起，灾荒之后复见兵革，诚危急存亡之秋，维持全局，责在钧阁。窃念武汉居全国中心，战祸为列强注目，苟慎外交，文明各国自无横来干预之理。深惧或进邪说，借助外兵，陷全国于必亡之地。远鉴前明，近鉴亡韩，心胆俱裂。人民与国家休戚相关，心所谓危，不敢不告。如不蒙鉴纳，是政府已代朝廷置国家于度外，人民爱国之诚何以自效！”在文后附议：“借助外兵，其害必致亡国，此电不独警告政府，亦将使武汉一方深维斯议。”表明这时张謇寄清政府立宪的希望已经破灭，在寻找新的改革路径。

其间，张謇不断来往于南通和上海之间，湖南长沙、湖北宜昌、直隶的滦州、保定、天津等地起义的消息不断传来。张謇警觉到“大局土崩，时机瞬变”。而清政府为挽回局势，一面发“罪己诏”，一面又请出袁世凯出任内阁总理。张謇此时认为这也无法挽回清政府颓势，必将走向末路，唯一出路是建立共和政府。11 月 6 日，张謇写信给袁世凯说：“因不充分立宪，致不得已之‘罪己’亦不能取信。旬日以来，采取东、西、南十余省之舆论大数趋于共和，以汉、满、蒙、回、藏组成合众……而国内之响应者已见六省，潮流所趋，莫可如何……果尔则公宜迅北入定京师，防外撼以固根本，采众议以定国体。”从这封信的内容看，张謇向袁世凯表述了三重意思：一是“立宪之议”已没有什么可谈的了；二是革命潮流大势所趋，要他及时利用时机在北京定大局；三是定新的国体，显然不是定立宪国体，而是共和国体。由此表明张謇此时已经完全放弃立宪立场，赞成共和国体了，并寄希望于袁世凯身上。

对于张謇在辛亥革命期间的态度，之前不少人仅就张謇日记内容分析，认为“都说明当时张謇还是从立宪派立场来应对事变的，他所想到的首先是治乱，并借机立宪”。这一观点之前在学界具有一定的代表性。但从近几年新发现的史料来看，尤其南通张謇研究中心新收集到的张謇遗稿，表明辛亥革命期间张謇从立宪派转向共和的转变是及时的，对清政府的覆亡和共和国体的建立起了积极的推动作用。

张謇从立宪立场转变对共和国体建立的推动作用

辛亥革命期间反清排满思想是推翻清朝统治的焦点，革命党人、一些汉族官吏、立宪派人都有想法，只是后两种人从不公开表示而已。当武昌起义爆发之后，如果革命党人独立推翻清朝统治，力量尚嫌不够，尤其是自身的力量还处于分散状态，但各省的汉族当权者能纷纷响应，宣布独立，这种形势，表明这些汉族地方当权者早就积压有反满思想，有力地推动了形势的发展，孤立了清政府。立宪派既看到了革命的力量，同时也看到了各省独立的大势，促使了立宪派很快放弃了立宪主张，转而主张建立共和政体；立宪派的转变又推动了形势的发展，加速了清政府的灭亡。张謇的思想立场转变也是随着形势的变化而渐进的。武昌起义爆发之初，他是目睹的，很着急立宪主张难以实现，奔波于南京、上海与南通之间，和督抚及立宪派人士讨论的是借机要清政府速颁宪法和开议会，但督抚们对他的要求冷眼相待，使他沮丧，自叹曰：“余再说无益。”接着短期内形势大变，各省纷纷独立，尤其是上海起义成功，浙江和江苏宣布独立，上海都督陈其美于 11 月 7 日派人到张謇老家南通，南通百姓夹道欢迎，张謇的三哥张詧出任南通军分府总司令，这对张謇触动很大。当时张謇身在上海，极表赞成。这年 11 月 6—11 日，他连续给江宁将军铁良、两江总督张人骏、摄政王载沣写了信，发了电报，劝他们不要再妄动干戈，应当共赞共和。

当时南京是清政府在东南的统治中心，军权掌握在江宁将军铁良手上。张謇在 11 月 8 日给铁良的信中劝铁良不要“奋斗效死，使两族生灵涂炭于兵锋”，要是仍抱“掷一身为沟渎小忠之事，毋宁纳全族于共和主义之中”。11 月 8 日，张謇给两江总督张人骏的信中指责荫昌的“汉口军残杀过当”，劝“公为守土之长官，必以民命为重”。情急之下，张謇、伍廷芳等 4 人联名致电北京摄政王载沣，直言“是君主立宪政体断难相容于此后之中国，大势所在，非共和无以免生灵涂炭”，要他“幡然改悟，共赞共和”。短短 20 多天内，张謇完全从立宪立场转变为力主建立共和政体的要角。张謇还致电蒙古王公，指责清朝对蒙古人民的压迫，指出当今形势：“惟有蒙汉合力，推诚布公，结合共和政治，以汉之财卫蒙，以蒙之力捍汉，强邻觊觎可以永绝，对于蒙族视如同胞，绝无丝毫外视之意。清政府退位即在目前，共和政治成立，人人平等。”张謇在这里不但表露了民族平等思想，而且对共和政体充满了美好的憧憬。

11 月底，江浙联军逼近南京城下，盘踞在南京的清军张勋部还在作垂死挣扎，北京袁世凯的新内阁突然宣布张謇出任新内阁农工商大臣和江苏宣慰使等职。清政府的举动，一方面表明张謇在辛亥革命关键时刻处于举足轻重的地位，另一方面想请张謇出面以挽回危局。这样的闹剧使张謇啼笑皆非，他先后给袁世凯和清政府内阁发了两个电文，毅然回绝。张謇向袁世凯严肃指出：“且罪己诏方下，而荫昌汉口兵队交绥之外，奸淫焚掠屠杀居民数万于前；张勋江宁驻兵不在战期，闭门淫掠，屠戮五六百人于后。其最惨者，凡无辫、白帽结、白辫线、呢布褂之学生非学生，无不一律搜杀。……尚有何情可慰，尚有何词可宣！”张謇在给内阁的电文中驳斥了中国幅员辽阔不适合共和政体的谬论，引用老子的“治大国如烹小鲜”的名言，比喻“民主共和之适宜”。如若“尚保持君主立宪主义耳，此等谬论，举国非之，不能解纷而徒以延祸”。在给袁世凯的另一电文中进而指出：“非宫廷逊位出居，无以一海内之视听，而绝旧人之希望。”明确要求清帝退位。

以上张謇给许多要人的函电，表明了他的三重思想立场：一是他已经彻底摒弃了立宪主义立场，认识到立宪道路已经绝对行不通，请他人也不要再抱此种幻想。二是表明共和国体是中国人唯一的选择，只有建立共和国体方能挽救中国的命运。三是清帝必须退位，这是时代潮流所决定的。从这三点要义来看，张謇在辛亥革命爆发后，对共和国体的建立起到了积极的推动作用。

张謇从立宪的立场转变到支持共和国体的言行也有力地影响到当时仍掌权的汉族官吏对共和的态度，尤其对袁世凯、程德全等影响很大。清政府在危急关头重新起用袁世凯，袁是有野心的，出任内阁总理后，暗中想借机改朝换代由他当皇帝，所以他采取了两面三刀手法，一面增兵武汉进攻革命党人，一面逼独立各省拥护他在北方执掌大权，再一面逼清帝退位，达到他一箭三雕的目的。袁世凯邀张謇入阁出任农工商大臣和宣慰使的目的是在拉拢人。张謇看出其用意，不但立即拒绝，而且明确告诉袁世凯立宪道路已经不通，“政体关系人民，应全国人民讨论”，现在各省已经宣布独立，“若仍以君王名义召集，必无人承认”。一旦各省联军攻入北京，连清朝遗老的优惠条件也没有了，还讲什么体面。这句话表面是对清朝皇族讲的，深层的意思是，等南方各省联军攻入北京，你袁世凯的美梦也同样要破灭的。

再就各省宣布独立后情形，独立后的各省军政府许多首领原是清朝汉族官吏，其中不少人与张謇关系较深，他们仍对共和抱有观望、存疑态度，其中也不乏立宪派人。张謇的立场态度转变后，对他们产生了拥护共和的积极影响。11月27日，张謇给在京的江苏人许鼎霖写信说：“欲和平解决非共和无善策，此南中万派一致之公论……公如不信，试回南一观。”11月15日，张謇给驻军直隶滦州的新军第二十镇统制张绍曾写信，说他在滦州的十九条“上疏”已经不合大局，“视察东南，大局垂定矣”，你“扼制咽喉之地，所望惟公，共和政体之成，已无可疑”。不久张绍曾即和吴禄贞共谋在北京发动兵变。吴禄贞被害后，张绍曾就南归上海。12月2日，江浙联军攻占南京，张謇欣喜万分，给前线将士发了两个贺电称：“南京光复，赖诸公指挥之劳，将士用命之力，东南大局从此敉平，祝联军万岁，中华民国万岁！”接着张謇以通海实业公司名义向联军送去牛50头、酒1000瓶、面粉1000袋、布1000匹、银圆6000块，表示对共和的支持。

南京光复后，张謇在上海成立了“共和统一会”，亲手撰写了“宣言”称：“恢宏国人志气，以期达吾人健全之政治希望，此共和政体之所为。”接着又撰写了《建立共和政体之理由书》，他在文中明确指出：“既脱离君主政体，只有共和，号召君主立宪不可得，亦国势事实为之也。”他认为，南北之争不利于保全领土，“今若南主共和，而北张君主，意见不一，领土以分，外人公认保全，我乃自为破坏，生灵涂炭之余，继以外患，瓜分之祸即在目前。”他同时驳斥了中国之大不适于共和政体的谬论，列举欧美大国的成功之例后，指出共和思想“皆发于东南，而赞成西北”“其能赞成共和，固无疑义”。他从理论上厘清了建立共和政体的必要性和必然性，充分表明了他在辛亥革命爆发一个月内就已完全成为一个不仅赞成共和而是一个积极主张实现共和主义者。

张謇从立宪主张转向共和的思想基础

张謇出身状元，当然熟读儒家典籍，儒家思想在他身上根深蒂固。儒家思想的核心是仁，仁的本质就是民本思想；民本思想出发者不是民而是官，落脚点才是民。孔子和孟子对君王们讲了许多仁政的话，就是要君王们善待百姓。阅遍张謇 400 多万字的文稿，无处不浸透着民本思想。

辛亥革命时张謇的身份是多重的，集状元、绅士、工商者于一体。张謇虽早已辞官办实业，这时又当了个两淮盐政总理，与地方督抚们来往密切，在南通的事也是由他说了算，是一位表面无官而实为官的“素官”。“素官”可以称作绅士，绅士就是不当官的社会名流，所以大生纱厂也称作“绅领商办”。张謇更重要的身份是民族企业家。当时社会上把办企业的都称作“商”，但和中国传统的商人概念不一样，他们是现代企业的资产拥有者和支配者。由于张謇有浓厚的儒家民本思想，所以他办实业处处地方想到民众的利益。他又是一位伟大的教育家和政治改革家。张謇身上有如此多闪耀着光环的名分，那么他代表了什么利益集团，这是首先要厘清的。

中国现代具有资本性质的工商业发端于鸦片战争后，作为一个新兴的阶级——民族资产阶级在 1905 年前后才登上历史舞台。辛亥革命前夕，张謇在南通创办了一系列现代企业，名噪一时，成为中国新兴资产阶级的代表人物。但新兴的民族资产阶级由于其天生的稚弱性，必然要求有一个有利于他们发展的和平环境，所以张謇的政治改革思想是和平主义，不主张暴力革命，反对动乱，这就是他立宪主义产生的思想基础。

清末的立宪思想可以溯源到康梁的变法维新运动。戊戌变法从动议到六君子被害，张謇正初中状元，他心中有感而不敢发。及至八国联军攻陷北京，革命党人又到处起义，清政府危局显露，一帮王公大臣们昏了头在寻找挽救清朝命运的良策，立宪主张就成了清政府可以选择的救命良方。事实上当时满人的大权部分已经落到了汉人官吏手上，通过立宪，进一步架空皇族大权，所以立宪主张受到汉族官吏的支持。张謇在 1901 年写的《变法平议》一文中，首先引用了孟子的话："虽有智慧，不如乘势；虽有磁基，不如待时。"他认为戊戌和庚子之变后"有必先除旧而后新可行者"，现在时机已到。他在文中的变法中心思想主要有两点：一是分权，二是开禁。清朝的封建统治最大特征是集权于皇帝一身，毫无民主可言。分权表明了从集权、擅权转向"开放"的第一次松动。张謇在文中提出了分权的步骤和方法，首设议政院，厘定章程，立法权在议会，行政权在内阁，内阁向议会负责，这样皇权被架空，皇帝渐成偶像。开禁是提倡国人办实业，给他们优惠和保护，这就是给发展民族工商业松绑。事实上数万言的《变法平议》就是立宪派的政治纲领。

但清政府掌握实权的王公大臣们尚不至于愚昧到对立宪目的一无所知的地步。他们感觉到一旦开议会、立宪法，满族的统治就会土崩瓦解。但时势又逼着，无奈之下抛出了"新政"，组建了一个新内阁；内阁成员 13 人中有 9 人是皇族大员，立宪派人被抛在九霄云外，这就使立宪派人大失所望。张謇哀叹曰："今年内阁成立，亲贵充任总理。""顾外侮之日棘，怆国势之阽危……褰裳赴命，讵非本怀……"他在《宣告江苏父老书》中说："其故由于专制旧政之不良，改行政之无实，人民希望既绝，乃由此愤激之举。"加上与他旧有交往的汉族官吏们对立宪也日渐冷漠，使他处于迷茫之中，从而专心于南通"自治"，自诩"村落主义"。辛亥革命武装起义的烈火终于使他在迷茫中清醒过来，感到实现共和比"立宪"更加实际，更加切合百姓要求。张謇从主张立宪转变为一位不但赞成而且力主共和的勇士，有力地推动了共和国体的建立。

（载于2011年第5期）

辛亥革命中的王开疆

陈祥志

辛亥革命推翻了清王朝的统治,结束了持续2000多年的中国封建专制制度,在这场伟大的革命斗争中，涌现出一批仁人志士，他们不惜抛头颅、洒热血，与封建主义、帝国主义及反动军阀进行了一场殊死斗争，为中华民族的独立自强作出了不朽贡献。上海著名大律师王开疆先生就是其中一位。

王开疆（1890—1940），出身于如东县北坎镇一个中医家庭，读私塾时便开始关心国家的命运，他常向周边书香人家借阅书籍报刊，读书如饥似渴。八国联军之侵华、邹容发表的《革命军》、孙中山先生的同盟会、上海发生的“苏报案”、清政府的腐败无能、帝国列强的强盗行径、爱国志士的大义凛然……无不使他受到震撼，少年时代就萌生了救国救民之志愿。

1908年夏天，18岁的王开疆在张謇先生的资助下，考取了上海中国公学，攻读法律专业。创办于辛亥革命前夜的中国公学，革命气氛十分浓厚，进步书刊广泛流传，学校教职员和学生中不少是革命党人，最早担任学校书记员的于右任先生，早年参加孙中山先生的同盟会，是国民党元老辈人物，以后成为他终身的良师益友。在这里，王开疆见到了“世面”，他和许多革命青年一样，毅然剪掉了辫子，表示坚决不做清朝的顺民。读书期间，他还结识了章太炎、马相伯、邵力子、王宠惠等一些为他所崇敬的社会名流、革命党人，听他们讲学，和他们探讨救国真谛。在交往中，王开疆深受启迪，知识面不断拓宽，阅历不断丰富，革命信念更加坚定。于右任先生创办的《神州日报》《民呼日报》《民吁日报》及《民立报》，均为王开疆爱读的报纸，并以“拓公”等笔名在这些进步的报刊上发表反对清政府、反对帝国列强、拥护辛亥革命的文章。

1912年元旦，孙中山先生就任中华民国临时大总统，张謇出任实业总长，曾函邀王开疆去南京任职协助。此时刚从中国公学毕业的王开疆，考虑到国家缺少法治，自己攻读的是这个专业，决定以律师为职业，伸张正义，保障民权，于是婉言谢绝了恩师的美意。于南京贡院东街、上海南洋桥、苏州瓣莲巷等地，他先后开设了律师事务所，这也是我国最早的律师事务所之一。他精通法理，主持正义与公道，按照《中华民国临时约法》中规定之权力，为当事人辩护，常常胜诉，在沪宁一代声名大振，人们都尊称他为“大律师”。在此期间，他曾赴北京参加法官考试，取得法官资格。

1913年，“二次革命”失败后，窃国大盗袁世凯乘机解散了国民党，他出卖国家主权，于1915年与日本签订了二十一条不平等条约，企图换取日本帝国主义的支持，以达到不可告人的目的。袁世凯的倒行逆施遭到全国人民的反对。王开疆在沪以律师身份参加讨袁斗争，他在报纸上发表讨袁文章，在公共集会上公开演讲，历数袁世凯出卖国家主权企图恢复帝制的种种罪行。袁世凯在上海的爪牙，把目光锁定了王开疆。一天夜晚，王开疆处理完公事回小东门裕福里家中时，遭到埋伏在这里的袁的爪牙袭击。两个暴徒躲在里弄垃圾箱附近，突然拿出铁棍猛击王开疆头部，他顿时血流如注，但仍奋力反抗呼救，幸好邻居章太炎家人听到呼救声，连忙鸣笛报警，邻居纷纷出来，凶手逃遁，他才得救，被送往医院。

王开疆险遭毒手，但革命意志更坚定。1916年元旦，袁世凯举行“登基大典”，正式登上皇帝的宝座。1月22日，中华革命党上海负责人陈其美在上海创办《民国日报》，宗旨是反对袁世凯窃国改制，宣传恢复共和。特聘王开疆为报馆法律顾问。有人劝告王开疆：“袁的势头正旺，爪牙遍布，要吸取上次的教训。”王说：“‘袁大头’坏事做绝，我等不能束手甘当亡国奴，应当奋起抗争。”他毅然担当起顾问角色，并经常参与革命党人的活动。就在这一年5月18日，辛亥革命党人、《民国日报》创始人陈其美被袁世凯派刺客杀害，袁世凯也于6月6日病死，中国从此进入北洋军阀混战时代。《民国日报》报馆事务由邵力子与叶楚伧主持，邵任经理，叶任总编辑，办报宗旨不变，仍然主张恢复共和，把斗争矛头指向帝国主义和反动军阀，作为报馆律师顾问的王开疆，不仅为报馆出谋划策，而且不断与外界革命党人保持密切联系，积极响应孙中山先生6月9日发表的恢复《中华民国临时约法》宣言。是年秋，在上海租界，王开疆与革命党人秘密开会，被巡捕房“包打听”（密探）得知消息，派警员前来搜捕。与会者得到房东的信号，显得有些慌乱。王开疆沉着地说：“诸位别慌，探捕是冲我而来的，你们只要若无其事分头下去，我自有办法。”那天天气比较热，王开疆脱去外衣，赤着膀子，穿着短裤，趿着拖鞋，从容不迫地由楼顶平台爬至邻家下楼，乔装成午睡刚醒来、两眼迷蒙的样子，摇着芭蕉扇，若无其事地从后门走出弄堂，居然还用讽刺的口吻嘲笑探捕：“出了啥事体？这么兴师动众的。”探捕怎么会想到赫赫有名的上海大律师竟从他们眼皮下走过。一时间，上海街头巷尾曾到处张贴悬赏缉拿王开疆的通缉令。

为使王开疆脱离险境，于右任、邵力子等人资助他东渡日本，入东京早稻田大学法政科深造，学习各国的政治法律知识以及西方社会政治学说。在日本期间，王开疆在友人凌昭（铁庵）先生的引荐下，拜会了孙中山先生，正式参加了中华革命党。

1920年，王开疆先生由日本学成回国，定居上海，仍以律师为业，并继续担任《民国日报》的律师顾问。《民国日报》由于鼓吹革命思想，常遭上海租界帝国主义当局蛮横干涉。1925年，“五卅”反帝浪潮中，邵力子被上海租界当局驱逐去广州，《民国日报》被迫停刊。王开疆数次以律师身份与租界当局在法庭上抗争，终于使《民国日报》得以复刊。每遇反动军阀与租界帝国主义互相勾结，干涉革命党人的活动，甚至妄图加害时，王开疆总是挺身而出，以法律为武器，出庭据理力争，深受革命党人与公众舆论的赞许。

（载于2011年第5期）

忆父亲陆植三建党初期的斗争历程

陆希元

我的父亲陆植三（原名陆景槐）、母亲刘翠英是大革命时期的早期共产党员。在庆祝建党 90 周年之际，我自然也想起了他们这些先知先觉者，有了他们这些革命的点火人、播种人，才有党的发展壮大，革命事业的辉煌成功。

父亲 1905 年出生在长江边的如皋农村，1920 年考入如皋师范，在校发起组织了进步政治团体“劲社”，取“疾风知劲草”之意，在《民国时报》上发表支持孙中山的宣言，反对封建军阀的黑暗统治。1925 年暑假，父亲从如皋师范毕业，即赴上海参加了由我地下党组织的暑期讲演会，由曹壮夫、覃泽汉二人介绍参加了中国共产党。从此，他把自己的一生交给了党，为共产主义崇高理想的实现而不懈奋斗。不久，父亲接到江浙区党委组织部部长赵世炎（化名施英）来信告知“你已正式加入本大学矣”，即已批准他成为正式党员。父亲以小学校长的身份作掩护，从事革命活动，在“十之八九为佃农，痛苦冠于全县”的江安、卢港交界处开办平民夜校，一边教农民识字，一边宣传革命道理。在鄂家埭成立了第一个以贫农为主的农民协会，宗旨是打倒日本帝国主义，抵制英货、日货，反对封建势力，实行减租减息等。随后，相继成立了 90 多个农民协会，入会农民 1 万多人。农民运动的发展为如皋党组织的建立打下了基础。

1926 年 9 月，经江浙区党委批准，在父亲任校长的鄂家埭小学，成立了第一个独立支部，由父亲任书记，直属江浙区委领导。随后，在进步青年中积极发展苏德馨、石勋光等 10 多人入党，并回到母校如皋师范发展陈其理、刘季平、石俊等人入党，组建了如皋师范党支部。在县女工传习所发展了刘翠英（后来成为我的母亲）等人入党。到 1927 年如皋县委成立之时，全县共产党员已经增至 54 人，父亲创建的如皋党组织成为如皋革命斗争的领导核心。

在第一次国共合作时期，孙中山实行“联俄、联共、扶助农工”三大政策，我党规定，共产党员可以以个人名义加入国民党。当时国民党江苏省党部主要负责人侯绍裘以及各部门负责人也都是共产党人，并指示各县党员积极协助发展国民党。如皋的国民党县党部于 1927 年元旦成立，父亲陆景槐及王盈朝、叶胥朝、苏德馨等 6 名共产党人被选为执行委员，父亲担任执委会主席兼农工部部长。如皋的县党部是苏北地区第一个国民党县党部，共产党完全控制了如皋全县的局势。

1926 年秋，江浙区委调父亲至南通，专职从事工人、农民运动，发展党的组织。1927 年 1 月，父亲赴上海，参加江浙区委举办的农民运动训练班，接着到中央党校第二期学习班学习。讲课的有周恩来、罗亦农、赵世炎等同志，他们充分揭露国民党右派的反革命活动，提出“打倒新军阀”的口号。此间，上海工人发动了一月暴动和二月暴动，党校将成为第三次暴动的指挥部，学员提前结业。组织部部长赵世炎派父亲回南通发展党组织，并为父亲弄了一个“国民党江苏省党部特派员”的身份证明作掩护。父亲从上海回南通的那天，天空下着蒙蒙细雨，暴动烈士的头颅被挂在电线杆上，街道路面血迹斑斑。父亲热血沸腾，胸中充满着愤怒，决心要踏着烈士的血迹将革命进行到底。父亲奔走于南通、如皋、启东、海门地区，宣传马列主义，传播革命种子，发展党的组织。在南通发展了刘瑞龙等进步学生入党，并分别在南通师范、农科学校、纺织学校、女子师范组建了党支部。

1927 年 4 月 12 日，上海党组织遭到蒋介石突然袭击，共产党人和工人阶级惨遭屠杀，血流成河，轰轰烈烈的第一次大革命就这样失败了，革命转入低潮。江北的反动国民党人也蠢蠢欲动，形势急剧恶化。父亲怀着悲愤的心情，回上海汇报请示工作。接待他的项英同志告诉他，罗亦农、赵世炎同志均被蒋介石逮捕杀害，江浙区党委机关及各级党的机关也遭到破坏，中央已决定分别成立江苏省委和浙江省委。上海市委各级组织也亟待重建和恢复。项英要父亲留在上海参加复建工作，担任闸北区委组织部部长。到任没几天，主持上海市委和江苏省委工作的王若飞约父亲谈工作，他分析大革命失败原因，认为：蒋介石的叛变，固然是重要原因，党内陈独秀右倾机会主义路线，使党从内部解除了武装，断送了轰轰烈烈的大革命成果，使蓬勃兴旺的党一下子辗转于血泊之中，教训是深刻的。王若飞接着向父亲传达了党中央八七会议精神，用一种欣慰、赞赏的语气，叙述着、解释着毛泽东同志在会上提出的“政权是由枪杆子中取得的”至理名言，并且紧握两个拳头，斩钉截铁地说：“一个是武装，一个是政权，要紧紧抓住不放！这是用多少鲜血换来的真理！”接着，他又指出：工会统一委员会是国民党指使流氓搞的反动组织，要设法搞掉它！并指示父亲要眼观六路，耳听八方，保存自己，积蓄力量。

过了半个月，王若飞同志又约见父亲，他这次是一个商人打扮，穿着花缎长袍，雪白的衬衫，袖子翻出来四五寸宽，头戴礼帽，足蹬皮底布鞋，走路、拂袖、掠发，每一个动作，和踌躇满志的商界阔佬莫不惟妙惟肖。王若飞从蒋介石搞“军事北伐，政治南征”的一系列阴谋和杀害革命同志的罪行谈起，从“中山舰事件”谈到“四一二”事变，从“马日事变”谈到“宁汉合流”，从“八七会议”谈到南昌起义和秋收起义。他说秋收起义的部队上了井冈山，开辟了“以农村包围城市，最后夺取城市”的新的革命道路，说江苏省委也在考虑发动农村暴动问题，还向父亲问到苏北农民运动的情况。

9 月，父亲调任浦东区委宣传部部长，组织了一次突击行动，把工厂的共产党员集中起来，捣毁了蒋介石的御用工会——工会统一委员会，完成了王若飞交给的任务，并且沿途高喊“打倒军阀”“砸烂工会统一委员会”的口号，灭了反动派的威风。此间，王若飞同志又两次约见父亲，听取工作汇报，布置任务，一次是在咖啡馆，另一次是在静安寺西北的大庙里。王若飞告诉父亲，省委决定仍派他回南通工作，在那里恢复和发展党组织，建立江北特委，领导江北地区农村武装斗争，同时组建南通县委。临别时，王若飞还为父亲取了个化名，叫“骆警顽”，并在他手上写了这 3 个字，说：“那些国民党反动派天天杀人，以为共产党人可以被他们斩尽杀绝。真是白日做梦。我们就是要用革命的新的怒吼，用赤色恐怖，警告这些顽固派。”

父亲再次渡江北上，临行前从省委领了一大捆传单，包裹成行李模样，随身携带上船。抵达南通姚港时，见岸上有两排警察，逐个搜查上岸的旅客。父亲急中生智，将藏有传单的行李交给脚夫搬运，安全地将革命传单带到南通，交给各支部分发。

1927 年 11 月，南通县委正式成立，省委指定时任特委书记的父亲兼任县委书记。为了宣传马克思列宁主义，交流工作经验，指导各支部的工作，父亲决定创办《血光报》，作为县委的喉舌，并选择 1927 年 11 月 7 日（俄国十月革命 10 周年纪念日）正式出版。父亲一人担负编写、刻印、发行工作。每期油印 200 份，大家把报纸当作一面旗帜，争相传阅，仔细研究，对指导革命斗争发挥了很大的作用。

由于父亲 3 次到南通工作，且国共合作期间在国民党内担任职务，在南通国民党召开第一次代表大会时，还以江苏省国民党省党部特派员的身份做过时事政治报告，因此在蒋介石“四一二”叛变、国共分裂后，县政府为了抓捕父亲，专门成立了短枪队，并调查了父亲的相貌特征，在共产党经常活动的地带设置暗哨。在这种情况下，省委决定将父亲调离南通，派黄逸峰接任特委书记。就在这时，发生了大生一厂的工人大罢工，厂方动用警察镇压，还逮捕关押了数十名工人，县委决定在白龙庙召开工人代表会议，成立“罢工善后委员会”，还刻了一方条戳。这时父亲本应立即离开南通，而黄逸峰要求父亲留下帮助处理罢工事件。就在父亲带着印好的文件赶去开会时，被跟踪的便衣警察盯上了。父亲跑进附近的基督医院，将文件交给医院的党员同志，让他把文件放到锅炉里烧掉，并对善后工作交代了几句。警察鸣笛尾追，一直追到西大街望江楼下，父亲终因筋疲力尽，不幸被敌人抓住。

敌人为了表功，在上海《申报》发布消息，声称抓到了“江北共匪首领陆景槐”。父亲化名小学教师刘国良，与敌人进行斗争，不管怎样严刑拷打，始终不承认自己的真实身份。敌人把母亲刘翠英也抓来对质，1926 年入党的母亲，深明大义、疾恶如仇，当然更不会指认自己的丈夫。父亲后被押送南京，交由江苏省特种法庭审讯，审判官中有王昆仑，书记员是后来成为“七君子”之一的史良女士。在狱中，父亲团结难友，与狱方展开斗争，揭露监狱克扣囚粮、贪污犯人生活费之黑幕，并且巧妙地将文章送出监狱外，刊登在南京各大报纸上，形成社会舆论。为此，父亲被施以各种残酷毒刑，加脚镣关进独间牢房，并称这个 200 号（监号）是最坏最危险的犯人。父亲被折磨得精神失常，失去知觉一个多月，经母亲从狱外请来医生诊治，才挽回了性命。父亲坐牢以后，生怕牵连家人，就提出要与母亲离婚。已入党两年多的母亲，此时已是女工传习所党组织的负责人，她是非分明，意志坚定，不仅没有离开父亲，而是在祖父母的支持下，将出生不久的女儿托给小姑照顾，自己以刘国良妻子的身份一心营救父亲。她到上海向时任如皋县委书记的于咸同志汇报后，只身到南京老虎桥监狱附近租房住下，定期探监，掌握父亲在狱中的情形，及时给予支持和援助。由于狱中环境恶劣，父亲患了肺结核，医生认为要变换环境，增加阳光和新鲜空气才能有利于治疗与康复，母亲数度呈文高等法院，要求转监服刑，对父亲在狱中被加刑加镣，母亲予以揭露和抗议。呈文中称：“民夫函称监狱加以戒具，已钉镣数周，痛苦极深，天气转寒，不能穿棉裤，又患病在身，何能遭此磨砺，监狱本有不得虐待病囚，不能随意钉镣之规定，现受此锒铛之苦，甚为非法虐待，民对此深不甘服。特代夫刘国良申诉，请求监狱将加于民夫之非法戒具开卸。”母亲不愧是一个坚强的共产党员，不管父亲转到何处监禁，她都一如既往，定期为父亲送去药物、食品，还带着三四岁的姐姐前去探监，鼓励父亲战胜疾病，坚持斗争，争取早日出狱。1934 年春天，父亲终因没有被敌人抓到“江北共匪首领陆景槐”的证据，最后以小学教师刘国良的身份被保出狱。

自卫战争时期，父亲担任如皋县县长。新四军北撤后，母亲就带着5个孩子到处躲避国民党的迫害，不幸于1947年夏病故。如皋县团一连将我们姐弟五人接到解放区，两个月后才找到时任一分区供给部长的父亲。我和姐姐参加了革命，两个弟弟进干部子弟学校，4岁的妹妹随父亲生活。1948年11月，我14岁，在解放区办的泰州迮家庄中学加入了共产党，随后带头参军南下。1949年3月，父亲担任苏北军区供给部部长。

解放后，父亲转到地方工作。先后任南京市第一区长、民政局副局长等职。“文化大革命”期间，父亲受到严重的冲击和迫害，虽然遭到精神和肉体的双重痛苦，但是他的共产主义信念不变，坚信真理定会战胜谬误，党终究会拨乱反正，重开新的革命前程。

父亲从一个20岁的热血青年，到94岁的老人，不管身处环境如何，他都本着对党对革命的赤胆忠心，艰苦斗争，勤奋工作，刚正不阿，清正廉明，默默地奉献着自己毕生的精力。在坦荡地走完人生之旅后，悄然平静地辞世。

如皋人民不忘父亲创建如皋党组织的历史作用，在烈士陵园外墙的第一块浮雕上，雕刻着成立第一个党支部时父亲主持会议的形象。在鄂家埭建有“如皋第一个党支部遗址纪念碑”，并由父亲题词、揭碑。90岁后，父亲还数次回到如皋，参加烈士陵园举行的全市清明凭吊烈士大会。南通市革命纪念馆和位于如皋的红十四军纪念馆，均有父亲早期革命斗争经历介绍。我们一定要在党的光辉照耀下，将革命传统世世代代传承下去，确保红色江山永不变色。

（载于2011年第6期）

襟江负海　南风北韵

——南通历史文化特征探源

黄毓任　冒　键

南通历史文化有着比较深厚的底蕴。我们无须细述这块风水宝地上的胜迹，也不必历数这颗江海明珠上熠熠闪光的人物，仅粗察其特殊的文化形态和追溯其久远的历史即可感知。

南通古称静海，后周显德五年（958）改称通州，何以称通州？据有关古籍记述，因为这个地方溯江而上，可达吴、粤、楚、蜀；内河渠道则通齐、鲁、燕、冀；向东出海更可通向远方。看来古人是以其得天独厚的地理环境和四通八达的水陆交通而命名的。南通城建城已有千年历史，但要追溯到生活在南通西北处在父系氏族时期的古青墩人，便有了 5000 多年的历史。

一

要比较准确地概括南通历史文化的特征，首先需要了解南通地域的演变。南通地处江海交汇处，位于长江北岸，是长江冲积而成的平原。这块平原从西北逐渐向东南延伸，在近两千年的历史中曾有几次沙洲并接大陆的过程。至 20 世纪初，南通的境域粗具规模，形成了滨江临海的独特格局。

很多人据此将南通的历史文化说成是江海文化，一是取其独特的地理环境，南通这块大地是大江和大海的产儿；二是取其悠久的历史——5000 多年前的古青墩人活动的场所四面环水；三是取其文化的包容性，南通居民五方杂处，各种文化能和谐共存互相包容，虽说不上有汇纳百川的气度，却有江海的宽广胸怀。这有一定的道理，因为江海文化和姑苏文化、维扬文化、海派文化相比较倒确实也有点差别。姑苏文化给人一种诗意盎然的情趣，宜人舒适、悠闲清雅的生活环境，典雅的园林、高耸的古塔，江南细雨中的小桥、流水、人家，让人流连忘返；维扬文化则更多地有一种脂粉气和文人气，似乎到处都有写不尽的诗情画意；海派文化则是中外文化荟萃，充满经济活力，有更多大都市的商业气息。江海文化比较它们来显然要粗犷开阔一些。

但是，仅用江海文化概括南通历史文化的特征，显然不够全面且嫌宽泛。虽然任何文化都是特定人群在特定生存环境中生存的方式和表现，但地理环境作为地域文化特征的重要因素之一，绝不是地域文化特征的唯一成因。倘若将南通的历史文化理解概括为江海文化，那江海文化的内涵又是什么呢？假如单从地理环境考虑，从苏中地区着眼，南通似乎可以划入维扬文化的地域，南通曾被称作“小扬州”，而古代她确实受到扬州的影响。如果这样，南通也曾有“小上海”之称，近代受到上海的影响较大，似乎也可以划入海派文化。而从方言的角度看，南通地区说吴方言的人最多，划入吴文化也未为不可，这样一来南通历史文化的特征就无法确定。

其实，我们可以从南方文化和北方文化这样一种大的地域文化的概念入手。在我国同一纬度中，东西方的地理概念十分明确。我国江河主要都是自西向东的流向，东西部沟通容易，南北方则相对隔离差别很大。南北之别几乎存在于社会生活的各个方面和文化艺术的各个领域。南北文化的差异对峙和冲突构成中国文明演进的主题之一。南通地处江北的最南端，尽管与江南隔江而望，却有着千丝万缕的联系，可以说是南北文化的交汇地带或过渡地带，南北文化在这儿相汇、碰撞，有一部分融合了，有一部分各自找到自己能独立生存的土壤而被保存下来，但它们都被包容在当地的文化中，这就使南通的文化既有北方文化的特征，又有南方文化的特征，但似乎又都不甚明显，因而南通文化成为既不同于北方又不同于南方的一种地域文化，具有一种过渡地带文化的显著特征。

作为过渡地带，南北文化对南通影响的程度取决于各自在历史上发展的规模和水平。我国文明主要发祥于黄河中下游地区，在相当长的历史时期内，文明的演变以关中地区为核心，以北方为主要舞台。广大南方地区在同一大文化圈内，依照所处地理环境和时代环境缓慢发展，北方文化则大规模地南下传播，不断地加速其发展。春秋战国以后，魏晋南北朝时期，由于战乱频繁，北方文化有所衰弱，大批北方贵族士大夫南迁，使南方文化有了重大发展。隋唐大一统时期，相对融合的南北文化在各自基础上共同发展。但南方文化与北方文化相比，还有很大差距。唐末五代再次分裂割据，西北、北方北部的大面积领土为少数民族政权所有，传统的地域文化格局开始变化，整个文化重心倾斜到了东部，南方文化在东南地区形成新的规模。宋实现了部分统一，但北方领土狭小，并经常受到外族的干扰破坏，时代环境不利于经济、文化的发展，和平环境中的南方文化则迅速发展进入黄金时代，并超过了北方地区，地域文化发展出现历史性巨变，重心移向东南地区。宋以后的元、明、清三代，不再出现分裂割据状态，尽管政治中心北移到北京，但文化重心长期稳定在东南地区。

这是我国传统地域文化格局演变的大致过程，我们再来看这个演变过程中南北文化各自对南通影响的情况：

我国远古传说中的五帝时代，苏北境内的部落经常与中原各部落争战，世居淮、泗地区的东夷部落曾为中原部落所败，为避战乱，东夷部落不得不进行迁移，古青墩人就是其中的一个分支，他们是南通最早的先民，也是最早的移民，他们在南通这块大地最早播下了北方文化的种子，并烙下了北方文化的印记。

春秋战国时期，吴王夫差灭邗（海安西部，如皋西北部当年属邗国地），北霸中原，“封其民江淮间”。吴王阖闾九年（前506），吴楚交战，吴破郢城（湖北江陵县东北），郧国遗民在吴国发动下参加了复国斗争。不久楚败吴，郧民随吴军东撤，后安置于海安县立发乡一带。越王勾践二十四年（前 473），越灭吴，都城北迁琅琊（今山东胶南县境），大举向北移民。汉初，东瓯王举国徙江淮间。几次移民都有一部分散落到海陵（时称海阳，今泰州市）一带，他们将吴越文化带到了这里，形成了一种南方文化北上的趋势。

晋时战乱，北方人口大举南迁，至东晋，南朝三百年间陆续迁至长江下游，其时海陵一带移民人口猛增几十倍，北方文化和南方文化在这里相遇。

大约南朝梁承圣元年（552）时，长江口出现的壶豆洲（又名胡逗洲）便有流人煮盐为业。这些流人大抵指流放犯人，也有无业游民，主要来自江南常州（今常州、武进、宜兴、无锡、锡山、江阴一带），基本上保留了吴越文化的特性。隋时胡逗洲属海陵，唐玄宗时因军事上的需要，狼山成为浙江西道节度使管辖下的一个军事据点，胡逗洲成了浙江西道常州的辖地。唐末军阀割据，吴兴（今浙江湖州）人姚氏家族三代（姚存制、姚廷、姚彦洪）统治胡逗洲（其时称静海）、东布州达半个世纪之久，其军队和家属有万人之多，多为吴兴人，其时南方文化占了统治地位。

后周显德三年（956），周师克淮南，取南唐长江以北地区，升静海都镇为静海军，属扬州，不久改为通州，设静海、海门两县，由于静海岛与大陆涨接并改属海陵郡管辖，静海人与江南人的交往日渐减少，而与江北海陵，尤其是与其毗邻的如皋等地的居民交往日渐频繁，同时又有大量的海陵人来往于两地之间，并有不少人定居这里。至元初，北方又有犯人流放到通州，南方文化的影响似乎逐渐减弱。但元末张士诚起兵江南，明永乐初燕兵之乱，使大批江南居民移居如皋。鸦片战争、太平天国运动时期，又有不少江南商贾和手工业者纷纷来如皋安家落户。如皋在 1724 年便是通州的一个下辖县了。

由东布洲形成的海门岛，当初亦为流放犯人之地，流人亦来自常州一带，由于隔了 130 多年才与静海县涨接而造成的文化隔离，使海门人始终保持了吴文化的特色。至明初，一部分拥戴过张士诚的江南居民，被惩罚性地强迫迁移到吕四港一带，他们于常熟白茆港集结，渡江来到吕四，这就是民间所说的“白茆抽丁”。他们同样保留了江南的风土人情。至18世纪初，崇明人陈朝玉（1688—1761）携妻来到海门，沿江岸垦殖，并带动了大批崇明人迁来江北。他们的辛勤劳动，使沿江新垦地渐成村落，其时海门境内有一万多人，崇明人近三千，以后200年间不断有崇明人迁至海门。至近代纺织工业的形成和兴起，吸引了越来越多的安徽、浙江、广东、上海、镇江等地工商户和其他人至南通定居、经商和进行文化交流。南方文化的影响几乎一直延续着。

穿越历史的迷雾，我们看到南方文化对南通的影响似乎比北方文化的影响要大得多，难怪南通方言中，说吴方言的人最多，南通京剧属于南派京剧，老百姓普遍供奉“观世音菩萨”，对于妈祖（“天后娘娘”）也给予隆重的香火礼遇……所以外地很少有人不认为南通是在江南。而更有意味的是北方人往往把南通人看作是江南人，而南方人则常常把南通人视为北方人（苏北人），这一错位恰恰显示了南通作为南北过渡地带的文化特征，南北文化兼而有之——南风北韵。如果将江海文化的特征合并过来，南通历史文化的特征便可以用八个字来概括了：襟江负海，南风北韵。这样概括，是因为文化的存在既是时间上的进展，更是空间上的分布，“襟江负海”是指南通人特定的生存环境也即南通历史文化分布的空间，“南风北韵”则是指南通历史文化的特定模式和传统。

二

抓住特征，无疑是找到了透视和认识一种文化的一个基准点。而文化本身是动态的、丰富的、复杂的，从地域文化内涵来看，南通的历史文化包括了地域演变、方言、习俗、宗教、饮食、服饰、民居建筑、交通、园林、民间工艺、民间文学、民间艺术、戏剧、绘画、收藏、教育、中医名家等诸多内容，可以说多姿多彩。我们可以从三个主要方面——宗教、语言（方言）、文化心理来印证或支持上述关于文化特征的论断。

五大宗教（佛教、道教、伊斯兰教、天主教、基督教）传入南通的时间上下相差千年。佛教最早，道教次之，伊斯兰教虽有马可·波罗的记载，南通却缺失这方面的记载，直到晚清时期才有穆斯林活动的记载。南通是天主教传入较早的地区之一，17 世纪中叶就有天主教的活动，而后海门教区的设立为天主教的发展打开了门户，从 19 世纪中叶至新中国成立前夕，教徒达数万之众。基督教（指改革后的基督教新教，称作“改正宗”或“更正教”）在清光绪二十年（1894）传入，上海教区在通设布道站，1908 年设中心坊基督教堂，其时信徒众多。天主教、基督教在南通的较大发展主要是南通地近上海，受上海政治、经济、文化辐射的缘故，因而南通成了外国宗教势力捷足先登的近水楼台，使两教迅猛发展远远高于内地。这也是南通历史文化的南风之表现。

但是最能体现南通历史文化独特性的却是民间的原始宗教。原始宗教是人类社会发展史上的最初仪式，它表现在两个方面：一是对自然的崇拜，其中包括天象崇拜、山川崇拜、土地崇拜、生物崇拜；二是灵魂崇拜，包括图腾崇拜、祖先崇拜、鬼魂崇拜。

灵魂崇拜在南通显得特别强烈和突出。因为当年南通的先民——“流人”，落魄于洪荒海角，从事垦荒、制盐、繁衍后代，自然会把故乡的原始宗教信仰、生活习俗原封不动地带到新的土地。由于怀念故土，难以排解乡愁，他们血统中的原始宗教信仰，会以更强烈的形式表现出来。风靡南通城乡的僮子戏，以其独特的韵致在南通长兴不衰，就是一种原始宗教的表现。它同云南民族地区流传的傩戏同出一脉，或是一种原始先民祭祖仪式的演化，或是灵魂崇拜的遗风，这绝不是一种无端的猜测。

另需指出的是五大宗教与原始宗教在南通历史文化中长期并存，互为独立，和而不同，这不仅显示了南通历史文化的多元性和包容性，同时也是过渡地带文化兼容性特质使然。

次说方言。方言作为一种语言的地域性变体，其形成往往要经过一段复杂的历史过程，人口的扩散，地理的变迁，行政区域的变更和语言发展的不平衡，都可能成为方言歧义的因素。如前所述，南通是一个移民地带，人口来自四面八方，语言也是汇合南北的。南通地区内的方言土语，包括北方方言江淮官话分支和吴方言两大方言的一些土语。现在南通8000平方公里范围内存在着4个方言小区：如海话、南通话、海启话、通东话。再稍微细分一下可分为7种主要方言，即南通方言、海安方言、如皋方言、如东方言、金沙方言、通东方言和海门方言。这么多的方言现象，这是南通历史文化独特性的鲜明体现。

南通方言尽管复杂，但海启话、如海话的归属是明显的，海启话属吴语，如海话属官话江淮方言片，而最值得探究的南通话和通东话，则很大程度上表现了江淮方言与吴方言北片交错过渡的特征，是吴语和江淮官话方言融合的变异，是南通地域独有的，这种独特性使南通话成了“难懂话”。也可能是让北方人和南方人都听不懂的主要缘故。可以说，吴语与官话交汇、南腔与北调相融的南通方言，非常形象地体现了南通历史文化的南风北韵。

方言确实能体现地域文化的特色，但方言的差异并不成问题，因为有共通的官话（后来即是普通话）作为交流工具。尽管有上海人瞧不起江北土话，长沙人嘲笑湘乡话为牛叫，江北人讥讽江南人说话“蛮”的情况，但语言只是交流的工具，不同方言之间本无高低之分，也不会构成重大的矛盾。在地域文化中最为基本、最重要的，也是我们研究最困难，而又为人们最为关注和津津乐道的却是“地民性”，即一个地域中人们的文化心理结构，它和一个民族的文化心理结构有重叠的地方，其实就是国民性在一个特定地域的具体表现。我们承认地理环境和历史都是形成地域文化特征的重要原因，但它们归根到底仍然不能代表地域文化本身。因此，在理解地域文化特征时，决不能忘记任何文化都是由人创造的，地域文化的根本特征应该是以人——现代人为核心的带有鲜明地域特色的文化心理结构。

文化心理结构是长期形成的，有自然环境的原因，有社会环境的原因，还有时代环境的原因，使生活在此地域的人群形成一种心理定式，形成具有某种特定价值观念的心理结构，因而反映着一个地方独特的精神状态，造就着当地居民的精神风貌、群体性格，陶冶着当地居民的文化素质并决定其文化的基本类型。南通人的文化心理结构南风北韵的特征尤其明显，非常有意思的是，南通这个地域由于历史、地理的缘故也明显地形成了南北文化的差异。在思维方式和行为方式上，南三县（启东、海门、通州）较多地带有南方文化色彩，北三县（如皋、如东、海安）则较多地带有北方文化的色彩，尤其是维扬文化的色彩。相对而言南三县人思想比较解放，心直口快，会做生意；北三县人则思想比较保守，性格内向，喜文重教；南通城区的人则两者兼而有之。当然不同地域文化由于经过长期碰撞，有的已经融合在一起，很难画出一条泾渭分明的界线来，南通人的文化心理结构中有时南风劲吹，北韵隐退，有时北韵凸现，南风渐去。

要了解南通人的文化心理结构，概括其精神特征我们还得追溯历史。南通先民自在江海孕育的这块土地上开垦、收获、繁衍，就处在南来北往的乱世和盛世中，浸润着多元文化的乳汁。他们从大海和大江的身上获得灵感，他们也在广袤肥沃的平原和密如蛛网的河流中间发现了自我生命的意义和价值，但他们的精神也和一种他们辛勤创造的物质——盐结下了不解之缘，并逐步形成了一种特有的文化——盐文化。

可以说，盐之于南通，再密切不过了。南通最早的开发者是煮盐的人——盐民，南通最早的集体生产场所是盐场，南通最早的经济管理人员是盐官，南通最早的运输业是盐运业，南通城镇的形成最早也是由盐亭场发展起来的。显然，没有盐就没有南通，南通文化最早是由盐文化演变而来的，盐文化是南通文化的底色。

煮盐人在极其严酷的煮盐制度的统治下以及封闭的生存环境里，为了生存和发展形成了自己的精神结构：勤劳、吃苦、坚韧和好学，但同时又谨小慎微，经过长期的积淀，成为南通人文化心理结构中比较稳定的基本因子。此后，南通人的文化心理尽管受到过外来文化的冲击和影响，也融进了一些新的因素，但盐文化有限的开放性和坚固的封闭性，使其并未产生多大的变化，南通人由早先盐文化产生的文化心理仍然顽强地体现着传统的影响和显著的地方色彩。如聪明而不精明，开放而放不开，能吃苦而又善过小日子，爱面子而轻里子，喜太平而怕风险。

其实在地域文化中，人群的性格的差异是客观存在，但却不是最主要的。一般而言，人性的共同优点和缺点各地都有，没有哪一个地方的人只有优点没有缺点，或者只有卑劣的本性，没有高尚的地方。有时作一种概括也是相对的。南通在张謇时代其开放的程度是屈指可数的，张謇创造许多个全国第一，使南通的文化大放异彩，南通由此进入近代史上第一次大发展的时期，特别是他以自己的智慧使古老的南通城焕发活力成为中国近代第一城。地域文化的差异往往会通过各自地域的一些代表性的人物反映出来，以张謇为代表的南通人其开放性、创造性在南通历史文化中确是最具活力的。

南通历史悠久，文化积淀深厚，算不上辉煌，却有自己的亮点，算不上个性非常鲜明，却有自己的特色。这块充满希望的土地需要一种充满活力的新文化。在新世纪初的中国政治经济和文化的舞台上，南通的历史文化已然开始焕发出新的魅力。

（载于 2012 年第 2 期）

百年心祭

——纪念顾民元烈士 100 周年诞辰

夏永红

一个艰苦卓绝的革命年代，一位风华正茂的革命青年，一段光辉灿烂的峥嵘岁月，所有这些，都注定顾民元不会被历史遗忘，不会被后人遗忘。2012 年是顾民元烈士 100 周年诞辰，谨以此文缅怀为南通民主革命作出重要贡献的革命前贤。

时代真理的追求者

顾民元，字弥愚。1912 年 11 月 5 日诞生于南通城一个知识分子的家庭。良好的家庭教育使顾民元在传统经典文化的熏染下健康地成长。

1917 年，5 岁的顾民元进入江苏省第一代用师范附属小学读书。在班级中，他年龄最小，但天资特别聪颖，所以有“神童”之称。“五四”初期，上海文学研究会成员刘延陵来到南通，发现了顾民元，就特别向他灌输文学知识。小学还没毕业，顾民元就能独立编印半月刊《月潮》了。1925 年，他小学毕业时，不仅读完了所能找到的古典小说，还读了《新青年》《小说月报》《新潮》等进步书刊，马克思主义思想的火花在这个年仅 14 岁的少年心中渐渐燃起，革命的信仰与理念在他心中渐渐萌发。

顾民元进入南通中学后，渐渐确立了“对于新的世界的信念”。1927 年，轰轰烈烈的大革命失败后，国内政治局势急剧逆转，原来生机勃勃的中国南部一片腥风血雨，白色恐怖笼罩着与上海隔江相望的南通城。顾民元和姨兄刘瑞龙等进步学生，在恽代英之弟恽代贤的帮助下，组织"革命青年社"，积极开展革命活动。在此期间他阅读了《共产党宣言》，那"万丈光芒"的宣言照亮了他前行的道路，成为他"生命力的源泉"。这一年，经刘瑞龙介绍，他加入了中国共产党，并任南通城共产主义青年团负责人。不久，他又介绍与之志同道合的江上青加入了共产主义青年团。从此，他们走上了革命道路，迅速成长为坚定的共产主义革命战士。

1928 年夏，中共南通县委遭到国民党反动派的破坏，彭汉章、徐秋声、刘瑞龙等许多共产党员被捕。顾民元虎口脱险，转移到上海。为寻求生活出路，他与张一林等人，组织创办了同轨社，并出版了小说合集《同轨》。这年秋天，他进入彭康、李初梨等创造社成员主办的上海艺术大学学习，并与党组织接上了关系，开始了新的战斗。16 岁的顾民元，怀揣着对共产主义的坚定信念，一面进行文学创作，一面积极参加进步学生的爱国运动。1929 年 3 月，国民党反动派查封了上海艺大，学校的党组织遭到破坏，他又一次与党组织失去联系。

1929 年春天，顾民元随姐姐到成都，转入姐夫景幼南任教的国立成都大学。革命的低潮加之严重的肺病，他始终未能与党组织接上关系。然而，真正的无产阶级战士在革命的洪流中，是不会被冲散的，更不会停止追求真理的脚步。他勤奋读书，浏览了大量中外名著，他爱恩格尔的书，爱鲁迅的作品，读完了莎士比亚、佛罗贝尔、屠格涅夫的几乎全部作品。1931 年夏天，他从成都大学毕业，回到家乡南通，因身体不佳，到泰州觉孝寺养病，同时教一点佛教文学。其间，整理了与友人杨汁合译的果戈理的《泰赖·波尔巴》，交南京书店印行，又翻译了契诃夫的戏剧《樱桃园》和《大路上》。1932 年春天起，他与进步教师吴天石、表弟徐建楼在南通编印发行进步刊物《文艺组合》，前后共出了 5 期。他勤奋写作，在他人生短暂的 30 年中，留下诗文 70 余篇，造意画 2 幅。学者吴天石曾称赞说：

“我的朋友顾民元，如果人间有天才的话，那么他便是天才。”

语文教改的探索者

抗日战争爆发前，顾民元先后辗转于淮阴师范、济南师范、镇江中学、南通中学任教。他在教书育人、进行语文教学改革的同时，传播进步思想。在国民党残酷而又肆虐的“文化围剿”下，他全力支持进步学生的爱国运动。他的“韧性的战斗”给予青年一代极大的精神鼓舞，在他们的心中播下红色的火种。

在济南第一师范任教期间，《写作与阅读》诞生了。这是一个设想语文教改、针砭时弊的进步期刊。它的诞生源于顾民元与于在春同在江苏省立淮阴师范任教的一段交往。1933 年，刚从上海光华大学毕业的于在春应聘到淮阴师范担任国文教员。在相互交往中，顾民元与于在春两人很快成为莫逆之交。他们认为官方的教材陈旧不堪，毫无时代气息，于是一起磋商改革国文教学的种种设想，甚至还有过合编一套中学适用的文学性课外读物丛书的计划。他们在各自所教班级中探索教学改革，将鲁迅等作家的进步作品大量引入教材，改革受到了学生们的欢迎。为鼓励大家的学习热情，于在春选编了一本学生佳作小集，取名《文字的自由画》。顾民元也在所教学生的习作中选编了一本纪念册，定名为《春草——诗和散文偶集》。从书中可以清楚地看到 20 世纪 30 年代苏北人民悲惨的生活和愤懑的情绪。顾民元、于在春两位老师的辛勤努力，在学生的心中播下了追求进步的种子。

1936 年夏天，于在春患胃病在家中疗养，想到几年来语文教学的探索和实践，应总结经验加以推广，便打算编辑一种倡导语文教学的通俗刊物。为创新刊，于在春第一个便想到顾民元，于是写信约请他一起参加。两人的想法一拍即合，顾民元又向于在春介绍自己的好友，时在扬州平民中学担任国文教员的江上青参加。于在春很快与素昧平生的江上青取得联系，并成为志同道合的朋友。江上青又介绍同校的美术教师王石城参加。于是，阵容一下子壮大起来，江上青、顾民元、王石城、于在春组成了刊物的编辑组。4 人之中，顾、江两人都早已是共产党员。为减轻于在春的工作负担，江上青又将当时在镇江的胞弟江树峰介绍给于在春，帮助于进行办刊的各项筹备工作。经过他们的共同努力，《写作与阅读》创刊号于 1936 年 11 月 15 日在镇江出版，与广大青年读者见面。

1937 年 5 月，顾民元在《写作与阅读》上发表应时杂文《五月的颜色》，文中写道："如果这属于农村的绿色和我的想象一样去得远，'青纱帐起'正是义勇军活动最难得的辰光！于是我又清清楚楚看到划破了整大块绿色的红色的斑斓。'全国总动员'并不出于卑怯的想望或浪漫的梦幻，眼前的田路也将是红色的长流哩。"从这篇文章中，我们可以触摸到《写作与阅读》跳动的时代脉搏，可以强烈地感受到一批爱国的进步知识分子在民族危亡之际，鼓舞民众，呼喊救亡的声音。因此，顾民元等人创办的《写作与阅读》已不仅仅是一本指导青年学习阅读、写作，研究语文教学的刊物，而且它还通过对进步作家的文章和对国内外进步书刊的评介，积极宣传团结抗日的思想。

1937 年 8 月 13 日，日本侵略的战火烧至上海，《写作与阅读》于 8 月 15 日被迫停刊。然而，这份前后发行只有 10 期的刊物，在 20 世纪 30 年代，影响了整个华东地区。阅读过这本杂志的文教界人士，特别是青年学生，不少参加了革命，成为建国栋材。著名学者、作家章品镇在一篇回忆文章中写道："我们这个年级的两班近百人，可能是人人都订阅了《写作与阅读》的，后来许多同学的投身革命，无疑有来自这个刊物的动力。"

民主革命的先行者

抗日战争的爆发，使顾民元积极投身革命洪流，他力图在家乡为抗日作出贡献。国势危殆之际，南通的风声十分紧张。但他常与史白、马一行、李俊民等，一起商量为抗日作准备。此时，南通中学校长吴月君见局势动荡便卷款潜逃，顾民元趁此机会，集结进步教师和学生，于 1938 年初恢复南通中学。他计划办一个抗日的学校，但开学未及两个月，南通城沦陷，他便转移至南通县于家园，参加了积极抗日的特务总队。有了这支国民党武装力量的庇护和马一行等进步人士的帮助，他很快便创办了一所“抗敌学校”。这所学校不仅讲党的抗日民族统一战线的政策，也学习毛泽东关于抗日游击战争的思想，培养了不少抗日骨干。

此时，党组织还没有派员到南通活动。广大乡镇地区已组建了不少抗日武装部队。人民奋起抗日，但缺乏正确的组织，形成群雄并起又群龙无首的混乱局面。顾民元认为首先必须找到党的组织，于是，1938 年夏，在马一行的介绍下，他主动去上海寻找党组织。经过种种曲折，终于找到了江苏省委地下组织。而此时，江苏省委也正在筹划开辟江北工作，着手组建江北特委。1938 年 8 月，中共江北特委在上海成立，从而使通如海启地区的党组织在中断了 5 年之久后，得以重建和恢复。随后，唐守愚、陈伟达、吴佐成、洪泽等人先后被派到江北领导南通的革命运动。顾民元的这次上海之行，无疑具有重大历史意义，它加速了江北特委的成立，也将南通地区人民的抗日运动引入了一个新的阶段。

1938 年下半年，国民党内的投降、分裂、倒退活动日益严重。江北特委在开辟工作上动荡不安，工作有成效，也有挫折。但党的影响已经在大量抗日青年中扩大了。同年底，顾民元所在的特务总队被韩德勤缴了械，大批进步人士转入国民党抗战支队。到了 1939 年，工作有了较大的进展。工作的基点，从南通扩展到如东，又开拓到海启。2 月，在抗日进步人士、国民党启东县县长董国帧的邀请下，顾民元被派到启东任县政府第一科长，同时负责启东动员委员会的工作。3 月，上海党组织派杨进到启东开展南通地区的“武抗”工作，并通知顾民元的党组织关系已经恢复，顾民元、杨进和沈维岳组成了南通地区的“武抗”领导核心。这一期间，顾民元为团结启东各界人士、扩大抗日统一战线，做了大量工作。他写信给江北特委抗战支队政工队的梁灵光、洪泽，邀请政工队到启东活动，宣传团结抗日，组织学生自治会，举办农民夜校，在各界人士中产生了强烈的震动和良好的影响。青年学生们大受鼓舞，革命的种子在他们心中生根开花，要求团结抗日的呼声愈发强烈，启东汇龙地区的抗日救亡运动走向高潮。

1940 年 10 月，黄桥决战打开了苏北抗日的新局面。顾民元在苏四区督查专员季强成的介绍下，担任苏四专署第二科科长。他为新四军的胜利欢欣鼓舞，以极大的热忱欢迎新四军的到来。11 月中旬，他出席了在海安召开的苏北临时参政会，聆听了刘少奇、陈毅等同志的重要讲话。不久，他被委任为启东县抗日民主政府县长。当时，时局维艰，变化难测，但他坚信党和人民的力量。他以新四军的声威作后盾，不带一兵一卒，只身前往启东。

在接管启东县政府、建立新的抗日民主政府的这段日子里，顾民元日夜操劳，广泛活动。在新四军东进通如海启的胜利号角声中，他郑重宣布十条施政方针："坚持抗战国策""反对投降分裂""坚持抗战到底"……

然而，当这一切才刚刚描画出一幅理想的蓝图时，启东却成为顾民元人生的终站。1941 年 1 月 29 日，他奉命去掘港开会，途经南通同乐镇时，被国民党俞福基部拦截，俞妄图胁迫抗日民主政府用巨额金钱取赎。顾民元厉言斥责俞绑架勒索的罪行，宁作人质，不愿妥协，他做好了牺牲的准备，写下了千言绝命书。当时，由于敌我双方情况复杂，顾民元所在"武抗"中的党组织处于地下，与新四军党组织还没有来得及联系，以致被怀疑为"托派"。2 月 24 日，新四军追剿俞福基部，顾民元在这次行动中不幸被错杀。同年 4 月 2 日，被追认为烈士。

顾民元这朵革命洪流中的浪花从此消逝，但他生命的热血却永远奔腾在革命的长河中。

（载于 2012 年第 4 期）

宋代著名政治家王安石与南通

孙应杰

王安石究竟有没有当过海门县令？有没有游历狼山，并写有《狼山观海》一诗？历来为南通人所关注。笔者最近搜寻查阅了有关资料，就王安石是否当过海门县令和写有《狼山观海》诗之谜进行了考证。

说王安石当过海门县令，人们一般引用的是明嘉靖年间海门人崔桐编撰、知县吴宗元订校的《海门县志》和明万历年间宁波鄞县人沈明臣纂修、南通人顾养谦同修、知州林云程订校的《通州志》所记载的史料。明嘉靖《海门县志》将《王安石传》列在《宦绩》中，排在《沈起传》之后，原文为“王安石，字介甫，江西临川人，少好读书，一过目终身不忘，其属文动笔如飞。擢进士第，签书淮南。至和中为海门令，治声籍甚。后遇神宗，致位宰辅，卒谥曰文”。同时在《词翰》一章中收录了《海门县沈兴宗兴水利记》，并署名“临川王安石撰”。还收录了王安石《送海门沈尹监察湖南》一诗，似乎是以此证明王安石至和年间接替沈起担任了海门县令。万历《通州志》沿袭了嘉靖《海门县志》，也将《王安石传》排在《沈起传》后，说他“至和间为海门令，甚有政声”。但万历《通州志》未收录这首诗，而在《海》这一章节中记载了“宋王安石观海诗”，但只有两句：“苑阆仙人何处觅，灵槎使者几时回”，并在前面写有“……海，东去海门县七十里，……沈二公筑堤之功为多，而民享鱼盐之利”等语，似乎也是想以此两句残诗来证明王安石至和年间接替沈起当过海门县令。其实最早记载王安石至和年间当过海门县令的是成书于明天顺五年（1461）的《大明一统志》，其第十二卷“扬州府”章节中写道：“王安石，扬州签判，读书达旦，略假寐，日已高，亟上府，多不及盥漱。至和间又为海门令，甚有治声。”嘉靖《海门县志》的记载即来自《大明一统志》，但《大明一统志》中并未有王安石的诗。

对于上述史书中的这些记载，有学者也怀疑过，何方先生在文章中谈到，他曾查阅过《宋史·王安石传》和王安石年谱以及王安石的诗文集，都没有王在海门当过县令的明确记载，但他又假设：王安石也有可能极其短暂地当过海门县令，以后官做大了，把这段履历便略而不记了。笔者也查阅了《宋史》及前人所编的100卷《王安石诗文全集》和其他宋代史料，均未发现有王安石当过海门县令的蛛丝马迹，再排一下王安石至和年间的行止，更加确信王安石在至和年间没有到海门来当县令的时间和机会。

据王安石年谱记载：王安石于北宋庆历二年（1042）22岁时登杨寘榜进士第四名，即以秘书郎签书淮南节度判官厅公事，用今天的话说即到扬州府当了办公厅秘书，首尾4年，到庆历六年（1046）26岁时，任满赴京。因他是甲科第四名进士，按规定可以在参加朝廷举行的考试后，留在京城的集贤院、弘文馆、秘书省等馆阁机构为官，这样不但升迁的机会多，而且速度快。但王安石不要这个机会，不愿当京官，而要求到地方去当官，于是就改任大理评事，再调到鄞县（今宁波鄞州区）去当知县。在鄞县干了3年，任期满后，以殿中丞身份通判舒州（今安徽潜山市），职位相当于今天的副市长，从七品提为六品。在舒州任上，当朝宰相文彦博上书朝廷，推荐王安石，于是朝廷下旨“召王安石赴阙，俟试毕别取旨意”（北宋程俱《麟台故事》）。王安石不去，写《乞免就试状》给朝廷，还写了《舒州被召试不赴偶书》诗记其事，第二次辞掉了去京城任官的机会。王安石在舒州又干了3年，任满后于北宋至和元年（1054）春来到京城，其时已34岁。朝廷直接下了一道命令，让他去集贤院做校理。王安石连上四道辞呈，再次以家贫、人口多、负担重、难住京师为由，要求到地方任官。“由是名重天下，士大夫恨不识其面，朝廷常欲授以美官，惟患其不肯就也”（北宋邵伯温《邵氏闻见录》）。推来辞去，北宋朝廷不愿落下不重视人才的“恶名”，到了这年 9 月，给了王安石一个“肥缺”，任命他为“群牧司判官”，掌管全国养马、管理马匹的工作，俸禄很高。王安石还想推辞，欧阳修出面做了工作，他才接受了。从至和元年（1054）九月到至和三年（1056），王安石在群牧判官任上干了两年多，又接连上了十几道辞呈，坚决要求去地方上做官。北宋嘉祐元年（1056）十二月，终于被调任提点开封府界诸镇公事（《续资治通鉴长编》卷 184）。到职不久，他又写了《上执政书》，仍然力争去外地担任地方官吏，要求“东南宽闲之区，幽僻之滨，与之一官，使得因吏事之力，少施其所学”。在他一再要求下，嘉祐二年（1057）四、五月间改任太常博士，知常州。从王安石以上经历来看，北宋至和年间（1054—1056），他都不在海门，更没有可能到海门来当县令。也有史家认为，王安石在京城任群牧司判官，并无确切史料作为佐证。但从王安石当时的官职来讲，早已是正六品，朝廷又这么赏识他，不可能让他再去海门当七品县令。而且他在嘉祐二年外放常州后所写的《上欧阳永叔书》(欧阳永叔即欧阳修）中明确提到：“幸以职事，二年京师，以求议论之补，蒙恩不弃，知遇特深。”足以证明至和中他一直在京城为官，而不是在海门当县令。

另一个佐证是，无论是《大明一统志》，还是明嘉靖《海门县志》、明万历《通州志》，以及后来的清乾隆《通州志》、光绪《通州志》，都将《王安石传》列在《沈起传》后，意谓王安石接任沈起。沈起确实至和中在海门当过知县，并在海门大兴水利，筑堤挡潮，西起余西，东至吕四，“筑堤百里，引江水灌溉其中，田益辟，民相率以归，至立祠以报”。为此，沈起受到包公的赏识，被“御史中丞包拯举为监察御史”。而包拯担任御史中丞是在嘉祐三年(1058)，这一年沈起被举荐时，王安石早已在常州当知州，怎么可能来接任沈起当海门县令呢！

《大明一统志》和南通明、清的地方志都记载王安石在至和中接任沈起当过海门县令，究其原因，概出于对王安石所写的《通州海门兴利记》（以下简称“记”）这篇文章的误会。这篇文章写于至和元年六月六日，正是王安石从舒州到京城后，一再推辞任“集贤院校理”时。从文中“以余所闻，吴兴沈君兴宗海门之政，可谓有志矣”，可知王安石写此文时并不在海门，是他听到了沈起“既堤北海七十里以除水患”之事，“不欲使其无传也”，因而写了这篇“记”，并点明了“至和元年六月六日，临川王某记”。王安石为沈起写这篇文章，不仅是因为沈起与他同为庆历二年的进士，是“同年”（见《中国历代登科总录》）好友，更因为沈起是鄞县人，他在海门筑堤挡潮，正是仿效了当年王安石在鄞县兴修水利、浚治渠川的做法。有志于造福一方百姓，是最为王安石所看重和赏识的，所以他要为之写“记”，使之流传后世。而沈起之所以去京城或是托人去京城请王安石为之写“记”，也是因为他敬重王安石，更重要的是此时王安石已“名重天下”，由王安石来写这篇“记”，才可名扬天下，传之后世。事实也是如此，正因为有了王安石的这篇“记”，人们才记住了沈起的名字，才知道“沈公堤”。正如嘉靖《海门县志》的编修者之一知县吴宗元《沈公堤》诗云：“当年不有临川笔，到此惟知有范公。”而后世编史修志者，未细究王安石生平经历，误以为此“记”是王安石至和年间在海门写的，因而认定王安石在至和中曾接任沈起当过海门县令，但又找不到王安石在海门有什么事迹可记，便以“甚有治声”“治声籍甚”一笔带过。即使有的修志者明知不确，也因前人已有记载，不便更改，故而因循沿袭，使王安石在海门当过县令之说一直流传至今。

王安石没有当过海门县令，但却到过通州，登过狼山，写过“观海”诗：“苑阆仙人何处觅，灵槎使者几时回。”前面已经说过，此两句只是“观海”诗的“残句”，最早见于明万历《通州志》。至于现今流传于世的《狼山观海》诗，“万里昆仑谁凿破，无边波浪拍天来。晓寒云雾连穷屿，春暖鱼龙化蛰雷。阆苑仙人何处觅，灵槎使者几时回？遨游半在江湖里，始觉今朝眼界开”，明万历《通州志》中并无全诗记载，直到清乾隆《通州志》中才有全诗收录，题为《白狼观海》。徐应佩先生曾考证过，这是王安石的一首逸诗，在前人所编的《临川集》《王荆文公诗笺注》等书中都没有记载，而《全宋诗》则收录了两句残诗。笔者查阅了前人所编的《王安石诗文全集》，确未见有此诗，也未见有“观海”诗的残句。再查《全宋诗》，确是收录了这两句残诗。但《全宋诗》是1998年由北京大学古文献研究所和北大出版社编纂出版的。《全宋诗》收录这两句残句，也很有可能就是根据明万历《通州志》的记载，但毕竟《全宋诗》是集中了当今国内众多权威的专家、学者，历时12年编纂而成。他们将这两句残句收录在王安石名下，一定是经过多方论证、详细研究，是可信的。而《白狼观海》全诗从清乾隆至今已流传了二三百年，《全宋诗》并未收录，这说明专家们对此诗的其余六句是否为王安石所作是有保留的。即使如此，只要这两句诗是王安石的，就足以证明王安石来过通州，登过狼山，有过题咏。

但也有人认为，《白狼观海》是王安石在山东莱州湾所作。笔者认为这是不对的。据王安石年谱所载，他并没有在莱州或登州担任过官职，他的诗文中也没有到过莱州或登州的记述。在国内称“白狼山”者，除南通狼山外，还有一处在辽宁喀左县境内，三国时曹操北征乌桓，在白狼山击败袁尚、袁熙，回军时路过河北碣石山，作有《观沧海》一诗。然而北宋时白狼山是辽国的地盘，王安石不可能去过那里，那里也无海可观。王安石也没有到过碣石山。嘉祐五年（1060）王安石在担任三司度支判官期间，确曾奉命伴送辽国使者回国，到过辽国，但最远也只到了涿州，并没有到碣石山去观过海，这有他的《出塞·涿州沙上饮盘桓》诗为证：“涿州沙上饮盘桓，看舞春风小契丹。塞雨巧催燕泪落，蒙蒙吹湿汉衣冠。”此时他看到原来的汉地都成了番土，心情是非常沉重的。即使到了碣石山观海，也写不出“苑阆仙人何处觅”那样把此地作为仙境赞美的句子来。但这两句诗写于通州狼山，则与王安石的生平经历和自然环境都十分相合。王安石庆历二年中进士后，即到扬州府来当秘书，连头带尾4年。因为当时通州属扬州府管辖，所以王安石有的是时间和机会来通州狼山一游。加之又刚踏上仕途，胸怀大志，意气风发，登上狼山，写出那种如临仙境、心旷神怡的句子，乃至《白狼观海》全诗这样豪迈壮阔的境界应在情理之中。王安石后来就再没有在有海的地方当过官，也没有记载到海边去过，所以此诗应当写在他在扬州任职期间。有学者更认为此诗写于1043年春，即王安石到扬州任秘书的第二年，不知有何根据？笔者认为如没有确切的史料佐证，还是认定在这期间为好。从这首诗只留得两句残句，也能看出此诗必是王安石早年所作。当年他一登上狼山，就被眼前美景所震撼，脑中灵光一闪，便有了“苑阆仙人何处觅”的一联佳句，然后再凑成全诗。对这一联他记得特别牢，也有可能当时就写下了，后来尽管全诗散失了，这一联却流传了下来。如果此诗是在登州或莱州湾所作，则绝不会散失。因为王安石前半生长期在东南一带做官，直到嘉祐三年（1058）38岁时才回到京城，担任三司度支判官。此时，他已名满天下，身居要津，后来更担任了翰林学士，两度拜相，权倾天下，如到山东莱州湾或登州蓬莱去观海，诗一写下来，早有人为之记录、收藏，收入《临川集》，编入《莱州志》或《登州志》了。

再从此两句残诗没有出现在明嘉靖《海门县志》中，而是出现在明万历《通州志》中，也颇可说明这是王安石登狼山之作。嘉靖《海门县志》的编纂者是崔桐。崔乃海门本地人，中过探花，任过翰林院侍读、经筵讲官，曾典修国史。他很可能知道《大明一统志》有关王安石当过海门县令的记载不确，但又舍不得删弃，反而千方百计为之寻找佐证，就将王安石《送沈兴宗察院出使湖南》改为《送海门沈尹监察湖南》，又把《通州海门兴利记》改为《海门县沈兴宗兴水利记》，收入《海门县志》。而万历《通州志》的编纂者沈明臣，是当时三大布衣诗人之一，他很可能也知道王安石当过海门县令的记载不确，崔桐所录的王安石送沈起的诗和“记”的题目都与原来的不符，也不是王安石在海门所写，起不到佐证作用，于是他删去了崔桐所录的诗和文，保留了有关王安石当海门县令的记载，并补充了王安石“观海”诗的两句残句，以此佐证王安石在海门当过县令。沈明臣这么做，有他的“祖上情结”在内。沈乃鄞县人，极有可能就是沈起的后人。王安石为其祖上写过“记”，写过诗，又接替他祖上当海门县令，这对于沈家是何等荣耀之事，所以他在编修《通州志》时，不仅舍不得删弃王安石当过海门县令的记载，还将他祖上留传下来的王安石的“观海”诗残句贡献出来，记入“志”中。当年沈起与王安石是好朋友，沈起又是海门县令，因此沈王两人会面时，王安石很有可能与沈起谈到过他的登狼山“观海”诗，也可能把他认为最得意的一联“苑阆仙人何处觅，灵槎使者几时回”写给沈起。沈起记住了，或是收藏起来了，并传给了子孙。沈明臣来编修《通州志》，正好派上了用场。《全宋诗》之所以在王安石的部分收录了这两句残诗，也有可能就是考虑了这些情况。当然这也只是笔者的分析，如果能查阅到沈明臣的家谱，或许会有确切的证明。

综上所述，可以认定，王安石没有当过海门县令，但他确实来过通州，登过狼山，作过“观海”诗，写有《通州海门兴利记》，这就是王安石与南通的关系。

（载于 2012 年第 4 期）

高风亮节永留江海大地

——纪念王益众同志逝世五周年

孙国涛

王益众同志 1941 年参加革命工作，长期担任重要的领导职务。他始终同人民群众紧密相连，具有可贵的人品和高风亮节，深受人们的尊敬和爱戴。他虽然离开我们已有 5 年了，但是江海儿女并未忘记他，未忘记他对南通所作的重要贡献。

一

王益众同志是 1977 年 9 月，与郭玉珍、顾亭同志一起到南通地委担任副书记的。他一到地委，就到地委办公室看望大家，与工作人员交流，给我们留下难忘的印象。

益众同志从盐城调到南通工作时，粉碎江青反革命集团还不到一年，党的十一届三中全会尚未召开，可以说是百废待举，任重而道远，但他义无反顾地投入新的工作。这个时期，中共江苏省委拉开了南通进一步深入揭、批、查的序幕。省委认为南通揭、批、查很不彻底，江青反革命集团在南通帮派人物尚未被揭露出来，阶段斗争的盖子尚未真正揭开，于是派出由省委负责同志率领的工作组进驻南通。在工作组的发动下，南通地、县机关开展了声势浩大的揭、批、查运动。为了不影响生产，按照工作组的意见，地委领导班子分成两条线，一条线抓运动，一条线抓生产。作为地委主要负责人之一的益众同志除参与抓运动之外，主要精力仍然放在农村工作上。尽管他明知地委书记胡觐南同志是被整的重点，但是他仍然不避嫌疑，对他很尊重，遇事仍然向他报告，重大问题仍然同他商量，绝不对他采取敬而远之的态度。为了彻底揭开所谓盖子，按照工作组的要求，地委常委在南公园开会 10 天。会议实行全封闭，所有人员食宿都在南公园，不得回家，不得外出。常委会的议题是进行思想交锋。以韩培信同志为首的省委工作组的重要成员亲自坐镇。韩调轻工部后，则改由胡宏同志到场指导。我与另一位同志负责会议的记录和整理。常委会的重点是对胡觐南等同志进行帮助，胡等一些同志还作了自我检查。交锋时，一些同志难免说一些过头话，但是益众同志始终坚持实事求是，发言比较客观，不是无限制地上纲上线。会议结束前，省委第一书记许家屯作了“三个另搞一套”结论。常委会后，胡觐南同志被免去地委书记职务。谢克东同志兼任地委第一书记，益众同志出任第二书记。由于谢老主要在南通市委工作，地委工作实际上由益众同志主持。

揭、批、查基本告一段落后，中央工作会议和党的十一届三中全会在北京召开。对党的十一届三中全会精神，全党层层进行了贯彻。南通传达宣传党的十一届三中全会精神时，益众同志已经担任南通地委书记。在益众同志的主持下，地委常委学习贯彻党的十一届三中全会精神是迅速、坚决的，并由负责同志带队，组织工作组，到各县帮助各县委传达贯彻、落实，推动全党工作重心的转移，全地区各方面工作都呈现出新的局面。1979 年 2—3 月，益众同志又先后主持召开了两次县委书记会议，检查前一阶段贯彻党的十一届三中全会精神情况，进一步学习、领会党的十一届三中全会文件，从指导思想到实际工作进行拨乱反正，把被江青反革命集团颠倒的政治、思想、理论上的是非纠正过来。

在益众同志的领导下，南通地委认真清理“文化大革命”中的冤假错案。至 1982 年底，全地区“文化大革命”中立案审查的干部案件全部复查结束，大批干部得到平反，恢复党籍和工作。一批久经考验的老干部重新走上领导岗位。同时，对 1958 年南通地区“三类社”改造的遗留问题进行了处理，落实了党的政策，调动了广大干部、群众的积极性。

全党工作重心转移后，农村进行了深刻变革。当时安徽、四川等省已开始实行大包干，但多数地区还处于观望、犹豫之中。江苏省委提出可以联产到组，暂不搞联产到户。对此，益众同志只能执行。但是在实际工作中，益众同志还是有所变通的。记得我跟益众同志到启东向阳公社等地调查研究时，基层干部都汇报说他们搞的是联产到组，还带我们到现场察看。实际上他们搞的是联产到户，连我都看得很清楚，更不要说具有丰富农村工作经验的益众同志了。但是他没有点破，仍然鼓励基层干部、群众搞好责任制，把生产搞上去。1980 年 9 月，中共中央《关于印发进一步加强和完善农业生产责任制的几个问题的通知》下达后，在益众同志为首的地委统一部署下，全地区普遍推行了联产到劳生产责任制。紧接着在 1982 年秋到 1983 年春，全地区又全面推行家庭联产承包责任制，实行统分结合的双层经营体制。不久又按照中央的指示，废除人民公社建制，建立乡政府和行政村。

党的十一届三中全会之后，农村家庭副业蓬勃发展，开始出现一批专业养殖户和工商户。对此，益众同志是予以肯定的。20 世纪 80 年代初，益众同志在南通县委负责同志的陪同下，曾经走访了皮蛋大王王佩恒、葡萄大王倪惠荣、办钢丝绳厂的黄丽贞等。到那儿后，除到现场参观、检查外，还与他们恳切交谈，勉励他们继续发展，带动周边群众致富。

对异军突起的社队工业（后来称为乡镇工业），虽然益众同志所花精力不多，但还是支持、关心的。他带领县、乡干部到苏南参观、取经时，对社队工业也作了考察并给予了肯定。考察结束后，益众同志在不同场合也强调了发展社队工业的重要性。截至 1983 年，全市乡镇企业已发展到 8751 个，容纳劳动力 75.5 万人，实现产值 22.6 亿元，比 1978 年增长 3 倍。

益众同志是南通农村改革初期的领导者和实践者。南通农村政治、经济体制改革能够顺利推进，生产力能得到进一步释放，凝聚着益众同志的心血。

二

长期以来，南通是以农业为主的地区，农村工作面广量大，南通地委历来以农村工作为工作重点，全力抓好农村工作。益众同志是农业行家里手，其对农业的熟悉程度，是同时期一些担任领导职务的人难以企及的。他到南通工作后，更以主要的精力抓好农村工作，力图改变农村落后、贫穷的面貌。

南通地区人多地少，人均耕地不足一亩，是粮食差进地区。南通又是老棉区，棉花等经济作物占比较大。粮、棉争地的矛盾一直困扰着地区的领导们。要提高粮食总产，提高粮食自给率，就要压缩占耕地面积40%的棉田，但国家要南通多产棉花。种棉效益也较高，农民也愿意种棉，要压缩棉田难度很大。面对两难境地，益众同志积极争取省里支持，要求多给南通差进粮食。每次到省里参加工作会议，益众同志常常找省领导及省有关部门，反映南通的粮食缺口状况，希望加大对南通粮食的支持力度。20世纪80年代初，省委常委徐方恒同志在盐城召开通、盐两地区域经济座谈会。益众同志做了精心准备，同粮食局的同志算了一笔大账，要求省里同意调整南通粮、棉比例，增加对南通粮食的差进，还特地把地区粮食局局长胡四仲带去。在会上，益众同志谈今后的区域规划，摆出充分的数据，要求省同意南通调整粮、棉比例，解决南通粮食供应紧张的问题，得到了徐方恒的肯定。

在益众同志和南通地委的努力下，南通在党的十一届三中全会之后，开始着手调整农业种植业结构。这种调整概括起来就是6个字：稳粮、缩棉、扩桑。粮食面积稳定在880万亩，棉花面积控制在290万亩以下，桑田面积则由1978年的11.5万亩发展到1984年的31.7万亩。1984年，全市粮食总产284.7万吨，蚕茧总产1.68万吨，分别比1978年增长23%和19%，而棉花产量则稳定在15万吨左右。

益众同志在担任南通地委书记期间，两次组织地、县、社三级领导和地、县有关部门负责人到苏州、上海郊县参观考察，人数达三四百人，这在南通的历史上是空前的。听取了兄弟地区粮棉连片种植、发展养殖业、社队工业的经验介绍，回来后又进行了深入的总结推广，有力地推动了南通农村产业结构的调整和生产力的发展。

益众同志抓农村工作很重视发挥专家的作用。他下乡经常带农业部门的粮食、棉花专家一起踏田检查，听取专家的意见，发挥专家对农业生产技术的指导作用。遭遇严重自然灾害时，还带水利部门的负责人和专家下去检查，研究对策。在益众同志担任南通地、市委主要领导职务期间，南通粮、棉和多种经营一直稳步发展，走在全省前列。

三

益众同志有着高尚的人格品质：一是严于律己，从不搞特殊。他经常深入农村，风里来雨里去。到县检查工作，对食宿从不挑剔，伙食费从不拖欠，从不提过高的要求，更不收礼。离休后，他安于在家休息，尽量不给组织上添麻烦。也从不利用影响力，谋取什么私利。因此无论在职和不在职，他口碑甚好，让人肃然起敬。1982 年，地委召开流动现场会，各个县都跑到。有些县相互攀比，吃饭时给与会者加了几个菜，有人反映到省纪委。益众同志主动承担责任，在县委书记会上诚恳地作了自我批评，使大家受到了一次生动的党风党纪教育。1991 年 11 月，年过古稀的他同我去参加海口经贸洽谈会，在三亚住宿条件较差，他也安然若素，开会从不迟到。无论是他主持的会议还是到省里开会，亦是如此。下去检查工作，不让秘书事先通知，到县后，才让秘书在招待所打电话通知县委办公室，尽量不给县里添麻烦。

二是公道正派，顾全大局。益众同志从不搞小圈圈，对干部无论熟悉与不熟悉，都同等对待，不搞亲疏。他很重才，但对一些有才干的领导干部委以重任后，一旦发现缺点和工作上稍有失误，该批评的还是批评，决不偏爱。有一位很受他器重的县委负责人就说过，他吃益众的批评最多。其实这种批评是对被批评者最大的爱护。1983年3月，地、市合并，实行市管县体制后，地、市干部之间的融合有一个过程，不少人以地、市划线，派性比较严重。对市级各部门领导班子配备中的地、市各占多少比例比较关注，议论也较多。但身为市委书记的益众同志不为所动，坚持搞五湖四海，对地、市干部一视同仁，不分彼此，决不利用职权对地区机关干部有所照顾，所有市管干部都按组织程序任免，表现出高度的党性。这对消除派性、稳定大局起了重要作用。

三是胸怀坦荡，以诚待人。益众同志为人率直，与人善处，上下左右的关系都处理得相当好。到省里开会，他与兄弟市的一把手傅宗华、韩本初、罗运来等人几乎天天接触，彼此无话不谈，亲密得如兄弟一样。他在盐城地区工作时间较长，与那里的乡亲建立了深厚的感情。他与同事以诚相见。市委有一个副书记开会经常迟到，几经提醒，依然故我，益众同志不客气地当面批评。对来自下级的意见，他虚心倾听。我曾经向他提出，说他易发火，下面同志有些怕他，他也能接受。

四是坚持原则，严明纪律。益众同志很爱护干部，但爱护不等于姑息。对干部队伍中的不良倾向，他决不听之任之。1981年9月，个别县少数党员干部利用职权营建私房，群众反响较大。对这一问题，益众同志很重视，地委派人查处，并发了通报。省委批转了地委通报，《人民日报》还做了专题报道。如皋有一位新提拔的年轻副局长，到地区开会结束后，打电话要单位派车接他回去。益众同志知悉后十分不满，认为一个年轻干部刚提拔就自以为高人一等，搞特殊化，要不得，要求有关部门严肃查处，结果这名干部被撤职。当时干部队伍风气比较正，与益众同志防微杜渐、常抓不懈是分不开的。

五是淡泊名利，不计得失。他曾经两度担任东台县委书记，第二次到东台，是在省农村厅副厅长的位置上下派去的，但他不讲条件，愉快地服从组织决定。"文化大革命"期间，重新恢复工作，他起先被安排在贫困县担任副职，他也泰然处之。地、市合并后，省委任命邢白同志为市委书记，安排益众同志为市人大常委会主任，不再当书记，他又二话不说，接受了组织上的安排。仅仅时隔一个月，邢白调省，省委又任命益众同志为市委书记，他又不负重托，勇挑重担，在书记岗位上谱写新的篇章。上任一年多，省委又决定他从书记岗位上退下来，专任市人大常委会主任，他又坚决服从。益众同志的几上几下，表现出一位共产党人能上能下，一切以党的利益为重的高贵品质。

六是作风踏实，工作扎实。益众同志工作严谨，干什么事都是有布置、有检查，决不半途而废。他不搞花架子，不搞形式主义，一是一、二是二，非常实事求是，决不说大话、空话、过头话、模棱两可的话，该做什么，不该做什么，说得一清二楚，用不着下级干部捉摸、“吃透”。他也要求下级向他汇报工作，要如实反映情况，反映事物本来面貌，最好不要用稿子，用自己的语言表达。他在担任地委书记期间，每年至少有三分之一的时间下乡，调查研究，指导工作。他乘车下去，经常要驾驶员把车停在路边，深入田头，检查作物长势，同干部、群众交谈。一有台风来袭，遭受严重自然灾害，他不是立即率领干部深入第一线，就是赶到水利局、农林局了解情况，研究对策。他下去不是蜻蜓点水，而是真正沉下去。1983 年夏季，他带领机关干部到张芝山地区调查研究，一蹲就是好几天，住在区级机关宿舍，吃在企业食堂。他是农业方面的专家，对大工业尤其对南通市属企业不是太熟悉。为了适应市管县的新形势，他担任市委书记后，尽管工作千头万绪，要处理的事情很多，仍然抽出一个星期的时间，冒着酷暑烈日，跑了一些有代表性的市属企业调查研究，除了听企业汇报外，主要是深入车间班组，了解情况，虚心求教。这种深入细致的工作作风对干部们触动很大。

王益众同志的一生，是无限忠于党的一生，是光明磊落的一生，他的工作业绩将于世永存，他的高风亮节将永留江海大地。

（载于 2012 年第 6 期）

南通的“魏特琳”麦文果

朱　江

魏特琳，美国基督会在中国的女传教士，在南京大屠杀期间，她积极营救中国难民，利用金陵女子文理学院保护了上万名中国妇孺难民，成为中国人心目中的“天使”。而在南通，也有这么一位美国女士，她目睹了侵华日军的种种暴行，竭尽全力帮助苦难中的南通人民，用她细腻的笔触向外界传递南通的消息，也为今天的人们留下了详尽的史料。她就是麦文果，堪称南通的“魏特琳”。

救助伤员

1906 年 3 月 18 日，麦文果（Vincoe Mushrush）出生于美国伊利诺伊州的劳伦斯县（Lawrence County），高中毕业以后，她先后进入怀俄明大学和华盛顿大学学习。在怀俄明大学接受了师范教育，在华盛顿大学学习公共健康护理。在怀俄明一所乡村学校任教两年，后来在丹佛的长老会医院护士学校就读，并在圣路易斯的医院里短期进修。1934 年，她被美国红十字会派到密苏里担任了一年的乡村保健护士，在此之前，她一直在圣路易斯从事护理服务。1935 年 9 月 7 日，她受基督会的派遣，乘船来到中国。先在北平学习了一年中文，然后来到南通基督医院（南通第一人民医院前身）担任护士。该院是基督会在华设立的设备较全的医院，设病床 100 张，工作人员近 60 人，其中美籍医护人员 7 人、中国医师 5 人、护士 11 人、护生 30 人，设有内科、外科、妇产科、儿科、五官科、化验科、药房、X 光室、事务科。

麦文果来通不久，1937 年 7 月 7 日，抗日战争全面爆发。8 月 13 日，淞沪会战打响。8 月 17 日，南通基督医院遭遇日机轰炸。麦文果与南希 · 傅汝爱是当时在现场的仅有的两名美籍医护人员，他们立即组织员工抢救伤员和受困人员，从大火中救出 40 余人。1937 年 11 月，麦文果在美国 *WORLD CALL* 杂志上发表 *The Nantungchow Bombing*（《轰炸南通州》）一文，对此有生动的描述：

“突然听到飞机再次来了，几乎同时听到爆炸声，破碎的窗户玻璃从头顶掠过。我向外看浓烟四起，分辨不出炸弹落下的具体位置。我第一个念头是要让护理人员镇定下来，傅汝爱一个人肯定会有困难，而且受伤的人们会涌向医院。我迅速套上护士服，边走边将衣扣扣上。突然我听到俞师傅大喊‘医院着火了’，我以最快的速度奔跑着，白杨道路上到处是被炸断的树枝，跨越树枝过程中我的腿被割破了，但我继续奔跑。

医院的西北角处于熊熊的火焰之中。我穿过树篱来到医院南边，许多人都聚集在门房那里。有一位脊柱结核的病人躺在病房楼附近的地上，我用双手将他托起，艰难地向前走了几步。然后我将一个背部受伤的实习护士扶了出来。一个男病人从二楼跳下来，周牧师和其他一些人冒着危险帮助我一起将他接住，避免他受伤。

在二楼的屋顶，眼看着火焰离自己越来越近，一个无助的绑着石膏的小男孩蜷缩在楼顶绝望地啼哭，我让他跳下来，但他受了惊吓，根本就不能动弹了。一位工友拿来梯子试图爬上去救他，但梯子和男孩之间的墙体摇摇欲坠让他却步。此时我义无反顾地爬了上去，救下了小男孩，如果不这样做，小孩的哭声将一直萦绕在我耳边，使我永远不能安睡。还好我没有因此而被火烤焦。”

麦文果的勇敢举动，深深地烙在人们的记忆里。1985 年，为纪念抗战胜利 40 周年，基督医院当年幸存的医护人员聚会座谈，顾念祖、林弥励、汪东来等人还清晰地回忆起当年的一幕。而麦文果发表于美国《亚细亚》杂志上的《基督医院是怎样被炸的》一文中，对此是这样评述的：“我因为幼年的时代在农村里，时常上下于积谷仓的楼梯，所以敏捷地爬上了梯子，而且通过了那一段看来难于通过的路。我终于将小孩抱了下来，而他一点也没有受到火的伤害。”

组织善后

基督医院遭轰炸后，医护人员迅速展开自救，有效地减少了伤亡。南通县县长、警察、救火队都立刻来到了现场。许多市民也在第一时间赶来救援，这些人来自邮局、银行和商店。在警察的协助下，医院分别给在南京的美国驻华使馆和基督会中国总部、在庐山的医院管理人员和美国驻沪总领事馆发了电报。由于当时淞沪会战正在惨烈地进行中，这些电报无一例外地被延搁了，因此无法得到任何来自外界的帮助。麦文果和傅汝爱在极其艰难的条件下，在当地官员和有关机构的支持下，有条不紊地开展了善后工作。

遇难人员的后事。医院列出被炸死的人员名单公布于大门外，死者的家属纷纷到医院内认领遗体、遗骨、遗物。所有遗体都被收敛放进棺材，包括无人认领的遗体。为纪念死难者，后来在陈家小园建立了公墓并立了石碑。

与银行协商取钱。轰炸发生时，会计都在外地休假，麦文果和傅汝爱在经济上陷入困境，又迫切需要现金用于支付当月的员工薪水，给医院的护士、病人家属、美国驻沪总领事馆等处的电报费，遣散护士的费用。轰炸后的两三天，麦文果和傅汝爱寻求南通县法官的支持，筹集1500美元费用，法官表示可以借给他们这笔钱。麦文果拿出从院长海格门的办公室找到的轰炸前几天银行送来的对账单，询问能否把对账单作为抵押，从银行取钱。于是，法官打电话跟银行协商，并取得了银行的同意，傅汝爱和麦文果到银行取到了钱。回家的路上，警报声响起，麦文果躲在灌木丛下，身体紧紧地压住钱包，直到警报解除。这些钱解了燃眉之急。

院长海格门在轰炸后的10天左右赶回南通。他找来老工友顾长林，通过南通警察局联系到一艘小火轮，在8月底的一天早晨将傅汝爱和其他一些工作人员送往镇江，然后乘火车到南京。随后傅汝爱一行辗转到达庐山。9月16日，海格门也离开了南通。

独自留守

麦文果在人员遣散的最后时刻决定留在南通，她觉得南通是她的岗位所在。傅汝爱回忆道："无论别人如何劝说，告诉她可能遇到的危险，但麦文果感到自己有义务留在那里为南通人服务。" 1937 年 8 月 31 日，海格门在写给基督会财务总管马轲（Edwin Marx）的信中说："麦文果决定此时在南通待一段时间，看看通过红十字会的方式能否做点事情，既然这是医生和护士的特权，请不要为我们担心，如果我们无法作出贡献，我们会撤离的。我们无须别人为此担当责任。"成千上万的士兵涌进南通城，每个人都说这座城市很有可能再次被轰炸，沿江则有军舰出没警戒，而日本军舰与飞机不时骚扰南通。

1938 年 3 月 4 日，麦文果在给保尔·斯莱特（Paul R. Slater）的信中说："我独自在这儿差不多已经 6 个月了。我还不能过上有规律的生活，因为飞机和大炮近在咫尺，常使我们感到分心。但是我感觉我的存在比我能够做的影响更大，因为我没有特殊的能力。"

麦文果的存在绝不是她的存在本身。1939 年的南通基督医院工作报告中提到："在其他传教士转移到别处服务后，麦文果选择了依然留在南通自己的家中，做她所能做的一切。她承担起一位受伤医生（指基督医院被炸时头部受重伤的王道炜——本文作者注）的护理工作，这位医生不幸死后，她学习汉语，并负责管理教会的财产。"在护士王祥宝的帮助下，尽其所能医治病员。1937 年 11 月 3 日，麦文果在给马轲的信中写道：为救治一名 10 岁的伤寒病人，她从医院的废墟中寻觅医疗设备，在住所的底楼设立临时隔离病房，夜以继日地陪护小孩。别人劝她，让孩子的父母留下来陪护，晚上回到自己的房间睡觉，而不必亲自看护，但她坚持这样做。护理工作很大程度上取决于规范，并建立良好的行为习惯，必须在疾患达到高峰之前摸清病情，形成护理常规，否则的话孩子就绝无可能脱离险境。放弃一个晚上，将会前功尽弃。这位小病人在她的精心护理下康复了。1938年的复活节，她在战火中还举行了一个 80 名左右的儿童参加的派对，这个孩子扮演了兔子。麦文果在信中还告诉马轲，那一周她外出为 4 名皮肤病人换药膏和绷带，护理在轰炸中受伤的职工李琴，准备为厨师俞师傅的妻子接生，等等。

机缘巧合的是，麦文果在密苏里州工作的时候，曾经研读过《护士独当一面工作》；而在哈特福德，又学过传教卫生学的课程，这门课程涉及，在一个相对隔绝、没有医生在身边的环境里，护士作为唯一受过培训的人，该如何做好病患和社区群众的服务工作。似乎感觉到不远的将来会独自面对困境，麦文果将克利弗利博士的所有教学讲义带在身边。这些讲义就相当于医生的日常医嘱，非常实用。如今这些讲义派用场了！如同聆听医生的指令，让她有一展身手的机会。以前她听人嘀咕："一个不会医疗的外国人，到家里来有什么用？"而如今人们热切地期盼她："你能到我家来吗？"

当麦文果在美国学习护理的时候，有一次同学们谈起遇到紧急状况该如何处理的问题。有个同学问大家："观摩过那么多例手术后，你们觉得能独立完成一次手术吗？"另一个同学面露惧色答道："不行，肯定不行！"第三个同学问："假设你是在非洲丛林的腹地，周围没有任何医生，而且病人不动手术就会死，你会放手一试吗？"对此，麦文果印象深刻，她一直没有忘记这次谈话。而南通的经历为她提供了实践的机会。这段时间的医护工作，为麦文果日后救护大量遭受日军摧残的中国百姓奠定了技术基础。

忍受孤寂

独自留守的最初 6 个月，相比后来日军占领的日子，危机四伏中的表面却显出难得的宁静。麦文果度过了平生第一个没有取暖炉的冬天，用意志力忍受食物的缺乏和单调。常常因为经济上的捉襟见肘而窘迫不已，手上不超过 5 美元是家常便饭。夜晚独自居住，四下清寂，乃至憎恨自己上楼时的脚步声。

然而麦文果此时显示了她天性乐观的一面。她认为，生活如果失去了目标将会毫无意义。她以基督徒的博爱和信念以及对南通人民的情感支撑着前行。白天除了护理和教会的工作外，她把大量时间用在开设英语课以及学习汉语上。1938年3月4日，她在给施保罗的信里说："上个月由于学校依然停课，学生们无所事事，我开始教他们英语。一开始有100多个学生报名，开课后，有35个学生继续在放学后学习。我的语言能力提升到可以阅读《圣经》，唱赞美诗并祷告。我多希望我的语言能力更强一点，也希望南通话不要那么拗口。可是我爱南通所有这一切。"她还告诉施保罗："可是我身体尚好。今年春天，我打了几次网球，并经常骑自行车锻炼。"

在那清苦的岁月里，写信（作）成为她排遣寂寞的一个途径，美国基督会保存着麦文果当年的许多信件。她向远方的同事和亲朋述说着南通发生的一切，她的文笔清新隽永，信中看不到任何失落和颓唐，她敏锐地观察到南通社会和民众的丝丝进步并为此高兴，她为自己能渐渐融入南通百姓并为之作贡献而欣慰。她的信件成为外界知悉南通情形的重要手段，她在 *WORLD CALL*（1938年2月17日）发表的一组南通基督医院轰炸前后的照片，今天看来弥足珍贵。

阅读来信对麦文果来说是一件非常快乐的事。战事使邮路不太顺畅，有时好久才能盼到一封来信，她会欣喜若狂，反复地阅读。上文提到的给施保罗的信里开头就提到："你用了那么多的溢美之词夸奖我。哪怕是一封信，此刻我也非常迫切地需要。我们非常感谢来自总部经济上、精神上的支持以及深深的友情。战争已经持续了数月，我一直在琢磨你们在想什么。我们会坚守到最后，因为有你们的心和我们在一起。"

基督会的同人挂念着麦文果，既为她的镇定、勇气和奉献精神而骄傲，也为她的安危而祈祷，想了很多办法让她离开南通，到相对安全的地方去，一度准备调麦文果到合肥去。麦文果在1937年10月10日、11月3日给施保罗的信里，表达了继续坚守南通的意愿。南通人对麦文果的认同也是她不忍离去的原因。按照南通警察局洪局长的话，麦文果已是"半个美国人半个中国人"。11月1日，洪局长在一次聚会上动情地说："也许人们不理解为什么一个洋人有那么重要。此刻你知道，南通是长江航运的要道。在飞机轰炸的时候，许多人建议放弃镇江以下的地区。我们至今留在南通这里，并维持秩序，因此英国货船才有可能顺利地通过这里的河道。有一天，有人曾经动议过向乡下撤退的事，有七八个人认为那是最明智的事情。我对他们说：'如果麦小姐，一个洋人和女子，都不怕单独留下来，你们怎么可以想到要撤退之类的事儿？'"

救济难民

南通基督医院 1939 年的年度报告记述："在长江下游地区被（日军）占领后，军队转移了，南通城变得非常安静。在（日本）军队推进之前，几乎所有的人都避难到附近乡下或向西更远的地方。"

1938 年 3 月 17 日，侵华日军占领南通。南通江面开阔，日军几乎没有受到抵挡。一队日军士兵从基督医院和崇英女中旁边的马路经过，麦文果站在紧张的勤杂人员身边，轻声鼓励他们。这天清晨，麦文果打开了教会属地的大门，好让占领军清楚地看到，除了星条旗在基督医院的废墟上飘扬外，还有一个美国公民在此。崇英女中位于基督医院的西边，与基督医院只隔了一条马路，其大门朝东面向基督医院。很快，来了 3 名会讲英语的日军士兵，他们带来了一道命令，就是"美国代表"应当向日军司令官报告。麦文果拒绝了，她认为街上太不安全了，但她可以在自己的家里接待日军司令官。随后一名气急败坏的日军军官骑着马赶了过来，当他看到"美国代表"是一位瘦削的年轻女子时，不禁感到惊讶。

"我非常为你担心。"日军军官对麦文果说，"难道你不知道日军占领一座城市的时候是很危险的？"

麦文果告诉他，她希望自己听到的消息只是流言，希望日军司令员真能管好自己的部下。她又带那位军官进了院子，让他看已经成为一片废墟的医院，并在一个可怕的弹坑旁站定了。

军官很震惊，轰炸发生时麦文果居然在现场。

他问道：“你明明知道有危险，为什么不离开？”

“长官，一个战士应该知道自己的职责所在。”麦文果答道，“美国基督会派我来这里传播福音，留下便是我的职责。”

军官答应保护麦文果，他在大门上张贴告示，不许士兵进入，还派士兵在教会财产四周设立警戒线进行保护。

对于麦文果这位美国传道士，占领南通的400名日本士兵有所顾忌，也没敢轻举妄动教会的财产。麦文果明确地告诉日本军官，不管发生什么，她都要待在这里。麦文果的特殊身份，使教会的房舍很快成为诺亚方舟。

第二天，就有一位腿部受伤、疑似骨折的伤员找到了麦文果，请求她救治：“我们跑遍了城里的每一家医院，连一位医生都没有碰到过。如果你不能救命，那就再也没有人能够疗伤了。”这拉开了麦文果持续到1939年初救济难民的帷幕。很快，为躲避战火，免遭屠杀和强奸，200名左右南通城内外的老百姓（绝大部分是妇女）涌进了教会开办的崇英女中，一个难民营形成了。最初难民可以自己解决吃饭问题，麦文果只是提供一个安全的庇护的地方。

但形势一天比一天糟糕，日军的烧杀使受伤的平民越来越多。4月间，麦文果收治了400多名伤病员。日军在医院附近的大码头烧毁仓库和周围民房，被打伤以及无家可归者纷纷到医院和崇英女中避难，学校教室和走廊全被住满，麦文果所住的二层小楼所有房间都已经挤满了伤员，连她自己的卧室也让了出来，搬到门廊暂住。麦文果倾其全力，还请来护士潘凤鸣、陈淑瑾帮助工作。麦文果将自己的蚊帐、被面撕成布条蒸煮后权作绷带用。在4月30日的信中，麦文果这样描述她的近况：“最近南通就像人间地狱。从早上6点我匆忙穿上护士服的那一刻，一直到晚上10点或11点左右脱下它然后倒头就睡，我一直都在忙个不停。这个月，我护理了4位伤员——都是枪伤，另外还接收了1位产妇。而昨天来了个可怕的烧伤病人，是那些暴徒干的。陪护的人手持1支蜡烛，可以看到她的胸部和腹部、臀部和腿部被烧焦了。此恐怖景象足够糟糕，此焦味令人难受。想到如此残忍，我几乎无法接受这一事实。晚上当我完成最后一次包扎之后，只喝了一点汤，就尽快上了床，不顾一切地睡去。中国军队已经进入城里，而我们无论白天还是黑夜都能听见枪炮声。今天，从间歇性升腾的黑色烟雾的数量判断，又有许多房子起火了。”信里还提到了经济上的窘迫：“我身边只有 40 美元，而我的燃煤，厨师说，只够维持 3 周时间。有病人上门求医，你知道，我是不会将他们拒于门外的。”但麦文果的坚毅依旧：“在这中国事变的岁月里，我们所做的事情都还没有先例。作为南通唯一的上帝派来的目击者，我必须直面这些灾难中的中国人的哭泣的请求，努力保持谨慎和理性，等待事态的发展。我也每天为美国和中国的同事祈祷。”

艰难时期

1938 年 5 月初，日军对南通的游击队展开了“扫荡”，中国军队针锋相对，奋起抵抗，这场发生在南通城郊的战斗至少持续到 5 月 17 日。恼羞成怒的日军出于报复，在南通近郊成片地焚烧民房，当房屋里的老百姓逃命时，日军肆意地用机枪扫射。城里大部分的店铺被迫开门，如果不这样，日军会朝该店开枪。有日军士兵因为敲诈勒索和强奸妇女，被愤怒的人们暗杀，参与的人中有一位姓王，结果许多人被抓后不经任何程序就被杀害，仅仅因为他们姓王。

1938 年 5 月 16 日，麦文果在给马轲的信中，是这样冷静地描述这一时期南通在日寇蹂躏下的情形：

“5 月 3 日是令人毛骨悚然的日子。枪击声开始在西门以外地区响起。一个又一个严重受伤的病人被送上门来。我先让他们躺在各自的担架上并安排在前门廊和院子里，一直到在二楼的 3 间屋子里挤进 15 张病床才安排妥当。你能相信这个房子竟然容纳这么多人吗？我也觉得不可思议。没有人因流血过多而死。其中一个胸部受伤者，伴随着每一次呼吸，血就汩汩地流出来，依靠吗啡止疼，而现在他慢慢地从死神边挣脱过来。此刻，我们要做的就是与感染作斗争。有一位妇女，是个吸毒上瘾和肺结核病患者，她臀部的伤势非常严重。其他病员或是被从家里抬来再抬回去，或是自己走过来，而我们则给他们敷裹伤口。

5月5日，施保罗和海格门住宅北面的那些矮小的农舍被纵火焚烧。我透过二楼的窗户，情形看得真真切切，而农民们凄惨的‘哎呀’的呼号声听得一清二楚。我听到机关枪声，那些试图奔向我们院子的人们被扫射。工友打开大门，我走了过去，大约200名妇女和儿童以及为数不多的几个男人，挤进我们院子里，战栗着，哭啼着。我第一次真切地感到自己站在那里的意义。‘为这个地方，脱下你们的鞋，因为你们的足下，此刻是圣地。’我多么希望，那些捐钱维持南通教会的人能够看到，在这可怕的日子，他们的所作所为意味着什么。

昨天，一把机枪架在崇英女中的门口。我先后用中文和英文让他们走开。见他们不肯，我就索性坐在校门外的石凳上，监视他们，直到过了大约一个小时的光景，他们才动身走开。约一点半的时候，一辆卡车停在门前，8个士兵冲了进来，在对站在大门附近的几个人进行搜身之后，抓住一个刚买了米的男子，说他脸上极其害怕的神情表明他是个坏人。我听见他们进门来的声音，就尽力飞快地奔跑过去，却只看到卡车启动离去。他们没有得到我的许可，就擅自闯了进来。我今天写信将这些事报告给了美国驻沪领事馆。”

5月初的经历让麦文果刻骨铭心，以至于在6月2日写信给马轲时，依旧提到了这些事，也提供了更多细节：“我依然不能忘怀5月3日，接踵而至的伤员躺在屋前走廊上和庭院内的担架上，我迅速包扎和止血，几乎喘不过气来，到处是血，我的鞋子被血染污，双手被血浸湿，气息使人窒息。终于不再有伤员被送来，我们在屋里架起了病床，把伤员移到病床上。那夜感觉如此漫长，一直到次日的下午我才缓过劲来。然后到了5日那天，农民的茅屋被点燃，人们一边逃跑一边大声叫喊，而机关枪撂倒了奔跑的人，当我看到在日军机枪下劫后余生的小部分幸存者，来到我们这里避难无助地哭泣时，心中念叨两个事情来保持自身的理智：上帝也不会离开南通，他承受的苦难远远超过我所承担的，他与南通人民同担苦难；而此时我的存在、我的观察与作为，多少能对南通人民有所帮助。”

大量难民的涌入使麦文果在经济上几乎陷于绝境，当时她已经无法从南京基督会总部取得款项，倾其所有也只有 7 美元。麦文果还拿出 30 美分资助一名衣食无着的先前的实习护士，这些钱可以买到几天果腹的粮食。按照麦文果后来撰写的《一艘搁浅的船重新起航》里的讲法，这时候的难民营就像一条船破碎了，搁在干枯的河床上。

基督红十字会

这时船突然启动了，尽管还在那血迹斑斑的焦土样的干枯河床上。1938 年 12 月 20 日，麦文果在给朋友的信里回忆道："病人和难民的口粮、衣服和药品的需求，已经远远超出了我微薄资金能支撑的范围。就在我们用完最后一块纱布的时候，收到了来自一位邻居的礼物。与此同时还有人送来两大驮稻米。然后又有纱布和稻米送来。在我们应接不暇的时候，那些伸出援助之手的人提出来：'要开展工作的话，我们必须组织起来。我们是否把这个组织叫作南通基督红十字会？'"

南通基督医院 1939 年的年度报告称："许多受伤者来到麦文果小姐处寻求治疗。她敞开家门，接纳了那些不能行动或无处安身的人，并照料所有来到她家的人。那时住在城里的一位当地中国医生和一位男护士也帮助做了一些医疗护理工作。当时一个红十字组织建立起来，并设有医疗委员会，其会长是一位富有同情心的油商，他慷慨捐赠财物以帮助自己的同胞。在此之前，麦文果小姐使用自家一切可用的东西，竭尽其能来照顾这些伤病员。麦小姐报告了从 1938 年 3 月至 1939 年 1 月 1 日这段时间的工作：收治住院病人 89 个，门诊病人 3471 个，并提供医疗服务总计 17050 人次。而徐文启（南通教会名人）在 1947 年中华基督会特刊上发表的文章讲："1938 年 3 月，敌军复在南通登陆，任意屠杀，居民房屋或被焚毁，无家可归者，状至可悯。斯时麦文果小姐，适留通看守教会房屋，目睹惨状，乃毅然与敌周旋，纠请地方绅士汪志培、汪国华、周楚秋、保祖培等商讨救济办法，始有基督红十字会成立焉。视居民流离失所者，设难民区以安居之；采办粮食，设赈济部以救济之；儿童失学者，设儿童部以教育之；疾病无力医治者，设医务部以诊疗之。”据记载，该会先后在城西地区募到大米 100 余担，与上海国际红十字会联系，得到医药、麦片等救济物资，为受难者服务。

麦文果本人的记述更生动，在《一艘搁浅的船重新起航》里，她是这样讲到事情的由来：“一些当地好心肠的非基督徒想帮助我们，提议建立一个组织，在此基础上他们出钱出力，协助我手上的工作。他们推举我为主席，并取名‘南通基督红十字会’。他们的目的是以基督的精神来帮助那些穷人。在 30 名全职员工里只有 5 人是基督徒，其中 3 人来自本地教堂。难民营经常有 500 余人在避难，8 个月间平均每月 376 人，平均每月赈济 2607 人。”

麦文果与南通的士绅一起建造了诺亚方舟，尽可能多地为战火中的南通民众遮风挡雨。基督会在一篇名为《困境中的济世》的评论文章中，高度赞赏了由基督会派遣，日军占领时期不畏强暴、义无反顾地设立安全区拯救难民的麦文果、贝德士、史迈士、麦卡伦和魏特琳等人。

心系南通

1939 年，基督医院护士学校恢复正常。麦文果负责对学生的培训，几名护士的快速成长，也是这一年里麦文果值得欣慰的一件事。这年的秋天，麦文果去了芜湖。在那里她在为基督会服务的同时，还协助卫理公会的工作。麦文果在芜湖待到 1940 年 6 月，然后回到美国休假，并在华盛顿大学取得护理学士学位。1940 年底，麦文果自愿加入了美国陆军护士队，在军营里她从事了各项卫生工作。1944 年，诺曼底登陆战役的 6 周后，麦文果随部队在诺曼底的奥马哈海滩登陆，在前沿阵地设立的流动医院工作，先后辗转法国、比利时和德国，并获得了 4 枚勋章。

1941 年 8 月 23 日，美国《莫伯利观察报》（*Moberly Monitor Index*）刊

登了美联社记者的文章《前莫伯利护士历经轰炸和刺刀在中国战争中幸存，现在美国服役》，介绍了麦文果在中国的经历。在《拒绝离开》一节里，这样讲述麦文果的留守：

“日本军官们建议麦文果离开南通，麦文果一步也不退让，坚持说：‘这是美国财产，我是美国公民，我有我的工作要做。’

‘他们显然认为我是一名间谍，’麦文果回忆说，‘他们根本无法理解我对我的工作的态度。’”

而在《其他“小事”》这节里，记载了麦文果与试图闯入的日军的对峙：

“总有些‘小事’干扰正常的工作，麦文果如此回忆道。有一天，一个醉醺醺的日本士兵来到她家，坚持要进去和她喝杯茶。麦文果断然拒绝，日本士兵拔出刺刀，朝她刺去，她抄起一根木棍。‘当时真的不算太危险，’她说，‘我的木棍比那刺刀长呢。’士兵见状离开了。还有一次来了两个士兵，要求检查麦文果家。他们拿着带刺刀的步枪，麦文果拦住他们的去路，他们便把刺刀抵在麦文果的身上。‘我一点都不让步，’她回忆说，‘很明显，他们觉得除了杀了我以外，别无他法，而这样做他们担心会有麻烦。’于是这两个士兵也走了。‘不，那些时候一点都没有特别的害怕，但事情过去之后我的确感到有点累。’麦文果解释道，至今她还想着要回中国。”

1997年6月27日，麦文果去世，6月30日以美国陆军上尉的身份，埋葬于美国密苏里州圣路易斯谢里丹路2900号的杰斐逊兵营国家公墓（Jefferson Barracks National Cemetery），墓地编号YY01813。

（连载于2013年第3、第4期）

十九个月反“清乡”斗争亲历记

梁灵光

1940年11月，我到南通县任县长兼保安旅旅长、县警卫团团长，亲身经历了1943年4月至1944年10月的反“清乡”斗争。

“清乡”：敌兵力为我七倍

1937年7月，日本全面发动侵华战争，两年左右几乎占领大半个中国，但它兵力不足，只能占领一些点、线，而八路军、新四军在敌后迅速发展，发动广泛的群众性游击战争。1940年11月，日寇提出“以华制华”“以战养战”的战略目标，1941年，以长江下游为起点逐次进行“清乡”方案，大量掠夺人力、物力、财力，以供其长期作战。敌人分区封锁包围、天天出动，逐步推进。在清江南苏（州）常（熟）太（仓）区，由于我方缺乏经验，仓促应战，一个多月内主力不得不分散突围。在清澄（江阴）（无）锡虞（常熟西部）区，我方采取公开力量全部转移，少数短枪队秘密坚持，敌人很快控制该地区。日伪连续得手，气焰嚣张，决定移师江北向苏中四分区“清乡”（包括南通、海门、启东及如东半个县）。日伪军及武装警察特务等共1.5万人，建立苏北清乡公署。时间预定6个月，得手后继续向苏中其他分区及华中全部地区发展。

我方进行紧急动员，全民反“清乡”，主力部队及南通警卫团大部（后改编为分区特四团）转移外线作战。同时，号召干部县不离县、区不离区、乡不离乡，粟裕号召每乡每个月消灭一个敌人。当时我方兵力为2200余人，为“清乡”日伪军的七分之一，我与县委书记周一峰留在“清乡”区内坚持斗争。

反“清乡”：第一期如何斗争

敌人首先进行“军事清乡”，主要是集中优势兵力多路梳篦，反复“清剿”，增建据点。我避实击虚，采取麻雀战、阻击战、伏击战等不断袭扰敌人，开始民兵没有什么枪支，主要用小插刀杀伤日伪、还乡团、特务，还自豪地说这是“五号盒子枪”。

敌人残酷地抢劫烧杀、强奸妇女，罪恶滔天。1943年4月下旬，日军第一次“清剿”时，在通中地区即有几百名妇女被强奸，抓走壮丁300余人，抢走财物不计其数。日军山本大队7月在通中十总店一带“驻剿”，搜捕群众200余人，先杀害5人，又于26日晚活埋53人。两个月后敌人实行“政治清乡”，编制保甲，联保连坐。我动员青年转移，小部队在外围袭扰，敌人走后即烧毁保甲名册，并打击作恶的伪乡保长，敌人终以失败告终。

敌人特务大肆活动，威胁、拉拢、捕杀干部、民兵，我开展锄奸斗争，以政治短枪队深入敌占城镇，捕杀“清乡”人员及日伪军，打击敌区、乡长，震慑敌伪。外来“清乡”人员哀叹：“‘清乡’无把握，生死不可卜，大家捞一把，赶快出苏北。”

敌人还运来几百万根竹竿，沿两条大河，从天生港向北到丁埝、向东到海边长达300华里，构筑竹篱笆封锁线，沿线密布大小碉堡、检问所，断绝区内外交通。我方屡次出动小部队民兵破坏袭扰，并于7月1日发动沿线3万多名群众在武装掩护下，将它全部烧毁，一时火光烛天，万民振奋，延安《解放日报》专门作了长篇报道。

第一期敌伪“清乡”被我军民成功挫败，上级通知我调任四分区专员，我

10月初离开南通到分区机关，继续开展全分区的反“清乡”斗争。

敌寇新阴谋搞“延期清乡”

敌人不甘心失败，提出增加3个月的“延期清乡”，后又提出“高度清乡”。

敌人施展出新的阴谋，以分散对付我分散。敌军据点从“清乡”前的46个猛增到1943年12月的121个。实行军队特务化，特务武装化，日夜出动，夜间冒充我军，叫群众开门，如开门即对群众殴打甚至屠杀，以离间我军民关系。实行绞缠战术。白天小股出动，四处搜索，遇到我军并不进攻，只盯住不放，枪声一响，附近各据点即出动合围。敌人残酷烧杀镇压，强迫壮丁编组自卫团，夜间到处站岗放哨，要求群众一见新四军就要敲锣打鼓，否则严惩。

第一期反“清乡”胜利后，我方思想有所放松，对敌新阴谋缺乏及时研究，导致遭挫折后有些惊慌失措，南通损失大概三分之一地区，其他地区也有类似情况，所以1944年1—2月是南通地区斗争最困难时期。根据这个新的情况，苏中区党委及四地委及时指示：“仍以公开武装斗争为主，但要采取灵活策略——公开与秘密、合法与非法斗争相结合，要通过多种关系各种力量，做伪乡保长及‘清乡’人员两面派工作，使他们身在曹营心在汉，为我们做掩护、做工作，同时，坚决打击顽固不化及作恶多端分子。”这个方针迅速传达贯彻后，伪乡保长们纷纷向我通气交底。伪自卫团看到我军即放行并告知有关情况，等我军走远才敲锣打鼓，或谎报情况，让敌军上当。

外线反击与反据点斗争

1944年5月，车桥战役大捷。

粟司令即令四分区主力七团及特四团回分区作战，特四团先进入“清乡”区，攻克童家甸据点，歼伪军 30 余人，同时海启县团攻克竖河镇，歼伪军一部，地委及时指示，全区发动夏季（不久增加秋季）反据点斗争。

七团南下回到如中地区耙齿凌，遭遇日军一个中队及伪军三四百人，七团即将敌人包围，经过激战，毙日军 100 余人、俘日军 14 人，毙伤伪军 100 余人，俘 200 余人，这是继车桥之后对日军的第二次大捷，震动了“清乡”区敌人。七团继续东进，配合特四团攻克东边敌封锁线上重要据点南坎，特四团歼日军一小队 30 余人及伪军 100 余人，七团歼灭掘港日军 18 人援军，给“清乡”区敌伪以沉重打击，纷纷收缩兵力，撤掉一些小据点。

我“清乡”区内部队更加强了反据点斗争，据 5—10 月统计，我军战斗 456 次，毙伤日军 720 人，俘 58 人；毙伤伪军 800 余人，俘 1200 余人，反正 100 余人；缴获火炮 16 门，各种枪械 1500 余支；攻克据点 25 个，逼迫敌人放弃据点 44 个，共 69 个，地区比反“清乡”前还有所扩大。

10 月，四地委宣布四分区经历连续 19 个月反“清乡”斗争，已取得决定性胜利，敌人虽然到 1945 年继续高喊什么扩张“清乡”，但已是强弩之末，无能为力了。

（载于 2013 年第 5 期）

新平台　里程碑

——新版《张謇全集》编纂出版纪实

沈玉成

我国著名的爱国政治家、实业家、教育家，早期现代化的先驱张謇，一生留下大量文字资料。这些文献，是张謇研究的重要基础，也是极其珍贵的精神财富。2013 年，在张謇 160 周年诞辰之际，新版《张謇全集》首发，无疑有着深远的历史和现实意义，也是对张謇最好的纪念。

鸿篇巨著　好评如潮

由《张謇全集》编纂委员会编纂，上海辞书出版社出版的新版《张謇全集》是南通出版史上的大型学术工程，国家清史工程重要的文献项目。新版《张謇全集》全书 8 册，分别是公文，函电（上），函电（下），论说、演说，章程、规约、告启、说略、账略，艺文杂著，诗词、联语，日记、自订年谱。精装 16 开本，共计 600 余万字。

著名学者章开沅教授为新版全集作序，他以全新的视野，高度评价了张謇的一生，称他为 20 世纪感动中国的伟大人物。章开沅指出，近代有 3 位感动中国的人物——康有为、孙中山和张謇。他们各自做出了一生最重要的选择：康有为选择了变法，孙中山选择了革命，张謇选择了实业和教育，而其终极目标都是救国，可以称之为殊途同归。章开沅的序为张謇研究提出了新的方向和目标。而新版《张謇全集》为深入开展张謇研究提供了新的平台，为构建“张謇学”打下坚实基础。

新版《张謇全集》的编纂动议于10年前。2003年4月，中国历史学会、南京大学、扬州大学、中华爱国工程联合会、张謇研究中心在扬州联合举办纪念张謇150周年诞辰高级论坛。其间，与会的国内知名专家鉴于张謇研究的实际需要以及南通方面所具备的条件而提出重新编纂《张謇全集》动议。此动议得到中共南通市委领导的赞同和支持。2004年，经中共南通市委宣传文化领导小组牵头协商，组建了新版《张謇全集》领导小组和编辑委员会，聘请顾问，落实工作班子，启动新版《张謇全集》工作。2007年，新版《张謇全集》申报国家清史文献项目，经专家论证通过，被正式列入国家清史编纂委员会文献丛刊。新版《张謇全集》从提出动议到最终完成编纂工作，交付出版社正式出版，整整用了10年时间。

2011年12月9日，国家清史纂修工程文献类项目评审专家组对新版《张謇全集》项目评审，进行无记名投票，结果是“7位专家全票通过同意结项、校勘质量7票全投优级、全票通过同意出版”。国家清史纂修委员会副主任马大正对新版《张謇全集》给予很高评价。他说：“一个项目如此圆满完成，专家评审意见如此一致是少有的，它理应成为文化精品。”据了解，其时，30多个文献类项目结项中，全优通过的仅两项。

《专家评审鉴定书》认为，新版《张謇全集》内容丰富，所收资料文献价值较高，是迄今更为完备的张謇文献的汇集；点校质量较高，学风严谨，考订审慎，标点断句未见重大讹误；改进体例，有所突破。

著名史学家谢俊美认为，新版《张謇全集》编辑布局合理，体例得当，具有鲜明的时代特征。比之于1994年版，新版《张謇全集》在体例和编排上做了重大调整，采用“分类编年”，即“以编年为经，以文种为纬”，先将全书分编为十大类，再以时间顺序编排成八大册。这样，“可充分体现张謇一生在各个领域中的成就、不同历史时期和不同场合下的精神风貌”。

综合各方面的评价，新版《张謇全集》具有以下特色。

收录齐全，内容丰富。新版《张謇全集》600余万字，与1994年版《张謇全集》相比，有三分之一（约190万字）文字是新征集的、过去没有公开面世的内容，这是新版《张謇全集》的最大亮点。全书洋洋洒洒，光是目录就有417页之多。《治兵私议》和《盐垦兼办说明书》《为厘定水陆师学额咨呈江督》《上商部条陈》等，均是新搜集到的，史料价值很高。又如张謇对近代城市规划和建设方面的理念和实践，两院院士吴良镛教授曾赞誉：“张謇先生经营南通堪称中国近代第一城，可与英国田园城市理论创始人赫华德相媲美。”新收录的发表在《申报》上的《吴淞开埠计划概略》一文，便集中地反映了张謇城市规划建设思想。吴良镛认为该文献“在中国以至世界城市规划思想史上，亦应视为闪闪发光之文献”。

布局合理，体例得当。体例是否得当，关系全局。新版《张謇全集》进行了体例的创新。1994年版《张謇全集》基本上按照张孝若编辑、张謇生前认可的《张季子九录》体例，以内容分类来编辑的，存在有些文献难以分类、编辑比较混乱、内容交叉重叠等问题，学者们检索、使用不便，都希望新编全集有一个较为得当的体例。为此，编辑部多次召开座谈会征求专家意见，在编辑实践中反复研究，拿出切合实际的两套方案报送清史编纂委员会文献组。以后又分别征求国内知名专家的意见，最后认可了“以编年为经，以文种为纬”相互结合的体例，并且认为这是最佳的、具有创新意义的方案。这成为新版《张謇全集》的又一个亮点。章开沅教授评价：“经过编辑委员会多次认真商讨，并吸收了清史编委会专家评审的宝贵建议，新版《张謇全集》在编辑体例、文献收罗与考订、校勘多方面已有更为明显的改进。深信这部大型结集的出版，必将推动张謇研究进入一个更高的阶段。”

点校严密，质量全优。在文字编校方面，编纂者对文章时序、文字断句、标点等细节难点进行了学术攻关，尽最大努力减少差错和失误，编辑部经常为考证、校核一篇文章、一段文字、一句话、一个标点进行研讨。已审定的文字在发排后还反复校核，并请市内专家“外包”校核，“捉差错”，极大地提高了内容文字的精确度。清史编纂委员会的专家们先后在送审稿上写道：“审阅全篇，感觉质量不错，尤其在点校古籍比较困难的几个方面，都做得很好。”“总的印象是：断句合理，标点正确，文从字顺，故没有太多需要订正之处。”这是新版《张謇全集》又一个亮点。2013 年 8 月，在全国古籍出版工作会议上，新版《张謇全集》经过评选，荣获中国出版工作者协会、古籍出版工作委员会颁发的“2012 年全国优秀古籍图书奖一等奖”。

作为国家清史编纂委员会项目组联系人的王汝丰教授，在《清史编纂通讯》上专门撰文介绍新版《张謇全集》在体例、规模、点校三方面的情况和特点，予以高度评价。著名文史专家、南京大学教授茅家琦特地作七律三首，贺新版《张謇全集》首发。

2013 年 7 月 22 日，南通市举行纪念张謇 160 周年诞辰暨新版《张謇全集》首发式。张謇嫡孙、全国政协原常委张绪武，华中师范大学原校长、著名史学家章开沅等国内外知名专家学者，张謇研究中心顾问朱剑、程亚民等出席首发式。张謇研究中心干事会会长、新版《张謇全集》主编李明勋介绍了全集编纂过程。市委常委、宣传部部长章树山讲话，对新版《张謇全集》编纂出版给予高度评价，并就全集的发行、宣传工作提出了要求。

呕心沥血　十年一剑

1994 年由曹从坡、杨桐主编，江苏古籍出版社出版的《张謇全集》，是继《张季子九录》之后，张謇文献资料的集大成者，对史学界开展张謇研究起了积极作用。但是由于当时条件所限，文稿遗漏较多，体例不尽合理，误植之处不少，使学者难以直接引用。正因为如此，编纂新版《张謇全集》的目标十分明确，就是要制定科学的体例，尽力征集补遗，提高编校质量。

老将敢于担当，倾注全部心血。国内一些历史名人文集或全集如《张之洞全集》《李鸿章全集》等的编辑出版，一般都用了10年或更长时间，有关方面组织了几十人甚至上百人协同工作。而新版《张謇全集》的实际工作，则由张謇研究中心为平台组成的编辑部具体实施。张謇研究中心的工作人员，都是离退休老人，主要由他们承担编纂《张謇全集》重任，有人戏称是“几个老头唱大戏”。面对人手少、任务重、时间紧等实际困难，以学习、宣传、弘扬张謇精神为己任的张謇研究中心的同志们，经过认真讨论，勇于挑起重担，思想上做了迎难而上的充分准备，工作上做了精细、从紧安排，在保证日常工作、不间断地推进张謇研究的同时，把主要力量集中到征集、整理、考证、校核、编辑《张謇全集》工作中来。

曾经担任中共南通市委副书记、市人大常委会副主任的李明勋，任张謇研究中心干事会会长20多年。当时已70岁出头的李明勋担当起主帅的责任。从决策到制定规划，从组织到人事安排，从体例到纲目设置，乃至争取入选清史文献丛刊，以及具体实施当中的征集、编纂、校勘、出版等整个过程，许多事情他都身体力行、亲力亲为。到2012年底新编《张謇全集》编纂工作全部完成交付出版时，原先身板十分硬朗、只有不多白发的他，已是满头银发、步履有点蹒跚的八十老人了。其间，他还送走了百岁高龄的父亲，亲自照顾重病住院多年的妻子。在他身上表现出来的长者风范和学者典范，让人感叹不已。

另一位主编、张謇研究中心干事会常务副会长尤世玮，则承担了新编《张謇全集》编纂大量的策划、组织、协调工作和实施过程中的各项具体工作。这10年中的前5年，他还在市文联主席的岗位上，许多工作都是尽量兼顾或在业余时间完成的；而后5年，除张謇研究中心外，他还担任市江海文化研究会常务副会长，并同时负责几种大型文化著作的编纂、协调、落实任务。尽管工作繁重，他努力“弹好钢琴”，不敢懈怠，在落实经费、明确著作权、确定体例、与出版社沟通联络、为编辑人员服务，乃至最终审定全集版式、装帧、字体字号等方面，都倾注了大量心血。

新版《张謇全集》编纂的具体工作由南通大学退休教授张廷栖、市委党史办原副主任戴致君、南通博物苑学术委员会副主任赵鹏、南通市教科所原研究员陈炅等人承担。除赵鹏外，都是退休老人。出书要使用电脑，为此，当时年近七旬的张廷栖、戴致君都学会了使用电脑。戴致君笑着说：“原来在单位的时候是安排别人去学习电脑的，认为自己年龄大了可以不学了。想不到退休后因为编纂《张謇全集》终于学会了电脑。”

2004年至2012年底，承担具体编纂业务的这几位长者以及借调前来的赵鹏，在张謇研究中心简陋的办公室里一坐就是整整8年。8年里，他们比机关还要早一个半小时左右上班，有时为了探讨一个问题，讨论到天黑还不回家。常有前来联系工作的同人或朋友戏说：“你们比在职人员还要遵纪守时、尽心尽职。”在编纂攻坚的最后几年里，编辑部在办公室内贴出公告，招呼常来常往的张謇研究者和文友们，请他们“无事不登门”或减少来往交谈时间，以便保证集中精力完成编纂任务。

张謇的文章原稿大多失散，不少公开发表或印行的文章，往往又有多个不同的版本，文字上存在着不同程度的差异。加上张謇的一些诗文多为草书，字迹难以辨认，造成校勘困难。为了减少差错，编辑部经常为了考证、校核一篇文章、一段文字、一句话、一个标点进行认真研讨，直到弄清楚才心里踏实。

依靠社会力量，争取各方支持。在市委、市政府以及市委宣传部的领导下，新版《张謇全集》的工作得到全市有关方面的大力支持。南通博物苑在自己专业人才紧张的情况下，仍同意借调专家赵鹏来编辑部，增添了文字编校的骨干力量，而且这一借就是好几年。南通市图书馆为方便编辑部查阅馆藏《申报》《大公报》《东方杂志》《通海新报》等，搜集张謇佚文，专门开通了“绿色通道”。南通大学教授王敦琴组织大学生利用假期，逐页翻阅查找张謇生活年代的报刊，进行“地毯式”搜索，颇有所获。市档案馆安排研究馆员肖正德协同编辑前往南京中国第二历史档案馆查找和征集张謇在农商总长任期时的文稿。当时二史馆正值封馆整顿期间，肖正德多方疏通，获得特批。张绪武先生到台湾，特去“台北中央研究院”拜访，了解到他们存有张謇的一批佚文，商定可以由大陆使用，回来后即向市档案馆通报。市档案馆随后联系派员前往“台北中央研究院”，签订相关协议，获得这批文稿，并得到入编《张謇全集》的授权。南通大学张謇研究所副所长庄安正教授多次去上海、南京查找张謇史料，获得张謇在水利方面的佚文200多篇。编辑部还通过关系在美国一家图书馆里找到张謇的军事论著《治兵私议》。私人收藏的多篇张謇佚文也被征集入书。

邀请著名专家，参与编纂把关。新版《张謇全集》于2007年经申报列入国家清史编纂委员会文献项目以后，编纂工作得到了国家清史编纂委员会专家的全程指导和帮助，项目组联系人王汝丰、宝音教授多次到南通检查指导工作，在一些难点问题上及时交流沟通。分批报送的文稿也及时得到专家们的审核。专家提出的规范性要求，使编纂工作更加科学有序，精益求精，为新版《张謇全集》成为一项大型文化精品工程奠定了坚实的基础。在张謇研究中心后来编印的《新版〈张謇全集〉实录》中，收录了张謇研究中心与许多专家关于编纂全集的往来信函，从中可见一斑。其实，在编纂全集的过程中，编辑部登门请教和电话沟通的次数更多。正是由于得到国内专家学者的广泛及时指导，编纂工作才得以顺利进行，获得满意成果。

新的平台　新的境界

新版《张謇全集》的编纂出版，既是张謇研究的一个重要的里程碑，又是张謇研究向深度和广度进军的一个新的起点和新的平台。市委、市政府领导和许多专家学者都期望，新版《张謇全集》的编纂出版，将张謇研究推向一个新阶段。

张謇研究中心没有陶醉在已取得的成绩上，在新版《张謇全集》出版后，又多次召开专题会议，讨论下一步的工作。他们觉得要抓紧做好几项跟进的工作，肩头的担子不是轻了而是更重了。

首先要继续搜集张謇佚文。就在新版《张謇全集》付印以后，又发现了一些张謇佚文，且多为私人收藏。这说明补遗的工作还要做长期不懈的努力，以期在适当的时候出版《张謇全集》补遗。

其次，张謇研究中心准备尽早启动新版《张謇全集索引》的编纂工作。初步商定将新版《张謇全集》与《张季子九录》、1994 年版《张謇全集》对照，从多角度进行检索，为研究者提供更多的便利。

张謇研究中心还准备在新版《张謇全集》的基础上编纂《张謇年谱长编》，更全面、更准确地总结张謇这位伟大历史人物的一生，并分类出版张謇的专题单行本，做好张謇研究的普及工作，以卓有成效的工作业绩，迎接明年张謇研究中心成立 30 周年。

（载于 2013 年第 6 期）

沙元槼与如皋近代教育

顾　启

百年前，如皋建立近代教育制度和体系。清光绪二十八年（1902），翰林院编修沙元炳创办新学，首先办如皋公立师范学堂，奠定新教育的基础；清光绪三十三年（1907），沙元炳调省任用，由其堂弟、通师首届本科毕业生沙元槼接替主管如皋教育。他在原先的基础上加以发展，逐渐形成新的教育体系。

沙元槼（1880—1962），字士度，号佑常，晚号寒松，世居如皋城内沙家河塘之颐园，清末廪生，是张謇创办中国第一所民立师范学校通州师范的首届毕业生，江苏省教育会会员。自光绪三十三年年始，他主管如皋地方教育，先后共达23年，历任县劝学所视学兼总董、劝学所所长兼县视学、县民政公署学务课课长兼代县立师范学校校长、县公署第三科（教育科）科长、县教育局局长等职。

23年中，他始终抓住普通教育主线，全面发展全县普通教育。他把普及农村教育视为“第一要义”。光绪三十三年至1916年，他兴办国民学校155所，使全县农村学校布局粗具规模，后来，每年平均递增10所。仅1914年下半年编定的增设国民学校计议决案中，就有20所。至1934年12月统计，兴办的321所教育单位中，普通小学就有271所，且绝大部分在农村。可见，沙元槼把普及教育作为自身的主要责任，着重普及、推广了农村教育。光绪三十四年（1908），如师兼办初中班，历时虽只4年，但证明沙元炳、沙元槼兄弟也早将目光注视到设立普通中学上了。至1922年11月，教育部公布“学校系统改革令”规定“初级中学得单独设立之”。如皋办独立中学的各方面条件才渐臻成熟。沙元榘当即用考棚巷内停办的工业学校校舍，创办了如皋县立初级中学。招收初一1个班，从如师调拨过来初二、初三各1个班，成为如皋第一所实行壬戌学制的、独立的、渐趋完善的中学校。沙元榘特别注重该校的教师资质，不少是大学毕业生，还有几位日本留学生。英语会话教师聘美国人狄靠恩先生。首任校长徐觉世是南京高师毕业；继任者汪铁生毕业于北京大学，辞职后去杭州任大学教授；后任许绍初是日本工业大学毕业生。这所中学后来发展为今江苏省如皋中学。解放前后培养了一批人才，有地方高级干部、部队军级以上干部、著名教授、中国工程院院士、著名的纺织工程师、流体力学家、原子物理学家、地质学家、气象学家、无线通信专家、火车头制造设计专家……如皋中学的诞生，使如皋具备了专门的预备学科学生，让学子得以进高等学校深造。

沙元榘在抓普通教育的同时,还开创性地发展各类教育。他开创女学,说“‘兴女学’，不是单纯地培养贤妻良母，而是‘增女智’‘张女权’，从而走出家门，自食其力，成为有文化、有技能的人才，达到真正的男女平权”。光绪三十三年，他就任县教育主管前夕，创办了沙氏女塾，有学生34人，女教员2人，沙元榘亲自参加教学。女塾设技艺专科，并聘请在初级师范学堂任教的两位日本教师兼职指导。当时入学就读的黄琴、成玉、孙英、项徵兰、董菽生、姜慕谢、周懿彬、丁尊英、冯质、冯素、戴婉芳、戴婉芷等青年女士，被如皋人誉称“文明女性”。1914年，女塾改名为“沙氏初等小学校”。因推广女子教育，首先培养女教师。1912年8月再创女子师范学校，全称“公立甲种女子师范讲习所”。聘丹徒吴春芳女士为校长。继任校长是安徽旌德吕美荪,她是全国闻名的词人和女学创始人。曾经奉天提学使张鹤龄援延，任奉天女子师范总教习，还任过北洋高等女学总教习，女子公学监督。后赴福建厦门女子师范学校任教务主任兼国文教习。县立女子师范先后 16 年，培养人才颇多，民国初年各小学女教员大部分是女子师范毕业生。

沙元榘尤其注重孩子的职业教育，“让他们掌握一技之长，促进个人发展，利国富民，推动社会进步”。继沙元炳和县令周景涛等创办私立孤幼小学和艺徒学堂（即县立乙种工业学校）之后，沙元榘于 1914 年将工业学校中的女生分设女子职业学校，并指导马塘、白蒲、林梓、掘港、车马湖、卢港等乡镇完全小学，附设实业补习班。据 1917 年统计，全县已办起职业学校及各种职业实习班 24 所。1917 年创办了如皋女红传习所（后改名女工传习所），由沙元榘夫人黄琴和沈卓吾（如皋磨头人，孙中山广东大本营参军，奉安委员会秘书）夫人成玉任正副所长，在校学生常在 120 人左右。毕业后如愿留在所里做工者，免收食宿费，按产品计发工资。传习所生产的刺绣品、贴绒画，多数由沈卓吾先生在上海联系推销。有的销往香港和南亚、欧洲、美洲。贴绒《挂印封侯》（猴子、蜜蜂）曾于 1926 年在江苏省地方物品展览会上获金奖；《英雄独立》（鹰）获佳作奖。现在还有女工传习所生产的《挂印封侯》《英雄独立》等 4 幅贴绒画屏珍藏于上海博物馆内。

蒙养（幼儿）教育应普通教育而诞生。沙元榘和黄琴主张“人才培养从幼儿开始，让儿童潜移默化地获得生活经验和智力、人格的早期教育”。1915 年创设城市第一蒙养园，紧接着县公署第三科与婴育堂合办城婴幼稚园，后由第三科独办。自此各乡镇效仿，全县幼儿教育启动。列宁夫人、幼教专家克鲁普斯卡娅说过：“一个人所受教育，百分之九十是在幼儿时期获得的。”可证沙元榘夫妇的睿智与敏感。如皋校友、中国科学院院士、地震学家马瑾回忆：“我在如皋幼稚园懂得了许多道理，比如要敬爱长辈，要帮助其他小朋友，要学着做事（劳动），要讲卫生，站要直，坐要正，不挑食，要认真识字，不可以骂人，要勇敢，不怕困难，自己的事自己做……对人的一生来说，是很重要的。”

沙元榘还在弱势群体中培养人才。1929 年，他克服了多重困难，创办了如皋盲哑学校。他说 :“要让残疾人能够得到社会的关心和爱护，得到自主、自信的特殊教育。”结果，培养了一批特殊人才。该校 20 世纪 30 年代毕业生冒怀苏（著名学者冒广生之哑孙），后来成为中国著名版画家，并获得“鲁迅版画奖”，担任上海美术出版社副编审。校友聋哑人薛二用手语抚养的儿子成了北京大学毕业生。今天，如皋市特殊教育事业十分发达。该校已发展成集语言康复教育、听障教育、智障教育、职业教育于一体的特殊教育基地。

沙元榘常叹 :“识字耕夫有几个 !”“‘民可使由之，不可使知之’是愚民政策。百姓不受教育，不了解国家民族兴衰的历史，不明白自身的社会责任，昏昏蒙蒙，任人宰割。”所以他在任上付出心力，兼顾社会教育。创办白话、通俗报纸，并在各乡镇设立阅报社和通俗演讲所。如城阅报社扩展为通俗图书馆，再改为县立图书馆，他本人兼任首任馆长。派演讲员至各乡镇宣讲社会平等、男女平等等应时民众教育话题。创办公园和公共体育场，多次举办运动会。他在任职末期，还办了民众教育馆 12 处。为将爱国思想和民族精神贯穿社会教育之中，他于 1935 年 1 月在如城刻石树建《明兵备副使刘景韶参将邱陞义官吴平倭始末记》碑，让人民大众、广大青少年铭记“一雪国耻，振兴中华”。社会教育事业在宣传爱国思想、普及科学知识、启迪民智、改良社会风尚、丰富人们文化生活等方面，发挥了巨大作用。

据 1934 年 12 月统计，全县办中小学、幼稚园及社教单位 321 个。其中沙元榘创办的沙氏初等小学、公立女子师范、女子职业学校、女工传习所、城市第一蒙养园、如皋县立初级中学、县盲哑学校 7 所，先后为国家培养输送了大批人才，包括不少杰出者。淮扬道殷道尹饬 :“（如皋）教育一事，颇得风气之先。”

对沙氏初等小学校饬：“此校开办最早，实为皋邑女学先声。”省长对如皋教育赞为“六十县以为楷模”。1919 年和 1921 年，沙元榘两次荣获教育部颁发的“嘉禾章”的奖励。民国初年，川（四川）、甘（甘肃）、宁（宁夏）、青（青海）各内陆省份师范毕业生到苏杭参观旅行时，多慕名而来，专程参观南通及如皋教育事业。后来沙元榘成为我党重要统战对象，1942 年任苏中三分区如西县参议员；1945 年秋，任苏皖边区第一行政区临时参议员，如皋县参议员，救济委员会委员，各界人民代表，县惩奸委员会委员；1946 年 1 月，国民党破坏停战协定，他被推为如皋人民呼吁和平首席代表，去南通向“三人小组”呼吁停战，遭到反动派的迫害。国民党军占如城后，辗转去上海隐居。在战争年代，他先后鼓励 5 位子女去延安抗大等学习锻炼，现均为省或厅级离休干部。新中国成立后，他先后任江苏省及上海市文史馆馆员、如皋县各界人民代表会议特邀代表，著有《寒松诗集》等，于 1962 年病逝。

（载于 2014 年第 1 期）

南通沈绣百年记

徐慎庠

沈绣源于苏绣，在南通成为独立的刺绣流派。2014 年是南通女工传习所建立 100 年，沈绣技艺薪火相传，历久弥新，成为享誉全国、蜚声海外的工艺精品。

“沈绣”之名首见于张謇先生（啬公）一篇文章的题目。沈寿女士逝世后的 1923 年，前清农工商部胡参议（吴县人，生前曾管辖绣工科事务，绣屏是胡参议的遗物）的女婿李君，手中持有 4 幅绣屏，猜想是沈寿所绣，于是请啬公做鉴定。啬公说：“沈作翎毛，无不奕奕有神，栩栩欲活。此犹绣耳，非画绣也，然亦必出其高第弟子之手，足以追踪露香。”这篇《题沈绣》的短文，将这 4 幅绣屏作了评价，翎毛的绣作“奕奕有神，栩栩欲活”概括了沈绣的基本特征。

纵观中国刺绣，以绣女（或称绣娘）的姓氏命名的，唯有沈寿。啬公，既识人更识绣。《题沈绣》的 157 字短文最后云：“百世下以俟真知者耳。”这是发自肺腑强烈的愿望。

那么，沈寿是怎样创立沈绣的呢？

沈寿，初名云芝，字雪君，晚号雪宧，别号天香阁主人。生于清同治十三年八月十一日（1874 年 9 月 21 日）。祖籍浙江吴兴，出生地在苏州阊门外海宏坊。父沈椿，举秀才，曾是一名管盐的小官，喜好古玩字画之类的收藏。母宋氏，出生于素有“绣乡”美誉的木渎镇。环境和家庭的熏陶，使沈云芝自幼萌发对刺绣技艺的猎奇和爱好。7 岁与姐姐沈立同绷习绣，8 岁即绣《鹦鹉图》，显露她绣艺的天赋。十一二岁时从父亲那儿学习文史，并喜爱名人字画，观赏之余常与刺绣融合，作遐思而构绣，因此，十四五岁时，她以绣品新奇而名遐当地。其时，流寓于苏州的绍兴余冰臣（原名兆熊，后改名为“觉”），与沈家相距不远，他习举子业，擅书画，善于交际。因书画古玩鉴赏常到沈家来，仰慕沈云芝绣艺和才华，数年追求并有一番曲折，终于在清光绪十九年（1893）与沈寿结婚，婚后读书和研绣，夫妇感情融洽，经营的绣品在苏沪一带颇具声望。

光绪三十年（1904），临慈禧太后七十寿辰筹备之际，余冰臣有位吴县的朋友单镇（字束笙），年前刚中进士，在京城商部［光绪三十二年（1906）九月改为农工商部］任员外郎，向余冰臣提供朝廷搜集贡品的信息，遂请画家颜元（字纯生）创作《八仙上寿图》，沈云芝接过画稿组织金静芳等弟子刻苦劳作，精心绣制，赶上朝贡之机。慈禧得观，叹为精绝，堪比宫中藏品有过之而无不及。懿旨商部尚书载振嘉奖，特颁双龙宝星商部四等勋章，慈禧亲书“福”“寿”两字分赐余、沈夫妇。自此，沈云芝更名为寿。其后，载振奏请在商部筹办绣工科。

光绪三十一年十月（1905 年 11 月）商部始派余、沈夫妇赴日进行为期 3 个多月的考察。在日本期间，他们与日本刺绣艺人广泛接触，深入了解各个方面的情况，尤与日本园山四条派画家竹内栖凤（1864—1942）、菊池芳文（1862—1918）等人有接触和交流，还购买了《栖凤画谱》《动物学》《水彩学》等有关资料 80 余册。回国后由余冰臣执笔写了《赴日考察报告书》，其中讲道：“日本刺绣虽粗细不一，都楚楚动人，刺绣者都兼习绘画，对设色深浅均有一定修养，在绣品中最精细的是以西洋画为标本，花数年时间，运用千余种色线绣的美术绣，这类绣品皆可入欧美赛会。从针工来看，不耐细看，不如中国刺绣细密无痕。”沈寿认为：“今后如果采用西洋画作绣稿，运用中国刺绣技法，特别是染线、运色方面精心研究，则中国绣与日本绣相比，有过之而莫不及。”通过访问、学习、研讨、借鉴和比较，了解到西洋美术与日本刺绣的真实状况，取长补短，善于思考和发挥，对她以后的绣艺发展并创造“仿真绣”，有了明晰的概念和促进作用。

光绪三十二年（1906）四月，京师商部绣工科开办，沈寿被聘为总教习，余冰臣任总理，以刺绣为主设国文、图画、刺绣等教程，开创中国近代工艺美术教育的模式。

清宣统二年（1910）六月五日，南洋劝业会在南京开幕，沈寿的绣品《意大利皇后爱丽娜像》荣获一等奖，啬公评其为“精绝为世所未有”，杨夏《南洋劝业会报告书》称其为“绝绣”。作为“仿真绣”崭露头角，充分吸收并应用西洋油画中丰富的色彩，体现光与影、明与暗，将传统的苏绣艺术与原创油画表现得淋漓尽致，用杨夏的话来说，叫作“逼肖如生”。这幅绣品于宣统三年（1911）由余冰臣带到罗马参加意大利万国博览会，荣获优等奖和“世界至大荣誉最高级之卓绝奖”。展览会结束后，此幅绣品作为国礼赠送给皇室，国王回赠最高级圣母利宝星一枚，颁赠沈寿镶有皇室纹章的钻石金表。作为传统工艺的中国绣品在国际获得如此荣誉尚属首次。

1911 年辛亥革命爆发，形势发生了变化：一是清政府所设绣工科随即解散，余、沈夫妇迁居天津，创办自立女工传习所。二是啬公被推为江苏省议会议长，在“父教育，母实业”的思想指导下，认为沈寿搞绣工科属于职业教育，且其绣品屡获大奖，有很强的优势，于是多次辗转寻访余、沈夫妇，甚至不顾左髀酸痛到天津东北近郊，不胜步行之累，找到他们。沈寿告诉啬公，曾有四川人以总教习薪酬二百两聘，她没有答应。啬公说明只有 50 元，“不意女士辞多而就少，辞四川而南通”，沈寿说：“南通实习教育有方兴之气，先生则平日信为可持之人，故来。”当时南通还没有提供作为女工传习所的房舍，资金也缺乏。所以，余、沈夫妇有一段时期在苏州马培之医科旧宅开办同立绣校。1913 年冬，沈寿确定赴通，啬公委以绣工科主任之职，选址于通州女子师范校内，与三兄张詧捐资合办，用银 5000 元，建平屋 11 间，于 1914 年夏竣工。建成后，沈寿于农历八月即赴任。体现啬公与沈寿相互之间高度诚信和默契。经过原先商定的学科分刺绣、图画、编物、手织、裁缝、育蚕 6 科，其后赣、皖、浙、闽、苏、沪等地陆续报名的女青年日渐增多，啬公又筹集资金将传习所扩建于城南濠河畔，竭尽全力为沈绣艺术的传承创造良好的环境和条件。如今沈寿艺术馆就在扩建后濠河畔原址，东边有一典雅庭院回廊式的建筑，绿地面南一尊与真人差不多大小的汉白玉全身塑像，供人们瞻仰、纪念，就是世界美术大师沈寿的塑像。

沈绣名闻遐迩，源从传统的苏绣脱颖而出。研究员级高级工艺美术师孙佩兰女士有对沈绣全面而系统的分析研究。她从对苏州博物馆、故宫博物院、南京博物院等有关沈绣的藏品观摩、研究和分析，认为沈寿早期所采用的绣稿大都是民间画工设计，虽然以传统针法为主，但她善于根据画面变化灵活施针，针工娴熟，不仅使绣品极具质感，在透视的基础上还具有一定的厚度。所以，其早期绣品就有收藏价值。孙佩兰对苏州博物馆藏有的沈绣作品《济公》作了专题分析，她说："济公的面部、颈部、衣纹等处，都根据光线明暗，分出深浅，绣面上两酒坛，深色线的运用犹如素描中的衬光，更见特色。"她认为《济公》这件作品是沈寿中期（1905—1909）的代表作。画稿殆为画家颜元设计，原稿为国画，但沈寿的绣作在色彩的调配和局部处理上，已开始吸收西洋画中讲究光线明暗的长处。真正体现沈寿独创的仿真绣法首幅作品是《意大利皇后爱丽娜像》。底稿是摄影作品，那时只有黑白显像，所以将这样的"画稿"还原，运用色线的深与浅，浓与淡要恰到好处地表现出来，一针一线，一丝一毫都不能有差错，将画面上各个细密的部位都惟妙惟肖地表现出来，确是沈绣非凡卓越超群的才能。

南通女工传习所筹建之际，余、沈夫妇从天津返回苏州，在医科巷开办同立绣校，因与颜家有通家之谊，聘颜元之子颜文梁（1893—1988）任西画课教师，颜曾在商务印书馆学习刻印、制版等技术，并有志朝西洋油画方面发展。一幅原稿为《耶稣像》的油画是印刷品，是"意大利画家琪杜雷尼所作，原名称《荆棘冠冕》，经颜文梁放大、构绷，沈寿采用她创新的虚实针、旋针绣，以刺绣独有的艺术语言——针法与丝光拉开了面部明暗层次，用色大胆疏朗，绣出了耶稣冠戴荆棘冠冕、头微侧的形象……观绣品，犹如置身于这一冷酷、严峻的场合，身心为之震颤"。此幅绣作从苏州带到南通来，用自染色丝百余种，共费时一年多完成。这幅绣品在 1915 年的美国巴拿马万国博览会中名列榜首，荣获一等奖。

沈寿是带着"绣魂"莅通的，别具极强的悟性自觉。专静的素养、洁净的习惯、勤勉的精神，是沈绣的基本灵魂。她以画稿为基础，选线调色为基准，灵活运用针法为基本功。她授刺绣课强调审势、配色、求光、肖神，把西洋的绘画、摄影与中国传统的刺绣技艺融为一体，达到令人惊艳的奇异效果。由于她的刻苦钻研，形成沈绣独特的理论。沈寿说："我针法非有所受也，少而学焉，长而习焉，旧法而已。既悟绣以象物，物自有真，当仿真。见欧人铅油之画，本于摄影，影生于光，光有阴阳，当辨阴阳。潜神凝虑，以新意运旧法，渐有得。观其美术之绣，归益有得，久之久之，遂觉天壤之千形万态，但入吾目，无不可入吾针，即无不可入吾绣。"这段话被啬公写于《雪宧绣谱》的序言中，是绣谱整个内容的高度概括，也是沈寿口授再加啬公文采锤炼的结果。

啬公慧眼识人，既看重沈寿的人品，也看中沈绣发展的前景，所以尽其所能为沈绣创造优良的客观环境和条件。起初安排在女子师范学校内，校长姚蕴素是安徽桐城姚氏家族知书达理的闺秀，在啬公亲题"服习家政，勤俭温和"的校训下，沈绣得以自由拓展和提升。自 1914 年 9 月沈寿莅通传绣艺，到她 1921 年 6 月 8 日因病去世，这 7 年中沈寿有大半时间在病中度过。沈寿得病以后有两件事，一是沈寿于病中刺绣并完成《女优倍克像》，曾在纽约展出，被啬公视为国宝，坚拒出售。二是由啬公与沈寿合作，历时半年，在沈寿疾病小愈间隙于绣绷前"且复问、且加审、且易稿，如是者再三"，尽量用通俗的文字，将刺绣的各种要素、技法和术语等表述清楚。有时还由沈寿在绣绷上示范，将所有的线色科学地归类，将绣绷、架及坐具量好尺寸详加记录作图等，"不敢涉诞，积数月而成此谱"。啬公潜心此著，一生中"几易其稿"者殆仅此《雪宧绣谱》，这是为了"术欲凡学绣之有征"(传授绣技有了文字方面的依据)，"偿其传授之劳"(作为沈绣艺术理论上应加以总结)，还有"寿有独立足有传世之艺，故从金石书妇女特例，书曰吴县沈寿"(自古以来作为"方技"之类，以妇女姓名命名的是特例，可以大书"沈寿"之名)。值得一提的是沈绣获得誉满全球的奖项，加上《雪宧绣谱》理论的总结报告，才够得上圆满的"世界美术家"称号。啬公的思维逻辑告诉我们，有了娴熟的绣技，还必须有《雪宧绣谱》理论，才能成为真正的"沈绣"。

沈寿逝世后，墓葬遵其遗嘱在南通，啬公亲自为其选址于马鞍山南隅一片绿荫丛中，并亲题"世界美术家吴县沈女士之墓阙"，是值得后人景仰之地。

新中国成立后，1959 年，南通工艺美术研究所成立。1984 年，沈寿 110 周年诞辰之际，研究所举办了纪念活动。1992 年，在南濠河北岸女工传习所原址建立沈寿艺术馆，由时任国务院副总理邹家华（沈寿侄女沈粹缜之子）题写馆名。

2009 年 11 月，沈寿艺术馆的沈绣《奥巴马总统全家福》作为国礼赠送给美国总统奥巴马。2011 年 10 月，沈绣《比利时国王夫妇像》被赠给比利时国王阿尔贝二世，作为祝贺国王生日礼物。2013 年 3 月 22 日，沈寿艺术馆绣制的沈绣《普京总统肖像》被赠送给俄罗斯总统普京。2014 年 3 月 30 日，沈绣《比利时国王合家欢》被赠给新任国王菲利普。

2010 年 9 月 18 日，在上海大剧院画廊举办“御绣清韵——沈绣艺术精品展”，展期 10 天，展出作品 30 余幅。人们最为熟悉的《贵妃醉酒》，是典型的仿真绣风格，令人流连忘返。同年，海门创立沈寿刺绣艺术研究会，有数十人致力沈绣艺术绣制创作和研究。

值得庆贺的是，沈绣艺术于 2007 年 3 月被列入江苏省第一批非物质文化遗产名录。2008 年，沈绣艺术又被列入第二批国家级非物质文化遗产名录。2014 年是沈寿女士 140 周年诞辰，又是沈绣莅通 100 周年。沈寿曾在谦亭说过：“（啬）公寿百年，谦亭百年，绣亦百年。”百年来，沈绣后人正继承沈绣所指引的方向大踏步前进，相信再有一百年，“沈绣”仍是青春永驻，活力四射。

（载于 2014 年第 3 期）

南通铁军永放光彩

——记“南通建筑铁军”命名30周年

朱　剑

在我的文史资料中珍藏着1985年10月国务院颁发给我的“援藏43项工程建设纪念证书”。20世纪80年代，我曾担任过南通市援藏工程领导小组组长，由此与南通的建筑队伍结下了一段“南通建筑铁军缘”。

说起南通援藏工程，要从时任国家经委委员赵维臣20世纪80年代初来南通调查说起。因通过那次的工作调查，南通市建筑业的崛起和实力给他留下了很深刻的印象。1984年3月的一天，他通过电话告知我：党中央书记处开会决定，为庆祝西藏自治区成立20周年，由北京、上海、天津、江苏、浙江、福建、山东、广东、四川九省市帮助西藏建设43项迫切需要的重点工程项目。获此信息后，我（时任南通市市长）立即派人赴省找有关领导，积极为南通的建筑大军请战。过了几天，接省通知援藏工程中拉萨饭店等5项工程由南通市承担，并由王敏之（市政府顾问）、邢汉荣（市建工局局长）、徐孝先（南通县建工局局长）与省相关领导一起赴北京中南海参加援藏建设工作会议，接受中央下达的援藏政治任务。会议3月底结束，4月5日，市里派徐孝先带领12名工程技术管理人员进藏实地考察，并做施工准备工作。1984年4月19日，江苏省政府发出《关于认真做好支援西藏工程建设的通知》。通知说，经省政府研究决定，成立省援藏工作领导小组，顾秀莲（省长）为组长，陈焕友、张绪武（均为副省长）为副组长，下设工作办公室和驻成都援藏工作办事处两个机构，对省政府、西藏自治区政府负责，实行总承包责任制；在拉萨成立强有力的现场指挥部，统一领导，统一计划平衡，统一行动调度。

中央这些援藏工程项目，当时的计划总投资 2.7 亿元，总面积 20 万平方米，分配给江苏的项目有 8 个，投资总额为 9000 多万元，面积为 9.3 万多平方米。其中给南通市承包的有 5 个项目——拉萨饭店、机场宾馆、少年活动中心、拉萨客运站、西藏自治区人民医院。南通市为承担这一光荣而艰巨的任务，首先建立了南通市援藏工程领导小组，朱剑任组长，王敏之（市政府顾问）、张佑才（副市长）任副组长。在这里，特别要提的是老同志王敏之（南通城解放前任地下党城工委书记，实行市管县行政体制前任南通专署副专员），他是南通建筑业发展、壮大、特别是走向全国以至国外的创始者和组织者。他曾多次赴北京和南京，代表市政府介绍南通市建筑业的情况，为招揽工程不遗余力。

南通铁军，这支光荣的建筑队伍，是在 20 世纪 50 年代初，为建造“南通市劳动人民文化宫”而成立的南通市第一家建筑工程公司，公司经理由市建筑工程局党委副书记陆修根担任。该公司参加过庆祝中华人民共和国成立十周年的“北京十大建筑”等工程，成绩显著，被建设部命名为全国红旗单位，并在南通举行过“全国勤俭办企业的红旗——南通建筑工程公司”现场会，向全国介绍和推广其经验。当时，建设部一位领导向中央领导同志汇报了南通建筑公司经理是一位解放军转业干部，他用一根扁担挑着行李和工具，从这个工地到那个工地，和工人们摸爬滚打在一起，带起了一支坚强建筑队伍。时任全国人大常委会委员长朱德元帅听了很高兴地说：“新四军、八路军都是党领导的人民军队。南通市建筑公司发扬的正是‘老八路’作风啊！”不久，陆修根被评为全国劳动模范。同时，市越剧团的编导还根据这些素材创作了越剧《老八路》。赴京演出时，朱德委员长、周恩来总理、陈毅副总理等中央领导人亲临观看了该剧，并接见了演员们，一时轰动京城。此后，南通的“老八路”名扬全国。20 世纪 70 年代，南通建筑大军进军大庆和新疆，在新疆建成的博格达宾馆建筑质量堪称一流。

在王敏之提议下，南通市承担的 5 个援藏工程都交给了建筑实力雄厚的南通县（现在的通州区）。按照省政府指示，南通市需在拉萨成立强有力的现场指挥部。

我们即派出南通市建筑安装工程总公司经理鲍乾元和南通县副县长沈志祥等加强领导，并决定鲍乾元、徐孝先（南通县建筑工程局局长）任市现场指挥部正副总指挥，同时他们还被省里分别任命为江苏省拉萨工程指挥部正副总指挥。实际上，省里把江苏省承担的援藏工程交给了南通市，而市里又把它交给了南通县（当时以南通市建筑总公司第四公司之名赴藏施工）。副省长张绪武、南通县县长张琛及市县其他领导同志曾专程赴工地检查、监督和慰问。

首次提出"南通建筑铁军"，是在 1984 年 12 月中央在北京召开的第二次援藏建设工作座谈会上。参加这次会议的中央领导同志在观看了拉萨饭店等援藏工程照片和影像后，称赞南通建筑队伍是一支铁军啊！从此，南通建筑队伍从"老八路"桂冠又加冕为"南通建筑铁军"，名传天下。

当年的情况，南通市建筑工程总公司第四公司的青年干部耿裕华（被江苏省援藏工程现场指挥部任命为施工技术组副组长，具体负责南通市承包的 5 项工程的技术管理和对外协调工作）在一篇《雄关漫道真如铁》回忆文章中生动地记述："拉萨饭店工程，总面积近 4 万平方米，主楼 7 层框架结构，局部 9 层，该工程由南、北、中客房、餐厅等 22 个单体工程组成，为连室内配套，开门就营业交钥匙工程。该工程投资多、要求高、难度大，为西藏最大的现代化建筑群，列为 43 项工程之首，是这批重点工程中的重点。为了保证在西藏自治区成立 20 周年前建成并交付使用，指挥部给拉萨饭店工程划了三道'红线'：7 月 1 日开工，8 月 1 日前完成基础施工；11 月结构封顶；次年 7 月底竣工。实际施工期不足 300 天，任务之艰巨是可想而知的。"当时南通市援藏施工队伍没有塔吊等大型垂直运输机械，副总指挥徐孝先责成机械工程师戴广成带领机修工从西藏建筑公司废旧的塔吊中，3 台拼成一台。没有汽车吊，就用土办法把塔吊竖了起来，并一次试车成功，用于拉萨饭店工程施工。基础施工时，没有挖掘机，用人工挖，遇到卵石层，工人用手抠，手指抠出了血；遇到地下水层，没有水靴，工人赤脚站在冰冷的水里挖地槽，指挥部买了白酒给工人喝几口暖暖身子继续干；主体结构施工时，全体施工人员克服了高寒缺氧、设备简陋等重重困难，发扬了女排拼搏精神，1.2 万平方米、9 层主楼，只用 52 天就封了顶，平均 7 天一层楼，最快 5 天一层，创造了高原奇迹。速度快得惊人！拉萨市民誉称“南通人有气功”。《西藏日报》上誉称南通建筑队伍为“建筑铁军”。在饭店西餐厅 24 米跨梯形钢屋架吊装时，现场的一台塔吊根本无法将屋架全部到位。大家当场研究，提出多种方案，最后，副总指挥徐孝先决定先用塔吊将一榀屋架在一侧就位后，第二榀就位连成稳定整体，再由人工用起重葫芦拉水平滑移方法慢慢地将钢屋架位移就位，一举解决没有吊装设备安装钢屋架的难题，使这项重点工程按时开工、按时竣工。拉萨饭店吸收了西藏民族的建筑风格，应用了布达拉宫台阶式建筑造型，使它和周围的群山和不远处的布达拉宫遥相呼应，浑然一体，矗立于伟大祖国的雪域高原。这一创举，当时《西藏日报》在显著位置作了报道，誉之为“高原建设的奇迹”。

《西藏日报》曾于 1985 年 7 月 24 日报道南通铁树在高原开花的奇事：“这棵开花的铁树是南通市园林工人把南通市唐闸公园的看家宝——一株具有 70 余年历史的‘铁树王’空运进藏的。在内地，一般铁树需 60 年的时间才能开花。但在世界屋脊上能如此顺利开花，确实是一件大喜事。”拉萨饭店工程施工中，指挥部一开始就定下“确保省优样板，争创国家金奖”的目标，精心组织施工。精装修阶段，指挥部组织技术攻关，解决了高寒缺氧、气候干燥条件下施工等一个个技术难题，施工质量精益求精，质量一流。拉萨饭店经西藏自治区工程竣工验收委员会评定，誉为“信得过工程”，同时拉萨饭店还被江苏省工程质量评定小组评为“省级样板工程”，并荣获江苏省第一个全国工程质量最高荣誉奖——鲁班奖。

拉萨饭店落成典礼于 1985 年 8 月 12 日举行。全国人大常委会副委员长阿沛·阿旺晋美和西藏自治区党委书记伍精华为拉萨饭店落成剪彩。西藏自治区人民政府副主席多吉才让即兴朗诵了一副对联：“众口皆碑，七日层楼，高原奇迹；匠心独运，一流水平，古城瞩目。”在落成典礼的第二天，西藏自治区党委、区人大常委会、区人民政府给江苏省委、省人大常委会、省人民政府发来贺电：“拉萨饭店是这次 9 省市援藏 43 项工程中投资规模最大、土建安装和设备配套最为复杂的一个项目，也是中央领导同志和西藏各界人士最为关注的重点项目之一。在贵省援藏队伍的艰苦努力下，这项工程自去年7月1日开工至正式落成，仅用了一年零两个月的建设时间。3.9万多平方米的建筑面积，用100天拿下主体工程，平均7天一层楼，这在西藏建设史上创造了奇迹，人们称其为西藏高原上的深圳速度，它是藏汉民族友谊的象征，它将和高原的蓝天、白云和古老壮观的布达拉宫相辉映，巍然屹立在古城拉萨，并将作为一个永久的纪念。”

1985年12月，中共南通市委决定，将南通援藏建筑队伍以“南通建筑铁军”一称名列为全市精神文明建设12面红旗之一，并举行命名和表彰大会，为全市各行各业和全市人民学习的典型。从此“南通建筑铁军”名扬天下，为南通市建筑业共享品牌，誉满全球。

回望“南通铁军”的历程，这支英雄队伍是在风起云涌、激烈的市场大潮竞争中，以顽强拼搏的精神、务实灵活的经营策略以及扎实有效的企业管理站稳了脚跟，勇往直前，在国内外工程建设的大舞台上谱写出了光辉的华章，直至今日仍然光彩夺目。据有关资料显示，截至2013年，全市共获得鲁班奖77项，居全国地级市之首。从20世纪80年代初起，南通建筑业开辟境外建筑市场，向伊拉克、科威特等中东国家输出劳务，实现了由内向型经济到外向型经济的转变。据统计，全市建筑队伍总人数（市、县建工系统）从1978年10万人，完成工作量5000万元，到2013年已达135万人。拥有特级资质建筑企业15家，拥有一级建造师5342名，施工产值超100亿元的企业有15家，队伍足迹遍布74个国家和地区，出境施工人数2.4万人。2013年，全市建筑企业承建施工面积达6.1亿平方米。全市建筑业总产值每年以20%左右的速度增长，至2013年，总产值达到4350亿元，年增加值达455.34亿元，约占全省建筑业总产值的1/5。2014年，全市建筑业总产值力争达到5000亿元。

当年以乡镇集体建筑队伍为主体走向全国、走向世界的南通建筑业，经过改革开放30多年的发展，拥有了市场覆盖广阔、人力资源丰富、经营管理灵活等诸多优势，增强了竞争能力，塑造了“铁军”更加高大的形象，奠定了建筑业在南通国民经济中的支柱产业地位。同时，广大农民背井离乡，南征北战，越洋过海，他们不仅掌握了建筑手艺，拿到了工资，而且扩大了眼界，增长了见识，成为南通农村的一支新生力量，从而大大推动了改革开放，为振兴南通作出了不可磨灭的贡献。

2014 年上半年“南通铁军”又获两大喜讯：

4 月 25 日，《南通网讯》报道：“昨天，南通建筑铁军从雪域高原再传捷报：在一项党中央、国务院确定的‘暖心工程’——拉萨市供暖改造工程建设中，江苏启安集团表现出色，凭借具有核心竞争力和自主知识产权的散热器优势，塑造了‘暖心工程’的新丰碑，受到西藏自治区和拉萨市领导的好评。‘暖心工程’是党中央、国务院为惠及高寒缺氧的西藏人民而启动的一项供暖试点工程。工程由中央拨款，对拉萨市 2900 多万平方米的住宅‘由上到下’全面进行取暖改造。”

6 月 11 日，江苏省人民政府召开建筑业改革发展暨 2013 年度“百强企业”发布会。会上，南通二建、南通三建等 20 家建筑企业上“百强企业”榜单，入选企业数量位居各省辖市之首；南通建工、南通三建、南通六建、江苏中信等多家建筑企业入选“全球最大国际承包商 250 强”，南通在全省率先成为建筑强市。

2014 年是“南通建筑铁军”命名 30 周年。愿“南通建筑铁军”永放光彩，为共筑中华民族伟大复兴的“中国梦”再作更大贡献！

（载于 2014 年第 4 期）

“海安之路”发展历程回顾

周宏文

1978年，党的十一届三中全会犹如春风化雨，给祖国大地带来一片生机。海安县委、县政府从实际出发，不断探索“农牧结合，发展工业，综合经营，提高效益”的路子，把发展农业、加工业、工业、建筑业、城市建设、商贸、出口等有机地结合起来，实现资源多次开发利用，促进经济良性循环，这条路子被国内经济界誉为“海安之路”。30多年来，海安之路愈走愈宽。

形成（1979—1984年）

20世纪70年代末80年代初，党的一系列富民政策给广大农村带来了生机和活力，海安县委全面纠正“左”的弊端，放宽经济政策，从实际情况出发，坚持“种养加出，综合经营”之策略，开拓治穷致富的路子。

1981年以后，海安县先后推行联产到组责任制、联产到劳责任制、大包干责任制，允许包产到户，允许农民个人或联户承包集体水面、滩涂和零星隙地。1984年，海安县委、县政府延长土地承包制，15年不变，开展以“两田制”（人分口粮田、劳分责任田）为主的完善土地承包制的工作，允许包产到户，调动了广大农民的生产积极性。调整农业产业结构，将麦、玉米、稻三熟制为主改为麦稻两熟制，压缩玉米、早稻，扩大中稻。根据海安通扬运河以东、以北、以南地区不同特点，建立不同类型的农牧生产基地。河北里下河地区以粮棉为主，大力发展水产养殖业；河南高沙土地区缩棉扩桑；河东地区重点发展瓜果蔬菜和特种经济作物，将农民“庭院经济”逐步向农田扩展。

海安县调整畜禽结构，稳定生猪生产，同时大力发展家禽和羊兔养殖，引导农民改变家禽散养的习惯，鼓励圈养鸡鸭等家禽，使有限的饲料转化成更多的畜牧产品。抓好良种繁育、推广和疫病防治工作，推广畜禽新品种、养殖新技术。引进罗斯鸡、康贝尔鸭、狄高鸭和新浦东鸡等种蛋，建起海安县祖代罗斯鸡场和7个父母代罗斯鸡场，基本形成县、乡、专业户三级家禽良种繁育体系。普遍推行牲畜无病包防、有病包治、死亡包赔的经济技术责任制，建立畜禽检疫制度，实行常年防疫，成立兽医药械服务部、畜禽良种服务公司等服务机构，传授、普及科技知识，举办培训班100多期，辅导农民3万多人次，印发技术资料3.5万多份。建立营销体系，采取国家、集体、个人一起上的办法，实现多渠道流通。县委、县政府充分发挥“两户”（重点户、专业户）的典型示范作用，对发展生产有困难的专业户，组织银行、信用社等予以贷款支持，地方财政拨款支付银行利息。1984年春，县委召开“两户”代表大会，进行“农民致富之路”巡回宣传活动，介绍“两户”致富经验。

工业发展重点放在农副产品加工业上，兴办乡村饲料加工厂，生产畜禽预混料；兴办食品加工厂、畜禽冷冻厂，加工畜禽产品；建立缫丝厂、织绸厂和染绸厂、扎绸厂、丝棉厂，发展茧丝绸产业。同时注重发展机械、纺织、电子电器等工业。

海安县委、县政府的一系列措施，使海安迈开了致富的第一步。1984年，全县粮食总产4.65亿公斤，比1978年增加0.98亿公斤。全县从事畜禽生产者15万人，从事家庭手工业、长途贩运及建筑业者13万人，有各类专业户3.89万家，纯收入超千元的农户1300家，超万元的130家。蚕茧总产量6342吨，比1978年增长1.68倍，约占全省产量的1/10，连续4年居全省第一位。全县上市生猪67.08万头；家禽上市350万羽，存栏332.29万羽，生产禽蛋1.33万吨。1983年，向苏南、上海等各大城市贩运鸡300多万羽、鲜蛋17.5万公斤，出现成千上万农民骑自行车驮鸡运往南京、上海等大城市销售的壮观场面，新华社记者在《中国农民报》头版头条以《百万雄鸡下江南》为题，报道了这一现象。海安以农副产品为原料的工业产值 2.03 亿元，占全县工业总值的 46%，以“种养加出，综合经营”为主要模式的“海安之路”基本形成。1984 年 9 月，《新华日报》记者撰文称：“海安县采用新技术改造传统农业，叩开了农牧结合的大门，走出一条新的致富之路。”同年 11 月 29 日，《人民日报》在评论员文章《海安的启示》一文中指出：“海安的路子对全国占大部分比重的中等发展水平的县，是有着普遍意义的。”

拓宽（1985—1989 年）

1984 年，海安县被列为省综合改革试点县后，全县以“种养加出”为内核，大力发展农村商品生产，拓宽“海安之路”，实行以农业为基础，工业为主体，农、工、商和建筑、运输、服务一体化，促进城乡经济融合和整个国民经济的良性循环。县委、县政府坚持“服务城市，富裕乡村”的方针，重视千家万户的发展，提倡家庭生产经营、联户生产经营，引导专业户适度规模经营，支持重点户生产上规模。健全收购、加工、运销服务体系，国营、集体、个人一起上，鼓励自办、联办，努力实现产品多次增值。引导农副产品向深加工和出口创汇延伸。1985 年后，优先发展蚕茧、山羊板皮、白厂丝、服装、钩针衣、包装袋等本地优势的外贸产品，实现“栽桑—养蚕—缫丝—服装—出口”和“种鸡—商品鸡—禽蛋制品”等“一条龙”生产，成为苏中茧丝绸出口基地和肉禽生产基地。以发展工业为重点，实行县办、乡镇办、村办、组办、联户办、户办“六个轮子”一起转，逐步形成以县属工业为支柱，乡镇工业为主体，机械、建材、建筑、丝绸、食品工业为骨干，结构趋于合理的地方工业网络。

海安县委、县政府的锐意开拓，使“海安之路”不断拓展延伸。1989 年全县家禽饲养量805.19万羽，禽蛋产量1.73万吨，生猪饲养量82.64万头，蚕茧产量1.02万吨，有千羽鸡场、百头猪场数百个。全县农民家庭年经营收入948.85元，人均纯收入698.35元，比1978年翻两番。海安工业初步形成以丝绸、机械、工艺美术、纺织、建材、磁材、化工、印刷、食品等工业门类为主体的地方工业体系，全年工业总产值14.55亿元，比1984年增加近3倍。建筑施工人数2.4万人，承建总面积165万平方米，施工总产值3.49亿元。出口产品形成日常工业品、机电产品、农副产品三大系列15个大类，销往日本、美国和欧洲多个国家，美乐牌钩针衣被国外誉为“东方珍品”。

大发展（1990—1997年）

20世纪90年代中前期，海安制定优惠政策，鼓励农民扩大生产经营，以农业产业化为目标、市场为导向、科技为动力，优化区域产品结构，实施农业综合开发项目。健全以县为中枢、乡镇为依托、村综合服务站为基础、专业技术协会为补充的农业社会化服务网络。积极推进以产供销“一条龙”、贸工农一体化为主要特征的农业产业化经营，逐步形成以禽蛋、茧丝绸两大主导产业带动的农业产业经营体系。实施“万千百十”工程（即十万元户、百万元组、千万元村、亿元乡镇），确定10个奔小康红旗村作为全县农业和农村现代化的先行试点单位，推进全县奔小康进程。至1997年，全县形成各类特色专业村36个，建成农业亿元乡镇11个、千万元村41个。多种经营百项投入工程135项，建立万羽鸡场69个、种鸡场10个、肉鸡场3个、千头猪场14个、奶牛场1个、综合养殖场3个、特种经济动物养殖场1个。1997年，海安县被中国农学会、蚕学会等评为“中国禽蛋之乡”“中国茧丝绸之乡”。

这期间，海安由以发展农业为主改为大力发展工业和建筑业，延伸“海安之路”。为转化农村劳动力，20世纪90年代，海安大力发展乡镇工业和建筑业，实施产权制改革，调整工业经济结构，改造传统行业，改革经营体制，把企业推向市场，围绕市场开发新产品，培育拳头产品，全县形成以粮油、棉花、蚕茧、畜禽为主要原料的农副产品加工体系。1993—1997年，实施省级以上“火炬”“星火”项目41项。1991—1996年，建筑业获鲁班奖6项、全国房屋样板工程奖6项。同时，海安县采取扶持、引导、管理、服务等综合措施，鼓励民营经济发展，放手发展个体贩运户，培育家禽、蔬菜、禽蛋、山羊等农副产品市场60多个，在上海、杭州、广州、南京等地设立窗口，销售海安的农副产品，使海安农副产品走出家庭，走向市场。实施“外向开拓”战略，把自营出口作为主攻方向，形成县外贸公司、三资企业和10家自营出口企业“三轮齐转”的大外贸发展格局。出口商品从1978年的几个品种扩大到1996年的160多个品种，出口市场拓展到美国、日本、东南亚、欧盟等40多个国家和地区。

1997年，海安县提前4年基本实现小康目标，农民年人均总收入6000多元，人均纯收入3256元。是年，全县家禽饲养量4307万羽，上市量2368万羽，禽蛋总产量8.46万吨，蚕茧12528吨，均约占全省的1/8，连续16年居全省之首，海安发展为全省、全国重要的粮食、山羊、禽蛋、蚕茧商品生产基地。其中禽蛋、茧丝绸两大产业产值占全县农村经济总量的1/3，禽蛋、茧丝绸、建筑业、乡镇村工业成为农民收入的主要来源。海安县农业机械化工作被列为全省试点示范县，全县抛秧面积3万公顷，抛秧面积和推广速度为全国第一。1995年6月，全国人大常委会副委员长田纪云、国务院副总理姜春云先后到海安县南屏乡视察抛秧现场。1996年，全县粮食总产量57.97万吨，比1987年增加15.79万吨。

新跨越（1998—2008年）

1998年以后，海安人“万众一心，艰苦创业，开拓争先”“海纳百川，聚力超越”，全县经济蓬勃发展，呈现出新的生机和活力，海安农业逐步迈向现代化，工业化进程迅速推进，加快县城改造力度，服务业快速发展。“海安之路”的范围更宽更广，效益更佳，努力实现从农业大县向贸工农一体化经济强县的跨越。

高效农业发展强劲。形成栽桑养蚕、家禽养殖两大支柱产业，蔬菜、林果、海洋、水产四大新兴产业板块。蚕桑生产经久不衰。2002 年，蚕茧总产量 1.81 万吨，首次跃居全国第一。2004 年，海安被评为“中国湖桑之乡”。2008 年，全县桑园面积稳定在 14 万亩以上，桑蚕发种量、产茧量连续 28 年居全省第一，连续 7 年居全国县级前列。全县蚕桑、丝绸加工贸易整个产业链从业人员超过 20 万人。禽蛋产业实现由草鸡散养到良种鸡笼养、由小批量户养到规模化饲养、由一味追求养殖数量的增加到生态健康养殖推进的三次飞跃。2008 年，全县家禽饲养量 4570.49 万羽，禽蛋产量 24.77 万吨。规模养殖场兴建沼气池 893 个、11236 立方米；兴建蓄粪池 431 个、7200 立方米。 海水养殖彰显特色。海岸线仅 8.3 公里，是南通市沿海县（市）中海岸线最短、拥有海洋资源最少的县，然而通过突出培育特色水产，利用“借鸡生蛋”租海养殖紫菜的方法，扩大养殖规模，打造出“中国紫菜之乡”“中国鳗鱼之乡”“中国河豚之乡”等多项美誉，走出了一条发展特色农业的成功之路。“中洋河豚”成为国家地理标志保护产品。2008 年，海安农业总产值 60.19 亿元，农村经济发展实现“全市创一流、全省有特色、全国有影响”的目标定位。家禽饲养量、河豚饲养量、蚕茧产量、条斑紫菜加工量均居全国第一，被评为江苏省首批无公害农产品产地整体推进县、全省生态农业县、省级河豚无公害养殖标准化示范区、省高效规模化农业先进县、国家优质弱筋小麦生产基地、国家级无公害禽蛋标准化生产综合示范区。2008 年，海安县粮食产量 61.91 万吨，粮食每亩单产 1040.3 公斤，在全省以县为单位率先实现稻麦两熟亩产超过 1 吨。2004 年、2007 年、2008 年，海安县 3 次荣获全国粮食生产先进县称号，受到农业部表彰。

工业经济快速发展。1998 年后，地方国营、集体及乡镇企业实行转轨改制，建立产权明晰、权责明确、政企分开、管理科学的现代企业制度。2000 年，全县工业总产值 111.5 亿元，首次突破百亿元大关。此后，连续 8 年以 40% 以上的速度增长，2007 年全县工业总产值、销售收入双双突破千亿元大关。2008 年，全县工业累计创中国名牌产品 7 个，居全省前 9 位，拥有中国驰名商标 1 个、江苏省名牌产品 23 个。全年完成开票销售（全口径）333 亿元，利税 66.5 亿元。全县工业总产值 1490.49 亿元，销售超亿元企业 143 家。海安县实现从农业大县向工业大县的历史性过渡。

建筑业进入全省前列。1997 年，海安列江苏 24 个“建筑之乡”综合实力第 4 位。2004 年，建筑业首次实现施工产值超过百亿元，利税 2.9 亿元，苏中建设集团首次跃居全省建筑业 20 强首位。2007 年，全县建筑业总产值突破 200 亿元大关，海安县被省政府命名为“建筑强县”。1999—2008 年, 全县建筑企业获“鲁班奖”7 项，“詹天佑工程”2 项；全国用户满意工程奖 6 项，国家优质奖 2 项；国家新技术示范应用工程 5 项，承建高层建筑 3595 幢，其中 29 层以上超高层建筑 454 幢。

交通事业大发展。204、328 国道扩建、改道，成为高等级公路，海防公路建成，沿海高速、江海高速建成通车；新长铁路、宁启铁路先后建成通车，海安真正成为苏中交通枢纽。同时，全面实施“通达工程”“撤渡建桥”，乡村公路实现路面硬质化或水泥路面、黑色路面，城乡公交一体化。至 2008 年，全县公路总里程 2099 公里，内河航道总里程 567.92 公里。农村公路建设及管护工作被省内外媒体誉为农村公路建设管理的“海安模式”，成为全省乃至全国的样本。

城乡面貌大变化。海安县城经过 1995 年以后的几次改造、扩建，至 2008 年横向形成人民路、江海路、长江路、黄海大道等主干道，纵向形成中坝路、永安路、宁海路、黄河路等主干道，城区面积扩大到 200 多平方公里。20 世纪 90 年代中后期，县城建有 8 层苏中大厦、12 层人民医院大楼、11 层中行大楼、12 层建行万事大楼、28 层建工大厦、21 层新世大厦。2005 年以后，县城建筑向高层发展，形成贵都广场、凤凰华庭、中洋现代城、明珠城、安达步行街、恒天新世界、丽晶广场、文峰大世界等高层建筑群，城市高度不断被刷新。至 2008 年，建成或在建高层建筑 100 多幢。海安农村变化同样巨大，农村居民逐步向农民集中区和城区、镇区迁移居住。同时，环境保护得到重视，海安成为“国家级生态示范区”，城镇环境质量综合整治定量考核列全省第二。

商贸流通新发展。20 世纪 90 年代，商贸大厦、苏中大厦、东方广场等大中型商业大楼相继崛起，总经销、总代理、连锁店、超市等新的营销方式逐步展开，各类市场纷纷出现。21 世纪以来，连锁经营、仓储式超市等新型流通业态发展很快，文峰超市、华润苏果等大型超市纷纷落户海安，奥华装饰城、苏中医药物流中心等纷纷开业，名品街、贵都广场、安达步行街、明珠城、中大街等街区形成新的商贸亮点。至 2008 年，全县市场成交额 121 亿元，社会消费品零售总额 96.38 亿元。“枢纽海安、物流天下”开始显现。

对外贸易迅速发展。1993 年，海安人开始走出国门做生意。2008 年，全县实现进出口总额 8.1 亿美元，其中自营出口 7.3 亿美元。联发集团成为全县出口第一大户，在日本东京、韩国首尔等地设立办事处，全年出口上亿美元。农产品出口 6367.1 万美元，高新技术产品出口 9139.4 万美元。新签外经合同 2156 万美元，营业额 6369 万美元。

“海安之路”极大地促进了全县经济的发展，使人民生活水平得到提高。2008 年，全县居民存款总额 256.58 亿元，人均 2.7 万元，居全省第 9 位；城镇居民人均可支配收入 16407 元，农民人均纯收入 7510 元，职工工资 28564 元；城镇居民和农村居民医疗保险覆盖率均在 98.5% 以上。

（载于 2014 年第 6 期）

贺姐姐张非武九九寿诞

张柔武

我姐名非武，字继岚（父亲张孝若为她取字继兰，希望她学代父从军的花木兰），出生于1916年，现已99岁高龄了。以我对姐的认知，她有很多优点、特点，有学习的价值。我向大家作一介绍，权作为敬贺姐九九高龄诞辰之贺礼。

一

姐性格坚强，不喜交酬，对弟妹友爱。姐自幼好学，在家时终日埋头读书，为家长所喜。1936年，姐毕业于上海国立务本女中，成绩名列前茅。姐自视很高，留学日本东京时，拟报考日本帝国大学政经系，报考时始知该系不收女生，姐不愿另择他校，立即回国考进了上海沪江大学。不料，1937年8月13日，侵华日机轰炸上海江湾华界、北火车站，沪江大学和上海国立音专均被炸毁。我俩都失去了学校，只好跟随同行的齐贡之先生回家。在南火车站乘运牲畜的火车抵浙江嘉兴后，又辗转至苏州换小轮、民船，过江达口岸，经靖江抵南通濠南别业的家。因为南通也于8月17日遭到了日机的轰炸，家人均已避难海门，回到了尊素堂家中。我俩抵家的当晚，姐正襟危坐地对我说：“如我有利剑，一定要将蒋介石的脑袋砍下来。”又说：“二妹，我们设法买火油把‘濠南’烧掉吧，如果鬼子来了，一定会进驻于此的。”当时，我听了好诧异，这般执着埋头读书的姐竟有毁家抗日之念，那时我才算了解了姐，原先我只把她看为书呆子呢！

9月份，姐在得到祖母的同意后，回城去看看。那时，吴质表叔和孙卜菁、徐惊百、邹强、王颂璇等同志已组成了“抗日救亡宣传队”，姐也参加了活动。在组织演出话剧《放下你的鞭子》时，姐将聪妹从海门召回城，扮演了香姐，陈瘦秋同志扮演抽打女儿的爸爸，他们演得惟妙惟肖，非常感人，精彩的表演使得群情激奋。演出结束时，台上台下同时高呼“打倒日本帝国主义！”“保卫祖国领土完整，将鬼子赶出去！”“反对不抵抗主义！”等口号，宣传效果极好。当时，东北爱国部队五十七军一一一师驻扎在南通，即将北上赴前线，孙卜菁、徐惊百同志等知悉后，前去要求参军，常恩多师长以无此前例为辞，后来经过向上级请示，并告以张謇的孙女也在其中，部队领导认为可提高声望，从而批准，定名为“抗日义勇宣传队”，姐以父亲为她所取“继兰”谐音“继岚”报名，随即去海门向祖母及母亲汇报及辞别，并与我约定，在落实固定地点后，来接我。约于 11 月中旬，王颂璇同志来接，但是我因患伤寒症卧床不起作罢。1939 年，姐去上海探亲，剪着短发，穿着黑色短布袍，白袜黑鞋，一副偏僻乡镇妇女的打扮，抵家后立即换衣着。我们两人谈话的内容可多了！姐说，每到一处首先要和当地老百姓联系，开展宣传工作和安排队员食宿，有情报时随部队出发，有时连着行军，困得一边走、一边睡。有两次敌机轰炸，她被压在砖瓦下，有一次她自以为已死了，醒过来又从压着她身体的砖瓦堆下爬了出来。有时口渴了、饥饿了就忍耐着。姐说这些时表现得很轻松，像在说故事，一句怨言都没有。姐回上海的短暂日子，我每天下午都和姐外出吃点心，想为她补充营养。经过战场锻炼后的姐，性格真大变了。那年，姐将祖母给她的一枚防备应急可变卖的大金戒指还给了祖母，姐说：“这是您外祖母给您的纪念品，我不忍心卖掉，还是您留着吧。”这些我都看在眼里。一个月的假期将满，姐理理发，换上回来时的服装，毫无留恋地离家又回部队去了。

1940 年，姐突然来了长途电话，说是要到陕西宝鸡受训了。又隔了几天，姐由重庆来电话，说是和程姑妈的小儿子、姐幼年时的同学程欲明遇到了，请示祖母可不可以和他订婚，以及可不可以将婚期定在 1941 年。祖母都同意了。那时姐 26 岁，婚礼是在上海一品香礼堂举行的。婚假一个月，那时姐夫在中央资源委员会云南无线电厂工作。姐回来后告诉我们，原来的五十七军军长缪澂流有叛变行为，与日伪汪精卫勾结，一一一师内有缪的同党，不积极抗日，却对进步青年进行迫害，陈瘦秋同志已被暗杀，情况混乱复杂。姐想不如离去，如此，便与吴质表叔商定，以同去宝鸡培训班学习为名离开了从军近3年的部队，结束了从戎生涯。婚后，姐随姐夫去了云南。1945年抗日战争胜利，1946年姐回到南通，我曾陪姐去探望卧病在床的徐惊百同志。姐同时找到了陈瘦秋同志的姐姐，并托友人为她的孩子安置了工作。

20世纪90年代，辽宁省军区政委孙学仁专程到南通探望孙术和我，并邀约了来自各地的当年义勇宣传队的同志，借有斐馆举办纪念会两次。孙学仁政委很热情，他告诉我："你姐对工作极负责，当时在部队和宣传队里的威望极高，那时我们收听国内新闻广播，完全靠你姐带去的收音机。"他又风趣地说："那时我个子小，仅是为他们送送通知的小鬼，我认识他们，他们可不认识我呢！"

多年前，我曾看到博物苑收藏的旧报，上面记载了姐参加抗日救亡、参军赴前线的事迹报道，并称姐为"抗日救亡的巾帼英雄"。过去，我曾以为姐因上大学受阻之事，愤而观念上起了变化，实际上，姐一贯是虚极静笃、深藏不露，并不是由深居闺阁的"书呆子"小姐一下子突变为一名女战士的。

二

"妈说妈没有工作是吃闲饭的人，事实上，爸公司的发展，是得到妈帮助出谋划策而发达的，妈有兴业理财的才智。"姨侄女文晋曾这样告诉我。姐夫毕业于交通大学，大学毕业后分配工作到中央资源委员会昆明无线电厂及重庆电工厂等处任职，是公务员。1947年被派往美国进修。不久，他辞去公职，与同学下海合营"人人电业有限公司"，并有连锁分公司，姐夫分去台北市成立分公司。曾为日帝占领的台湾，当时的基础建设十分落后，"人人电力有限公司"为之引进美国电气火车以及大海轮上的无线电等设备。离开"人人电力有限公司"后，姐夫开始自营“甲泰兴有限公司”，其时，姐大力协助姐夫，发挥了重要作用。姐机智深远，精谋细算，公司业务逐步发达了。不幸的是，姐夫家族有中风病史，姐夫在第二次发病后于1981年不幸去世。姐与子女商量，一面收缩公司营业范围，继续经营；一面以部分积蓄设立以姐夫之名命名的“程欲明奖学金”，资助家境贫寒而勤学的大学生完成学业。姐虽定居在台湾，然而她情系家乡，“程欲明奖学金”分别实施于台北和南通两地。

2002年，姐返南通故里，向母校南通师范捐赠一万美元。2004年及2006年，姐两次向聋哑学校捐赠，共计20万元人民币。钱数虽不大，但这是姐的爱心。后来，姨侄女知道她的父亲高中毕业于南通中学，且得第一名，又在通中设立了奖学金。前不久，紫荆花幼儿园的一位教师告诉我：多年前，她们园中一位幼儿叫狄则徐，在升入南通中学高中时享受了台北“张非武奖学金”，今年高考，又被北京大学所录取。这消息令我非常惊喜，姐培养青年学生深造的意愿实现了。

姐对自己子女要求严格，培养子女读到大学毕业，就让他们自力更生。文晋姐妹为找工作方便，都连续读了两个硕士，所付学费皆由自己打工而得，子女如有急用，要出借条给姐。之所以这样做，是姐不愿子女养成依赖性，加重家长的负担。姐重视培养子女的勤奋心和责任感。在通中享受姐奖学金的狄则徐，能考取北京大学，实可喜可贺。姐母女所作的贡献，能取得如此佳绩，实为姐高尚风格的回报，让我钦佩：想不到一位女战士，居家亦能相夫教子，布施行善助益于社会。

三

姐夫于1947年由美国赴台北从商兴业，非姐于1948年由上海携姨侄宁远去台安家。1988年，姐携子女们返大陆探亲扫墓，并且去了北京、杭州等地参观旅游，目睹大陆各地万象更新、市场繁荣、亲友们安居乐业，极为高兴。闲谈之中谈及台湾社会情况，姐说：“台湾历任领导，惟蒋经国执政期间，踏实做了不少利民的工作。”

2008年，我因为思念姐而参加了赴台的旅行团，幸得江苏籍导游的照顾，我放弃了在台北市的参观而换得和姐相伴整一天，姐热情邀约同去台的乡友共进午餐。午前，我俩在台北故宫博物院咖啡室内拉家常，姐首先关心的是每个家人及众亲友的现况，一一问及，并以不能见面为憾。姐告诉我说：“台湾政局不稳定，社会风气光怪陆离，市场经济也不稳定，文晋他们生活得好辛苦。现在，你们在家生活得很安定，共产党真是有办法。”我便抓住这个机会和姐谈家中的要务，想听到她的意见。姐很干脆，说：“我知道你的意见，我同意你的意见，应该以照顾大局为重。”是的，我们作为闻人张謇的嫡孙辈，怎能不顾大局？姐又提及我的孙女静蕾在美国威斯康星大学取得奖学金，获得博士学位并留美工作的话头，姐好高兴，说：“静蕾获得博士学位，我家多了一名女状元，她很棒啊！”我知道姐是真心喜欢，但内心或许带有几分懊丧，因为姐曾自叹过：“我是没有大学文凭的人。”我们读书的时期，正值日本侵略军侵华，时局动荡不堪的时期，我和姐同样有着惆怅的心情。而静蕾出生于新中国，长在红旗下，时代不同，她是幸运的人。但愿她能早日回国，报效祖国，她在江苏化工学院毕业时就是一名中共党员呢。

至此，已可明晰地看出姐的人格、志向、素养之高尚；同时，姐也是有才智、有魄力的，干起事来运筹帷幄、从容不迫，很具祖父（张謇）遗风。姐的血液里有着祖父的基因，如果当年国泰民安，她一定能读到博士学位，同时也是继承祖业的最佳人选。现在有人称她为“抗日救亡巾帼英雄”，我认为，姐实为女中强人，我家的“铁姑娘”。如今，姐九九高寿，我遥祝姐姐长命百岁，到110岁、120岁，并成为百岁老人中心明、眼亮、体健的带头人。

（载于2015年第1期）

记忆中的通城西门外

贾涛根

二十世纪的四五十年代，我家住在南通城西门外的彭家巷，在那儿从出生到上中学，度过了自己的少年时代。其时，由于生性好动，喜欢外出闲逛，所以对通城西门外的大街小巷、商户店肆、市井风貌以及周边郊野风光等，也能大致知晓。儿时的所见所闻，有些至今还在记忆深处。

南通解放前后，如今的人民中路从十字街到西吊桥（今和平桥）的城内一段叫西大街，城外从西吊桥到端平桥的一段叫西门外大街。过去人们说的"穷东门、富西门"，这西门大概指的是西门外大街一带，因为地处水陆交通要冲，商铺林立、居民密集、人来客往，市面相当繁荣。而彭家巷口在西门外大街上则是分外热闹的地段。

那时，从彭家巷东到蔡家巷、西至马家府的一段长约 300 米、宽仅三四米的弹石路面街道上，多家纱布庄、钱庄、五洋百货店、南北货店、茶席庄、电料行、食品店，鳞次栉比……店面较大的商家有泰源洽、春源恒、恒昌甡、范志记等五洋、五金、染料商行，溪记、祥泰炳、约泰、刘记等纱布庄、绸布店，润康、约泰、志诚、诚孚等钱庄，方正大、洪立大等茶庄，还有德生南北货店、朱颂记百货店、西福源酱园、薛家银匠店等。当然，街面上更多的是五花八门、低矮破旧的小店铺，以及形制不一的住宅门堂。

泰源洽和春源恒是西街彭家巷口门面讲究、建筑最为气派的两家商行。从西街上无论由东向西还是由西向东，大老远就能看到泰源洽那高耸的三层青砖楼房，而春源恒的两层楼，因玻璃洋窗、雕花装饰和粉刷成火黄色而格外显眼。这两家洋行性质的商号，主要包销英美的美孚、亚细亚煤油及汽油，兼营煤炭、染料、肥田粉、肥皂、香烟、洋蜡烛等物资商品，据说在大码头一带都有自己的栈房、码头，西街上的商号只是洽谈贸易的场所，没有商品陈设和门市交易。

而恒昌甡是一家门市交易店。这家清光绪年间开设的老店，当时是南通城最大的一家五金店。在我的印象中，三开间的大门面，店堂玻璃柜里陈列着钢丝钳、螺丝刀、钢皮尺之类的工量具和螺钉、洋钉、铅丝等小五金，地面上则摆放着洋轧车(缝纫机)、台钳、手摇钻，墙角处还有脚踏轧花车等较大的机器。晚上打烊时，店里伙计锁上拉链铁门时，“哗啦啦”的响声，挺有气势。

那一带的饮食服务业也很发达，就拿彭家巷来说，街面上有茶馆店、陆茄儿缸爿（烧饼）店、康瑞记炒货店、陆家小饭店……巷子里有馄饨面店、澡堂子、印染作坊、裁缝铺子、汤水炉子、剃头铺子等。每天天不亮，热气腾腾的茶馆里，在茶博士吆喝声中，坐满了袒胸露背、赤脚巴天、脏话满嘴的茶客，他们中有打发时间的耆老，也有地方上的泼皮、跑单帮的过客，还有附近水上的船户，乃三教九流、鱼龙混杂之处。巷子里的黄家馄饨面店，因为葱花阳春面下得入味，叫人打嘴不放而吃客盈门。巷子深处剃头铺的泉侯师傅，不仅手艺好，待人和气，收费也客气，所以生意分外好，我几个兄弟都到那儿理发。巷子里有爿西泉浴室，尽管浴池的澡汤如同白色的泥浆水，但里面的浴客还常常挤得难以动弹。

因为是人口密集之处，西街上也有好几处医家诊所。我记得最有名的是地步湾里的名医孙公望，我去住在孙家隔壁的同学家玩时，曾溜进那朝东的医寓大门，在里面东张西望了一阵，觉得青砖瓦房有好几进，玻璃洋窗、花坛盆栽，是个大户人家。解放后孙大医师进了人民医院，还是农工民主党南通首届委员。彭家巷口对面的张家大宅院里，曾设有武剑云诊所，据说那人是个本领不错的旧军医。狭窄的张家小巷里，还有位用针灸、拔火罐替人治病的老郎中。

西街虽然热闹，但那坑洼不平的乱石街面、“叽叽”作响的独轮推车、衣衫褴褛的来往行人、缺臂少腿的伏地乞丐……把解放前的贫穷落后也表现得淋漓尽致。旧社会的污泥浊水也在街区的阴暗角落里流淌。在我七八岁的时候，有一次去同学家去玩，不知怎么摸错了门，走进了一处四合院的人家。从正屋的窗子里看进去，里面有好多张床铺，每张铺上都有人面对面躺着，嘴里衔着一根在玻璃灯上烧着的竿子，不时喷出阵阵白烟。忍受不了门缝里渗透出来的浓烈异味，我连忙逃了出来。后来才知道那里是吸食鸦片的大烟馆。如今想来，当年西街上帮派、流氓、暗娼、赌场之类也是不会少的。

解放后，西门外大街在社会秩序得到整顿的同时，依然保持了商业街道的繁荣。面貌的大变是 1958 年，市政府决定拔直和拓宽东西大街，建设 35 米宽的南通主干道——和平路（今人民路）。从西吊桥到端平桥的一段拔直后，西门外大街彭家巷口向东的一段两侧和附近房屋多被拆除，而其西从祭坛巷、地步湾到端平桥的一段街道，因向北弯曲而避开了拔直时的拆除，残留了一段至今犹存的数百米长、丈把多宽的老街，还保留了西大街的路名。当年彭家巷那块地域的位置，现在大约就在医药大楼前的人民路上了。

彭家巷虽早已荡然无存，但那里却有着我许多难以尘封的少时回忆。彭家巷南侧起凤桥畔东北河岸上，有一块两三个篮球场大小、人们称之为“灰场”的空地，原先是河边的垃圾场，废掉后就成了小商小贩和附近居民活动的场所。春天，那里是我们小伙伴们放风筝的地方；夏天的夜晚，家里太热，我们会搁起铺板，在大场上乘凉；碰到孙月魁的马戏团来了，场上搭起高高的帐篷，外面拉起绳索围网，一旦洋鼓洋号吹打起来，我们便会去看热闹。当然没钱买票进去，只是想趁守卫不注意，偷偷从绳网下钻进去看个白大（方言：免费的东西）。

灰场四周也有一些店铺、作坊，给我印象深刻的是那皮革栈的牛皮工场，大门里面苍蝇嗡嗡、臭气熏天，路人都得掩鼻而过；纸牌作坊在灰场上暴晒的牌儿板，刷上浆糊的纸牌散发的酸臭，令人作呕；炉火熊熊、叮当作响的铁匠铺里，浑身油黑的打铁师傅，看上去连眼睛、鼻子都分不清；张家脚班里进进出出的都是汗流浃背、赤膊条条的搬运挑夫，据说著名的全国劳动模范马富，当年就在那里干活……在解放后西门外的巨大变迁中，灰场这一带多年前就已成为起凤街北侧高楼林立的商业街区了。

出彭家巷口向东，走不多远就到了街对面的曹家巷，穿过南北向的曹家巷便是西北河梢。那是西濠河上的一处较大的河湾地带，是许多船只停泊的水陆码头。西街上的许多商家，从这里的货船上装卸商品；西门的百姓住户，常从驶来的农家小船上购买柴米果蔬；也有里下河过来的捕鱼人家，会在这儿的棚子船里扎根落户；解放初，那儿还一度成为汽笛声声的内河轮船码头，机器快船常在这里腾起一团团黑烟驶向远方。这个人来人往、熙熙攘攘的地方，曾是我和小伙伴们常去玩耍的地方，夏天涨水了会从船上纵身一跃扎个猛子，冬天在冰面上比谁掷的瓦片滑得更远……这个河湾，后来在建房、修船、造路的需求中逐渐被填埋而渐渐消失，近年在城市规划建设中，那里成了绿树成荫的濠滨小游园，现今的世纪花园酒店就矗立在当年的河湾之畔。

曹家巷的北巷口东侧是武陵小学的操场，这所私家学校由一大户人家的家庙改建，后来经过扩建易名为西街小学。学校的前门与佛寺善应庵相通，临街是一家叫二仪的照相馆。庵里有两棵古老的银杏树，其中一棵特别高大雄伟，站在西街上看它伸展的树冠，犹如撑天大伞悬在上空，夏日傍晚都可看到成群的乌鸦飞入树丛栖息。在城市的发展变化中，这里已拆建成西城主干道濠西路的南入口，两棵古树仅存活较小一棵，如今依然挺立在路口的中间绿岛上。

我的小学生活是在跃龙桥小学度过的。从彭家巷家中出来，向南不足百米便是高高的石拱桥丰乐桥（起凤桥），过桥左拐从牌楼门廊进入沈家巷，再右拐过中坛巷，沿红色的痘神殿庙墙向南，就可看到大银杏树下白墙黑瓦的跃龙桥小学了。

跃龙桥小学坐落在痘神殿斜对面的高岸上，原址是破败的寺庙玉皇殿，20世纪初改建成了学校。校门面向西南，站在那儿举目眺望，坡下是长满芦苇的河道，绿色的田野中散落着农家的茅舍，远处绿树掩映处是马家坟。那是明代户部尚书马坤的墓园，有石人、石马、石牌楼、石雕围栏，里面杂草丛生，周围大树参天，是我们放学后常去玩耍的地方。解放后，大田南片新建了十四中（跃龙中学），北片成了跃龙桥小学的新校园，马家坟一带兴建了财贸宿舍、将军园小区，已经成为城西的一块居民密集的闹市区了。

那时的跃龙桥小学地处荒僻，相邻的居士林、痘神殿、上元火星殿等一带，居民住户并不太多，到处都有荒冢乱坟，夜间常有鬼火（磷火）闪烁，小学生们早晚走在那儿总是有点疑神见鬼、胆战心惊的。跃龙桥小学的校舍由庙房修建，教室的墙壁厚、梁柱粗、窗户少，光线十分昏暗。傍晚时教室里分外阴森，几个人留下来做值日生，在里面扫地抹桌子时，总是提心吊胆的。学校后面有一块土墙围起来的操场，是下了课后女同学跳绳、踢毽子的地方，男孩儿则玩起猫儿寻（捉迷藏），在场子里发了疯似的东奔西突，闹得个不亦乐乎。

时至今日，跃龙桥小学的旧址已是起凤园小区的一隅，学校新址位于老校之南，除了那棵原先伫立老校中央的古银杏树，依然郁郁葱葱地屹立学校对面的小区里，其他的一切早已面目全非。如今的母校已是闹市区里一所教学楼连廊飞架、气派典雅，校园里草青树绿、奇花争妍，运动场塑胶地面、规范平整的现代化小学了。

我的中学生活是在南通市一中度过的，虽然上高中时我的家已搬到城里的官地街，但去西门外孩儿巷的一中，还是要经过西吊桥，穿过西门外大街，过了端平桥才能到达学校。所以对地步湾往西的那段老街上的巷弄宅院、商家店铺和风土人情，也有些印象。

当时比较大的店铺主要有大兴昌绸布店、通济典当、李桂记饭店、顾宏盛酱菜店、邢德大布店、陈家槽坊、亨良成烟号、马家理发店、陆家水果行等，其余的店家多是裁缝店、面铺、香烛店、纸品店、鱼行、肉摊、老虎灶等一类小店铺。街面也有不少的住家大门堂，既有一进三堂的高门大户，也有多家比邻的大杂院。

自从和平路开通以后，日渐萧条的老街店铺陆续迁出，店面房大多成了居民住宅。前些日子经过西大街，在一家门堂破旧的大门上，看到一副字迹斑驳的油漆门对，经仔细辨认是“依仁成里、与德为邻”，其意是居家为人要加强修养、讲求道德。我想这也许是老街留给后人的一点文化气息吧。

保家西野大门斜对面有爿沈记盆桶店，老板是我一位同学的祖父。我去店里玩时会痴呆呆地在木匠师傅旁边看上好半天，想弄清楚几十块木头怎样拼成一个大澡盆，又为什么能做到滴水不漏？保家西野大门与保家中野大门之间有家竹厂，在西街上从老远就能看到店铺前竖得高高的几排大毛竹。我喜欢在那里看篾匠劈竹，也关注弯曲的竹竿怎样在火上熏直。

在许家巷附近，有家卖纸钱之类的南货店。20 世纪 50 年代，人家烧经祭祖，大多烧的是福建等地生产的黄草纸。但祭祀时也不是直接焚烧黄草纸，而要买店家专门雇人用半月形刀凿成花纹的纸钱。我们在巷口店家后门口就能看到工人们赤膊条条露出的肌肉，哼着号子小调抡木槌凿纸、扬起阵阵纸灰的场面。

西门外大街那一段也有几条巷子。街北从地步湾往西有马家府、张家小巷、刘家巷、许家巷、保家中野大门、保家西野大门，再往西就到了端平桥北堍的河东街。那时穿过保家野大门和许家巷，就到了河网环绕、岸柳成行的凌家倒墙，除了几家酱坊、槽坊和错落的坟地，呈现眼前的是茅舍竹篱、男耕女织、炊烟袅袅、鸡鸣狗吠的农家田园风光。由于水面开阔、河水清澈，街巷里的住户人家都到那儿水踏子上淘米洗菜、拎水回家。到了 20 世纪 60 年代，那里修造了万象新路，开拓了河东街到当年祭坛巷（今濠西路一带）的交通，随后又填塞河道、搬迁农家，相继建成了生物化学厂、发酵厂等工厂企业，改变了村野的风貌。到了 20 世纪末，工厂也陆续搬离。如今，那一带已成了高楼接踵、居民上万的濠西等社区。

河东街是条通扬运河起始段东侧的道路。人们从城里去唐家闸，常常走由河东街向北的这条路，途中要经过解家桥、猫儿桥、三里岸桥，到了十里坊远远可以看到大生厂的高烟囱，离唐闸镇也就不远了。这条路也是背纤者在岸上行走的一条路，去唐家闸的路上，常常会看到套着牵绳、弓弯身体、哼着号子的赤脚纤夫，艰难地把运河里顶风而行的帆船，一步步地背向前行的情景。河东街从端平桥到大码头的一段，是比较繁荣的街市，除了几家较大的油米坊，更多的是鸡鸭行、鱼市、饭店、茶馆、糖坊、破布坊、铁匠铺等店家。沿街还有草积巷、汪家巷、江家巷、丁家巷等东西向的里巷，居住了不少的人家，所以那一带也是人来车往、十分热闹。

西门外大街街南从江家园巷向西，一直到端平桥东南堍的龙王庙，只有小马厂巷和大马厂巷两条相邻的巷子。据说明清时那里曾有过养兵憩马的马场，还有座马神庙。清代称马场为马厂，马场和马神庙废掉后，还保留了大、小马厂的巷名。走进这两条巷子向南不远，可以走到连通濠河与运盐河的河道——起凤河畔。沿河向西的半岛状地域，是银行仓库和惠通堆栈，那时从南岸盐仓坝河边上北眺，就可看到对面一排排高大的库房和装卸棉花纱包的货船。二十世纪六七十年代，那里成为和平桥粮站的仓库，市粮食局就设在不远的和平路上。

栈房的北岸和龙王庙之间，起凤河环绕着一处农家菜地，其中有座陈家坟园，据说是明嘉靖年间侍郎陈尧的墓园。查阅清末《通州直隶州志》卷二《山川志·名迹·附宅墓》中记载，侍郎陈尧宅在州治西，墓在盐仓坝北，万历二年谕祭。陈家坟的位置就在盐仓坝北首。陈尧官居刑部左侍郎兼河道总督，相当于现今的部级高官，又有皇帝下旨厚葬，那墓园会有相当的规模。陈尧是掌管水利的大臣，墓园邻近龙王庙也是顺理成章的事。不过，我们小时候去那一带游玩时，也看到过石人、石马之类，但墓道、墓体上杂草丛生，保存远不如盐仓坝南马家坟完整。20 世纪 80 年代以来，随着起凤河的填塞，陈家坟一带现已成为热闹的起凤商业街和居民住宅区。

值得说一说的还有陈家坟北、西门外大街上的道观龙王庙。西街龙王庙始建于元代延祐年间，是通州规模较大的一座。从端平桥南堍的临街庙门进去，要经过长长的巷道，才能到达正殿，禹王殿供奉大禹神像，还有都天堂、张仙殿和高高的霄楼。因有寿星佬儿、拜子观音，平日里也有善男信女前去烧香祈愿。20世纪50年代拓宽西门外大街时，仅仅拆掉了庙巷，里面的庙房得以保留。后来改建成了城西文化馆，临街有图书阅览室。到了20世纪80年代，为建造中华园饭店，庙房被全部拆除。

端平桥位于通扬运河的起始河段上，据史志记载是本地人士于明代洪武初年始建。明万历年间木桥被大雨形成的洪峰激流冲垮而重建石拱桥。我们小时候走过的端平桥大概还保持着明代所建石桥的形态，虽坡度很陡的石阶已磨得无棱无角，中间供独轮车行走的凹形辙道已歪歪斜斜，但比肩接踵的来往行人说明，这座古老石桥在交通上仍然不可或缺。老桥于1959年拓宽人民路时拆除重建成一座长13米、宽17米的石拱桥。到了1979年，桥下的河道被填塞，端平桥已名存实亡，桥北建起了端平桥菜市场。

当年过了端平桥，西门外大街还有一段街市，向北是面河的河西街，街面上除了一些砖瓦石灰行、米粮行、典当、颜料店、五金店、修车铺之外，主要的单位是后来被命名为南通市第一人民医院的基督医院。河西街一直通到大码头，与通往唐家闸的公路（今孩儿巷路）会合为止。过了端平桥向南是南巷子，沿河可到盐仓坝、将军巷、铁星桥，如今那里已布满了花园角等小区的住宅楼。离桥不远的街面上还有两条巷子，街南是世灯庵巷，那儿有座庙宇世灯庵，里面长有几棵高大的古银杏树。后来庙房大多拆除，建了农机公司大楼，这几棵银杏树如今还在。现在的世灯庵巷已是花园角小区里的一条通道。街北有个竹厂巷，又弯又窄地通到河西街。

下了端平桥继续西行不远就到了孩儿巷，这里是南通城当年最重要的交通枢纽，西门昔日的繁荣也得益于该处的四通八达。当时南北向的城闸公路，是一条古驿道基础上修建而成的砂石路，可以通行汽车，从那里向北近可去大码头、唐家闸，远可去平潮、白蒲，更远可到如皋、海安，乃至扬州、南京。这条路向南不远可右拐西行，过候亭就可去茶庵殿、芦泾港、天生港。如一直向南从这条公路可到木行桥、任港路和桃坞路，乃至从段家坝、陆洪闸远去海门、启东。不过，向北通唐家闸的公路，在20世纪50年代末通吕运河开挖以后被阻断，去唐家闸必须从人民西路经茶庵殿、节制闸，过运河右拐向东重上河西公路才能到达。直到前些年运河上建起城闸大桥，从孩儿巷又可直行去唐家闸了。

从端平桥向西，过孩儿巷直行约百米就到了老西门外大街的终点——西门望江楼。人们都叫它红楼，实际上是一座小的城门楼儿，是古时进出通州城的一处关隘。我们到那儿玩耍时，拱形门洞早已终年堵塞，因为从孩儿巷去天生港已有能走汽车的沙石公路，这段狭窄的老街不再通行。红楼之南是寺庙延寿阁，庙房后来扩建了城西小学。拓宽人民路时延寿阁与红楼一道被拆除的踪迹全无。从端平桥去茶庵殿、南通港，已是笔直的大道通衢。红楼之西北是准提庵，庙房并入了红楼之北的市第一中学，致使一中校园在崇英中学的原址上扩展不少。在旧貌换新颜中，只有红楼里的那棵百年银杏树，依然还孤零零地临街伫立在一中大礼堂的南侧。作为原先西门外古建筑群的一处地标，这棵古树已成为南通西门外巨大变迁的重要见证。

（载于2015年第2期）

二十世纪五十年代创办的南通电影制片厂

王敏之

1958年5月下旬，我（时任南通市委常务委员）受南通市人委（市人民政府委员会）的委托，向市直属单位负责人作了关于发动全市各行各业兴办地方工业的动员。动员刚结束，王明吉（《南通市报》摄影记者）同志就走到我的身边，对我说：“听了你的报告，我很想办一个电影制片厂，你看可以不可以？”我问他：“需要多少投资？”他说：“有5000元就可以了。”我又问：“这个厂需要多少人？”他说：“开始的时候有三四个人，以后可以逐步增加。”我听后认为投资不大、人数不多，就表示可以创办，并要他回去后正式打报告给市人委，由市人委批复。

6月3日，王明吉将报告送来后，我马上与市财政局负责同志联系。商量的结果，财政上同意拨款5000元作为电影制片厂的投资，同时将款转入银行，并办了正式的批复。王明吉接到批复后便积极着手建厂工作。

6月11日，我去沪开会，临行之前通知王明吉，要他与我同行。因为上海文化局负责人方行是我的老战友，想通过他的帮助购买电影器材。与王明吉电话联系时，已经是下午5点，他怕来不及向银行提款，打算迟一天动身。我对他说：“银行提款由我去联系解决，你拿些换洗衣服即去码头，我在那里等你。”我即刻去银行向行长说明了情况，他们同意拨出2500元现款。我提了款，匆促赶到码头。半个小时后，王明吉同张自强一起赶来，大家上船启程。

次日清晨，我们抵达上海，同住在皋兰路招待所。我因要参加会议，所有购置电影器材的事由他们去办。我写了一封给方行同志的信，请他协助购买器材。方行热情地接待了他们，并以文化局的名义写了几封介绍信，让他们分别去电影制片公司、电影技术供应厂。但是，跑了两天并没有跑出什么结果，却听到一位同志说：“你们南通还想办电影制片厂呀？你们的精神是可敬的，可是办这样的厂是不容易的，要有一套科学的、复杂的机器设备，仅仅有两三样东西是办不起来的。”在买不到器材的情况下，他们又去找方行，向他汇报了采购的情况。方行听了后说：“江苏省电影制片厂有人在上海采购器材，你们是否与他们联系一下，请他们在采购时一起帮你们带一带。”经方行的指点，王明吉怀着极大的希望，急匆匆地去找江苏省电影制片厂的同志。接待他的同志问：“你们办电影制片厂有多少投资？”王明吉答：“5000 元。”对方笑笑说：“办个电影制片厂需要很大的投资，没有 1000 万元也要 800 万元，你们 5000 元资金就能办电影制片厂吗？”接着又问：“你们这个厂有多少人？”王明吉回答：“开始的时候我们人数少一点，打算三四个人，以后逐步增加。”对方哈哈大笑，说：“电影制片厂要编剧、导演、冲洗、录音、剪辑、美术、音乐、解说……三四个人能办厂吗？我劝你们不要做这个梦了！”这些话好像一盆冷水，把他们从头顶浇到脚跟。王明吉和张自强失望地离开了那里。

我听了他们的汇报后说：“应该感谢他们讲了很多‘鞭策’我们的话，我们一定要下决心把电影制片厂办起来。办成以后，送一枚勋章给他们来表达我们的谢意。”他们随即表示：“新的买不到，我们就买旧的，即使花两元钱打四十个电话，也要把摄影机买到！”当夜，他们抄录了所有旧货商店的电话号码。第二天上班后，他们就开始打电话。第一个、第二个电话都回答说没有，当第三个电话打到淮海路国营旧货商店时，只听到营业员含糊地回答：“电影摄影机好像是有的，你们可以过来看一看。”他们一听，喜出望外！立即搭上电车赶到旧货商店照相器材专柜。营业员从废旧堆子里翻出了一只灰黑色的摄影机，机身是完整的，但缺一个近距离的镜头，王明吉想，只要将徕卡照相机上的镜头装上去就可以使用。发条却一点也转不动，估计是被润滑油胶住了，经过清洗是可以转动的。他们用250元将这架机子买下。有了摄影机，内心的喜悦是无法表达的。他们忘记了吃中饭，一口气赶回招待所。一见到我就高兴地说："摄影机买到了，你猜猜要多少钱？"我看了一下，说："五六百元钱够吗？"王明吉玩笑地说："不够，要2500元呢。"我说："那也不要紧，5000元投资，花了2500元，还有2500元哩。"他们一听，哈哈大笑，边笑边说："只花了250元钱。"这时大家兴奋得也顾不上吃饭，就忙着拆开机子，边拆边看，当拆开发条盒时，发现润滑油胶着发条，说明原来的估计是正确的，所以急忙从驾驶员那里借来一盆汽油，将发条放在汽油里清洗，一经清洗，发条完整无损，重又装上机盒，摇动机柄，发条规则地转动起来，大家高兴极了。午饭后，大家说机子是有了，现在要设法解决片子问题。我说："有了机子，不怕解决不了片子，今天下午你们继续整理机子，整修好后就休息，明日上午休会，我可以陪你们去市文化局，请方行帮助解决片子问题。"

第二天早上，我们携着这部机子去市文化局。我对方行说："现在机子是有了，但没有拍摄电影的片子，我们想请你帮助借1000尺胶片，以便试拍。"他表示帮助解决，当即写了一封给上海市委宣传部分管领导袁文殊同志的信。下午，王明吉和张自强找到袁文殊。袁当即在信上批注了意见，请上海电影技术供应厂借胶片1000尺。上海电影技术供应厂厂长看到信后又批给供销科办理。供销科负责人看了厂长的批注以后，说："现在胶片很紧张，你们从没有拍过电影，弄得不好反而把胶片浪费掉。"王明吉看他有些犹豫不决，便主动说："虽然我们没有拍过电影，但我们对于拍电影的一些基本原理是懂的。"但他不太相信王明吉的话，当场提出了不少有关拍摄电影的问题。王明吉凭着以前拍摄、照相的经验，对所提出的问题一一作了答复，打消了他的怀疑，拿出1000尺胶片交给了王明吉。

回到南通后，先要配上缺少的一个镜头，王明吉拆下徕卡照相机上的一个镜头装在摄影机上时，需要一个铜圈，来找我。我让他去找七一机床厂的金小成同志帮助加工，不久铜圈就车好了。王明吉先买了 4 卷照相胶卷胶接起来装入摄像机，到劳动人民文化宫和人民公园那里试拍几个镜头，上午 9 点结束，即去暗房冲洗、试映，但并不理想，第一次试拍失败了。傍晚试拍仍不理想。王明吉彻夜未眠，认真研究失败的原因，终于找到了答案，照相胶卷感光太快，不适用拍电影。第二天清晨，他买了 4 卷过期的胶卷再行试拍，在冲洗时调整了显影液的成分。放映时，看到了银幕上文化宫桥畔自行车在行驶，人民公园的树枝在飘动，宣告试拍成功！试拍是成功了，那么，第一部新闻纪录片拍摄什么内容好呢？王明吉请示了中共南通市委。经市委研究，鉴于当时全国各地正在掀起“大搞钢铁”的热潮，所以，决定把“大搞钢铁”作为拍摄第一部新闻纪录片的中心内容。王明吉根据市委的决定，开始了拍摄工作，将南通市各行各业“大搞钢铁”的场面一一摄入镜头。当时，南通市委为了解决矿石的供应，组织了一支“钢铁远征军”前往镇江下蜀开挖矿石，先遣部队由我带队于 6 月 22 日出发。王明吉和金明生为了记录钢铁远征军的战斗生活，携着这架旧的摄影机和在城区拍摄了一部分镜头后剩下的 100 多公尺胶片，于 7 月中旬来到矿山。

到矿山的第二天清晨，王明吉刚起身，就听说先遣的远征战士正在送建房器材。这是一个很好的题材！他急忙背着摄影机赶到现场，选好地形、扭开机扣，拍摄起来。拍摄结束，他跟着远征战士来到营盘山的塘口，看到远征战士们站在没腰的水塘里，挥舞着铁锤，水花四溅，就在那里拍摄了一组动人的情景。回来的路上，他又看到几名年轻的护士正在全神贯注抢救一名因高温而中暑的远征战士。这种感人的情景他怎能轻易放过。可是拍摄了几个镜头后，胶片用完了。

王明吉请我写一封信给方行，再帮助解决 1000 尺胶片，以便完成这部新闻纪录片的拍摄工作。同时在南通电影制片厂必要的设备未增添前，第一部新闻纪录片请上海电影技术供应厂帮助冲洗、剪辑和录音，使之尽快与观众见面。他带着我写的信赶往上海，经方行介绍去了上海电影技术供应厂，还向厂领导汇报了这部新闻纪录片的拍摄经过，请他们帮助冲洗、剪辑和录音，再续借1000尺电影胶片。上海电影技术供应厂几位领导听了汇报深受感动，认为在这样短的时间内将电影拍摄出来确实不易，对他提出的几个要求表示全力支持。于是，王明吉将已拍好的胶片放在厂里，带着新借的1000尺胶片匆匆赶回矿山，继续他的拍摄工作。

一次，他从山上拍摄结束后回到驻地，看见炊事员正将烧好的饭菜送向露天食堂。王明吉很想把远征战士露天吃饭的镜头拍摄下来，可是摄影机里的胶片已经用完，要装片又没有暗房，而吃饭的时间快要到了。突然，他发现场地上有一只水缸，那不是可以做暗房吗！中午的太阳把水缸内外晒得不能触手，为了遮光的需要还得在缸口上覆盖好几条棉被，要在这热的水缸里换胶片，很容易中暑，缸内仅有一点稀薄的空气也可以使人窒息。大家都劝他不要这样做，但是，远征战士忘我劳动和艰苦奋斗的业绩，鼓舞和感染着王明吉。他说：“在这个时候，如果需要用我的生命来完成这一伟大的事业也在所不惜！”他跳进热气逼人的水缸里，并覆盖上3条厚厚的棉被，完成了这次换片工作。远征战士们用热烈的掌声向他表达了最高的敬意。

王明吉结束了矿山的拍摄工作。临走之前，我们俩交谈到深夜，主要畅谈南通电影制片厂今后的发展。我向他提出：这部新闻片冲洗出来后，应剪下几个镜头，分别向上海市文化局、市委宣传部、上海电影制片公司报喜并表示衷心的感谢。同时也向省文化局、省委宣传部以及文化部、国家电影事业管理局报喜，为今后解决胶片问题创造条件。我帮他起草了喜报和感谢信。

之后，他直接到上海电影技术供应厂，将拍好的下半部胶片交给厂里。他们感到这是一个奇迹。这时，上半部的胶片在上海电影技术供应厂的协助之下已经冲洗出来。厂里的同志们认为这部新闻纪录片拍得很好，在时效性、思想性、艺术性方面都很突出，所拍的镜头几乎没有什么浪费。上海电影技术供应厂和上海科教电影制片厂乐于承担这部片子的冲洗、剪辑和录音工作。为了增加电影的艺术气氛，上海电影乐团专门请了歌唱演员为这部纪录片配上歌曲。经过各方面的协助和支持，很快就完成了这部片子的冲洗、剪辑、录音和解说工作。南通电影制片厂拍摄的第一部新闻纪录片，于 1958 年 8 月 26 日在南通市隆重上映。人们欢庆南通电影制片厂的诞生。

第一部新闻纪录片《大搞钢铁》已经搬上了银幕。但是借来的 2000 尺胶片拿什么东西去还？今后要拍的胶片又由哪里取得？省文化局无法解决胶片问题。王明吉只好带着拷贝直接去北京。一到北京，他直接前往文化部，部里负责同志听取了王明吉的详细汇报并看了这部新闻纪录片的放映，给出很高的评价。之后，文化部负责同志向国务院领导作了汇报。国务院领导要求将这部片子在中央礼堂放映，请中央领导审阅。放映以后，国务院领导指出，地方小厂都已经拍摄了“大搞钢铁”的新闻纪录片，而几个大厂却还没有拍摄，应抓紧拍摄。在没有拍摄之前，《大搞钢铁》的版权由中央电影事业管理局买下来，立即拷贝，全国发行。当时毛主席提出破除迷信、解放思想，所以决定召开一次电影界科技人员的会议，让参会人员听取南通电影制片厂自力更生、艰苦创业的介绍，大家得到极大的启发。国务院领导还指出，这个厂有什么困难，尽可能帮助解决。文化部根据国务院领导的指示，立即付诸行动，用 1.2 万元买下《大搞钢铁》的版权，立即拷贝向全国发行，并答应每月供应胶片 1 万尺。在此次会议上，长春电影制片厂和西安电影制片厂给予了极大的支持，他们分别赠送了两架电影摄影机。这一切给了王明吉极大的鼓舞，他满载而归，回到南通继续电影拍摄工作。新中国成立 10 周年时，南通电影制片厂已经拍摄了 10 部电影新闻纪录片，其中，为庆祝新中国成立 10 周年拍摄的《欢庆十年》，是这个厂拍摄的第一部彩色纪录片。

随着电影的拍摄，南通电影制片厂的设备也逐步增加，但这些设备都不是新的，而是从旧货店里淘来的，一架旧的拷贝机仅花了1000元钱，单机身就有900多斤重，如果买新的就要5万多元。此外还增添了磁带录音机、同步录音机。还用土法自制了接片机、倒片机、木制冲洗机、检片机等设备。一台进口的接片机需要1.8万元，但他们利用一张破旧的桌子进行改装，配上灯光和电路，只花了3元钱就使用起来。后来又在上海旧货店里，花了40元钱买了一只大型的贝儿电影摄影机的机身，回南通后经过5天5夜的努力，装上了马达，拆了镜头、环管等零件，七拼八凑地装配起来，使用效果并不差于进口货，而它的成本还不到1000元。南通电影制片厂就是在这样艰苦的条件下创办起来的。

1959年，南通电影制片厂建厂一周年时，中共江苏省委根据中央调整的“八字方针”，决定将地、市创办的电影制片厂全部集中到省，把省电影制片厂办好。就这样，南通电影制片厂在特定的历史条件下，经历了一段艰苦创业的道路，完成了它的历史使命。

（载于2015年第3期）

改革开放新时期南通经济社会发展的大百科全书

——写在《南通市志（1983—2005）》出版之际

陈　红　何惠斌　何晓宁

2016年3月,《南通市志(1983—2005)》由中华书局出版,全志430多万字,设44篇、233章、918节。

一

南通是一座具有悠久历史又深具文化底蕴的城市。在优秀文化的历史传承中，南通地方志书的编修，薪火相传，连续不断。据文献记载，最早可以追溯到北宋太平兴国年间编纂的《旧图经》,以后历代都有编修,南宋有《淮南通州志》,明代有永乐《通州志》、景泰《通州志》、弘治《通州志》、嘉靖《通州志》、万历《通州志》，清代有康熙《通州志》、乾隆《直隶通州志》、道光《江南直隶通州志》、咸丰《直隶通州志续编》、光绪《通州直隶州志》、光绪《通州志补正》、光绪《江苏通志通州属志稿》，民国时期张謇编修了《南通县图志》。从宋代到民国，南通有据可考的历代志书有56部，现存有43部。这些志书为我们了解南通各个历史时期经济社会发展提供了大量资料，至珍至贵。

新中国成立后，特别是改革开放以来，南通人以海纳百川的胸襟，开拓创新的勇气,争先创优的干劲,诚信友善的品性,为南通现代化发展作出了巨大贡献。盛世修志，20世纪80年代，南通在首轮社会主义新方志编修中在全国率先出版了《如东县志》,引起很大反响。随后，市、县两级首轮修志不断取得新成绩。《南通市志》（远古—1987）（以下简称首轮）编纂是一项规模宏大的文化系统工程，实行市委领导，政府主持，人大、政协支持的工作体制。历时 15 年，首轮《南通市志》出版。这部南通历史上块头最大、纵跨时空最长、横排门类最广、内涵事物最多的志书，全面系统记述了南通自然、政治、经济、文化、社会的历史与现状，成为南通文化建设史上取得的重大成果之一。2001 年，《南通市志》获南通市第五次哲学社会科学优秀成果一等奖、江苏省第七次哲学社会科学优秀成果三等奖、江苏省第三次地方志系统优秀成果特别荣誉奖。

2006 年 5 月，南通市第二轮修志工作全面启动。作为首轮《南通市志》的续志，记述内容主要反映南通改革开放以后 1983—2005 年自然、经济、政治、社会、文化等各方面的发展情况，对这 20 多年南通经济社会发展历程作全面总结。按照国务院《地方志工作条例》的要求，在市委、市政府的直接领导和省地方志办公室的指导下，编修工作开始以后，市地方志编纂委员会办公室（以下简称市地方志办）多次研究本轮修志的定位。确定在首轮修志取得成绩的基础上，要求《南通市志（1983—2005）》成为改革开放新时期南通经济社会发展的大百科全书，出版后的《南通市志（1983—2005）》能充分发挥“资政、存史、育人”的功能。按此目标，要求志书内容观点正确，符合党和国家的各项政策，篇目设置门类齐全、分类科学、结构合理，层次分明、体例完备，文字规范、语言流畅，努力打造精品工程。

二

首轮修志，鉴于南通市工作实际，市政府通过采取与各承编单位签订责任状等措施，推动工作整体平衡推进，该项工作经验曾受到省志办肯定。二轮修志开始，充分考虑到修志受诸多现实条件限制影响，坚持工作创新，以此推动打造精品工程。在资料征集、资料长篇编写、志稿分纂和总纂等阶段都注意整合社会多方面资源，坚持走开门修志之路，实行全方位的专家参与，通过合理分工，将各方面的力量聚集到修志工作总目标上，实现修志工作又好又快推进。

一是注重在资料征集过程中充分发挥各部门、各方面的作用，为确保志书的质量夯实基础。依靠承编部门和单位完善细化志稿编纂篇目。南通市第二轮修志上限为实行市领导县新体制的1983年，下限为2005年。这一时期正值改革力度较大的时期，工业、流通等经济部门几番撤并，档案资料散失严重。针对这些问题，市地方志办在市委、市政府支持下，明确部门职责，加强督促催办，加大力度加强资料收集工作。对少数无认领单位的资料，分列若干课题，面向社会招标，遴选合适人选，通过契约形式落实任务，保证所收资料的基本质量。此外，还对自然、资源、方言等基本市情研究的课题进行招标，也取得良好效果。

二是注重在志稿分纂阶段整合各方面的力量，为提高质量加大力度，确保工作顺利推动。分纂中，一方面注意发挥市地方志办专业人员的作用，同时广泛吸收相关专业专家学者加入修志队伍。对质量较好、比较成熟的上报资料，组织市地方志办业务人员进行分纂，形成样本，发挥示范引导作用。对有一定基础、但不够成熟的上报资料，如农业、工业、金融、文化、政法、商贸、体制改革等重要篇章，先后聘请一些对相关方面情况熟悉、有一定文字功底的老同志在培训后开展志稿分纂工作。对有一定难度且部门力量跟不上的相关篇目，结合课题招标，聘请有关行业的专家进行重点研究和加工，确保工作质量不受影响。对一些全面性强、体现地方特色的内容，如改革开放和经济发展中的重大专项，则由市地方志办会同市委办、市政府办等部门专门研究，共同完成。

三是注意在志书的总纂阶段发挥好经济社会发展相关行业专家和修志专家两方面的作用，努力做到志书形式和内容较高水平的统一。为了完成好志书的总纂工作，以市政府的名义，聘请10名熟悉南通市经济、社会、文化、政治等方面情况，担任过市委、市政府领导或秘书长或部门主要领导职务，有较强文字综合能力和政策理论水平的老领导担任总纂顾问，同时发挥好市地方志办修志专家和老同志的积极性，密切配合完成工作任务，确保二轮修志精品工程的顺利实施。在总纂过程中，充分发挥总纂顾问的作用。所聘请的总纂顾问，不是挂名性质，而是实实在在的志书大类内容的把关人，志稿初步总纂完成后，将全部志稿分类呈送每一位总纂顾问审阅把关，经过他们把关、修改的志稿杜绝了内容上的重大遗漏、表达上的明显欠缺、史实记述不够连贯等情况。这样，既缩短了编写周期，又确保了志稿的准确性和权威性。通过各方面、各层次的工作，修志力量得到有效整合，为打造精品良志提供了充分保障。

三

一部称得上精品良志的志书，必定具有鲜明的地方特色，经过首轮修志的实践，这在方志界已经形成共识。就志书出版后的实际运用而言，只有具有地方特色的志书，才能发挥“资政、存史、育人”作用，这也要求我们在编纂《南通市志（1983—2005）》的过程中，始终把突出地方特色放在提升质量的重要位置上。

二轮修志上限定在 1983 年，下限为 2005 年，与各地确定的上下限记述时段基本一致。在同一时段内，各地政治、经济、社会、文化等许多方面的发展也有许多类似的情况，那在志书中怎样突出地方特色、避免雷同呢？说到南通的地方特色，大家很容易想到南通滨江临海的地理特点、发达的纺织工业和教育等，在研究《南通市志（1983—2005）》编目的时候，我们认为，这些带有南通符号性的特色在志书中一定要加以详细记述，但在改革开放新时期，南通市在经济和社会发展中出现的许多新变化、取得的新成绩，有的在全省、全国叫得响，有的在国际上有影响，形成的新的南通地方特色，这在二轮志书中更应重点记述。这些新的南通地方特色的记述，对读志用志者了解南通改革开放的来龙去脉、南通快速发展的整个过程起提供清晰的路线图和有说服力的注解作用。同时，它也一定不会出现和其他志书雷同的情况。譬如，利用南通滨江临海的地理优势，南通市委、市政府提出“江海联动”、建设“海上南通”的沿江沿海开发战略，南通港口城市和海洋经济快速发展，南通积极进行城市改革的探索与实践，1997 年跨入全国中小企业改革先进地区行列，随后被列为全国优化资本结构试点城市，进一步推进国有、集体企业改制，组建一批企业集团，国有企业的战略性改组为民营企业发展创造了广阔的空间。其间，南通提出并实施建设全省民营经济第一大市战略，民营经济获得大发展，到 2005 年，民营经济在地区生产总值中已占“半壁江山”，民营经济发展的多个指标多年全省领先。其他称得上南通名片，富有南通地方特色的还有“建筑之乡”“教育之乡”“文博之乡”“体育之乡”“长寿之乡”，精神文明建设“南通现象”等，相信这些尽显南通特色和南通个性的资料详加记述，一定会使整部志书鲜活、灵动，富有价值。

为彰显时代特征和地方特色，《南通市志（1983—2005）》对有的内容进行突出处理，专设“体制改革”“开放型经济”篇集中记述改革开放重要内容，同时专设“环境保护”“口岸”“精神文明创建”等篇，集中记述经济、社会各领域的新事物以及取得的新成就。突出社会保障内容，将社会保险、社会优抚与救助、社会福利、老年人保障等内容集中记述，凸显人民共享改革开放发展成果，生活得到全面改善的时代特征和民生发展主题。为突出反映南通港口城市、海洋经济之乡的区位和经济特色，特设“港口”“海洋与渔业”篇，旨在做到明月高照，突出反映南通的浓烈地方特色，成为志书的重大亮点。

此外，通过升格、前置、设置章节、重点记述等方法，反映时代特征、南通特色，也就是不仅有“明月”，还有璀璨群星，即大量的中亮点、小亮点。如，南通是全国最早进入人口老龄化社会的地级市之一，早在 1982 年，60 岁及以上人口就占全市总人口 10.4% 以上，到 2005 年，占比上升到 12.44%。南通市人口预期寿命提高，百岁老人增多，引起国内外广泛关注。志书在“人口”篇中设置第五章“长寿现象”，列“基本态势”“结构演化”“长寿成因”，以体现南通市人口发展变化的鲜明特点。南通是“建筑之乡”，素有“建筑铁军”称号，志书专设“建筑业”篇，依次设“建筑市场”“施工”“科技”“管理”四个章，以彰显特色。南通是江苏唯一同时拥有江、海岸线的城市，为体现区域的这一大特色，在“工业”篇中第七章记述船舶工业的内容。精神文明建设“南通现象”是南通的亮丽名片，志书设第四十一篇“精神文明建设”，在第一章“思想道德建设”第三节“精神文明建设典型”中，重点记述“莫文隋”、江海志愿者和南通医学院优秀知识分子群体。“莫文隋”助人不留名事迹在全国引发热议，《人民日报》、中央电视台都曾经做过专题报道。江海志愿者面向全社会孤寡老人、烈军属、见义勇为英雄和有特殊困难者，提供无偿帮助服务。江海志愿者成为南通市精神文明建设“南通现象”的重要组成部分。这些典型，突出表现了南通作为被中共中央宣传部确定的全国公民道德建设重大典型城市的特色。

为充分反映南通的地方特色，《南通市志（1983—2005）》在编纂过程中做了许多努力，希望不但能“明月高照”，还能用众多的中、小亮点累加，提高志书质量。

四

编修一部质量上乘的市志，需要付出十分艰苦的努力，反复进行修改、补充、磨砺。至2010年底，《南通市志（1983—2005）》形成初稿，共40篇1200多万字，2012年8月完成总纂初稿，2013年6月完成总纂二稿，至2014年12月，形成市志复审稿，共计42篇400多万字。2015年3月26日，市政府召开地方志编纂委员会成员会议，对志稿进行复审。与会的复审组专家一致认为《南通市志（1983—2005）》观点正确、体例严谨、内容全面、资料翔实、特点鲜明、记述准确，能够突出改革开放的主旋律，较为全面系统地反映了23年间南通的自然、政治、经济、文化和社会发展的情况，但也指出了复审稿还存在不少问题。复审会议以后，对修改意见进行了归类梳理，共整理近千条意见，逐一落实修改。市地方志办集中力量撰写总述，修改44个篇下概述，并对志首的彩页图片进行编辑。总述是志书的总领，在全书中占有相当重要的位置。为了写好总述，在研究了大量资料的基础上，先后召开了市老领导座谈会，初稿形成后，又送市有关老同志征求意见，反复打磨。篇下概述力求简明扼要，一般在600～800字左右，概括了当篇的主要内容，反映了这一时期这些方面经济社会发展的特点、亮点，对全篇的内容起到引导作用。图片的编辑也非常重要。市地方志办在广泛征集图片的基础上，整合方方面面的力量，选择了 120 幅图片，分 6 个专题，在志首全面、直观地反映当代南通的风貌。全书还选用 245 幅图片随文插入，对正文起到补充说明的作用，同时也活跃了版面。2015 年 7 月，形成二轮《南通市志》终审稿，8 月，提请省地方志办公室进行终审。2015 年 10 月 15 日，省地方志办公室在南通召开《南通市志（1983—2005）》终审会，省志办对终审稿总的评估意见：“一、篇目设计合理，彰显特点特色。二、体例规范完备，体裁运用得当。三、资料翔实丰富，文献价值较高。四、行文平实流畅，文字通俗易懂。”在肯定《南通市志（1983—2005）》终审稿是一部编纂质量较高的志稿的同时，也指出本着打造精品良志的标准和要求，志稿还需要进一步修改、打磨。

志稿终审后，打磨工作立即开始。市地方志办更把打磨志稿作为打造精品良志的最后关键战役，倒计时挂牌作业，既抓进度，更抓质量。打磨的重点主要有以下几个方面：第一，加强资料的完整性。志书要求事物记述连贯、系统，对有些没有从事物的发端或断限起始进行记述，有些事物没有记述到下限的，进行查漏补缺。对大事记的记述，严格对照选录标准，突出重大事件的选取，采取纪事本末体，加强内容完整性的记述，通过对大事的记述，从整体上反映南通市在断限内社会、政治、经济、文化等发展脉络。“商贸服务”篇、“旅游”篇等一些篇章断限内没有做到完整记述的，想尽办法查找补充资料，或进行技术处理。第二，增强记述规范。规范记述是志书提高质量的重要工作，《南通市志（1983—2005）》卷帙浩繁，尽管经过复审、终审，志稿中还存在着同类内容的记述在体例和标准上不规范、不统一、不正确的情况。如计量单位，存在“公顷”和“平方米”混用，“担”“吨”“公斤”混用等情况；表格表头文字表述不统一等，还存在前后数据不统一、文与表数据不一致、表内总量和分量相加不一致等。为做到记述规范精准，市地方志办组织力量，逐篇逐章逐节进行打磨。志稿内的数据核对，特地请南通大学的数位研究生帮忙，所有表格均进行详细核查。第三，框架结构进行再调整。《南通市志（1983—2005）》的篇目结构从初稿起就不断在进行调整，这种调整一直伴随着志书编纂的全过程。在修改打磨阶段同样还在进行框架的优化调整。如，在改革开放时期，由于机构调整以及社会、经济发展中某些新生事物的出现，资料缺失的情况在某些行业领域的记述中比较突出，虽在总纂过程中向相关承编单位多次要求补充，但仍有一些实在无法提供，这就造成一些章节目过于简单，难以支撑架构。对于这样的问题，在打磨时做适当的归并调整处理。第四，选好志首和随文图照。彩照和彩图对提升志书质量功效至巨，选用精当，能收到形象、生动体现南通历史变化轨迹的阅读效果，一幅深具资料性的彩照，它对读者所起的影响是文字资料所不能替代的。为了选好图照，市地方志办先后征集了近千幅照片，反复筛选，至正式出版前，历经 20 多次选择、编辑，才最终定稿。第五，提高编校质量。“僧推月下门”与“僧敲月下门”，是用“推”好，还是用“敲”好，写一首好诗或创作一篇美文用字造句是要反复“推敲”的。志书也是这样，出版之前需要字斟句酌、精雕细琢，既消除瑕疵，又避免出现硬伤。《南通市志（1983—2005）》全志 430 多万字，一直到印刷厂付印之前，市地方志办还在组织力量反复校核，做到行文规范，语言流畅，在历史纪年表述、古今地名夹注、引文格式、页末注释、标点用法、计量单位使用等各个方面，力争把错误率降到最低。

编修地方志总是一件带有遗憾的工程。《南通市志（1983—2005）》出版以后，发现无论在结构的编排上，还是资料的全面和文字的简洁上，都存在不足。但是我们还是相信，这部记载南通在改革开放新时期各方面发展变化的大百科全书，必将发挥其资政育人的教化功能，成为社会主义核心价值观教育的独具特色的教材。

（载于 2016 年第 2 期）

春华秋实谱新篇

——改革开放 40 年南通经济发展的历程脉络

季建林

改革开放 40 年，南通经济发展取得了巨大成就。现以 10 年为一个阶段，对其发展进程进行研析。

改革开放勇立潮头 经济效益全国领先（1978—1988 年）

这一阶段，南通启动改革开放，率先试验、敢于创新、抓住机遇，创造先发优势，搞活企业、培育市场体系、转变政府职能成果显著，成为改革开放初期中国工业明星城市、首批沿海开放城市。

沿海开放率先出发 明星城市名响全国

1978 年 12 月，党的十一届三中全会作出了党和国家的工作重心转移到经济建设上来的重大决策，南通就此拉开了改革开放的序幕。在农村改革方面，到 1984 年底，农村普遍实行了包干到户责任制；在城市改革方面，1984 年初确定 10 家市属工业企业作为改革“试验田”，扩大企业自主权，实行厂长（经理）负责制；在区域管理体制上，1983 年 3 月，国务院批准南通实行市领导县的新体制，改变了城乡分割的二元经济结构，走出了工农结合、城乡一体化发展的新路子；

在对外开放方面，1984 年 4 月，国务院批准南通市为中国首批对外开放 14 个沿海城市之一，同年 12 月，批准南通建立国家级经济技术开发区，对外开放格局开始形成，大大拓展了经济发展的空间；在经济结构上，抓住了短缺经济时代日用消费品需求大的历史性机遇，大力发展轻纺与电子产业。一系列改革开放政策与措施的实施，大大促进了南通经济的快速发展。1980 年，市区工业总产值达到 21.14 亿元，人均工业产值 10740 元，成为继常州后中国又一个人均工业产值超万元的中等城市。经济效益指标在全国也居领先地位，全员劳动生产率为每人每年 26249 元，每百元资金利税达 43.7 元，远远超过全省 31.8 元的平均水平。20 世纪 80 年代，南通市区工业经济效益在全国 220 个城市中名列前茅，成为当时中国经济发展最好最快的苏锡常通“苏南模式”的重要成员。1986 年，南通跨入了全国 20 个工业总产值超百亿元的城市行列，由此成为全国“明星城市”。

1981 年南通市区人均工业产值超万元、人均国民收入超 1000 美元。1986 年，时任中共中央总书记胡耀邦为南通市题写了“面向世界”四个字，为南通经济技术开发区题写了“扬子江第一窗口”，还为南通电视塔题了塔名。此后两年，多位党和国家领导人到南通视察工作，全国 29 个省、自治区、直辖市数百个代表团和 70 多个国家的外交官先后到南通参观考察。

体制改革全面推进　政府职能加快转变

在改革开放取得先发优势的基础上，南通经济体制改革全面推进，重心从农村转向城市，重点是搞活企业、培育市场体系、转变政府职能。遵循所有权与经营权分离的思路，在落实厂长（经理）负责制的基础上，企业全面推行承包经营责任制。1987 年，市区 158 家预算内国有工业企业及多数集体企业落实了承包制，200 多家小型工业企业采取招标、投标等形式，实行国家所有、集体承包和租赁经营，小型商业企业普遍引入竞争机制，实行租赁经营。开办生产资料市场，建立资金市场、科技市场、人才交流市场、劳务市场；政府管理经济职能初步转变，直接管理、控制的手段大大减少，指令性计划几近取消。劳动保险社会化改革起步，养老保险、待业保险及女职工生育等各项基金统筹由点到面逐步铺开。

经济发展潮涨潮落　体制改革艰难探索
（1989—1998年）

这一阶段，南通进入建立社会主义市场经济机制的艰难探索时期，改革开放起伏跌宕，经济发展潮涨潮落。

交通建设相对滞后　经济发展潮涨潮落

1987年5月8日11时，南通市轮船运输公司开往十一圩的客轮与武汉长江一拖轮船队相撞，船上121人全部落水，仅7名旅客被救。“5·8”沉船事故的发生，严重损伤了南通形象和投资环境，暴露了由于缺乏铁路、航空和高等级公路，以及“向南不通”对经济发展的制约。南通随之加大了投入，道路、港口建设得到改善，但“南通南不通”的状态没能根本改变，当国际制造业在上海周边地区大规模投资布局时，南通却望江兴叹，未能搭上这趟发展顺风快车。同时，城区建设相对滞后，市区面积较小，不利于资源的有效整合以及增强城市吸引力。南通在改革开放初期的优势逐渐衰退，地区发展竞争力下降，经济发展速度和水平与苏南地区的差距越拉越大。到1990年，南通工农业总产值与苏州的差距由10亿元扩大到270亿元，与无锡的差距由4亿元扩大到201亿元，与常州相比由领先变为落后，南通逐步退出“苏南板块”。

改革开放构建新格局　路径探索困难曲折多

1992年邓小平南方谈话后，南通掀起了思想解放的新高潮，改革开放出现了新局面：加大了国营、集体和乡镇企业改革的力度，促进了企业改组、改造和加强管理；以深化、完善、配套为重点，促进股权流转及资产重组经营，开始了企业制度的新改革，到 1997 年 3 月底，90% 的国有、城镇集体和乡镇企业实行了多种形式的改制，企业改制取得了阶段性成果。与此同时，市场体系建设发展迅速，涌现了一批在全国、全省有影响、有特色的专业市场。新的社会保障制度开始建立，社会保险覆盖面不断扩大。农村改革朝着农业产业化、乡村城镇化、乡镇工业现代化的方向发展。经济发展的国际化程度进一步加深，外向型经济粗具规模。随着一批造船、电力、冶金、精细化工等企业的兴办，南通工业改变了以轻纺工业为主的格局。但是在这一时期，由于受有关因素的制约，南通经济发展速度放慢，经济增长速度低于苏南、苏北，1996 年人均地区生产总值不到 7000 元，低于全省平均水平。

桥港经济新时代　多元经济展宏图
（1999—2008 年）

全力推进跨江融合　桥港经济成效显著

要使南通经济重新驶上快车道，必须加快构建现代化的立体交通体系。从 20 世纪末到 21 世纪初，南通开始了以苏通长江公路大桥为标志的大桥、大港、铁路、航空、管道和高速公路建设。2003 年，南通提出接轨上海、服务上海、实施沪苏通一体化发展的“小金三角”战略，将靠江靠海的区位优势与靠上海的生产要素优势相结合，这一战略的实施，促使南通的发展环境与条件发生了重大变化，对全市产业结构、生产力布局、城市与交通建设带来了极为深刻的影响，大大提升了南通的集聚力和辐射力，为南通经济又好又快发展注入了动力与活力。以纺织、服装、机械、电子、食品、化工为支柱，医药、化工、建材、船舶、冶金、电力等产业相互配套的工业体系开始建成，南通成为中国电子生产基地和新兴的机械工业基地、船舶工业基地、精细化工基地和新材料基地。地区生产总值，2003 年突破了 1000 亿元，2008 年达到 2510.03 亿元。财政收入，2002 年 87.4 亿元，2008 年达到 390.21 亿元。利用外资，2000 年 1.47 亿美元，2008 年达到 29.37 亿美元。2002—2008 年，经济年递增率 14% ～ 15%；城乡居民收入连续多年两位数增长，全市六县（市、区）都进入全国百强县。经十年持续跨越发展，南通经济重返全省第一方阵，实现了从崛起苏中到融入苏南，进而挺进长三角核心圈的城市振兴。中央党校、《求是》杂志联合调查组到南通调研，称赞“南通在科学发展观指引下走出一条跨越发展之路”。2008 年 6 月 30 日苏通大桥建成通车，与此同时，洋口港、海门港、吕四港的建设也取得重要进展，结束了南通“有江无大桥”“有海无深水海港”的历史，大步迈进桥港新时代，进入了与上海、苏州一小时经济圈。

全面改革迈新步　多元经济展宏图

进入 21 世纪以来，南通全面推进经济、政治、文化、社会各个领域、多个层面的改革，多项改革迈出了新的步伐：农村改革拓展新领域，取消了农业税，农村土地股份合作和集体资产股份制改革稳步推进，“民富、村美、风气好”的社会主义新农村建设全面推进，城乡一体化加快建设，城市化率提高到 55%；事业单位改革有序实施；资本市场“南通板块”异军突起，中小板、创业板上市企业数排名进入全国大中城市前 10 强；创新社会治理体制，南通社会矛盾大调解机制、受到中央领导和省委的充分肯定。多项社会保障制度改革方案相继出台，社会保障体系逐步健全。开放型经济上了一个新的台阶，利用外资实现新突破，进出口快速增长，外经合作全面发展，多项指标均居全省领先地位。

构建多种所有制经济共同发展的格局，市委、市政府出台了《关于争创江苏民营经济第一大市的意见》，组织实施“三名”（名企、名人、名品）工程，引导与激励民营经济科学发展，向规模化、科技化、国际化进军，民营经济由“三分天下有其一”（国有经济、外向经济、民营经济）迅速发展为“半壁江山”。有

10 万人到海外创业，南通成为新“华侨之乡”。到 2008 年底，全市工商户总数 30.34 万家，列全省第一；私营企业数 13 万家，列全省第二。

“强富美高”新南通　建设上海“北大门”（2009—2018 年）

加快转型发展步伐　建设“强富美高”新南通

2008 年爆发的国际金融危机，对南通经济产生巨大影响，地区生产总值增幅由 2007 年的 16.2% 下降到 2009 年的 14%、2013 年的 11.8%，进出口总值增幅由 2008 年的 30.6% 下降到 2009 年的 −2.6%、2012 年的 2.0%。遵循 2014 年 12 月习近平总书记视察江苏时的指示，南通扎实推进建设“强富美高”新南通，加快了转型发展步伐。大力发展实体经济、新兴产业和高新技术产业，促进了经济又好又快发展，地区生产总值 2014 年、2015 年分别超 5000 亿元、6000 亿元，2017 年达 7734.6 亿元，位列全国大中城市第十八位、地级市第六位。城乡居民收入增长与经济增长速度保持同步。2017 年，城镇居民人均可支配收入 42756 元，农村居民人均可支配收入 20472 元。南通市各项存款余额 2016 年初突破万亿元大关，成为国内继苏州、无锡、佛山、东莞之后，第 5 个存款迈进“万亿俱乐部”的地级市，人均储蓄存款位列全省第一。城乡社会保障体系、城乡基本养老保险覆盖率、医疗保险覆盖率、失业保险覆盖率等社会保险覆盖面均在 98% 以上。绿色发展指数位列全省第一，5 个县（市）和通州区均建成国家生态县（市、区）。

建设上海“北大门”　推进经济高质量发展

随着苏通大桥、崇启大桥的建成通车以及长三角一体化发展和江苏沿海开发两大国家战略的相继实施，南通“接轨上海、融入苏南”进入加快发展阶段。省第十三次党代会要求南通做好跨江融合、接轨上海这篇大文章，努力把南通建设成为上海的“北大门”。生态屏障、开放通道、创新之都、文化名城是南通建设上海“北大门”的内涵，“交通体系功能化、产业发展协同化、区域市场一体化、公共服务同城化”是南通建设上海“北大门”的目标。2017 年 5 月 16 日，省政府正式批复南通建设上海大都市北翼门户城市的总体方案，南通发展迎来了新的战略机遇。2018 年 5 月 3—4 日，省委书记娄勤俭赴南通调研，希望南通争当“江苏沿海崛起的龙头，争当全省解放思想跨越赶超的先锋、全省高质量发展的先锋、新时代全省干事创业的先锋”。南通正以做好制造业、城市和人才三项重点工作，不断增强又好又快持续发展的潜力、活力、魅力，向高质量发展，走在全省前列。力争到 2020 年，南通地区生产总值破万亿元；再经过 5 年左右的努力，经济总量跻身于全国大中城市前十五位，基本达到 I 型大城市标准。

（载于 2018 年第 4 期）

湮没于历史的早期“通商”

——沙船业“通海帮”初探

赵明远

沙船是适应长江口多沙平缓水域特点而诞生的一种船种。南通自古有渔盐之利，江海、内河的捕捞、运输普遍使用沙船。对于这一最重要的江海运输工具，以及在清朝中期沙船业中曾经名噪一时的通州海门船帮，在南通地方史料里却缺乏记载，南通学界也缺乏研究，以至于对南通沙船业的历史、规模、特点及与地方经济的关系均缺乏基本的认识。

由于沙船业对于中国的航运史和航运技术都曾有很大的影响，国内外学术界对于它已有较为丰富的研究成果。本文将利用这些研究成果，对涉及南通的史料、史实做一梳理，对南通海运沙船业的历史概貌做初步的探讨。

南通早期海航信息

南通地处长江三角洲北岸，东临黄海，数千年来的沧桑巨变，南通一带由沙洲泽国而沃野千里。南宋地理总志《舆地纪胜》中称赞通州优越的地理位置载，“通之为郡，濒海控江，南通闽粤，北通齐鲁”，且“南濒吴会，列壤相望，旁通吴越，迨于外邦。风帆海道，瞬息千里”。南通既有江海环抱，又河道密布，自古有“鱼盐之利”，行船是最重要的交通方式之一。

南通一带的最早航海活动难以考证。沿海一带曾出土过汉唐时期的船只，如1984年4月，如东县汤园乡出土东汉独木舟，舟体长度约15米；1973年6月，如皋县蒲西乡出土一艘唐代木船，体长 17.32 米，深 1.6 米。船的形状细长，船底横板断面呈圆弧形。船共分 9 舱，独桅，载重约 20 吨。以上出土古船仍属于适合江河运输的船只。1986 年 3 月，在如东县北渔乡出土一艘元代海船，船体狭长，船头尖削，船尾窄方，呈流线型，被认定为航海货船。

从晚唐起，由南通出港的海上活动始有确切史料记载。此时南通尚未有行政建制，但有军事和制盐管理机构。唐乾符二年（875），狼山镇遏使王郢由江北发动兵变，陆续攻陷苏州、常州，劫掠两浙，波及福建，两年后方平息，史称“王郢之乱”。史料记载其“党众近万人”“乘舟往来，泛江入海”，可推想其水军规模。五代时，长江口曾发生过一系列海战。如吴天宝元年（908）、吴天祐十年（913）、吴武义元年（919），吴国与吴越国先后在长江口“狼山江”“东洲”一带发生过 3 次海战，南通一带的割据势力姚氏军事集团参与其中。后周显德五年（958），后周攻打部署在“通州南岸”“东布洲”的南唐及吴越水军，双方各有战舰数百艘，可见舰队规模。

当时，南通沿海一带拥有航海技术的船工、水手已颇闻名。《宋史》中提到，南宋绍兴二年（1132），御史中丞沈与求曾提道：“海舟自京东入浙，必由泰州石港、通州料角、崇明镇等处……又闻料角水势湍险，必得沙上水手方能转运。”通州料角一带水势险峻，只有生长在沿海沙洲的水手才能够驾驭得了。在南宋与金对峙的 100 多年时间里，通州具有控遏长江入海口的极为重要的战略地位，金国水军也多次进犯通州、泰州。在南宋《舆地纪胜》《方舆胜览》等地理总志中提到通州，均会强调它的战略地位。特别是料角，史料称“通州管下料角最系贼船来路紧切控扼去处”。曾任淮南东路安抚使的韩世忠也说过：“明州定海、秀州华亭、苏州许浦、通州料角，皆海道要地，不可不备。”因此，无论是自然地理原因还是战略攻防的要求，从五代到南宋时期，通州一带的海上活动应属普遍。

虽然这些史料颇为零散，且主要是和军事活动有关，但海上货物运输、贸易活动的信息却是从一些“负面”材料反映出来。如《宋会要辑稿》记载，南宋建炎四年（1130）八月二日，枢密院上书说：“闻海、密等州米麦踊贵，通、泰、苏、秀有海船民户贪其厚利，兴贩前去密州板桥、草桥等处货卖。”又如南宋嘉定十年（1217）三月一日，有一名官员建言：“沿海州县如华亭、海盐、青龙、顾迳与江阴、镇江、通、泰等处，奸民豪户，广收米斛，贩入诸蕃（番），每一海舟所容不下一二千斛。或南或北，利获数倍，谷价安得不昂？”宋金对峙时期，本来就商贸不畅，而南宋对民间贸易更是限制重重。第一则史料反映的是，因获知金国的海州、密州等地粮价暴涨的商机，包括通州在内的长三角一带的海船民户，通过海路向那里贩运而获利。第二则讲到通州等沿海州县的商民更是突破禁令，盗运粮食到诸蕃牟取暴利，并造成了本地粮价上涨。臣僚们进言对这种情形要严加禁止，由此也从一个侧面说明了当时南北贸易的艰难以及这一带船民的逐利意识、冒险精神。

以上史料反映的是南通从唐末到南宋数百年间最早的航海信息。这一时期正处于王朝分裂和南北对峙时期，又是南通地方行政机构建立的时期，位于长江口的南通地理区位与军事战略价值愈发凸显。也许首先是海战与战船建造需要促进了这一带的造船业，同时涌现了大批有经验的舟师水手，使南北及海外贸易需求具备了海上航运的基本条件。由于史料的零散与缺乏，特别是贸易方面，即使有反映的也只是涉及南通的长江口诸地的一些共性的状况，我们对这一时期南通海上航运情况仍知之甚少。

元、明时期南通的海运活动及沙船业

沙船是中国古代的四大船种之一。从南到北有广东、广西的广船，福建的福船，浙江的鸟船，江苏的沙船。沙船最早应出现在明代。明嘉靖二十年（1541），沈启《南船纪》卷一中有“二百料巡沙船”图，有按语：“所谓沙船，像崇明三沙船式也。三沙浮海，人长吞天浴日之区，靛盐为业，履险如夷，走船如马，家海门江，朝吴暮楚。苟惊风立浪之相遭，则鼓气扬眉之有候矣。”唐武德年间，长江口涨出东、西二沙，是为崇明岛前身。北宋天圣三年（1025），续涨出姚刘沙与东沙接壤，北宋建中靖国元年（1101），于姚刘沙西北 50 余里处涨出三沙。崇明岛又称崇明三沙。而清乾隆《崇明县志》卷一九引明人所写《再陈海运疏》已直接涉及南通：“沙船以崇明沙而得名，太仓、松江、通州、海门皆有。”这里首次提到了通州、海门拥有沙船。

一些史料写出了沙船的外形特征，即是平底、方头、方尾，有帆、用橹，还拥有水密隔舱、减摇龙骨的技术。如明万历《两浙海防类考续集》卷一〇有“沙船式”云：“沙船能调戗，使斗风，然惟便于北洋，而不便于南洋。北洋浅，南洋深也。沙船底平，不能破深水之大浪也。”清中期名臣包世臣《安吴四种》卷一《海运南漕议》说：“南洋多矶岛，水深浪巨，非鸟船不行。北洋多沙碛，水浅礁硬，非沙船不行。”古代，长江口以北为“北洋”，以南为“南洋”。“北洋”近海潮起潮落，海中沙脉坍涨无常，明沙环布，暗沙隐伏，沙船平底、吃水浅，近海浅滩水区行驶不易搁浅。所以，沙船可在“北洋”海洋运输，同时可在长江、内河航行，是适应两种不同航运环境的船舶。

一般认为，明清时期沙船的前身是宋元史料记载中的“平底海船”。元初，因大运河漕运不畅，朝廷招安了崇明一带、熟悉南北海道的海盗头目朱清、张瑄办理漕粮海运，“造平底海船六十艘，运粮四万六千余石，从海道至京师”。朱清，字澄叔，崇明州姚刘沙人；张瑄，嘉定新华村人。他们因开辟海漕航线而载入史册。除了《元史》，崇明、苏州、太仓、嘉定、昆山等地的府州县志，以及陶宗仪《南村辍耕录》等文人笔记对他们均有大量记载。

明万历年间，通州文人彭大翼撰著的大型类书《山堂肆考》中略记有朱清、张瑄开海运事迹，提到“朱、张皆扬州府通州人”。查崇明于五代杨吴天祚三年（937）设“崇明镇”，南宋嘉定十五年（1222）设天赐盐场，隶属通州管辖。元至元十四年（1277）设崇明州，隶属扬州路。明洪武二年（1369）崇明改州为县，洪武八年（1375）崇明县改由苏州府管辖。明弘治十年（1497）太仓建州，兼隶于太仓州。宋元之际，崇明一度为通州管辖，说其时朱清为通州人也不错，说张瑄则错了。清乾嘉年间金榜纂《海曲拾遗》引用了《山堂肆考》的内容，只说朱清为通州人，算是修正。从明初到清末，崇明与通州间没有行政隶属关系，再强调他们是通州人就有抢“名人”之嫌。

元代，承载南北经济交流的交通方式主要有陆运、河运、海运三种，而海运的开辟是较为经济和便捷的方式，所以终元之世，海运不废。《元史》中对朱清、张瑄开海运的记载如下：“初，海运之道，自平江刘家港入海，经扬州路通州海门县黄连沙头、万里长滩开洋，沿山墺而行，抵淮安路盐城县，历西海州、海宁府东海县、密州、胶州界，放灵山洋投东北，路多浅沙，行月余始抵成山。计其水程，自上海至杨村马头，凡一万三千三百五十里。至元二十九年，朱清等言其路险恶，复开生道（道）。自刘家港开洋，至撑脚沙转沙觜，至三沙、洋子江，过匾担沙、大洪，又过万里长滩，放大洋至青水洋，又经黑水洋至成山，过刘岛，至芝罘、沙门二岛，放莱州大洋，抵界河口，其道差为径直。明年，千户殷明略又开新道，从刘家港入海，至崇明州三沙放洋，向东行，入黑水大洋，取成山转西至刘家岛，又至登州沙门岛，于莱州大洋入界河。当舟行风信有时，自浙西至京师，不过旬日而已，视前二道为最便云。”

此中记载了他们开辟航线的具体线路，以及后来两次优化北洋航线，缩短了航运时间的情况。到元至正元年（1341），通过海陆运输的漕粮已达到 380 万石，较元朝第一次海运漕粮翻了 90 多倍，可见当时海运漕粮的繁盛场面。

元代漕粮海运的起点是太仓刘家港，经崇明、海门黄连沙出洋。沿途需停靠苏北、山东沿海各州口岸，只有这种“平底海船”方便于航行。但沿途“路多浅沙”“其路险恶”，后来向东优化航线，离海岸更远，不再停靠苏北。这段史料中确切提到了通州海门在海漕中的作用，与南通史志资料中有关漕粮海运的记载可相呼应。

清道光年间通州徐缙、杨廷撰纂《崇川咫闻录》时摘抄了《元史》这段“海运”的内容，同时指出通州的通济闸“乃元时漕运出海之处”。通州一带漕运船只由通济闸“出舟”过江，集中于刘家港。南通文史专家穆烜据地方志记载指出，元代至元年间，通州、白蒲建有 3 座通济闸，在至元二十九年（1292）之前，元朝政府还曾在通州设立提举司，掌管造船，认为通州在元代海运中已有“重要地位”。因为漕粮海运并没有对南通经济社会产生太大的影响，南通海运在全国的地位有限。

从太仓到上海的通海沙船

太仓刘家港是元、明时期的“天下第一码头”。元代时刘家港就有“六国码头”之称。当时的刘河（娄江）近长江之处河宽二里许，水深五六米，既是太湖最主要泄水道，又是沟通太湖、长江和东海的主要通道，连接着全国最富庶的地区，河深江阔，可避风浪。刘家港在江流、潮汐和风浪的作用下，渐成江南地区河阔港深之重要口岸。明《太仓州志》及陈伸著《太仓事迹》称，刘家港“番商贾客，云集阛阓，粮艘商舶，高樯大桅，集如林木；琳宫梵宇，朱门大宅，不可胜计。四方谓之第一码头”，元代时刘河镇设有分管漕运、贸易的行泉府司及四所万户府，还设有提举司，专管海船征榷贸易之事。明洪武七年（1374）设置有刘家港巡检司，并在港口附近建有烽堠6座。明永乐至宣德年间，郑和七下西洋均自刘家港起锚。明永乐十三年（1415）后，会通河的开凿使南北大运河重新贯通，海运漕粮方告终止。但至嘉靖三年（1524），明政府仍然通过刘家港从海上往辽东运输棉花、布匹，刘家港仍保持有其江南口岸之地位。

同一时期，上海却因漕粮海运带来的航线开辟、通航量的增加发展、繁荣起来。元至元十四年（1277），元政府在江南设立四处市舶司，上海与庆元（宁波）、澉浦、泉州各居其一。元至元二十九年（1292）上海由镇升为县。承担漕粮海运是沙船发展史上的一个阶段的职能，明永乐十三年（1415）漕粮海运为河运取代后，沙船业并未因此而衰落。明中叶以后，航行于北洋的沙船贸易已经相当繁荣，据明代弘治年间的《上海县志》记载上海商人“乘潮汐上下浦，射贵贱购贸易，疾驰数十里如反掌，又多能客贩湖襄燕赵齐鲁之区”。明嘉靖十四年（1535），巡按直隶御史题奏中称“太仓、崇明、江阴、通、泰沿海居民视海洋为庄衢”，他们从事沿海贸易，靠经营沙船业致富。

明代，沙船除了贸易用途，军事上仍是重要的航海工具。明万历年间，日本侵略朝鲜，江南海船被征用于运输军需援朝物资，因为“人皆轻熟之矣”，不仅船员熟悉海路寓与操舵，同时“其船必以太仓、崇明、江阴、靖江、通州、海门沙船为最可用”。

清初，由于明末农民战争和清军入关，连年的内战加上清初的“海禁”政策，沙船贸易遭受严重的阻碍和破坏，日趋萧条，上海也由于“海禁严切，四民失调”。清初实行海禁政策，沙船业受到打击。清康熙二十三年（1684），清政府开海禁，沙船贸易很快复苏并发展起来。翌年清政府设立江、浙、闽、粤四海关。江海关设在上海县城，于是上海成为所在统辖长江入海口南北 600 余里海岸线、大小 24 处分海口。清政府规定，江南沙船收泊于太仓刘河镇，闽粤商船收泊于江海关所在的上海。

在太仓刘河镇清代史料中出现了通州商人身影。清金端表《刘河镇记略》中记有通州刘姓、吕四赵姓的海商，也有来自吕四从事运输的高、姚、包、赵等大船户及诸多小户，他们在刘河镇设立了运输字号。但是到了清乾隆末年，特别是嘉庆、道光年间，刘河镇因河道淤塞以及河口拦门沙隆起，刘家港不得不最终废弃，往日明令收泊刘河的北航沙船先是渐渐不遵旧例，越规收泊上海大关，后来几乎全部改为停泊上海。在清初尚与刘家港平分秋色的上海，此时终于取得江南地区一枝独秀的口岸地位。

清代上海沙船业中的通海帮

清嘉庆年间，洪泽湖决堤，土沙流入运河。清道光四年（1824），黄河决堤，运河淤塞，漕粮阻滞。在大臣们的奏议下，清政府于道光六年（1826）重开海运漕粮，决定先由江苏试办。苏州、松江、常州、镇江、太仓各地粮船均至上海交兑，招雇沙船承运。同时，历来走运河水路的内河贸易也多改为经上海口岸而走海路。数量众多、船籍分属于长江三角洲各个县份的江南沙船终于齐集上海口岸，从而进一步促进了上海海运贸易的繁盛和上海口岸的发展。上海“适介南北之中，最当冲要，故贸易兴旺，非他处所能埒”。到鸦片战争前，随着南北洋沿海贸易的兴盛，上海口岸常年停泊的北洋沙船已达 3500 艘，南洋海船近千艘，航运总吨位大致在 42 万吨以上。上海已经成为当时中国南北洋之间，沿海和腹地之间交换各种商货的重要商港。

在上海取得江南地区一枝独秀的口岸地位之时，沙船业中的通海帮也迅速兴起了。倡导漕粮海运苏州知府齐彦槐曾说：“沙船聚于上海，约三千五六百号，其船大者，载官斛三千石，小者千五六百石，船主皆崇明、通州、海门、南汇、宝山、上海土著之富民。每造一船，须银七八千两。其多者，至一主有船四五十号，故名曰船商。自康熙二十四年开海禁，关东豆麦，每年至上海者千余万石，而布茶各南货，至山东、直隶、关东者，亦由沙船载而北行。沙船有会馆，立董事以总之。”

清道光五年（1825），“经世派”名臣包世臣说：“沙船十一帮，俱以该商本贯为名，以崇明、通州、海门三帮为大。尤多大户立别宅于上海，亲议买卖。然骄逸成性，视保载行内经手人不殊奴隶……其大户有船三五十号者，自为通帮所敬厚。”协办大学士英和也指出：“闻上海沙船有三千余号，大船可载三千石，小船可载千五百石，多系通州、海门土著富民所造，立有会馆、保载牙行，运货往来，并不押载，从无欺骗等情。”

这些史料的记录者是道光年间主张漕粮海运的齐彦槐、包世臣、英和等著名的经世派官员。从这些史料中，我们看到通州、海门沙船船帮在上海的沙船业中已有了很大的声势，他们不仅拥有众多的沙船，拥有自己商行，还设立了会馆，并在上海过上了富裕的生活。

日韩档案中反映的通海沙船业面貌

沙船海运贸易联系的是江南与山东、东北，货物除为清政府海运漕粮之外，回程时南运大豆为主及其他北方产品，北运江南一带的棉花、土布。

江南土布业的发展与沙船贸易有一定的关系。当时的土布“松太所产，卒为天下甲，而吾沪所产，又甲于松太。山梯海航，贸迁南北……而沙船之集上海，实缘布市”。通过沙船从东北运到上海的是豆类，作为江南地区的食品和加工食品的原料，也是农业生产的重要资源。例如，大豆榨油后剩下的豆饼是桑树的重要肥料。

然而，前文所列的资料中，无法看到通海沙船航运业者具体情况。日本学者松浦章在日本、朝鲜的档案资料中，发现了一批清代江南北行商船因遇风浪漂流到朝鲜半岛、日本列岛、琉球群岛，被当地官方调查、询问的档案记录，我们可以从中获知沙船业的许多具体信息。

据松浦章统计，从清康熙年间到同治年间的200来年间，江南商船因遇风浪漂流到朝鲜半岛、日本列岛、琉球群岛达到130例，属于通州、海门船籍的就有36例，可见通海船帮的地位。另崇明有19例，其余为江南各州县的。松浦章摘录、分析了一些案例，其中有11例商船资料涉及通州，从中我们可以研究运输业的基本情况。

1. 清雍正十年（1732）正月，有通州沙船（船主不详）由徽州商人吴仁则雇佣从通州装载棉花253包，二月抵山东莱阳卸下，三月到达关东南金州，五月受太仓商人周豹文所雇装炭380担运抵天津，十月又为商人徐梦详所雇到山东运大枣回江南，途遇恶风，漂流到朝鲜半岛南部的珍岛。船上共有16人，均为通州籍船工，常以船受雇于各处商人，从事海运为生。

2. 清乾隆十四年（1749）十一月，通州籍沙船主彭世恒的商船在山东胶州装载白豆、盐猪、紫草等货物赶往苏州交易途中遇大风，漂流到琉球，船损坏，货物损失大半。船中共有乘员14人，均无伤亡。其中有通州船工11人，除船主彭世恒外还有2名通州商人搭船。

3. 清乾隆十七年（1752）十月，通州籍沙船主崔长顺的商船从通州吕四出发，在山东胶州装货、搭客后赶往苏州交易，途中遇大风浪，船舵损坏，在海上漂流

2 个月后到琉球。船上共 23 人。

4. 清嘉庆五年（1800）十二月，通州籍沙船主黄发林的商船（通字 549 号），运载纸、木等商品往山东交易，途中遇大风，船桅折断，丢掉货物，漂流十几日后到琉球。

5. 清嘉庆十三年（1808）十一月，通州籍沙船主蔚廷的商船（通州牌照、船号庄发增）运载纸、木等商品，从吴淞口出发往山东青口交易，途中遇大风，船坏抛弃货物，漂流 1 月余到琉球。

6. 清嘉庆二十三年（1818）四月，通州籍沙船主彭在天的商船（通字 576 号，船号彭洪庆），受雇商人朱大昌（籍贯未记）从上海出航，五月到达辽东皮子窝，运载青豆等货返程途中遇大风，船坏漂流十几日后到朝鲜忠清道。船员 12 人，均是吕四人，彭在天居于吕四，有沙船四五艘。

7. 清道光二十二年（1842）二月，通州籍沙船主袁翼天的商船（通字号，船号袁万利），受雇于上海沙船巨商郁盛森，从上海出航赴辽东牛庄运豆货，途中遇风船坏，漂流到朝鲜忠清道。船员 14 人，有 7 人住吕四，7 人住上海。

8. 清清咸丰二年（1852）十月，通州吕四船员 11 人受雇于旅沪赣榆县籍巨商孙同德，用沙船运送棉花、西洋布等货物，从上海吴淞口出发往山东金口，途中遇风船损，漂流到朝鲜济州。

9. 清同治六年（1867）四月，上海人顾同盛的商船，受通州商人张顺福雇用，到南通州收购土布、棉花后，于九月到达关东牛庄换买黄豆。返航途中遇大风，漂流至朝鲜济州。船员 25 人为上海人。

10. 清同治六年（1867）十月，旅居上海的通州籍商人田福顺的商船，受上海商人丁氏雇佣，从吴淞口出港往山东购买豆货，途中遇风漂流到朝鲜济州。船员 18 人为通州人。

11. 清同治十一年（1872）十月，苏州府元和县曹东帆的商船（元字 30 号，船号张复盛）在辽东大孤山购买豆货，返航途中遇风漂流到朝鲜济州。船员 13 人中 11 人为通州人，均住在元和县以行船为业。另 2 人为崇明人。

这 11 例案例中呈现的整体状况和前文中记载是一致的，只是有了更加具体的事例来补充。从中可以发现，通海船帮主要的不是为本籍做货运服务，通州籍船商无论登记在通州或是上海，主要受雇从事江南与山东、东北间的运输，其从事运输业的方式与内容与其他地区的沙船并无差别。通海船工水手也受雇于其他非通海籍沙船。除了第 1 例通州沙船受外地商人雇用以及第 9 例上海沙船受通州商人雇用在南通一带收购棉花、土布外，没有更多的沙船业与南通经济联系的信息，特别是 11 例中竟没有一例是通州籍沙船由通州商人雇用，在通州办理货物的事例。通州商人雇用上海沙船在南通收购土布、棉花一事本身也说明了通海帮沙船在承揽本土生意时并无优势。

南通输出的商品主要是棉花和土布。棉花输出始于明代，清乾隆年间沿海沙洲不断涨接大陆，棉花种植的面积不断扩大，棉花输出始成大宗，通州乾隆时人汪棐的《州乘一览》中记载："闽粤人秋日抵通收花衣，巨舶千百，皆装布囊。"可见南运数量之巨。南通棉花海运北洋在本地史料中虽未出现，但可推想已有一定的规模，否则不会有上文第 1、第 9 的事例。但由于江南一带同样遍种棉花，便无法确切了解通海棉花占北运的比例，如同北方豆货通过海运进入江苏后南通的需求量有多少也难确知。另据林举百《近代南通土布史》记载，清代有山东客商通过陆路到南通采办棉花、土布销往东北。

到了清中期，通海船商有了足够的勇气、资本，但是南通因本地有限的资源物产、先天不足港口条件，以及缺乏物产丰富的腹地、货物汇聚的区位条件，无法支持一个规模很大的沙船业。从另一个角度看，上海无论是区位、港口、资源还是行商环境，都为通海船商提供了广阔天地。通海船商发挥船工技术优势、冒险精神，承揽海运、创业奋斗，逐步壮大起来。通海船商大户可以"立别宅于上海，亲议买卖"，甚至"骄逸成性"，虽然通州没能给他们提供发展空间，但也没发现他们反哺故土的事例，这是非常遗憾的。

南通因沿海的地理位置，发展出大批熟悉航线、技能高超的船工，出现造船业和海运业，南通的舟师船商勇于冒险、创业奋斗，他们以上海为母港，逐步发展为实力雄厚的沙船船帮。而这具体的过程还有待更多的史料发现。

沙船业的衰落与“关庄布”的运销

1842 年《南京条约》签订，东南沿海五口通商，外籍轮船的出现对航运业产生了一定的影响。专门经营北洋航线沿海贸易的上海沙船业尚未受到很大的影响，却因上海对外通商而日趋繁盛，曾一度从中部分受益。第二次鸦片战争以后，沿海和长江增开了十几个通商口岸，其中有北方沿海的牛庄、登州和天津等港口，外籍船只开始经营北洋航线的沿海转口贸易，上海沙船业遭受竞争威胁。在 1858 年《天津条约》条款中限制外国商船参与从牛庄到上海的豆货贸易，即“豆禁”政策。到清同治元年（1862），清政府为了争取外国人的协助以镇压太平军，被迫同意开放“豆禁”。“豆禁”的开放为外国船只侵入北洋沿海贸易打开了方便之门，对上海沙船业是致命的打击。李鸿章在同治三年（1864）八月的奏折中说：“自同治元年，暂开豆禁，夹板洋船，直赴牛庄等处装运豆石，北地货价因之昂贵，南省销路为其侵占。两载以来，沙船资本亏拆殆尽，富者变而赤贫，贫者绝无生理。”“今沙船无资贩买，停泊在港者，以千百号计。内地船只，以运动为灵，若半年不行，由朽而烂；一年不行，即化有为无矣。将来无力重修，全归废弃。”短短 10 年时间，上海沙船数量就从 3000 余艘，锐减到 400 艘。另外，原来承担漕运的沙船也因 1874 年轮船招商局的开办逐渐被替代。从此沙船业再难起死回生。

前文述及，江南的土布棉花是北运的主要货物。南通在清代以后渐成土布产地，通海土布也随沙船转运东北，交通较先前陆路便利，北销因而增长。林举百《近代南通土布史》中认为：1858 年营口开埠后，上海、营口间的海上运输迅速发展，通海土布运销东北的交通条件更为改善，北销数量持续增长，进而形成了近代闻名的“关庄布”业。但是通海土布业增长由海运交通的发展来解释，似有疑问，因为沙船业上海与东北之间的交通是畅通的，而南通土布业的增产期正是沙船业的衰落期。笔者认为，通海土布业的增长主要原因是对苏松土布北销市场的替代。当时，太平天国的战火蔓延至江南一带，对当地的经济社会造成巨大破坏，曾经“衣被天下”的苏松土布也惨遭打击，此时，正是南通土布通过已开辟的海上航线北运，填补了苏松土布北方市场的缺口。

1884 年前后，印度机制棉纱开始销于通海地区，逐步将劳力从低效的手纺中解放出来，投入织造中去，土布生产从此突飞猛进。机纱条干均匀，不易断头，有利于土布质量的提高，更受东北欢迎，逐渐代替了尺套布的销路。十九世纪八九十年代，通海每年有两三万件（每件 40 匹）大尺布北销。

如果巨量北运的土布业能与沙船业结合，也许能挽回一点沙船业的颓势，确实有记载说，直至 19 世纪末，南通土布仍有通过沙船运到营口的。但事实上，通海土布北运却主要由宁波帮商船承运。

宁波帮的崛起与通海帮的消失

在一些官员的奏疏史料中，提到通州、海门的沙船势力很大，但在上海及宁波的史料中记载，宁波帮的实力并不亚于通海帮，宁波地方文献称：“航业为岛民所特长，南北运客载货之海舶，邑人多营之。”据阮元在清嘉庆年间的调查，经常泊于镇海、上海、松江的宁波船约有 400 艘之多。清咸丰、同治年间，宁波帮商人经营的帆船航运业也达到了极盛。清光绪十五年（1889）六月十一日的《申报》称：“（上海）沙船坐港者常有七八百号，宁船亦数百号，每年统司进口沙船何止六七八千。”清光绪中期，宁波人自称：“吾甬回图之利，以北洋商舶为最巨。其往也，转浙西之粟达之于津门。其来也，运辽燕齐莒之产贸之于甬东。航天万里，上下交资。”清道光年间，宁波商人打入了本来是江苏沿海商人经营的沙船业，慈溪董氏的大生沙船号、镇海李氏的久大沙船号都是上海有名的沙船号。后来，上海沙船业中形成了以宁波商人为主的“号帮”，进而控制了上海商船会馆的大部分事务。

因此，关庄布的北销被宁波帮控制。林举百《近代南通土布史》记载，宁波的“号帮”在1858年营口开埠以后，开辟了通海土布北运的航道，他们除了代山东客帮装客运花布外，“又收买一批吕四的海船，其中的船员多为吕四、余东、余西人，因此更加接近，有了发展，遂成为专门营运布业的号帮”。专门作关庄布的“号帮”有“久大”“新记”“镇康”3家，都是商船会馆的董事，在运输业有相当的实力。

从上述史料中可以看出，鸦片战争后，宁波帮在上海继续发展，并开始购买通海帮的沙船，而且通海关庄布业与宁波帮间有了远比通海帮更紧密联系。

开放“豆禁”后，宁波帮同样面临着很大的冲击，虽然宁波商人经营的帆船运输业已趋衰落，但他们顺势应变，以新的姿态出现在轮船运输业中，继续在船运业中占据着重要地位。例如，1852年，宁波籍买办商人杨坊向英商购买机器动力的宝顺轮，成为宁波帮经营近代轮船业之先声。随后，叶澄衷开办“广运局”轮船公司，虞洽卿集资创办宁绍轮船公司、三北轮埠公司，朱葆三等商业巨子也投资轮船业，先后兴办了长和、永利、永安、大达等十几家轮船公司。虞洽卿的三北轮埠公司，经过多年的艰苦经营，拥有宁兴、明兴、长兴、瑞康等30余艘轮船，总吨位达9.1万吨，占全国民族航运业总吨位（67.5万吨）的1/7，成为长江下游和沿海航业中最大的商办航业集团。

反之，曾经名噪一时的通海船帮，在这一时期逐渐销声匿迹。除了前文叙述的历史背景之外，通海沙船业自身缺乏应变与革新的能力是重要因素。比照宁波帮因时而变、创新进取，和通海帮的“骄逸成性”，也许能发现一些端倪，但目前不能得出定论。因为，曾经被齐彦槐、包世臣、英和等官员倍加推崇的通海沙船业留给我们进行研究的资料非常有限，本地官修方志缺乏记载，民间至今仍没有发现有沙船大户、商号留下完整的记载或家族谱系资料，而上海、宁波籍船商的资料则丰富得多，并已有较多的研究成果。

结论

南通因其江海之交的区位和特殊自然地理面貌，不但很早就有航海活动，而且还是沙船的发源地之一。通州、海门沿海一带产生了航海技术高超的船工和具有冒险精神及商业头脑的船户。由于本地资源物产有限、港口条件先天不足，以及缺乏经济发达的腹地、货物汇聚的区位条件，南通本土无法支持有一定规模沙船业。所以南通的船工、船商们很早就走出了本土，到沙船业的母港和中心——太仓和上海，那里为通海船商们提供了广阔天地，在清朝中前期形成了规模庞大的“通海帮”。然而，随着列强势力的进入和机器轮船业的冲击，沙船业在整体上日益衰落。由于“通海帮”在传统上并没有与南通本土结成紧密的经济联系，同时在遭受轮船业冲击时缺乏应变与革新的能力，因此当通海关庄布业迅速兴起、产生很大的北运需求时，与之商业对接的是盛久不衰的宁波帮，而不是通海帮。

南通地方史料中缺乏通海帮的记载，也许就是因为他们与南通本土没有结成紧密的社会经济关系。作为最早走出南通，并名噪一时的“通商”商帮——沙船业通海帮，如同被废弃的沙船，湮没在历史的海洋中。

（连载于 2019 年第 1、第 2 期）

欧阳敬如回忆父亲欧阳予倩

钱泽麟

2013年7月下旬，我接到北京寄来的信件，落款是欧阳。

乍一看，还以为是欧阳予倩的女儿欧阳敬如女士寄来的。1994年，欧阳敬如曾为写欧阳予倩的纪念文章，专程到南通来了一趟。那次，我初识欧阳敬如。后来，有些信件、电话的来往，主要议题都是关于欧阳予倩。

仔细一看，字迹不像欧阳敬如的，打开发现是其子欧阳维写的，顿时有一种不祥之感。果然，信中说欧阳敬如于6月27日因心力衰竭去世，享年84岁。一时间，欧阳敬如的音容笑貌浮现眼前。

1994年，欧阳敬如到南通参观更俗剧场和伶工学社旧址。欧阳敬如给我的第一印象是秀外慧中，有大家风范，两道柳叶眉，一双丹凤眼，鼻梁笔直，唇角微翘，脸庞稍圆，身材姣好，端庄娴静，虽然60多岁，依旧丰姿绰约。

欧阳敬如祖籍湖南浏阳，1928年9月13日出生于上海，因长期与父亲共同生活，耳闻目睹了父亲的戏剧生涯。欧阳予倩一家曾流离辗转于内战时的广东，抗日战争时的上海和广西等地。中华人民共和国成立前夕，欧阳敬如随父母由香港回到北京。

欧阳敬如从小受到良好教育，就读于燕京大学声乐系。1954年参加工作后，先后任中央实验歌剧院演员，中央戏剧学院表演系助教、讲师、副教授。在戏剧教育事业中辛勤耕耘33年，1987年11月退休。她所培养的学生有的成为业务骨干，有的成为著名演员、歌手，如巩俐、伍宇娟、蔡国庆等。

欧阳敬如注重吸收西洋唱法的优点，将其与民族唱法相融合，编写了大量教案和声乐练习材料，形成独特的声乐教学方法，为学生提高表演能力和艺术修养创造条件。她翻译了《现代意大利声乐方法》，注重培养少数民族学生，为中外声乐艺术交流和少数民族艺术人才培养作出贡献。

进入老年后，欧阳敬如致力整理欧阳予倩的资料，研究父亲的人生历程。在她 76 岁高龄时，正值中央戏剧学院建院 55 周年之际，她克服种种困难，完成《父亲欧阳予倩》一书，为研究欧阳予倩提供了翔实的第一手资料。

欧阳敬如告诉我，她是老教师、新党员。说这话时，她如沐春风，一脸的幸福感。原来，这一年她刚入党。

说来惭愧，在与欧阳敬如的交往中，我几乎没有提供多少关于欧阳予倩的有价值的资料，倒是欧阳敬如一有资料就寄给我，有时还请我代为考证。通过她的资料及回忆，我们可以了解到一个更为全面的欧阳予倩。

欧阳予倩的舞台艺事

夏衍在 1989 年《欧阳予倩全集》序言中说："中国话剧有三位杰出的开山祖，这就是欧阳予倩、洪深和田汉。""欧阳予倩同志为中国戏剧事业奋斗了半个世纪，他是名副其实的戏剧大师。"

欧阳予倩（1889—1962），原名立袁，出身于湖南省浏阳县一个世代书香的士大夫家庭。少时就读于家中私塾，1904 年入日本东京成城中学，1906 年入明治大学商科，后转入早稻田大学文科。1907 年加入中国留日学生组织的艺术团体春柳社，同年 6 月参与演出春柳社话剧《黑奴吁天录》，从此开始他的戏剧生涯。

欧阳予倩生活的年代，正如夏衍所说，是中国历史上"一个地覆天翻的时代，中国先进的知识分子几乎无一例外地都经历了一段苦闷、彷徨、探索和挫折的过程"。欧阳予倩彼时虽不是一个革命者，但也是追求自由与进步的新青年。他曾有一段心迹的坦露："鸦片战争以后，经过甲午之战，庚子年八国联军进北京；由于清政府的腐败，中国的国际地位真是一落千丈，国家时时有被瓜分的危险；中国人无论走到什么地方都被人看不起。在这时候，中国人民的心里激起了空前的民族独立思想。那时知识分子当中，不少有志之士为着挽回国家的颓运，为着民族的独立自由平等，奔走呼号，参加了那时的革命运动；有的是同声响应，以文字发抒其感慨。"欧阳予倩就是这种"同声响应"中的一员。

欧阳予倩开始从事戏剧活动时，着重学习中国传统戏剧的青衣，兼学日本的新派剧。这对他的戏剧活动产生了重要影响。这种特殊的戏剧发蒙状态，奠定了欧阳予倩戏剧艺术的基础，使他在以后的戏剧理论与实践中，成为不可多得的兼备传统戏剧与现代戏剧艺术造诣的戏剧大家。

1918 年，进入而立之年的欧阳予倩在总结 1907 年以来的中国戏剧状况时，首次提出"真戏剧"的观点。《予之戏剧改良观》是欧阳予倩最早正式发表的戏剧论文。

为了"真戏剧"而"养成新人才"的理想，是欧阳予倩毕生艺术追求的终极目标。从 1919 年在南通创办中国最早的新型戏剧艺术学校伶工学社，到 1929 年在广州创立广东戏剧研究所附设的戏剧学校，以及 1943 年在桂林筹建广西省立艺术馆，他都在培养中国的新型戏剧人才方面倾注大量心血和精力。但是，动荡不宁和日趋艰难的局势与环境，使欧阳予倩"养成新人才"的理想不断破灭。

1950 年，年过花甲的欧阳予倩成为中央戏剧学院的首任院长，"养成新人才"的理想有了实现可能。

在戏剧艺术的本体表演艺术上，欧阳予倩提出，台词与形体作为话剧表演两大支柱的理论学说。在斯坦尼斯拉夫斯基表演体系基础上，他借鉴传统戏曲表演艺术，形成自成一体的中国当代戏剧表演艺术特色及教学系统。他还融合西方戏剧和中国传统戏曲特色，在《桃花扇》《一仆二主》中具体实践，形成其特有的表演导演艺术风格。

在京剧《百花献寿》中，欧阳予倩将盘中的10余朵鲜花撒在台上，用卧鱼舞姿，再把花一朵一朵叼起来，将舞蹈和音乐引进京剧表演中，对京剧的创新和发展作出贡献。

欧阳予倩戏路很宽，塑造过不少特色鲜明的女子形象。如《宝蟾送酒》里狡黠调皮的宝蟾、《尤三姐》里刚烈不屈的尤三姐、《馒头庵》里外柔内刚的小尼姑智能、《王熙凤大闹宁国府》里泼辣能干的王熙凤等，演得最多的还数林黛玉。剧评家杨尘因形容欧阳予倩表演的林黛玉："高髻倩妆，翩翩翠袖。"梅兰芳先生曾由衷地说："我一共只排了三出红楼戏，欧阳予倩排的红楼戏数量要比我多得多。"当时上海观众对欧阳予倩饰演的林黛玉印象深刻，称他为上海舞台上的林妹妹。于是，有了"北梅南欧"的赞誉。

从欧阳予倩19岁进入戏剧领域到74岁逝世的55年中，有记载的编、导、演剧目达156部，其中话剧100部、京剧29部、歌剧5部、桂剧4部、舞剧1部、默剧1部、电影16部，发表的理论文章有254篇。欧阳予倩还是一个多面手，他的专业领域涉及话剧、戏曲、电影、舞蹈四大门类，不仅在戏剧领域作出过重大贡献，还是中国舞蹈理论学说奠基人之一，曾担任中国第一任舞协主席。他还是中国当代戏剧的重要管理者和活动家，1919年兴建南通更俗剧场时，就亲自参与剧场和舞台的设计和管理，拟订规则，革除旧规陋习。

欧阳予倩与南通情缘

1919年5月，欧阳予倩首次应张謇的邀请到南通西公园剧场演出3天。经交流，张謇非常推崇和赏识欧阳予倩的学识、人品和才干。此时，张謇正筹划创办一所戏剧学校，造一个剧场，想请欧阳予倩主持相关工作。当时，欧阳予倩在上海主演青衣，挂头牌，他也想借此机会培养一批有知识有文化的演员，并组织剧团演新型戏剧，于是答应邀请。

欧阳予倩从上海到北京为伶工学社招生，再同张謇的管事薛秉初到日本考察。考察期间，拜访画家石井柏亭，并经戏剧家小山内薰介绍，参观帝国剧场，观看大阪有名的傀儡戏。

1919 年夏，欧阳予倩从日本回到上海。9 月，携全家老小搬到南通。

更俗剧场由著名建筑设计师孙支厦和欧阳予倩参照上海新舞台设计。剧场内设观众厅、舞台、四合院演员宿舍等，外观呈马鞍形，大门沿马路朝南，如城门般的半月式拱门，门内两壁可挂演员名牌。观众厅分上下两层，有 1200 个座位。楼下最前为特别厅，藤面翻椅，椅底可夹放呢帽；第一排为月楼，第二、三排为特别厢，也是藤面椅。特别厅后为头等厅，再后为二等厢，都是木面椅，座位前都有瓷面桌子，可放茶壶。所有座位都编有号码，对号入座。剧场内舞台开阔，设施齐全，设备先进，视线畅达，音响良好。1919 年 11 月 1 日（重阳节）落成开业。

开幕当天演出的是欧阳予倩编写的一部五幕悲喜剧，为图吉利，起名叫《玉润珠圆》。张謇还邀请梅兰芳、欧阳予倩同台演出，剧目有《黛玉葬花》《宝蟾送酒》等。南北交流被誉为剧坛佳话，为此剧场辟有梅欧阁，由张謇题匾额，并撰写对联：“南派北派会通处，宛陵庐陵今古人。”两边墙壁上以梅东欧西的方式，用玻璃框挂放梅兰芳、欧阳予倩剧照各 12 幅。

1919 年 9 月，伶工学社开学。张謇之子张孝若任社长，欧阳予倩任主任兼教务。教职员由欧阳予倩聘请。学校先以南公园的与众堂为临时校舍，翌年 7 月迁入新校舍，位于望仙桥河北西首五圣殿旧址，占地约 16 亩，房屋 60 余间，设有小剧场。伶工学社学制 7 年，课程有戏剧、国文、历史、地理、英文、体操、音乐、舞蹈、图画等。欧阳予倩亲编教材，亲自授课，并作示范表演。

伶工学社是欧阳予倩“养成新人才”的梦想摇篮。欧阳敬如曾告诉我，欧阳予倩十分重视聘请优秀教师，京剧老师有知名演员冯子和、程君谋、赵桐珊，昆剧老师有薛瑶卿（欧阳予倩老师）、吕小卿等，音乐主任为刘质平（弘一大师李叔同高足），话剧老师有徐半梅、吴我尊、宋痴萍等，唱歌老师有潘伯英，舞蹈教师有吴碧城等。

欧阳敬如说，当时她母亲刘韵秋（后改名刘问秋）在伶工学社教文化课，奶奶刘倚霞会中医，常为伶工学社学生看病，姑妈欧阳立徵也曾在更俗剧场拉过大幕。

伶工学社培养了不少优秀人才。学生葛次江继承了欧阳予倩的艺术传统和思路风格，毕业后继续追随老师欧阳予倩学艺，并为之配戏，还常年与马连良、荀慧生、程砚秋等著名表演大师同台演出。葛次江以欧派戏演出，发扬创造精神表演，使得他和他主持的石港良友剧社深得广大观众欢迎。

学生林秋雯离开南通后，住在老师欧阳予倩家里继续学艺，曾跟马连良配戏《苏武牧羊》《四进士》等，还与程砚秋、荀慧生、傅德威等一起演戏。林秋雯不仅表演精湛，还会书法和作画，中华人民共和国成立后，曾担任中央戏剧学院教授，培养了荀令香、杨秋玲、刘秀荣、李开萍等优秀戏曲演员。

伶工学社的其他优秀学员，如顾曼庄、姚雪涛、汪家惠、查振亚、张玉林、李茂林、金鹏飞、赵坛帮、墨玉如、李东升、李公启等活跃在京剧界，成就斐然。

欧阳予倩与名流逸事

欧阳予倩为管理好更俗剧场，制定出一整套规则，除旧习立新风：废除迷信活动；后台人员不得拉门帘看戏；演员用真名不用艺名；舞台上不用垫子，演出时演员不饮场（喝水）；武行不使用真刀真枪等。

当时国内名角几乎都到更俗剧场演出过：梅兰芳、余叔岩、王凤卿、杨小楼、郝寿臣、罗小宝、玉莲芳、俞振飞、谭富英、金少山、程砚秋、玉长林、盖叫天、筱翠花、冯子和、姜妙香、姚玉芙……上海新舞台剧团全班人马在更俗剧场演出一星期之久。

梅兰芳的管事对更俗剧场的管理规则有意见，认为这样会照顾不好梅先生，对欧阳予倩颇为不满。梅兰芳知道后，及时说服管事，要他遵守更俗剧场的管理制度，不应例外。

盖叫天演出时，本是按照剧场规则，不打算用真刀真枪的。可是，经人从中挑拨后，他定要演《铁公鸡》，且真刀真枪表演。欧阳予倩找到他，诚心诚意向他解释说："真刀真枪虽能叫座，但打出危险来，可能会劈伤头，戳伤眼，刺伤皮肉，伤了牙齿，这样的惨痛经历难道能再出现吗？"盖叫天是性情中人，听了这番话，全然明白了欧阳予倩的用心，甘愿配合。

有一次，余叔岩在上场演出前，揭开门帘望望场子里的情况。演小太监的韩忠林用鞭尾碰了碰他，余叔岩立即怒气上脸。欧阳予倩看到后，先批评韩忠林不该用鞭尾碰人，然后亲自向余叔岩道歉，同时说明更俗剧场的规则。余叔岩马上消了气，表示有规矩就得遵守。

南通几位老戏剧家告诉欧阳敬如：欧阳予倩让两个小童身穿写着"请勿吃瓜子，请勿吐痰"的红背心，拿着小簸箕和小扫帚随时清扫地上的垃圾。有一次，特别厅里的一位宾客把瓜子壳弄掉在地上，小童照样前去清扫，这位宾客见状，非常不好意思，就不吃瓜子了。

还有就是芙蓉草在更俗演出时，用真名赵桐珊，小三麻子用真名李吉来。

谁知，欧阳予倩自己也触犯过规则。有一次，他因关心学生演出，在门帘内张望了一下，被旁边的人指出，说是制定规矩的人犯错。欧阳予倩立即认罚，散戏后请全体人员到剧场门口的桃坞路面店吃面。

（载于 2019 年第 4 期）

留得青史育后昆

——记红十四军军长何昆

戴致君

1929年底至1930年初，是一个严寒的冬天。春节过后的一天，从上海开来一艘客轮，停靠在泰兴口岸港码头。下船旅客中有几位身着长袍、头戴礼帽的行商。其中一位尤显身材魁伟、气宇轩昂，他就是刚刚被中共江苏省委任命为中国工农红军第十四军军长的何昆。何昆一行的目的地是红军经常活动的如泰地区，他们无心顾及路两旁小商小贩的吆喝声，径自雇了几辆小车，直奔如皋县东燕庄。

坐在小车上，望着两边平展的农田、低矮的茅屋，何昆不禁思绪万千。他想起了自己坎坷的人生，想起这几年为理想、为主义出生入死，历尽艰辛，如今又面临着新的考验。

一

1898年9月25日，何昆出生在湖南省永兴县金龟乡一个叫牛头下村的小山村。何昆10岁时被送进私塾，父母希望他好好读书，日后能光宗耀祖。当时，清政府的腐朽统治已摇摇欲坠，革命潮流在各地涌动。塾师何海棠是一位思想激进的爱国志士，在他的熏陶下，年幼的何昆萌生了立志报国的思想。

1911年，辛亥革命爆发，少年何昆非常振奋。但多年后，何昆发现，中国并没有发生根本的变化，军阀统治下的湖南依然“苛政猛于虎”。何昆在苦闷中彷徨、徘徊，常常和同乡好友何德介、何德用等一起击节悲歌。成年后的何昆不得不走上常人所走的一条老路——结婚，为了生计而劳碌奔波。

1924 年，26 岁的何昆听到一个好消息：孙中山领导的国民党与共产党实现合作，在广州开办黄埔军官学校。永兴县地处湘南，距粤汉铁路不远。何昆与何德介、何德用一合计，决定去广州报考黄埔军校。可是，何昆因不具备规定的学历，被拒之门外。何昆没有灰心，广州的革命氛围使他如沐春风，他一面打工，一面等待机会。

1925 年冬，何昆终于被黄埔军校预科录取。在黄埔军校，周恩来、恽代英、叶剑英、聂荣臻等成为何昆最崇敬的人，他经常聆听他们的报告，这位从山村来的小伙子因此明白了许多道理。学校里有个“中国青年军人联合会”，实际由共产党人掌握。何昆积极参加该组织的活动，和大家一起阅读进步书籍，纵论天下大事。1926 年春，何昆被中共黄埔军校特别支部吸收为中国共产党党员。不久，预科期满，何昆被分配到广西南宁分校第一步兵队继续学习。

在南宁分校，何昆刻苦学习各种军事知识，成为同学中的佼佼者。他对未来充满美好憧憬，特别是北伐军的节节胜利更使他无比兴奋。很快，不幸的消息传到南宁，先是蒋介石发动“四一二”反革命政变，接着是湖南长沙的“马日事变”、湖北武汉的夏斗寅师叛变，再就是“宁汉合流”。轰轰烈烈的大革命在腥风血雨中遭遇失败，蒋介石开始“清党”。南宁分校也处在一片白色恐怖中。何昆共产党员的身份虽没有暴露，但是作为左派学生却是人所共知的，他被当局拘禁在校内，受到严密监视。一天夜里，他乘看守松懈之机，顺着水沟涵洞爬出校外，化装成农民，辗转到广州，与党组织接上了关系，奉命往广州西郊的三水县石硖组织武装，准备暴动。

1927 年 12 月 11 日，广州起义枪声打响，何昆率领石硖农民军突入市区。

在广州的苏联、朝鲜、越南等国革命者也主动加入战斗行列，起义军很快控制了市区。当天晚上，起义军将领叶挺提议在粤军主力未回广州之前，将革命武装撤出广州，遭到共产国际代表诺伊曼反对。起义军不得不同国民党粤系军阀张发奎部进行殊死战斗，终因寡不敌众而失败。何昆率领的石碶农民军被围困在黄沙火车站，坚守三天后弹药消耗殆尽，敌人从四面八方围拢过来……何昆再一次落入敌手。

何昆与其他参加广州起义的被俘军人一起被关押在惠福西路明星电影院三楼。在难友的帮助下，何昆撬开屋椽，逃离虎口。他在越狱时崴了脚，隐蔽在一个同乡家一个月，康复后离开广州。

何昆回到阔别多年的故乡，这时的永兴县正在孕育土地革命的风暴，乡村建立了苏维埃政权，打土豪、分田地，如火如荼。何昆满腔热情地帮助区苏维埃政府训练农民自卫军，在群众中宣传土地革命战争的道理，动员妻子带头剪发放足……

何昆迫切希望能尽快与党组织接上联系，于是他再一次离开家乡前往武汉，终于与党组织取得联系，被派到国民党反动统治中心的沪宁地区工作。1930 年，中共江苏省委筹建中国工农红军第十四军，何昆被任命为红十四军军长。

二

1928 年 5 月 1 日，中共如皋县委领导如皋西乡的广大农民举行声势浩大的暴动，暴动的领导人顾仲起、徐芳德、杭果人、苏德馨等率领数千农民攻下东燕庄，东燕庄成为中共如皋县委机关和如泰工农红军经常活动的地方。

在通海如泰地区，有两支红军队伍。一支主要活动于如皋、泰兴地区，叫“如泰工农红军”；一支活动在通东、海门地区，1929 年底被编为中国工农红军江苏第一大队。这两支队伍的主要成员为当地贫苦农民，军事上没有受过正规训练，武器也十分简陋。何昆到东燕庄后，认为按目前状况与国民党反动军警和封建地主的“民团”对抗，是非常困难的，必须加以整顿、训练。他亲自抓部队的军事训练，从立正、稍息开始，不厌其烦地为基层干部作军事操练基本动作示范，讲解各种战术要领。在他的带头下，红军战士的津贴从每月6元降到3元，减少了当地群众的负担。

何昆与李超时、刘瑞龙、薛衡竟等红十四军和通海特委领导一起分析通海如泰地区的革命形势，研究各项工作。他对红军进行整编，将江苏第一大队改编为第一支队，刘廷杰任支队长；将如泰工农红军编为第二支队，亲自任支队长。一批从中央苏区和上级派来的军政干部被充实到各级领导岗位。

1930年3月中旬，何昆率领红军首战靖江县长安市，从如皋西乡戈家堡出发，在夜幕掩护下迅速完成对长安市的包围。午夜，红军发起总攻，顿时枪声大作，杀声震天。敌人惊慌失措，未加抵抗即行溃逃。距离长安市不远的西来镇驻有一支国民党警察部队，龟缩在据点里不敢出援。红军大获全胜，缴获了一批枪支弹药，并将据点及附近几家大地主的钱粮分给了贫苦农民。

如皋西乡的地主们聚集到卢家庄，商讨对付红军的办法，决定以卢家庄为中心，构筑工事，组织民团，勾结国民党地方当局，准备与红军作新一轮的较量。

如皋西乡季恺家是西乡有名的殷实户，季恺在北平平民大学读书时聆听过共产党人李大钊的讲演，后加入国民党，任国民党如皋县特别委员会委员，大革命失败后曾暗中帮助过如皋的共产党人。何昆了解后，派人与他暗中保持联系。鉴于季恺在当地的声望，地主们写信拉拢季恺一起对付红军。季恺将此信交给了何昆，何昆决定将计就计。

3月下旬的一天，一队化装成民团的红军战士手持季恺亲笔信来到卢家庄。卢姓地主见季恺派人来了，大开庄门，将人让进庄子。与此同时，何昆率领红十四军二支队和赤卫军将卢家庄团团包围。第二天凌晨两三点钟，随着红军土炮的几声巨响，卢家庄南楼子碉堡坍了，庄里的红军战士迅速打开庄门，主力部队潮水般涌进庄内。战斗很快结束，但卢姓地主不见踪迹，何昆下令封锁所有出庄通道。战士们在庄西破窑附近发现了抖缩成一团的卢松庭、卢雨轩、卢祝山等地主。根据群众的强烈要求，这群横行乡里、鱼肉百姓的恶霸地主被判处死刑。

1930 年 4 月 3 日，通海特委和红十四军军部在如皋西南乡贲家巷召开有数万军民参加的建军大会。红十四军指战员和如皋的江安、卢港、石庄、磨头及泰兴的古溪、黄桥等地方圆七八十里内的赤卫队员、农协会员、妇女会员、少先队员们，带着洋枪、土枪、火药枪、大刀、梭镖、铁叉等各种武器奔向会场。贲家巷一带人山人海，红旗招展，锣鼓喧天。路北大皂角树上升起巨幅红旗，广场正中搭起司令台。会上，通海特委代表张辛宣布中国工农红军第十四军正式成立，宣读红军领导人名单。在接下来的阅兵仪式上，红十四军和赤卫队员、农协会员、少先队员等群众队伍接受了军长何昆的检阅。

三

如皋西乡重要据点老户庄是大土豪张朝汉的老巢。庄里驻有国民党保安团、县警察队和省保安队 1 个中队。这个据点极大妨碍了如泰游击区与通海游击区的联络沟通。老户庄易守难攻，如泰红军曾在 2 月攻打过一次，未能得手。红十四军军部和通海特委下决心要拿下这个“土围子”，何昆决定亲自组织、指挥这次战斗。

4 月 16 日夜，何昆率领红十四军二支队的 3 个大队，加上赤卫队和前来支援的群众 1 万多人，利用夜色的掩护，分 3 路向老户庄发起进攻。战斗异常惨烈，红军战士一个个奋勇争先、义无反顾。何昆亲临阵地前沿，不时向进攻部队发出各种指令。由于武器装备相差悬殊，红军进攻一再受阻，战斗进入白热化。

当年担任主攻任务的二大队大队长张爱萍后来回忆：“为了这最后的一次冲击，战士们紧张地准备着。何昆把一切布置安排好了之后，亲手抓住一支手提式机枪，手一挥喊了一声：‘二大队的同志们，跟我冲！’接着，他便领头向前冲去……”就在何昆带领战士们冲锋时，一颗子弹打中了他，何昆英勇牺牲。

四

“出师未捷身先死，长使英雄泪满襟。”为了江海大地上的劳苦大众，何昆献出了年仅 32 岁的生命，他的遗体被秘密安葬在西燕庄。1960 年，如皋县政府在老户庄立碑纪念。1964 年，何昆的遗骸经专家辨认后火化，安厝于如皋烈士陵园。如今，如皋烈士陵园里的何昆塑像前植满了青松翠柏，每年都有成千上万的人前来瞻仰、缅怀。何昆的光辉业绩，在通如海启人民心中留下了一座永恒的丰碑！

（载于 2019 年第 6 期）

予人桂冠　南通留香

——吴良镛与“中国近代第一城”城市文化名片

黄正平

2020年5月7日是两院院士、清华大学教授吴良镛先生98岁生日。吴教授为南通写过一篇研究文章《张謇与“中国近代第一城”》，做出南通堪称“中国近代第一城”的历史判断、科学结论，他是南通七百万人民的大朋友、老朋友、好朋友。笔者谨以此文作为献给吴教授的生日贺礼。

吴教授是江苏南京人，国内著名建筑大师、规划大家，著作等身，在北京实施过菊儿胡同改造等大项目，提出诸多城市建设和发展新理念，在国内外广受赞誉。2012年2月14日，获国家最高科学技术奖。他的贡献是中国的，也是世界的。他为南通也作出了很多贡献：亲自到南通考察城市规划与建设，提出对南通的科学定位，主持设计拥有百年历史的南通博物苑新展馆，领衔制定南通历史文化保护规划等。下面根据笔者回忆和《南通文化艺术年鉴》记录，分四个部分撰成本文。

一

2002年，为迎接3年之后的南通博物苑百年苑庆，南通市委、市政府决定请吴教授来主持南通博物苑新馆设计。2002年7月，刚过80岁生日的吴教授应邀来通，在考察了南通博物苑、钟楼、谯楼、濠南别业及寺街等南通历代城市建筑后，吴教授认为，张謇这位我国著名的实业家、教育家，就中国近代城市建设而言，他也是开先河的。南通的近代城市建设从1895年发轫，张謇堪称中国近代城市规划发展史上的先驱，南通堪称“中国近代第一城”。笔者清楚地记得，吴教授抵达南通当晚就到南通博物苑实地察看。第二天天气很热，一早吴教授就深入街区，考察、了解南通一系列古代、近代建筑。考察期间因天气热、出了汗，他换了件衬衫继续进行调查研究。时近中午，再次来到南通博物苑，张謇业绩展最后一块展板上的“经营南通”4个字引起了吴教授的注意。其时“经营城市”正成为新观念，而这个展览设置已久。“经营南通”是南通文史领域的专家赵鹏得出的重要结论。吴教授仔细阅看这一段文字，然后向随行人员进行解读，并第一次脱口而出“中国近代第一城”7个字。

随后，一行人驱车去宾馆，时任市长罗一民等候已久。在与罗市长、季金虎副市长座谈时，吴教授把刚才讲的一段话复述了一下，引起罗市长高度关注，虽已过饭点，但两人相谈甚欢，周围人不忍上去打扰。吴教授说，按照胡适说的“大胆假设，小心求证”，他还要做进一步研究、考证。到吃午饭时已是12点45分左右。

午餐结束回到房间，笔者等已备妥笔墨，请吴教授给南通题词，就题写“中国近代第一城”7个字。吴教授没有拒绝，展铺书毫，浓墨重笔写下“中国近代第一城”，先后写了两幅，他仔细看看觉得不甚满意。身边的北京建筑设计院总建筑师何玉如建议他回京再写。吴教授颔首表示同意。于是，这两幅作品未能留下，当时甚为遗憾。不久，吴教授在北京书写了题词：“张謇先生经营南通堪称——中国近代第一城——吴良镛为筹备纪念中国博物建设百周年奉题”，由同为中国民主同盟成员的南通著名画家沈启鹏把墨宝带回南通，现存放在南通博物苑内。

二

吴教授作出这个历史结论和判断后，引起笔者与南通诸多文化人、城建人思考。笔者当时有点担心，一是张謇“中国近代第一城”留下来的“东西”已经不多，特别是刚拆除了城市俱乐部旧建筑；二是进入新世纪，南通新一轮建设刚开始，还难以响亮回答“中国近代第一城”后当代南通人的崭新创造。其实，后来南通快速跨越发展的形势和业绩已足以证明这一点，而且经过修缮，已能充分彰显出“中国近代第一城”往日风采。

时隔近半年，罗一民市长在一次重要例会上再次提及吴教授对南通的定位和判断，要求有关部门加快研究。笔者未参会，后来知悉后遂考虑组织本地力量展开自主研究。其时也了解到市委党校季建林教授就张謇城市建设思想曾经在刊物上发表过学术论文。记得春节前笔者正好在南京出差，在餐桌上与同事商讨确定了第一批课题，准备回通后立即布置，这样可以利用春节长假请专家学者进行静心研究。回通后，笔者等列出专项，第一次用资助方式做课题招标，又特别约请赵鹏等名家加盟。春节一过，研究成果纷至沓来。笔者等迅速组织编辑，第一次出版印刷了内部资料《南通“中国近代第一城”研究文集》，收录了吴良镛等专家学者的文章和媒体报道。这本内部出版物，由时任文化部党组成员、国家文物局局长单霁翔作序，笔者作跋，共 23 万字，印数 1500 本。这之前，为更快利用和宣传吴教授的学术结论，先期编辑出版内部资料《南通文化》特辑。当时，笔者把吴教授的结论解读为这样一段话：“南通是近代史上中国人最早自主建设和全面经营的城市典范，其起始之早、功能之全、理念之新、实践意义之强，堪称‘中国近代第一城’。”后来还把这段文字写在正式出版的《张謇的文化自觉》一书的扉页上。现在讲张謇是实业家、教育家，还有笔者极力主张后来加上的“伟大的爱国主义者”“著名社会活动家”，这都是他留给世间的文化创造和文化遗产。而从整体上、系统性地做出概括和解读的正是吴教授关于“中国近代第一城”的历史判断、科学结论。

吴教授回京后立即展开专题研究，他向地方专家学者请教，索要资料，南通张謇研究中心张廷栖等给吴教授提供了大量资料。他还发动自己的博士研究生开展前期研究。吴教授先期形成《张謇与南通“中国近代第一城”》专文，并发给笔者等学习、宣传，听取意见。2006 年，《张謇与南通“中国近代第一城”》由中国建筑工业出版社出版。这本书成为吴教授学术生涯中十分珍视的著作，出版后笔者就收到吴教授的签名本。对这个定论，笔者等也听到一些不同意见，大凡说到第一，多会引发歧义，都会众说纷纭，“中国近代第一城”也是如此。关键时刻市主要领导斩钉截铁的态度，让笔者等大胆并坚毅前行。笔者等到北京请教罗哲文、朱诚如等专家，获得认可，并得到时任文化部党组成员、国家文物局局长单霁翔的大力支持。后来，笔者在赴武汉拜访著名历史学家章开沅时，他也对此论断予以充分肯定。

三

吴教授在投入开展南通工作项目时，一边指导、帮助团队设计南通博物苑新馆，一边从事学术研究。在设计新馆过程中，他提出了诸多真知灼见。南通文化行政部门一手抓新展馆建设，筹备南通博物苑百年苑庆，一手扎实展开加强文物保护的一系列基础工作：开展“中国近代第一城”遗址遗存等历史资源的调查摸底工作，编制“中国近代第一城”遗址遗迹目录；对全市 50 多项近代遗址遗迹，根据其实际保存状况、历史文化价值等因素提出保护利用意见等。

与此同时，对内对外宣传也即时展开。笔者与赵明远先生撰写的署名文章《做大做优“中国近代第一城”》率先在 2 月 21 日《中国文物报》重要位置公开发表。5 月，“中国近代第一城”摄影作品展在市群众艺术馆大成殿展出。9 月 23 日，大型画册《中国近代第一城》首发仪式举行。时任市委书记罗一民撰文《弘扬先贤伟业，续写时代辉煌——全面打造“中国近代第一城”崭新形象》，并为画册作序。10 月 17 日，笔者在南京参加全省文物工作会议，市文化局在会上作题为《以保护“中国近代第一城”为契机，大力推进南通文博事业的发展》的交流发言。

南通博物苑的更新改造也为“中国近代第一城”宣传造势。2003 年 3 月 15

日，南通博物苑总体平面规划和新展馆设计方案论证会暨“南通——中国近代第一城”座谈会在清华大学举行，吸引了一批国内权威专家学者和新华通讯社、人民日报社、光明日报社、中国文化报社、中国文物报社等一大批国家级媒体，南通第一次向全国发出“中国近代第一城”的响亮声音。国家文物局于同年 7 月 10 日批准南通博物苑规划设计，吴教授应邀参加 2004 年 5 月举行的博物苑新展馆奠基仪式。2005 年 9 月，南通举行南通博物苑一百年暨中国博物馆事业发展百年庆典活动，张謇与“中国近代第一城”的宣传达到高潮。

笔者曾向当时先后任市政府、市委主要领导的罗一民同志多次提到，吴教授的科学结论是我们花一两个亿甚至更多广告宣传都不一定能做得到、做得好的城市文化品牌，他表示赞同。那个时段，著名文化学者余秋雨也到访南通。他在南通更俗剧院发表长篇演讲，提出“南通是中国第一个有公共意识的城市”“是研究城市美学的范本”。

在提出并宣传“中国近代第一城”命题后，笔者等抓紧建设“环濠河文博馆群”，宣传“文博之乡”城市文化品牌，使南通顺利获批“国家历史文化名城”。这些成绩的取得都与吴教授给南通历史文化的定位有相当紧密的关系。

四

吴教授是个画家，更是个文化学者、人文学家。笔者更喜欢他科学家身份以外的东西，如果有机会做他的学生，肯定会多一分人文方面的收获。吴教授讲话特别亲切易懂，譬如他说，南通博物苑新馆设计最要紧的是处理好老与新的关系，就像老子与儿子一样，不能错位。所以，南、中、北三个老馆在一条老中轴线上，而新馆与濠南别业、库房在一条新中轴线上，形成不同建筑错位组合，自然人文交相辉映，完美展现。2009 年，南通博物苑新展馆与吴教授主持的菊儿胡同新四合院住宅工程等同获中国建筑学会为中华人民共和国成立 60 周年颁发的建筑创作大奖。

因工作关系，笔者与吴教授有过多次接触。2004 年 10 月 28 日，吴教授第四次到南通，就南通博物苑新展馆建设和原图书馆复建问题做进一步指导。他还参加南通市在北京举行的活动，笔者曾到吴教授家中拜访过。2010 年春，南通拟邀请吴教授担任市政府文化发展顾问，笔者给吴教授致电，他在电话中欣然接受，后因笔者调离未能继续进行。笔者一直把他当作忘年交，多次聆听他的热情指点。

后来，有人概括南通地域历史、自然与文化特色，说是“一山一水”“一人一城”,“一山一水”说的是狼山、濠河,“一人一城”即张謇与“中国近代第一城”。如果说，前者是自然特色、自然优势，那后者就是总结、挖掘的人文特色、人文优势。

罗素说，伟大的事业是根源于坚韧不断的工作，以全副精神去从事，不避艰苦。张謇是这样，当代南通人更加应该学习先贤，也应当更好地这样去做。笔者在《南通文化名城建设的方略与构想》课题报告上写过题记：“城市因文化的丰厚而彰显魅力，文化因城市的繁盛而凸显风采。”南通现在拥有的“中国近代第一城”这张独特的文化名片，是南通文化与精神的深度展现和解读，是南通不可多得的文化财富和文化品牌。

（载于 2020 年第 2 期）

唱响绿色发展之歌

——南通五山地区的沧桑巨变

丁强强　胡志刚

高哉！狼山。五层木塔，上耸云霄。百米微岩，水天相连。左挽军剑两峰，右拥黄马二山。背倚千里沃野，前俯万里长江。居江海之汇，为沿江诸山之首。临扬子之岸，成南通守望之屏。

——袁瑞良《狼山赋》

长江是中华民族的母亲河，2016 年以来，习近平总书记站在中华民族长远发展的高度，作出“共抓大保护、不搞大开发”“坚定不移走生态优先、绿色发展之路”等一系列重要指示。南通地处万里长江入海口，拥有 166 公里干流岸线，积极响应长江大保护战略部署，还山以林，还江于民，优化长江岸线布局，迅速启动以狼山风景名胜区为核心的五山及沿江地区生态修复工程。

五山及沿江地区是南通作为滨江城市的标志与特色，区域内狼山、军山、剑山、黄泥山、马鞍山临江而立，故名五山地区，再加上周边的长江岸线腹地，统称为五山及沿江地区，总面积约 17 平方公里，沿江岸线约 14 公里。五山地区有着千年沧海桑田的印记和百年历史文化的厚重，狼五山是江海平原上五颗璀璨的明珠，可谓“无五山，不南通”。

从古至今话五山

五山是从江海中“漂移”而来，由强烈的地壳变动和海陆变迁形成，距今已有3.5亿到4亿年的历史。7500年前，五山还是浩瀚大海中的几个小岛。2000年前，奔腾的长江从上游带来大量泥沙逐渐堆积到今南通一带，使南通多数地区开始形成江口和海边互补相连的片片沙洲。两晋时，狼山随长江主泓，由长江南岸移至江心。唐代，狼五山仍是漂浮于长江口海域的小岛。宋初，五山渐与陆地相连，先是北宋天圣九年（1031），狼山靠上北岸。元、明时军山一度又入江中，直到清康熙末年才再度并陆。从此，五山结束海上历史正式登上陆地。

中国名山很多，但既依江又靠海的山，仅狼五山。江波海浪，山水一色，加上犹如鬼斧神工、天然雕成的山体结构，令五山呈现的绮丽风光独具魅力。五山中景色最美的是狼山。狼山高104.8米，然山上奇峰怪石、古松翠柏、寺院塔殿，鳞次栉比；山下竹林房舍、楼阁亭台、林风溪水，阡陌纵横。一座狼山，北麓峭壁陡崖，南坡平缓舒展，南畅北幽，俨然两个世界，“一山之间，阴晴风殊，南北气异，千变万化，莫可端倪”。其余四山，景色各有特点。军山，在五山中排列最东，也是五山中最高之山。军山以自然景观著称，尤其是东南麓，自然景观和生态环境百年来都保持原貌，是观日出的好地方。剑山，因状似出鞘横置的宝剑而得名，又称剑脊山。剑山紧邻狼山，虽山体狭小，却峰奇石危，峭壁耸峙。剑山东南麓直接临江，在观景台上放眼眺望，大江横亘于前，狼山、军山“左拥右抱”，沃野平畴历历在目，令人心旷神怡。马鞍山、黄泥山是五山中偏小的两座山，但也各具姿色，尤以江海美景迷人。

距狼山2公里的啬园，不仅是近代实业家张謇父子的陵墓，也是植有多种名贵树种的园林。从张謇选址开始种植，近百年来没有间歇，拥有百年柳杉、红豆杉、杜仲等名木万余株。黄泥山西北部的滨江公园，可以看江亲水、休闲娱乐。

马鞍山、黄泥山边上的园艺博览园，既有田园风光、幽静山林，又有禅宗氛围。此外，五山周边还有曹顶墓、倭子坟和哥特式建筑的天主教堂等胜迹。

五山虽小，人文胜景，举目皆是。明末，五山完成整体初建，山山有寺庵，处处现风景。民国初年，张謇等地方士绅倾力打造五山，盲哑学校、军山气象台、东奥山庄等相继建成。中华人民共和国成立后，人民政府投入大量资金，加强五山景区建设。20世纪70年代末至80年代初，全面修复狼山的古建筑及园林设施，紫琅禅院、支云塔院、骆宾王墓等修葺一新。1989年，江苏省人民政府批准《南通狼山风景名胜区总体规划》，景区的建设按规划逐步实施。1990年和1995年，南通市人民政府先后成立南通狼山风景名胜区管理委员会和南通狼山旅游度假区管理委员会，统筹规划、建设、经营、开发利用五山。2000年后，南通狼山风景名胜区利用申报“国家AAAA级旅游景区”契机，大规模整治景区环境，实施“香山”工程。2000年12月，南通狼山风景名胜区被国家旅游局评定为“国家AAAA级旅游景区”。2006年和2008年，在狼山风景名胜区范围内又先后新建滨江公园和南通园艺博览会博览园。2017年，南通市委、市政府在优化提升原省级狼山森林公园的基础上，新建军山森林片区、植物园片区、滨江片区等森林片区，新增森林面积600多公顷。2018年8月，五山地区成功获批国家级森林公园。

经过40多年建设，五山及周边地区得到相应开发，旅游配套设施更加完善，狼山风景名胜区风景更加秀丽多姿，成为江苏省六大名胜区之一，每年接待游客100多万人次。

生态修复看今朝

近年来，南通市以“三城同创”为抓手，加快绿色发展步伐，推进五山及沿江生态修复，建设长江边的“城市生态绿肺”，绘就了人与自然和谐共生的生态文明壮美画卷。

五山及沿江地区是长江南通段重要的生态腹地，也是城市发展的重要水源地，从长江取水的狼山水厂日供水 140 万立方米。为落实长江大保护要求，解决五山及沿江地区多头分割管理，小景区、老港区、破厂区、旧小区相互交织，沿江港口产业能耗高污染大等问题，打好重点区域污染防治攻坚战，南通市先后组织实施船舶污染、非法码头和饮用水水源地环境保护等 20 多项专项整治行动，区域内共关停并转“散乱污”企业 203 家，清理“小杂船”162 条（户），拆除河道周边各类违建 6.5 万平方米，截堵污水直排口 5 处，退出沿线港口货运功能、腾出修复岸线 12 公里，长江狼山水源地水质达标率 100%。

按照“山水林田湖草是一个生命共同体”的理念，围绕“既要建好黄金水道、黄金水岸，也要打造绿色走廊、彰显大江风光”的目标，南通市以五山地区总体规划为统领，将五山地区分为狼山中心片区、军山片区、滨江片区、植物园片区、啬园片区、狼山古镇片区、生态配套片区 7 个片区分片整治，划定道路、水系、林网及景点四条红线，构建功能明确、衔接顺畅、联系紧密的绿色廊道和观光路线。构建“领导小组 + 指挥部 + 办公室”的组织体系，实施“一周一协调、半月一督查”的工作机制，统筹协调推进五山及沿江生态修复和保护工作。五山地区新增森林面积约 6 平方公里，初步形成林地、自然保留地、湿地、水体层次互生的生态体系，有效促进了长江岸线水土保持和水源涵养。

南通市积极探索生态优先和绿色发展的新路子，把保护长江与加快高质量发展有机结合。一方面，推动产业转型升级。南通滨江片区沿江港口退出货运功能，搬迁至下游通海港区。2019 年通海港区完成集装箱吞吐量 113.58 万标箱，同比增长 70.9%。另一方面，实施生态修复城市更新。着力将五山及沿江地区建设成展现南通“山水文化、滨江风貌”的城市客厅，滨江片区总投资超 200 亿元的生态修复城市更新项目成功签约，与南通狼山国家森林公园形成动静相宜的高品质公共活动空间。

“环境就是民生，青山就是美丽，蓝天也是幸福。”经过近几年的生态修复，五山地区森林覆盖率达到 80% 以上，生态环境面貌发生深刻变化。南通狼山森林公园成为南通首家、2018 年江苏唯一获批的国家森林公园。生态修复完成区内超过三分之二的区域免费向市民和游客开放，沙滩、足球场、滑板场和慢行步道等功能配套同步到位，市民和游客可以随时随地走进森林氧吧，欣赏长江碧波。

“沧海桑田，不管万家忧乐；松风水月，常留四季清华。”百年前，先贤张謇对五山及沿江地区的定位就是“花园及风景区”，他在五山景区设立苗圃，成立森林事务所，组织师生上山植树造林，为今天的国家森林公园奠定基础。如今的五山及沿江地区，已完成从“临江”到“滨江”、从工业“锈带”到生态“秀带”、从城市“后巷”到城市“绿核”的华丽蝶变，时代需求与历史文化在此碰撞交融，生态效益、社会效益、经济效益实现三者共赢。

（载于 2020 年第 4 期）

蟾宫折桂郎　宦海清介士

——胡长龄事略

孙海雄

从前，在南通城南有座文会亭（今长桥附近），相传是北宋状元公郑獬的读书之所。郑獬是江西宁都人，早年曾客居南通。他于宋仁宗皇祐五年（1053）大魁天下，成为南通地方志上记载的第一位状元公。然而郑獬毕竟是江西人，不能算作南通本土出的状元，真正出自南通城本乡本土的状元公，当属胡长龄。

胡长龄，字西庚，号印渚，南通人。家住寺街，靠近天宁寺，其父是个刑房官。某年，遭逢天灾，田禾失收，一群饥民抢劫了典当铺。事主报官，状子上说这些饥民是从大门进来的，按律要按强盗论处，这样很多人会被定成死罪。胡父心有不忍，急中生智，暗中用指头就砚台蘸墨，在状子上“大门”的“大”字上轻加一点，变成“犬”字。从“犬门”而入，就不是明火执仗上门打劫的强盗，而是从狗洞爬进去的小偷，罪行程度大大减轻，后遂仅诛首犯，余人得以免死。

胡长龄儿时胆大贪玩，十分顽皮。某日，他与一群伢儿到天宁寺里玩耍，听得光孝塔上有小麻雀在窝里叽叽喳喳的声音。他就攀到塔上欲掏小麻雀，不意脚下一滑竟踩空了，身体悬于半空中，诸儿见状都惊呆了。只见他急攀塔角，一边摇荡身体，一边喊着号子，猛一趁势落在栏杆内，竟安然无事。大家相与惊奇，为他感到庆幸，胡长龄则说：“刚才要不是我喊着号子，借势鼓气壮胆，怎能脱此险境？”

胡长龄自幼聪颖好学，读书过目成诵，未及弱冠便考取秀才。清乾隆四十五年（1780），他以廪膳生员的身份应皇上召试，位列二等。3 年以后，赴江南乡试，力拔头筹，考中解元。乾隆五十四年（1789），胡长龄进京赶考，在舟抵清江时赋诗云：

将随北雁去南天，萧瑟关河别梦牵。
落叶似鸦投古戍，冻云如墨压吴船。
千金买骏从隗始，五夜闻鸡惧逖先。
我欲乘风跨蓬岛，上方抗手揖群仙。

诗的末尾两句流露出作者志存高远，并对此次进京考试信心满满。是年，胡长龄果然大魁天下。

有关胡长龄中状元，清末民国初期徐珂的《清稗类钞 · 姓名类》中记载了一则“胡长龄以名得大魁”的逸闻。清代殿试时，按例主考官们会把评选出的前十名考生的试卷依次排列，呈皇上御览。而皇上通常会尊重主考官们的评卷意见，将排列在最上面的试卷取为一甲第一名进士，即状元；第二本试卷取为一甲第二名进士，即榜眼；第三本试卷取为一甲第三名进士，即探花；然后依次类推。胡长龄的卷子本排在这十本试卷的最后，但当时的乾隆皇帝春秋已高，当披阅到胡长龄的卷子时，一看到“胡长龄”这个名字便龙颜大悦，他笑着对身边的大臣们说：“这个考生的名字有点意思。‘胡长龄’，不就是说胡人会长寿吗？”于是钦点胡长龄为第一。

当时，和珅权倾朝野，深得皇帝宠信，可谓一人之下，万人之上。和珅是胡长龄一科的主考官之一，所以算是胡的受知师（科举考试中对自己主考官的尊称）。按科场传统，胡长龄中状元后，理应到和府拜谒，向和珅行门生弟子之礼。但胡长龄尚文人气节，不愿攀附权贵，他素知和珅恃宠骄纵，结党营私，贪贿无度，故对其敬而远之，始终没有上门拜谒，这令和珅很是气恼，于是就把胡长龄晾在翰林院里多年。清初，各级官员俸禄很低，胡长龄援例授翰林院修撰，是从六品的小官，一年俸银也就几十两，根本不够在京的开销，不得不典卖家里物品来贴补家用。几年下来，胡长龄那点家当早就典卖得差不多了，朋友们对他的处境都深感同情。

某年恰逢和珅寿辰，朝中大小官员纷纷赴和府拜贺。胡长龄自然不会去趋炎附势，他的一位好友就背着胡长龄，用乌贼鱼的墨汁仿其笔迹写了一副寿联献给和珅，并请某侍郎代为致意说："门生胡长龄近日贱体欠安，且家境贫寒，没有一身体面的冠裳，故不敢亲自到府上拜寿。"和珅闻言笑道："这胡蛮子竟穷到这个地步了吗？"对胡长龄终于肯向自己低头很是得意。于是没过多久，胡长龄就被任命为山东学政。胡长龄的这位好友便又故技重施，写了一份谢恩的帖子，乘和珅外出的时候送到和府，以表谢意。而这一切，胡长龄始终蒙在鼓里，全然不知。

清嘉庆四年（1799），乾隆帝驾崩，嘉庆在亲政后即开始清算和珅，将其革职下狱。在查抄和府时，朝臣中唯胡长龄没有留下片纸只字与和珅有往来的证据，原来那乌贼鱼墨汁写的字不耐久，经岁以后已完全湮灭无存了。嘉庆帝因此格外看重胡长龄的人品，后来胡累次升迁，官至礼部尚书。

作为稗史轶闻，难免有"讲故事"的成分。但胡长龄身具清介尚节、不阿附权贵的名士之风是确定无疑的。阿桂是乾隆朝武功第一人，官至武英殿大学士兼礼部尚书，他的画像四入紫光阁。晚年的阿桂看不惯和珅恃宠骄横的做派，很赏识胡长龄清廉自守的人品与出众的才学，认为其当得起一个"挺"（谓其出类拔萃）字。

在担任翰林院修撰期间，胡长龄掌修国史，他学识渊博，才华出众，深得同仁钦佩。清乾隆五十六年（1791），胡长龄大考（清翰林、詹事的升级考试）列二等，破格提升为侍讲学士。乾隆六十年（1795），胡长龄任国子监祭酒，并受命察视左右翼宗学、觉罗学（皆是培养皇族子弟的官办学堂）。

清嘉庆三年（1798），胡长龄出任山东乡试主考官，嗣后提督山东学政。在学政任上，他立规定制，严格管束下属，对徇私舞弊者严惩不贷。嘉庆四年，山东遭旱灾，粮食歉收，德平县百姓衣食无着，而县令叶芳却不恤民情，勒折浮收

（指用强迫的手段额外征收），激起民愤。愤怒的百姓在廪生杨檀、义士阎常留带领下涌入县衙，杀官劫狱，酿成大祸。按清律，戕杀知县要屠全县。为保一县百姓，阎常留主动自首，甘受凌迟。而作为山东学政的胡长龄本与此案无涉，但为平息皇上怒火，保全德平一县百姓性命，他与山东按察使王汝璧、布政使全保等如实上奏朝廷，参叶芳勒折浮收，乃至激起民变，并自请处分，后被降级调用。

在此后的宦游生涯中，胡长龄的官职屡屡变迁：嘉庆五年（1800），补光禄寺少卿；嘉庆六年（1801），任顺天府丞，不久调任奉天府丞兼学政；嘉庆七年（1802），丁父忧，回乡守制；嘉庆十年（1805），三年守孝期满，再任顺天府丞；嘉庆十一年（1806），升任光禄寺卿；嘉庆十二年（1807），升任太常寺卿，同年出任山西乡试主考官，后提督广东学政；嘉庆十四年（1809），任都察院左副都御史；嘉庆十五年（1810），任兵部右侍郎；嘉庆十六年（1811），充任会试考官，署工部右侍郎兼管钱法堂；嘉庆十七年（1812），调任礼部左侍郎；嘉庆十八年（1813），充任经筵讲官，后擢升为礼部尚书。无论身任何职，胡长龄都夙兴夜寐，恪尽职守，以致积劳成疾。自感身体不支的胡长龄屡次上书自请引退，但朝廷一再挽留，后见他确实病势沉重，才同意让他回乡养疴。胡长龄与家人乘船沿京杭大运河返乡，在舟过山东临清州时，突然病情加剧，吐血数升，溘然长逝，享年五十有七。

胡长龄膝下无子，幸有女婿彭邦畯在其病重期间侍奉汤药及去世后扶柩归乡。彭邦畯，字吉士，江西南昌人，出身于簪缨世家，嘉庆十九年（1814）进士。当年胡长龄以新科状元入翰林时，曾受知于其祖父彭元瑞。在爱婿的鼎力相助下，胡长龄的墓址选在通州北五十六里墩，墓志铭由彭邦畯撰写，挚友李懿曾之子李琪为其作传。

胡长龄早年与通州名士范崇简、李懿曾、李耀曾、曹兴谷、钱绮楼、丁巢丹等重结山茨社，三日一聚，五日一集，吟诗作赋，意气风发。其中，李懿曾与胡长龄一同考取秀才，又同应召试并都位列二等，后在乾隆四十八年（1783）又一起考中举人，故二人惺惺相惜，缘契最深。某年，胡长龄告假回乡省亲，与昔日文友更唱迭和、酬酢频仍。一日深夜，漏已三下，李懿曾正准备上床就寝，忽听得自家庭院外敲门声甚急。他开门一看，原来是胡长龄携一老仆登门造访。李懿曾忙将其迎进门来，令人摆上酒食，两位老友一边引满对酌，一边你吟我和，放言高论，各抒己怀，相与申旦不寐，晓鸡已唱，犹意兴未阑。胡长龄为人清介尚节，不肯低眉事权贵，每酒至微醺，放浪形骸，对朝中衮衮诸公，虽"金高南山，肘下系金印如斗大"，在他眼里也是"不值一钱"。而对贫贱之交的李懿曾，胡长龄独对其诗文赞不绝口，对其子李琪也是赞扬有加。嘉庆六年，李懿曾进京入内廷分校《西汉会要》，两位老友京师重逢，相与酬和无虚日。

胡长龄一生酷爱读书，他曾对李懿曾说："我侥幸蟾宫折桂，忝列翰林，若不是多年寒窗苦读，比别人更勤奋，焉能圆此科名之梦。今有很多士人读书只为博取功名，以谋一官。读书只是其做官的敲门砖和仕途的铺路石，一旦达到目的，往往就把典籍束之高阁。倘若日后遇见有真才实学的饱学之士，就退避三舍，绝口不与之论学，以免贻笑大方，这是胡某所深以为耻的。"在京为官时，胡长龄每日晨起必秉烛读书，至蜡烛燃尽数寸，读书已数十通后天才大亮。

作为状元公，胡长龄文采斐然，才誉卓著，与山阳汪廷珍（胡长龄同科榜眼，官至礼部尚书、协办大学士，加太子太保，赠太子太师，谥"文端"）合称"汪经胡史"，与同邑李懿曾、马有章并称"江东三俊"，著述有《三余堂存稿》等。

（载于 2021 年第 1 期）

百年历程与辉煌

——中国共产党在南通

江 海

1921年，中国共产党成立，这是开天辟地的大事件。在中国共产党领导下，南通人民经过浴血奋战、艰辛探索和改革发展，实现了从站起来、富起来到强起来的伟大飞跃。

新民主主义革命伟大胜利

“五四”运动以后，南通的青年知识分子逐渐觉醒，开始了对马克思主义的研究和传播。中国共产党成立的第二年，南通就有了共产党人的活动，如皋潮桥（今属如东）人吴亚鲁成为南通地区第一位共产党员。1926年春夏，中共南通独立支部和中共江苏第一代用师范支部（以下简称代师党支部）建立，此后，中共如皋独立支部、下漫灶支部、海安营溪支部、海门三条桥支部相继建立。早期支部党员和所团结的进步工人、学生，像一颗颗红色的革命种子，在江海平原上生根开花。1927年6—11月，中共如皋、南通、海门三县县委领导机构先后建立；此后不久，中共南通特委、通海特委、南通中心县委也相继建立。从此以后，在中国共产党领导下，江海大地风起云涌、星火燎原，农民运动、工人罢工此起彼伏。1928年，如皋、泰兴数万农民举行了震撼大江南北的五一暴动。1930年，经中共中央批准，江苏省委在南通地区组建了中国工农红军第十四军，向国民党反动派、封建地方势力展开了武装斗争。在血与火的洗礼中诞生的红十四军，更如一把锋利的匕首刺向反动派的统治心脏。

1937年7月，全面抗战爆发，在中国共产党的团结抗日号召下，以爱国青年为主要力量的抗日救亡运动在南通城乡进一步展开。1938年8月，中共江北特区委员会建立，南通地区的抗日救国斗争出现了新的局面。

1940年，新四军东进南通地区，开辟抗日根据地，建立抗日民主政权。在中国共产党的领导下，南通人民依靠新四军一师部队，长期坚持抗日游击战争，一次又一次地粉碎了日伪的“扫荡”“清剿”，特别是粉碎了日伪精心策划的“清乡”，为中国人民抗日战争的伟大胜利作出了应有的贡献，谱写了光辉的篇章。

抗日战争胜利后，国民党当局蓄意破坏国共双方签订的停战协定，于1946年1月中旬侵占了如皋县白蒲镇等地，打响了向苏皖解放区进攻的“第一枪”。面对当时国民党的独裁统治和内战的腥风血雨，南通城的进步青年响应中国共产党的号召，于1946年3月开展了反对内战、争取民主的斗争，国民党反动派却用武力残酷镇压，制造了震惊全国的“南通惨案”。“三一八”斗争，唤醒了广大民众，成为解放战争第二条战线的重要组成部分。

1946年6月，国民党政府撕毁停战协定，发动了全面内战。7月中旬，国民党以12万人的兵力，由南通至泰州一线，向苏中解放区进攻。中国共产党领导的华中野战军在人民群众支持下，组织苏中战役，从7月13日至8月27日的一个半月内，七战七捷，歼灭进犯的国民党军队5万余人。苏中战役有五仗在南通解放区展开，它的胜利沉重打击了国民党军的嚣张气焰，鼓舞了解放区军民敢打必胜的信心，为南通解放区从和平环境转入战争状态赢得了时间，保卫了解放区土地改革的顺利进行。

从1946年10月起，南通地区转入了极为艰苦的敌后坚持时期。广大军民咬紧牙关，与强敌进行了殊死的较量，对一些战略要地进行了反复争夺，挫败了国民党军队全面占领、顽化南通地区的阴谋，完成了土改复查、土地平分，废除了封建土地制度。3 万翻身农民参军，8000 多名常备民工参加了淮海等战役的支前工作。

1949 年 2 月 2 日，人民解放军华中九分区部队进入南通城，红旗在十字街钟楼上空高高飘扬。南通城解放！南通全境解放 !10 月 1 日，南通人民迎来了中华人民共和国的成立。10 月 2 日上午 9 时, 一面鲜艳的五星红旗在南通钟楼升起。南通人民在中国共产党领导下，开启了共和国建设的新航程。

社会主义革命和建设伟大实践

解放后的南通人民在党的领导下，以饱满的热情，投身社会主义革命和建设的伟大探索。

历经解放初期政权的接管、剿匪肃特、稳定社会秩序、推行民主改革、抗美援朝、镇压反革命，人民政权得以巩固。1954 年新中国第一部宪法颁布后，南通各级人民代表大会相继召开, 人民群众通过各种途径参与地方事务, 管理经济、文化和社会事务。随着人民民主政权的建立和巩固，人民实现了当家作主。

南通社会性质发生深刻变化。通过土地改革废除了封建土地所有制。在没收官僚资本的基础上，建立国营经济，为解放初期的经济恢复和社会稳定奠定了基础。随着对农业、手工业、资本主义工商业的社会主义改造于 1956 年基本完成，以社会主义公有制为主体的社会主义基本经济制度初步确立。

当家作主后的人民群众对社会主义建设表现出巨大的热情。

贯彻农业为基础方针，在加强农田水利建设的基础上大力发展农业。20 世纪 50 年代后期，加强河道整治，特别是 1958—1960 年，按照一、二、三、四级河道全面配套的要求，首先集中主要力量抓好主干河道的建设，并在沿江、沿海相应建设可排可灌的水闸，确保大引大排大调度，建设旱涝保收、稳产高产农田。数十万名民工，风餐露宿，迎风寒，顶烈日，奋战在各个工地。经过 3 年努力，开辟总长300余公里的引江灌溉“四横三竖”干河7条。“四横”为新通扬运河、如泰运河、通吕运河、通启河，“三竖”为通榆运河、如海运河、九圩港。同期新开挖二、三、四级河道146条，建成九圩港闸、南通节制闸等12座涵闸，南通境内主要水系骨架基本形成。

随着农业生产条件的改善，南通实现粮棉“双高产、双丰收”，逐步成为全国重要粮棉生产基地，南通地区粮食由大量差进变为略有差出。1965年初，江苏省委将南通粮棉双高产的专题报告以《一份领导夺取粮棉双丰收的经验总结》为题批示转发各地，并上报中央和华东局。《新华日报》在头版头条报道了这篇报告的主要内容，并配发《学习粮棉大面积增产的经验》社论，推广南通地区的经验。1965年3月12日，《人民日报》一版头条发表社论《产棉区要力争粮棉双丰收》，介绍启东经验。该报同时刊登了启东县副县长秦素萍的文章《启东粮棉双高产的来历》。1978年，启东成为全省第一、全国第二个实现皮棉100万担的县，如东则成为全省第二、全国第三个皮棉超100万担的县。

贯彻工业为主导方针，多渠道推进工业体系建设，南通市成为整个南通地区大力发展工业的主要阵地。全市按照“两条腿走路”的方针，加快了工业发展步伐。冶铁轧钢工业从无到有，五金机电工业由小到大，逐步建立起地方重工业和实现农业机械化、电气化的基地；大力发展化学工业，建立起化学工业基地；充分利用原有纺织工业基础，做到棉、麻、毛、丝、化“五纺”俱全；充分利用地方资源，积极发展轻工业、食品工业和手工业，使吃、穿、用等方面都能做到就地有货、价廉物美。

南通专区各县对大办工业也倾注了极大的热情。地方工业面向农村，为农业生产服务，坚持大中小并举、中小型为主，先小后大，小中出大；先土后洋，土中出洋；先普及后提高，在普及中提高；因陋就简，依靠群众，自力更生地发展地方工业。

随着大批工厂的兴建，南通形成了多门类的工业体系。1961年以后，通过进一步调整工业发展区域和行业布局，南通在较长时期内成为以轻纺工业为主、其他工业稳步发展的轻工业城市。

经过 20 多年的探索，南通一穷二白的落后面貌得以改变，初步建立起比较完整的国民经济体系。地区工农业总产值由 1949 年的 15 亿元增加到 1978 年的 98.94 亿元，增长了 5.6 倍，为十一届三中全会以后的改革发展奠定了物质基础，同时也为中国特色社会主义建设积累了经验。

改革开放伟大飞跃

党的十一届三中全会作出把党和国家工作重心转移到经济建设上来，坚持四项基本原则、坚持改革开放的历史性决策，南通人民在党的领导下迈向富起来的新征程。

体制改革激发发展动力，对外开放增添发展活力。

全市改革从农村起步，经过 1980 年前后施行“五统一”生产责任制和联产到劳责任制探索，至 1983 年 4 月，以家庭联产承包为主的多种形式农业生产责任制基本建立。农民劳动热情空前激发，促进了农业生产的发展和农民生活的改善。

农业生产体制改革，解放了农村劳动力，推动了农业综合经营发展。海安县形成“种养加出，综合经营”为主要模式的“海安之路”。1983 年 12 月，新华社记者在《中国农民报》头版头条以《百万雄鸡下江南》为题，报道了海安成千上万的农民骑自行车将活鸡运往南京、上海等大城市销售的壮观场面。

乡镇企业（社队企业）在农村改革发展中快速崛起。20 世纪 70 年代末在海门三星镇开始形成的纺织品集市，经历了从绣品市场、绣品城到国际家纺城的嬗变，最终成为世界最大的家纺市场。目前跻身中国民营企业 500 强的中天集团也快速起步于这一时期。他们成为改革开放以来南通经济发展的缩影。

走出田地的劳动大军加入建筑领域，壮大了建筑队伍，南通建筑铁军征战全国，“建筑之乡”名扬全国。

农村改革的率先突破，带动了各个领域改革的全面推进。

工业经济实施产业结构和产品结构调整，提高经济效益。1981 年，南通市成为全国工业城市生产发展速度快、经济效益好，被誉为“明星”的中等城市。《人民日报》刊发消息，中央主要领导批示推广。此后，南通工业经济快速发展，电视机、收录机、电风扇、自行车等在内的一批明星产品进入居民生活。南通电视机厂生产的三元电视是南通工业，尤其是电子仪表工业的代表性品牌，多次获全国奖项，“三元三元，连中三元”的广告语广为流传。

1992 年，邓小平南方谈话发表，中共十四大召开，全市上下加快社会主义市场经济体制建设，以股份制改革为突破口，推动产权制度改革。1996 年，组建市属企业改革发展工作指导团，全面推进市属企业改革转制。到 1997 年，南通跨入全国中小企业改革先行地区的前列。同时，全面加大经济结构调整力度，将发展规模经济作为转变经济增长方式的突破口，着力培育大型企业集团。

对外开放为南通发展增添活力。1980 年，南通港成为长江对外贸易港；1982 年，南通港对外籍船舶开放。同年，南通港成为国家一类开放口岸。1982 年，南通第一家中日合资经营企业——中国南通力王有限公司兴建投产，成为江苏省第一个建成投产的中外合资企业。1983 年 5 月，第一艘外轮格陵兰海号抵达南通港。

1984 年 4 月，国务院批准南通为首批进一步对外开放沿海港口城市，12 月批准建设对外开放的窗口——南通市经济技术开发区，南通对外开放步伐加快，三资企业不断建立，外经外贸不断拓展。这一年，中国技术进出口总公司江苏省南通分公司成为南通市首家被赋予进出口经营权的外贸企业。此后，南通被授予进出口经营权的经贸、工贸和生产企业不断增多，南通外贸进出口格局发生根本改变。2000 年，全市出口总额增至 20.35 亿美元。

随着社会全面协调发展，人民生活水平的提高，改革发展红利为广大人民群众共享。

20 世纪 80 年代中期，计划供应体制开始松动。1985 年，粮、棉、油实行合同定购，形成计划购销和市场购销并存的“双轨制”，实行 32 年的粮、棉、油统购统销政策被打破。同年，相继放开水产品价格、生猪购销价格，取消城镇人口定量供应，城镇居民肉食品补贴由暗补改为明补。1991 年和 1993 年，先后取消肉食品和粮食计划供应，市场销售成为主要形式。

以人为本的社会保障制度改革全面推进。1985 年，南通在全省率先由劳动部门办理社会养老保险，规定劳动合同制工人实行社会劳动保险。1993 年起，市区全面启动一体化养老保险制度。同年全面出售符合条件的公有住房，5 年后实现上市流通。1999 年，住房分配货币化开始运作，延续数十年的实物分房历史结束。

1996 年，南通市成为全国医疗保障制度改革扩大试点城市之一。1997 年，建立社会统筹基金与个人账户相结合的医疗保险制度，并于 2000 年全面实施。

进入 21 世纪，特别是中共十六大召开以后，南通市委、市政府不断调整和优化发展思路，走出了一条全面、协调、可持续发展之路，发展速度走在全省和长三角地区前列，发展质量不断提升，人民生活不断改善，城乡面貌显著变化。

各级党委、政府以处理好改革、发展与稳定和谐为目标，坚持相互配套、相互促进，率先在全省突破国有、集体企业改革，基本完成国有经济布局战略性调整；率先在全省完成事业单位分类改革，在公共服务领域初步实现了投资主体多元化；投资、金融、财税、价格体制改革不断深化，基本形成了统一开放、竞争有序的现代市场体系，市场在资源配置中的作用得到有效发挥，有力地促进了经济体制、行政体制、社会管理体制的全面协调。

以争创全省民营经济第一大市为目标，全市新增私营企业数、个体工商户数和个体工商户总数持续居全省前列，民营经济成为区域主流经济，对工业增长、社会投入、入库税金的贡献份额均占据“半壁江山”。

交通和城市面貌日新月异。新长铁路建成通车，苏通大桥、崇启大桥连接大江南北，洋口港、吕四港正式通航，综合交通枢纽门户城市格局加速形成，南通昂首迈入桥港时代。

全国文明城市、国家环保模范城市、国家卫生城市、国家园林城市、国家历史文化名城、全国社会治安综合治理“长安杯”，诸多荣誉的取得，使南通的知名度、美誉度大幅提升。

通州撤市设区，中心城市框架全面拉开，各县（市）城市建设全面提速，城市化进程加快，大城市格局加速形成。

“民富、村美、风气好”的新农村建设全面推进。

改革激发活力，南通各项发展指标快速提升。2009 年，南通市在江苏长江以北率先达到了省定小康标准，实现了在苏中的快速崛起，部分指标跻身全省第一方阵。2012 年，全市地区生产总值 4548.67 亿元，人民生活水平提高，农村人口绝对贫困现象基本消除，各项社会保障水平处于全省或全国前列。

新时代伟大征程

中共十八大开启了中国特色社会主义新时代。南通市委、市政府统筹推进“五位一体”总体布局，协调推进“四个全面”战略布局，出台各项改革发展举措，“经济强、百姓富、环境美、社会文明程度高”的新南通建设不断取得新辉煌。

沿江沿海和江海联动开发在过去发展的基础上更加注重整体规划和突出重点。随着长三角一体化发展上升为国家战略，南通发展迎来新机遇。通州湾长江集装箱运输新出海口和南通新机场建设写入《长江三角洲区域一体化发展规划纲要》，建设蓝图次第展开。跨江融合、接轨上海工作全面推进，沪苏通长江大桥和沪通铁路、盐通高铁建成通车。北沿江高铁建设加速推进，8 条新的过江通道正在筹划中。

贯彻新发展理念，以创新驱动高质量发展。2012 年，南通成为全国创新型试点城市，创新驱动发展战略全面实施。2016 年 9 月，中共南通市第十二次代表大会将“具有区域影响力的创新之都”列为南通发展战略，规划建设创新区，着力加速培育具有爆发力和引领力的创新型增长点，奋力打造南通城市未来的核心区、示范区和首位区。

项目建设成为推动高质量发展的重要抓手。随着“3+3+N”产业体系建设的推进，阿里巴巴江苏云计算数据中心、金光纸业、中天精品钢项目等体量大、技术先进的百亿级项目相继落户，南通经济发展质量不断提升，发展后劲不断增强。振海 1 号、希望 3 号钻井平台，希望 6 号储卸油平台，龙源振华 3 号施工平台，天鲲号自航绞吸船等“大国重器”横空出世，惊艳世人。

社会治理方式在创新中不断拓展，市域治理现代化建设扎实推进。矛盾纠纷大调解机制、诚信南通建设、社区邻里街坊治理等经验在全国产生较大影响。南通蝉联全国法制宣传先进城市称号，公众安全感、法治建设满意度位居全省前列。“一枚印章管到底”入选全国“放管服”改革典型，受到国务院通报表扬。

生态环境持续向好。持续开展城乡环境综合整治，绿色发展指数全省第一。成功创建国家生态市、国家森林城市，五山及沿江地区生态修复和保护工作全面实施，五山国家森林公园获得授牌。

中心城市强势推进。崇川、港闸两区合并，海门撤市设区，一主三副、一城三片城市空间结构形成，以人为核心的城镇化、城乡基本公共服务均等化、环境宜居和功能配套的新型城镇化建设迈上新台阶。

高水平全面建成小康社会，脱贫攻坚任务全面完成，人民生活水平不断提高。社会保障全覆盖，保障水平不断提高。全面普及 15 年教育，成为全国首批义务教育发展基本均衡地级市，人民生活水平稳步提高。

经过改革发展，南通综合实力持续增强。1988 年，地区生产总值超过 100

亿元；2003年，超过1000亿元；2013年超过5000亿元；2020年，全市地区生产总值10036.31亿元，突破万亿大关，迈上新的台阶。

一百年艰辛探索，一百年追求辉煌。一百年一路走来，南通人民敢为人先，不断创造奇迹。在庆祝中国共产党成立一百周年之际，展望第二个百年奋斗目标，南通人民将在中国共产党领导下，以习近平新时代中国特色社会主义思想为指导，高举中国特色社会主义伟大旗帜，积极从党的百年伟大奋斗历程中汲取前进的智慧和力量，坚持稳中求进工作总基调，坚持“三个全方位”，加快大门户建设，加快一体化进程，加快高质量发展，勇当全省“争当表率，争做示范，走在前列”的排头兵，奋力建设长三角一体化沪苏通核心三角强支点城市，不断书写中华民族伟大复兴中国梦的南通新篇章。

（载于2021年第3期）

大王庙小学旧事

李大潜

1937 年 11 月 10 日（农历十月初八），我出生于轰轰烈烈的抗日战争时期，两天后淞沪战事即悲壮地画上了句号。1938 年 3 月 17 日，日本侵略军侵占南通。父母亲带着我和祖母一起移居上海法租界，暂住在巴黎新村一座公寓楼。为了让我上小学，1941 年下半年全家返回南通。我在上海三年左右的时光，并没有留下太多的印象，只记得当时的住处靠近法国公园（今复兴公园），母亲常抱着我在那儿游玩、散步，我还留有将一只漂亮的玩具帆船放进那儿大水池中的记忆。这个公园是仿照巴黎的卢森堡公园（Jardin du Luxembourg）建造的，多年后我旅居巴黎，总喜欢去那个公园散步，因为它多少会唤起我童年的回忆。那时，我母亲已督促我读书识字，我还曾因学习不认真被她拉到洗手间打了几下屁股，这是出身幼儿师范学校的母亲一生中唯一一次对我的体罚。看了我小时候在上海穿西装的照片，似乎是很神气的，但逃难住在租界，生活上大概只可以勉强维持温饱。后来听家里人说，祖母偶尔要吃一次冰激凌，还要先把我抱开，以免我争着要吃。在上海期间，我也上过一个名字叫“阜春”的幼儿园。那儿的大壁橱上，每个人都有一个专门的小柜，用以暂存自己的物品，这种东西在家中是没有的，反而成了我留下的唯一记忆。

1941 年，我们全家返回南通，住进了大保家巷 1 号的老家。大保家巷是南城门（江山门）内的第二条东西向的巷子，我家在其最东侧。转弯处是南北向的丁古角巷，大王庙小学（今城中小学）的一个边门（后来被封闭）就在那儿。从我家出发，大概两分钟即可到达，这个家门口的学校，也因此就成了我入学的首选了。校舍原先是一个庙，想必就叫大王庙，一开始我还见到过已被请下神坛的几尊佛像，后来就不见踪影了。从 1942 年入校一年级学习到 1947 年五年级肄业进入初中，我有整整五年时间在大王庙小学学习。童年是美好的，我们那时基本上没有什么作业，学习无拘无束，十分愉快，加上我学习一直相当顺利，在班级里总是名列前茅，老师及家长都很喜欢，日子过得十分舒坦，但也相当平淡，留下的记忆并不是太多。

大王庙小学后来的大门，在由丁古角巷的南端向东的环城南路上。进门的左侧，是一排教室及一个二层楼的办公楼，楼上曾用作单身教师的宿舍。进门的右侧，是一片空地，上面有一些树木，在我们小孩看来都很高大，还有一个我们最感兴趣的小小的动物园，记得有一只孔雀，还有几只关在笼子里的白兔，不时有人用白菜来喂养他们。这在某种程度上让我们接近了大自然，感受到无穷的乐趣。若干年后，这块空地上新建了教室及办公室，就再也难以寻觅自然的踪迹了。

因为学习及表现出色，我曾好几次由学校派遣参加一些名流或老师的婚礼。在南通当时最负盛名的宾馆——有斐馆金碧辉煌的大厅里，由我和同班的一个女同学提着婚纱的下角，在乐曲声中随着新娘缓步走进婚礼的殿堂。在很小的年龄就见识了很大的场面，多少是一个历练。在二三年级时，我还代表学校参加过全市小学生的一次讲演比赛，比赛的地点在通师一附的一个教室。我以《菊花》为题做了讲演，以第一名的成绩捧回一个银质奖品。讲稿是由尤若愚老师帮我写的，她也是我母亲的挚友。我没有任何思想负担，相当自如地做了讲演，讲台上正好放着一盆菊花，我还特意提到了它。这次讲演比赛的得奖，事前事后都没有任何炒作，后来在整个中小学阶段除体育竞赛外不再有任何赛事，这竟是我在中小学时代唯一一次获奖，而得奖后一返回大王庙小学，就立刻将其抛在脑后了。现在想来，这样无拘无束地参加竞赛，不抱任何功利的动机，可能更有利于一个学生的成长。

1945 年 8 月 15 日，日本宣布无条件投降，举国欢庆，学校里也扎了很多 V 字形的纸灯庆祝，V 代表英语“victory”（胜利）之意。日军占领南通期间，在现在南通博物苑前濠河边的马路上，总有日本兵在那儿站岗，连我们小孩也不敢走近。还记得一天清晨，突然一群伪军敲开大门，把还睡在床上的我们及周围邻居都叫起来，押送到南通中学的操场上听日本人训话。可能讲的是“清乡”（即“围剿”抗日武装）的事，虽然会后仍把大家放回家，但当时的我们惊恐万状，成了我一辈子难以忘怀的梦魇。日本无条件投降的喜讯，给了幼年的我一个最早的教育：没有国家的独立与富强，绝不会有个人的幸福与成长。

大王庙小学的老师给予我们启蒙教育，无微不至地呵护和关心我们成长，我从内心深处感谢他们。抗日战争胜利后，大王庙小学的校长是袁捷老师，虽然她没有教过我，但她给我的印象是比较和蔼的。还有一个周琪老师，也住在我家附近的刁家井巷，和校长袁捷家似乎门对门。她也没有教过我，但我印象中的她表现一直很出色，后来成了通师二附的校长，曾好几次邀我到该校访问，保持着相当密切的联系。改革开放后，她曾作为南通市的党代表出席过全国的党代会，会后还将会上发的两支铅笔送给我，颇有纪念意义，对我也是极大的鼓舞。她是南通教育界一位德高望重的前辈，现在仍然健在，已有 98 岁了，祝愿她健康长寿。

张祖彤老师是我们五年级甲班的班主任及语文老师，当时刚从女子师范学校毕业不久，曾受教于著名教育家张梅庵先生。她的孪生妹妹张祖铭，同时任五年级乙班的班主任及语文老师。张祖彤老师是我小学阶段接触最多、也是印象最深的老师，影响了我一生的成长。我还清楚地记得她在课堂上教我们唱“我的家在东北松花江上”时的情景，流亡的悲愤、悠扬的歌声，深深地打动了我，使我第一次认识到音乐催人奋进的战斗力量。那时的语文老师及班主任，能熟练地弹奏风琴，兼顾起音乐老师的职责，在现在也应有其启示作用吧。

寒假中我曾经到张老师家去拜年，她们住在东门外一个僻静的小巷里，清贫的小屋朴素而整洁，姐妹二人正对坐在方桌两边，用毛笔练习书法，这大概是她们日常的功课吧。看到老师自己在用功苦练，对我的教育启示作用，比她们在课堂上语重心长的教诲不知要有力多少倍，这是教育了我一生的。那时我“两”字的发音发不准，常念成“仰”音，她们就多次引导我发这个音，并认真纠正。交谈了一阵，我急着要回家，她们说我“归心似箭”。我那时不知道这个成语，还以为是“归心事见”，即我的“归心”被她们发现了。她们就给我讲“归心似箭”的含义，我立刻就明白了。这样看似漫不经心地交谈，实质上是极为生动有效的语文辅导，且平易近人、润物无声，让我终身受益。

张祖彤老师当时应该是很有进步倾向的，我曾听到她课间在办公室用风琴弹奏“解放区的天是明朗的天”的歌曲，这在国民党当政的时代是很犯忌的。可能正由于此，我五年级肄业离开大王庙小学后不久，她们姐妹俩即被调到唐闸郊区的一个学校任教了。我刚进入商益中学（今启秀中学）时，因在小学阶段一直学习顺利而养成心高气傲、考试抢交头卷的坏习惯，在一个月后的第一次数学测验中我只得了 18 分，差点被老师按规定用戒尺打 42 下手心。我在大王庙小学的一些同学听到这个消息后，在我家窗口齐声高唱：“李大潜，中学生，算术考了 18 分！”我更无地自容。这一奇耻大辱使我沮丧，更给我带来了一辈子的警示和教训。在我处于极度困惑的处境时，张祖彤老师从唐闸乡下，用她批改作文的紫色笔给我来信，极大地鼓舞了我的信心和勇气，使我能在跌倒后迅速地站起来，第二次数学测验就得了 98 分。张祖彤老师给我的这封信现已无存，她当时具体说的什么话也记不清了，但她那一片紫色的墨迹却深深地留在我的脑海中。如今午夜梦回，独处自省，总为此感慨万分，并催我奋进。正因为如此，我一直将张祖彤老师视为人生的导师，每次回南通都要到其住处探望，聆听她的教诲。在她去世前不久，我曾到她住院的第三人民医院探视，想不到竟成永诀，后来亦曾两次到她的墓前祭奠。张祖彤老师对我的教育恩、师生情无疑是大王庙小学留给我最宝贵的精神财富。

在大王庙小学，我一直是一个品学兼优的好学生，但也曾无辜地受到了一位老师的惩罚。有一天上午课后，一位同学说给我表演一个魔术，他拿了一张钞票说要撕掉，但撕声过后，他手上的钞票完好无缺，只是钞票后暗藏的一张纸被撕成了两半。我看这个把戏并不难，也拿出自己身上的一张钞票试了一下，但手法不熟练，撕掉的不是那张纸，而是钞票！这本是童年小朋友间的一件不值一提的小事，但恰给当时的班主任老师看到，在本该回家午餐的时候把我留在学校不许回家，直到家中派人来查问才将我放回。尽管家中没有追究，老师也不再提起，但多少在我心中留下一个阴影，也一直对这一处罚感到莫名其妙。老师对学生的要求，如果多一些爱护，更加宽容和人性化一点，是不是更好一些呢？

我在大王庙小学的同学，绝大多数住在离学校不远，甚至就在学校附近，看来就小学而言，就近入学实在是一个最优的选择。我现在还记得姓名的班上男生有朱纪吾、生克廉、倪钧、倪本、刘文光、李培根等，女生有卢文澜、刘丽君、蒋惠玲、季敏华等。当年的这些同班同学年龄都比我要大一点，后来的履历及命运也各不相同，但相信其中的绝大多数人都一定深深地怀念在大王庙小学的这一段无忧无虑的童年岁月，并衷心地感恩于我们的老师为培养和造就我们所付出的深情而无私的奉献。

虽然现在人称我是数学家，甚至是著名数学家，但我在小学阶段并没有特别表现出数学上的天赋。记得在学整数的进位加法时，为了怕算错，家里人建议我用手指来帮忙，我有时确也照计行事。我曾开玩笑地说过，手指是我最初使用的计算机，可见当时并没有达到“条件反射”般的熟练程度，现在恐怕就算不上一个合格的学生了。小学四年级念完，就结束了当时称为初小的学习阶段，后面的五、六年级称为高小。这时父母亲打算为我换一个更好的学校，准备将我转学到通师一附。我自己并无主见，但我曾在通师一附参加过讲演比赛，对那儿古色古香的校园也是向往的，于是参加了转学通师一附高小的考试，但全没有把它当回事，事先没有做一丁点儿准备就进了考场。通师一附的老师听说大王庙小学的第一名来应考，倒有些好奇，时不时过来看一下我在考场上的表现。如果考的是我在大王庙小学学过的内容，应该难不倒我，但当时大王庙小学的教学进度比通师一附慢，最大的不同是到四年级还没有教过处理大、中、小括号的规则：要按照先“小”、后“中”、最后“大”的次序来化解。对于这部分试题，我根本不知所措，手忙脚乱瞎摆弄一阵，结果可想而知，实在愧对那些在考试中不时关注着我的通师一附的老师了。

大概受了“宁为鸡头，不为牛后”观念的影响，父母因此不再主张我转学，我仍留在大王庙小学继续上五年级。五年级结束，父母亲就要我跳级升入初中。升学的首选，自然是南通中学，它久负盛名，且是父母的母校，进通中学习也是我的一个梦想。虽然是以同等学力的名义参考，但我没有上过六年级，很多内容都没有学过，基础是不牢固的。著名的“鸡兔同笼”问题就是一个必考而我一窍不通的内容。无奈之下只得“临时抱佛脚”，请来南通中学的一位数学老师到家中辅导，他带来南通中学的一些油印辅导材料，在夏夜昏暗的灯光下，费力地向我灌输有关“鸡兔同笼”的知识。有关“鸡兔同笼”的问题，现在小学四年级就能讲清楚了，但不知道是因为这位老师讲得不得法，还是我笨不可言，他的辅导竟不能使我开窍，考进南通中学的梦想终成泡影，我只能在商益中学开始我的初中学习历程（高中考入了南通中学）。

上面的这些情况充分说明，就数学的学习来说，我在小学阶段总的说来是后知后觉的，一直到了高中阶段才逐步对数学有了兴趣、有了感觉、有了热爱、有了追求，并最终选择了数学作为自己毕生的事业。我不是一个天生的数学家，也正因为有这样一个清醒的认识一直推动我不断攀登，努力奋斗。现在看来，一个人一生的发展是各种因素及机遇的总和，绝不能对人过早地下结论、定终生，在小学阶段更是如此。让天真的小学生尽情地享受他们欢乐的童年，自由自在的发展与成长，绝不向他们加压、拔苗助长，看似无为而治，实际上恐怕是小学老师和家长们最英明的决策。他年成才以后，这些学生一定会回过头来衷心地感谢老师的宽容、大度和培养的。

离开大王庙小学，就不再和她有什么直接联系了，但每次路过她在环城南路上的原大门，我总会不由自主地放慢脚步，向那儿的校园投出深情的一瞥：我是从那儿走出来的，那儿有过我金色的童年，我毕生的事业也最初从那儿起步，我对她怀有深深的眷恋和敬意，我的心是和她连在一起的。

（载于 2021 年第 4 期）

张謇创办伶工学社对中国近代戏剧史的贡献

梁天明

我国著名实业家、教育家张謇的事业，绝大多数是立足于南通展开的。这不仅出自他对家乡的热爱，更主要的是他的许多强国主张得不到政府的采纳和支持，他只能在影响所及的家乡躬行实践。张謇希望通过努力，把南通建造成一个新世界的雏形。他说过："謇抱村落主义，经营地方自治，如实业、教育、水利、交通、慈善、公益诸端。"而在诸多的教育、文化实践中，"举事必先智，启民智必由教育；而教育非空言所能达，乃先实业；在实业、教育既相资有成，乃及慈善，乃及公益"。于是，他在创建了诸如中国第一座公共博物馆等众多"第一"之后，又创办了中国第一所戏剧学校——伶工学社。

一

张謇对戏剧兴趣很浓，这与他的生活环境不无关系。在当时的南通，上至达官显贵，下至平民百姓，都对戏剧有浓厚的兴趣，戏剧在南通极为普及。从文人陈上悦《泛舟观剧》中"歌台略约矗河畔，招邀好友呼烹茶，谁请洛神陪报答，遮遮舞袖掺情挝"几句诗便可以看出，它记述了临河搭高台演出的盛况，而这种搭高台演出的风习一直延续到现在，充分说明了当时民众对戏剧的喜爱。而张謇居住的南通海门常乐镇的戏剧文化也十分繁荣，尤其是海门山歌，为当地老百姓世代口头传唱，非常盛行。

正是南通家乡这种浓厚的民间戏剧氛围对张謇产生了深远的影响。张謇青少年时代常年住在农乡集镇，时常观看民间戏剧的演出及曲艺说唱，那种观者如堵、游人欲狂的景象，在他的脑际里留下深深的印象。戏剧对观众巨大的吸引力以及演员的思想文化水平，戏剧内容之优劣对观众所产生的影响，他是深有体会的。后来，张謇对戏剧艺术提出了一系列主张，也可以说是民间戏剧活动的客观实际在他主观思考后的反映。“教育以通俗为最普及，通俗教育以戏剧为易观感。”这是张謇对戏剧功能认识之精髓，也是他多年的亲身体验所得出的结论。他看到各阶层人民群众对戏剧是如此之喜爱，因而认识到戏剧是最容易为人民所接受、最容易普及的一种教育手段。他认为要用戏剧进行通俗教育，就要对戏剧内容进行一番改造，“订旧从改正脚本始”；并须培养出一批有文化的演戏人才，“启新从养成演员始”；同时还要有一个良好的课堂。由此不难看出张謇为什么要办伶工学社的良苦用心了。

二

振兴家乡戏剧事业，乃张謇之心愿。他明确提出“实业可振兴经济，教育能启发民智，而戏剧不仅繁荣实业，抑且补助教育之不足”的观点。振兴戏剧事业，自应首先建立培养戏剧人才的戏剧学校。于是，伶工学社——我国第一所戏剧学校的蓝图在张謇心中绘就。

张謇提出创办伶工学社的动议后，首先要物色校长人选。此时，欧阳予倩从日本留学回国，他先到广西，后到湖南，1912 年来到上海。他在上海期间恢复留日时期创办的“春柳社”，致力新剧创作。后来他对京剧产生了兴趣，便和江梦花、林老拙、吴我尊、王颂臣、罗亮生、朱鼎根等人一起研究京剧。1918 年，欧阳予倩在上海的《讼报》（日本人办）上发表了《予之戏剧改良观》一文，主张开办戏校，招募青少年，除教授技艺外，要培养一批有文化有戏剧常识的演员，并主张建立编导制度，研究舞台艺术，对京剧进行改革。他的这些主张正好与张謇不谋而合。张謇知道欧阳予倩艺通中外，又对创办戏校有一套设想，于是就派人邀请欧阳予倩到南通晤谈。1919 年 5 月，欧阳予倩应邀赴通，商谈后，欧阳予倩接受张謇聘请，到南通创办伶工学社。

张謇对邀请欧阳予倩主持伶工学社校务寄予了厚望。1919 年，经多方筹资，中国第一所新型戏剧学校——伶工学社诞生了。张謇之子张孝若任伶工学社社长。教员有薛瑶卿、吴我尊、宋痴萍、赵桐珊等。张謇派欧阳予倩在各地招收学员，在上海招聘教员，又派其赴日考察日本的戏曲、新式剧场及管理制度。1919 年 11 月，伶工学社正式开学。张謇在给梅兰芳的信中就这样写道："予倩文理事理皆已有得，意度识解亦不凡俗，可任此事。"可见张謇对欧阳予倩的学识、人品和才干是相当满意的。

伶工学社初借南公园作为校址，1920 年 7 月迁往城南望仙桥畔武圣殿。伶工学社学生一切费用皆由学校提供。学社特设舞蹈班、军乐班与西乐班，还购置了钢琴、风琴、留声机供学生学习之用。伶工学社在课程设置上，门类齐全；在教学方法上，则摈弃体罚，反对运用"火逼花开"的方法出戏。伶工学社开办后，先后入社者 90 多人，不少毕业生后来成为全国著名演员或地方戏曲骨干。

伶工学社打破了以往口口相传的原始教育方法，是首个不具有旧式科班性质的新型戏剧学校，这一改革创新对我国近代的戏剧教学有着深远的影响。在中国近代戏剧史上，伶工学社是最早的一所培养京剧演员的新型学校。学社的创建彰显了张謇的过人胆识、人格魅力。

三

1919 年 9 月，欧阳予倩将家迁来南通，尽全力、竭心血创办伶工学社。曾东渡扶桑、接受了不少新思维的欧阳予倩，从招收学员开始，就开宗明义地提出两点：伶工学社是为社会效力之艺术团体，不是私家歌童养习所；伶工学社是要造就改革戏剧的演员，不是科班。

在戏剧教学上，张謇让欧阳予倩放手大胆地进行改革。伶工学社初创时，只侧重昆曲，由清末南方昆曲名旦施桂林任教。后来进行了改组，以教授京剧为主。欧阳予倩亲自教学青衣和新剧，吴我尊担任教务主任，戚艳冰担任训育主任兼编导。欧阳予倩除亲自编写教材、示范演出外，还聘请了一批颇有名望的教师，可谓行当齐全，人才济济。文化课上，必修的科目有国文、算术、历史、地理、英文、体操等，并注重音乐、舞蹈的教学，以增强学生的文化教养与艺术素质。这样的教学设置，大大有别于旧式科班。事实证明，对学员进行全面的培养，即使受天赋所限，学员不能从事京剧演艺，但触类旁通，也能较快地适应和承担其他工作并得心应手。

伶工学社禁止体罚，强调要把教戏时的鞭子扔掉，不准打学生，同时倡导对学生进行启发式教育，一遍不行教十遍，十遍不行教一百遍。在生活上，安排也是十分讲究的。每天吃饭，七人同桌，六个学生坐三面，一位老师独坐一面，既提倡师道尊严，又注意师生平等。饭菜师生一样，早上四个碟儿吃稀饭，中、晚两顿干饭，两荤两素。从这些可以看到，伶工学社学员们的生活与学习，与旧科班中没有人格的“炼狱”般生活，简直是“天壤之别”。戏剧学习是长期的、年复一年的学习，良好的师生关系对学生是否能很好地接受老师的教诲也有着至关重要的影响。

张謇在伶工学社办学方面，投入了大量资金，学员食宿费、学费一律由校方负责。与旧科班截然不同的是，学员不用写“生死文书”。张謇敦促欧阳予倩亲自拟订了学校简章和各种制度。伶工学社招收学生的年龄为 11 岁至 13 岁，要求高小文化程度。学制为 7 年，其间学习 5 年毕业，实习 2 年。在课程设置方面，伶工学社注重戏曲教育与文化教育并重。受五四运动的影响，伶工学社提倡白话文，并购买《新青年》等新杂志供学生阅读，力图培养出有新文化修养的演员，从而改革和振兴戏剧。

由于有学、有教、有示范、有演出，仅两年，伶工学社的学生们就能单独演出。欧阳予倩为他们编写排演了新戏五幕悲剧《玉润珠圆》、三幕剧《长夜》及《哀鸿泪》《和平的血》等，同时创编演出了大型京剧《人面桃花》。这种教学相长的方法取得了显著的效果，伶工学社培养出一批优秀人才，如李锦章、戴衍万、葛准、林守治、赵培寿、汪家德等。

欧阳予倩深感张謇对他的器重，遂以自己卓越的才识和踏实的工作，把伶工学社和更俗剧场的工作搞得有声有色。扶海生在 1938 年 10 月 20 日《十日戏剧》上发表了《南通“伶工学社”追忆》一文，说：“科分昆曲、京剧、音乐（国乐、洋乐）、新剧（话剧）。此外兼授国文、洋文、书画（国画、洋画、脸谱）、中外戏剧史、珠算、时事常识各课。星期日下午在校彩排实习；每朔望，赴‘更俗’演日戏二次。自 1919 年起，每晚令高级生赴‘更俗’轮演，逢新戏则全体合演。”

欧阳予倩在南通主持校务三年，是他对京剧改革的初步实践，倾注了对戏曲事业的满腔热忱和心血。1923 年，欧阳予倩把校务交给了吴我尊，离开了南通。

四

为了让课堂教学与舞台实践两相结合，张謇采纳了欧阳予倩创建剧场的建议。剧场既是伶工学社学员的实习基地，又兼可演出。于是，张謇邀请著名建筑设计师孙支厦设计剧场。剧场仿上海新舞台的设计，外观呈马蹄形，由观众厅、舞台、四合院演员宿舍等组成，有座位 1300 多个。1919 年重阳节，剧场落成，取“更俗”之名，意在更改旧俗，树立新风。更俗剧场落成后，欧阳予倩主持制定了剧场的规章制度，全面负责剧场的行政管理，其主要目的就是为了要破除戏剧行业中的一些旧习俗。更俗剧场在当时堪称全国一流，曾出现京剧、昆剧、话剧三个剧种同台争艳的现象，充分反映了它在我国近代戏剧史和剧场史的地位。

更俗剧场是张謇与欧阳予倩进行戏剧改革的实验基地。为了提倡破旧俗、立新风，张謇还制定了一整套文明管理制度，以此改变演员的陈规陋习。同时，张謇也想通过戏剧这一当时最为普及、最为直接的形式来改造社会风气，促进社会教育。

另外，张謇也非常重视对更俗剧场的改革及演出的宣传工作。如为了让更俗剧场的规定为观众所认可并熟知，曾将《更俗剧场规约》《更俗剧场特别紧要广告》于剧场开幕前连续十几天在报纸上刊登宣传。剧场起用后，张謇又亲自具名撰写《更俗剧场缘起》等文章，在报纸上刊登多日。1920 年 1 月，京剧表演艺术家梅兰芳首次到南通，与欧阳予倩在更俗剧场同台献艺。张謇主张艺术家应互相携手，互取所长，共同进步，故特在更俗剧场设梅欧阁，以纪念和表扬两位艺术大师的卓越成就和团结合作。梅欧阁设在更俗剧场前台大门的楼上，三间青砖瓦房加东西两个阳台，共约 80 平方米。张謇仿翁同龢字体，亲书匾额“梅欧阁”，并题写“南派北派会通处，宛陵庐陵今古人”楹联悬挂阁内，用以表示融合会通南北两派戏剧艺术之深意。更俗剧场的建成吸引了众多艺术家竞相到南通献艺，仅 1919 年至 1921 年的时间里，就有梅兰芳、欧阳予倩、杨小楼、程砚秋、盖叫天等 70 多位京剧名家先后登台献艺，可谓群星闪耀、盛极一时。多元的文化培养了市民较高的文明素质，也给南通到访者留下了深刻的印象。日本友人内山完造在其自传中，称赞他早年访问过的南通是“中国的一个理想的文化城市”。20 世纪初，张謇创办伶工学社、更俗剧场，在中国传统戏剧包括戏剧教学、剧场管理、人才培养、表演艺术等方面进行了一系列的创新，展现了他对戏剧事业独到的主张及思想。

五

我国古典文艺向来重视并强调文艺的教化作用，几乎所有的进步文艺学都在重复这个观点。但凡事都具有两面性，强调文艺的教化，一方面对我国文艺的健康发展具有积极的推进作用；但另一方面，如果过分强调戏剧的教化功能，着重于内容教学，就会抹杀艺术的特殊气质，从而会阻碍艺术的健康发展。张謇在戏剧教学上很好地处理了艺术与社会的关系，既重视艺术的社会性，又尊重文艺自身的特殊性，研究并遵循其发展的内部规律。

张謇投入巨资与精力，在南通开办戏剧学校并建成当时一流的“戏园子”（更俗剧场），绝不仅仅是为了消遣取乐。从当时的社会、文化、经济历史背景看，至清同治光绪年间，里下河徽班在扬州徽班的滋养下，不仅羽翼已丰，而且在南通的四镇八乡蓬勃发展起来，众多里下河籍的艺人演出于沿江两岸及上海一带，带动了广大民众（农民、渔民、盐民）的观戏热潮。群众的喜爱，也促使了戏班林立、市面繁荣。自从在桃坞路上创建更俗剧场后，张謇还拓宽马路，开设了“桃之华”“惠中”两家旅社，张謇希望以戏剧引来四方宾客，带动商贸的发展，提升南通的经济实力与地位。

张謇认为，戏剧虽然有派别之分，但如果互相沟通学习，切磋技艺，对戏剧的改进会有很大的帮助。因此，张謇建立梅欧阁，极力邀请南派欧阳予倩、北派梅兰芳两位大师同台出演，以此消除门户之见，互相取其长处共同发展，成为我国戏剧界团结合作的典范。

张謇雅好昆曲、京剧，然对旧戏曲之弊病亦深有体会。他认为，戏曲之发展，“订旧”与“启新”二者缺一不可，必须在遵循戏剧艺术客观规律的基础上，加强传统表演艺术的革新。近代的戏剧改良运动过分强调其社会功能而忽视其艺术的审美和欣赏趣味，一度导致戏剧艺术的粗制滥造，戏曲改良趋向衰微。张謇敏锐地觉察到这一点，他指出：“戏剧本身固然要注意社会教育，然而提倡美的艺术尤为最高最后的目的。”可谓一语中的。基于此，张謇更注重戏剧表演的改良和革新，伶工学社也因此可称为中国改良戏剧的实验基地、通俗教育的良好课堂、市民文明教育的最佳场所。

张謇创办伶工学社的时候，“新文化运动”正蓬勃兴起，如火如荼地进行。张謇提出了吸收西学以“改革旧文化”的主张。在京剧表演方面，他认为“不宜单用二黄”，甚至提出京剧乐队也要采用五线谱，主张将西洋舞蹈引入戏剧，以往的戏剧有歌无舞，要提高京剧的观赏性，就要歌舞并重。这些主张表明张謇在当时极具超前意识，已考虑京剧走向世界的前景。

在中国传统文化中，戏剧文化一直处于中国人文先驱的位置，张謇、欧阳予倩携手创办伶工学社，不仅开创了南通戏剧文化的先河，也在中国戏剧史上留下了浓墨重彩的一笔。伶工学社作为近代中国一个中小城市创办的第一所戏剧学校，虽然普通平凡，但她是透视中国戏剧史的一个窗口，也是解读中国戏剧事业曲折前进的一个视角。伶工学社的教学实践，摒弃了旧科班学徒的“奴性”教育，致力将他们塑造成拥有独立人格的艺人，这种精神一直影响至全中国并传承至今。仅凭这一点，它就是了不起的。

张謇对中国近代戏剧史作出的贡献，后人必将永远铭记！

（载于 2022 年第 1 期）

张謇与南通美术

沈启鹏

张謇在众多领域开风气之先，他在全方位探索开拓中国早期现代化的同时，传承民族优秀文化，吸纳西方先进文化，其社会改良的实践涉及文学、戏剧、电影、博物、图书、出版、美术等诸多方面，表现出高度的文化自觉。关于“张謇与美术”的命题，在张謇研究中尚属空白，南通又偏于长江口北岸一隅，中国近代美术史几乎未予提及，本文依据史料，就张謇的书画情缘，以及他对南通美术事业作出的卓越贡献作一探索。

藏鉴精研　成一代书家

研究张謇与美术，首先要涉及张謇的书法艺术和他的收藏鉴赏。张謇一生挥毫不辍，先后临写颜真卿、褚遂良、孙过庭、怀素、柳公权、欧阳询等人十多种碑帖，终成一代书法家。翁同龢称他“字亦雅，非常手也”。张謇的书法能达到如此高度，全凭他的刻苦精神和高深学养。张謇之子张孝若说：“我父写字，早年极用功，什么体都要临三五十遍，从不间断。”其实张謇不只是“早年极用功”，而是终生精研，锲而不舍。他从 22 岁始，到 74 岁生命终止，用工整的蝇头小楷写日记，记了 52 年，逝世前 14 天，仍坚持写字临帖，其一丝不苟、勤奋刻苦之精神感人肺腑，令人肃然起敬。

人有品，书有格，品高则格雅。张謇以翰苑首魁，抱经世之才，为国为民操劳一生，他的书风结体潇洒，早年劲健、中年豪迈、晚年苍劲，其书法集《张季直狼山观音造像记》《文峰塔院东原新阡石阙铭》等在上海商务印书馆印行，仅《千字文》一册就连出七版。笔者在学生时代，潜心临写张謇《千龄观记》《四时读书乐》数年，感受真切。

好收藏，是文人雅士的普遍喜好。张謇一生成就众多事业，但在烦冗的公务之暇对书画收藏乐此不疲。他最早的书画藏品——十二页明代各书家书法扇面为随庆军于朝鲜所购。他在日记中写道："余自丙戌至壬辰，四应礼部试。自到京游报罢，旅费粗足自给，苟有余，辄购碑籍书画一二，以自慰其场屋辛苦。"张謇一生所求事业，在于地方自治，在于富民强国，在于民族振兴，字画的收藏并非热衷于"独乐乐"而刻意营求，正如他自己所说："鄙人于事无必为必不为之见，心所当尽，时所适无，则为之。"翻检张謇给予张孝若的信件，时有与书画相关的诸多细节。

在张謇珍藏的许多书画碑帖上有不少题记，仅收录于《张謇全集》中的书画题记就有 65 篇之多（不含自作题画诗），其中 53 篇为画作所题。阅读这些题记，可以得到这样几点收获。其一，慎查考。每获佳作，翻检典籍，一一查考作者生平行事，题记道明作者所在年代、籍贯、擅长、艺品人品、画之来历和去处，并时有对史志记载的勘误。其二，重人品。在记述作者生平行事中，时时流露出他自己的鲜明好尚。其三，敬乡贤。在他的收藏中，特别重视地方书画家的作品。他在清乾隆年间的南通进士刘伊梅画作、清康熙年间南通人扶风知县丁有煜的牡丹图上均有长篇题跋。他对南通名士包壮行的作品尤为珍视，"题而识之，付博物馆，以存先辈名迹"。其四，精鉴赏。作为一位不凡的书家，张謇自有不凡的眼力，在对画的鉴赏品评上，定位精确，遣词贴切，语言精练。他对周镐、文徵明、黄忠端、张小斋、怀素等人的画作均有品评题跋。

播于公众　首创博物苑

张孝若回忆说："我父对于中国古迹名迹，主张保存整理，于历史建筑美术文学，都有国粹重大的价值。对于国内金石书画，也竭力主张有图书博物等馆的组织设立，使得聚在一起永久保管。"公众图书馆、博物馆发源于欧洲，19世纪下半叶，外国人在上海、天津办了三个博物馆，张謇提出设图书博物馆主张，正是19世纪末维新运动的延伸。张謇曾感叹："伟矣哉！我国有历史以来，今四千余年矣。其附丽于历史而可以资考证者，曰经籍，曰金石之属。"鉴于这样的认识，他从日本考察归来后，于1905年两次上书学部和总督张之洞，建议设京师博览馆，未果。于是同年在南通故里创建南通博物苑，开了中国博物馆事业之先河。

南通博物苑是一座中国古代苑囿与西方博物馆理念融合的"园馆一体"的综合性博物馆。初建时，藏品分天产（自然）、历史、美术、教育四部。南通博物苑的收藏有一部分来自社会各界的捐赠。张謇开个人收藏为国家收藏之先河，多次将个人收藏捐献南通博物苑。读张謇书画题记，时见此类话语结尾，"题而识之，付博物馆以存先辈名迹""存博物苑北馆""得之，以存北馆。謇""以赠博物馆，退翁为刻石还之山寺"，等等。对自己珍藏的书画做这样的处置，完全出于推动地方书画艺术的发展和社会文博公益建设的考虑，此举在清末民初尤为难能可贵。张謇所藏并赠博物苑的一大批历朝历代南通籍画家的作品，为南通美术史提供了可资研究和观赏的大批原作。1914年编印的《南通博物苑品目》中，书画类有101件，其中张謇捐赠的就有71件。张謇孙辈秉承先人遗志，曾多次将张謇传下来的文物、文献捐献给国家。

为了建好这座中国人自己办的博物苑，张謇捐助私藏、苦心经营，凭着"爱国济世之高尚情操"赢得世人的赞誉。正是因为张謇的呼吁，1913年底，23万件文物从承德热河和沈阳故宫起运到北京，次年内务部在故宫文华殿、武英殿成立了古物列所；正是因为南通博物苑的垂范，才推动了全国博物馆事业的发展，使私藏走向对公众的开放，保护了全国无数的书画珍品；也正是因为南通博物苑的建立，才形成通籍书画的收藏荟萃，大大提高了几代南通人的审美素养和艺术水准。南通博物苑有5万余件藏品，其中书画藏品3000余件。

书画明志　助实业发展

张謇不仅捐私藏创办博物馆，还直接介入美术活动，以诗、书、画明志，服务于时政实业。录入《张謇全集》的题画诗有112首之多，从题材看大体可分为文人雅士生活题材，如《听瀑图》《濯足图》《雅集图》《入山图》等；读书治学题材，如《课读图》《课子图》《夜读图》《涤砚图》等；历史传统题材，如《文姬归汉图》《塞外校猎图》《青天倚剑图》等；现实生活题材，如《濠上观鱼图》《村午饭香图》《归舟载石图》等。仅以题材分析，就可以看出张謇的题画诗占主体的并非风花雪月、闲情逸致，而是借诗配画陶冶性情，表达“修身、齐家、治国、平天下”的抱负。

清宣统三年（1911），南通一带发生大潮灾，大片良田坍入江流，百姓流离失所而赋税不减。南通民间成立潮灾救济会，张謇等地方人士不断上书朝廷保坍救灾。当年7月，通州救济会发行了《通州江岸潮灾报告书》，书中刊有“建筑沿江水楗保护坍田说明书”“保江坍请愿书”“地方自治公所请求保坍公呈”等文案以及江岸潮灾地图。值得一提的是，书中刊印王燕（静轩）所绘《潮及西城外》《庐舍淹没人民漂流之现象》《掩埋淹毙之人口》《救护淹没之实画》《官吏放粮》《救济会调查》《圩内居民迁流状况》等国画示意图十幅，形象化地反映了南通的灾情。张謇不仅为该书题写了隶书书名，还作楷书序言陈述“江岩之坍于江”“滨江之民日丧其田”“而赋如故”“无田任赋之民流离失所”之状，大声疾呼保坍救济。

大生纱厂初创时期，一些人极尽阻挠、欺骗、贪利之能事，招来风波，使公司蒙受损失。有感于创业的艰难，张謇亲自设计，并由单林执笔，作题为《桂杏空心》《水草藏毒》《幼小垂涎》《鹤芝变相》四幅尺页国画，总称为“厂儆图”。

张謇为四幅画作分别题名，并将画悬于大生纱厂公事厅楼上两壁，以示警诫。这种用隐喻手法，讽刺办厂过程中故意刁难捉弄的几种小人，可谓是中国画形式的讽刺漫画，既别出心裁、抨击时弊，又不失文人儒雅。

培养人才　兴美术教育

自办新学起，张謇非常重视美术教育，他依据各级各类学校的办学目标，设置相应的美术教育课程。他在为“扶海家塾”制定的章程中，明确“谋体育德育智育之本”，教授体操、算术、音乐、图画、修身、国文兼游戏以“振起其受教育之兴味，使之易晓而直觉”，规定每周三必须有图画课。后来南通各小学校由图画课改称形象艺术、工用艺术、劳作、美术。南通中学高中二、三年级每周均设两节图画课。南通师范一年级学钢笔画、水彩画、临画、写生；二年级学水彩、临画、写生；三、四年级学用器画、图案画、黑板画；选修分图画、手工、工艺，增加色彩画、油画、炭画、美术史。职业技术学校规定开设的美术课程则各有不同：河海工程测绘养成所课目表中有“用器画、简易写生画、测量学与实习”等；盲哑学校设国画、雕刻课目；女红传习所除刺绣专业课程外，还有国画、书法等课程，且第一年专绣宋人画册风景山水，第二年研修以仕女人物为主，优秀者专攻油画肖像绣。

至20世纪20年代前后，在南通优良教育环境下培养出的莘莘学子纷纷走出南通，到上海、杭州、南京、苏州美术院校求学。他们中有于咸、王个簃、刘子美、高冠华、尤无曲、赵丹、顾云璈、顾永金、徐渠、赵无极、陈定九、戴俊、张子通、仲贞子、刘一飞、张之仁、黄幼松、范子愚、丁吉甫、徐惊百、顾启时、顾启华、施春瘦、江涛、白衍等。他们中间，有的走上革命道路为国捐躯；有的响应鲁迅“新兴木刻运动”的号召，传播美术火种；有的成为吴昌硕、潘天寿、陈半丁的入室弟子；有的留在大学任教或转入电影表演艺术；更多的则返回家乡任教，培养年轻一代。张謇的美术教育实践如同播撒了艺术的种子，在江海大地年复一年生长发芽、结出硕果。

1926年，南通有初级小学329所，中学5所。众多的中小学和职业学校需要大量的美术师资。人物画家单竹孙、陈效韩曾在通师任教，王个簃、高冠华、丁吉甫、刘子美、葛竹溪等著名画家早年也都在中小学或通师任教。这是一支高水平的美术教师队伍，他们在培养人才的同时，活跃着南通的画坛。

丹青交游　引名家荟萃

张謇不仅延聘荷兰水利专家特来克、国学大师王国维、戏剧家欧阳予倩、韩国诗人金沧江来通工作，还广纳各路贤才，包括近代国画大家陈师曾（衡恪）、南社著名诗人诸宗元、绍兴籍书画家李祯（苦李）、苏州籍刺绣艺术家沈寿等。

由翰墨林的诸宗元推荐，张謇聘吴昌硕弟子、江西南昌画家李桢来南通任翰墨林书局经理。陈师曾则常与诸宗元、李桢、徐亦轩、曹文麟等学者名流论艺于西园。寄居南通的画家日渐增多，一时间南通画坛热闹非凡。这期间，活跃于南通画坛的还有擅长画人物的王燕和单竹孙、画荷花的陈蘖、画菊花的张蓁、画梅花的马绍琦、画芦雁的吴宗海、画罗汉的许林、画山水的刘声怀和潘浩、画仙佛人物的陈效韩等。

值得一提的是张謇年代南通曾有一个全国闻名的书画会。南通历史上最早的书画社团是“五山画社”，即清康熙三十七年（1698），由画家李常筑借水园与社友雅集14年。清乾隆七年（1742），李方膺、丁有煜联合通属艺术界人士遍邀如皋、泰州书画名流趁院考之机成立“沧州会”，不料遭官府所阻，未能如愿。

1924年3月2日，由张謇、金泽荣、徐鋆、凌泽、俞吟秋等人发起，张謇资助成立南通金石书画会，俞吟秋任会长。书画会以“研究金石书画，发扬国粹，表征艺术”为宗旨，以推动南通地区金石书画活动。其会员有吴昌硕、王一亭、张大千、朱屺瞻、徐悲鸿、钱化佛、金拱北、朱石其等，成员约280人之众，遍布河北、山东、湖南、湖北、江西、福建、广东、四川、浙江、江苏等省。同年6月，南通金石书画会在南公园举办第一次展览会，陈列作品300余件，规模可谓空前壮观。7月，金石书画会创办艺术期刊——《艺林》丛刊，至1926年5月停刊，共出版33期，设有《艺术研究》《文苑》《艺林新闻》《名家题字》等栏目，以助研究交流。书画会还组织出版《中国名人金石书画集》和个人画册、图谱、墨迹、手扎扇集等。南通金石书画会虽只历时两年，但其价值之高、影响之远，符学武曾作《艺林馨芬，历久弥香》专文论述。

晚年张謇兴办南通金石书画会，云集全国各地美术界名流，使南通画坛在被称为国画“金三角”的上海及周边地区绽放异彩，在南通美术史上写下了浓墨重彩的一笔，也为后人留下了弥足珍贵的历史文化。

放眼世界 力荐博览业

张謇是近代中国博览事业的开拓者之一。1903年，他应邀前往日本考察大阪世界博览会，并参与策划、指导1906年意大利米兰世界渔业博览会、1907年意大利万国博览会、1915年美国旧金山巴拿马太平洋万国博览会中国参展事宜，1910年又亲自筹办南京南洋劝业博览会。南通人王燕的人物画在1910年南洋劝业会和1915年巴拿马太平洋万国博览会上获奖，南通人吴金森的山水画入选赛会，崇明人苏人权画作获奖，沈寿的绣作《意大利皇后像》和《耶稣像》在意大利博览会和巴拿马博览会上分获大奖。张謇本人也获得巴拿马太平洋万国博览会颁发的荣誉大奖。

从重视世博会到考察、筹划并亲自筹办博览会，张謇是极具世界眼光的。诚如他自己所说："一个人办一县事，要有一省的眼光，办一省事要有一国的眼光，办一国事要有世界的眼光。"正因为张謇的博览事业让南通走向了世界，所以才有了今天那么多南通籍画家融通中西、声名远播的南通美术现象。

"成教化、助人伦"是美术之教育功能。从张謇书法修养到字画鉴赏，从喜收藏到乐捐赠，从办教育培养人才到办博物苑延揽人才，从推介画作到资助画会，这些卓有成效的美术实践，充分体现了张謇的文化自觉。1917 年 9 月 30 日，张謇在"南通公园开幕演说词"中充满激情地说："鄙人甚愿萃世界美术于南通，尤愿由南通而推之全省全国。论者辄以鄙人之志愿为妄为奢，然推此志愿由己以及子孙，继续为之，又安见其无成功之一日哉。"张謇希望将世界最好的美术集萃于南通，再由南通推广到省内外。他甚至立下愚公移山之志向，锲而不舍，久久为功，相信终有成功的那一天。这种文化的自觉不只是认识和主张，而且是脚踏实地、事必躬亲、全身心地投入。这种知行合一、躬行实践的实干精神，这种自强不息、顽强拼搏的奋斗精神，在百年后的今天，依然是不可或缺且要大力提倡的。

（载于 2022 年第 2 期）

惟有多情是春草

—— 追忆张謇研究大家章开沅

蒋建民

2021 年 5 月 28 日，著名历史学家、教育家、华中师大教授章开沅先生在武汉去世。消息传来，千里之外的南通人也陷入了悲痛之中。一年多以来，人们以各种方式缅怀先生的贡献，寄托自己的哀思。

章开沅不是南通人，却对南通这片土地怀有深深的眷念，对江海骄子张謇饱含着敬仰之情。从 1962 年 9 月他第一次来南通为研究张謇搜集资料起，到 2013 年 7 月出席南通市纪念张謇 160 周年诞辰暨《张謇全集》首发式，章开沅先后 10 次到访南通，为张謇研究的繁荣与发展，发挥了不可替代的作用，作出了巨大贡献。南通人民永远感激他、敬仰他、怀念他，他时常自豪地说："南通也是我的第二故乡。"

在章开沅的带领和推动下，张謇研究的学术成果日益丰富、研究队伍日益壮大、理论氛围日益活跃，张謇研究渐成显学。可以告慰先生的是，近一年来，张謇研究又有了新的发展。2021 年 1 月 6 日，南通张謇企业家学院正式挂牌成立。2021 年举办培训班 162 期，培训企业家 1.4 万人次，覆盖了全国 31 个省、市、自治区，张謇企业家精神正在全国落地生根、发扬光大。

我与先生素不相识，既非出自章门，也无任何交往，纯属崇敬与仰慕。这种敬仰之情，已经延续了 22 年。之前，只知道先生是华中师大校长、历史学家，研究近代史和张謇，但并没有读过他的著作。直到 2000 年看到《张謇传》，我才开始“认识”先生，尤其是读了《我与张謇研究（代后记）》之后，被先生的治学精神和人格魅力所感动，才“半路出家”研究张謇。待到2006年看了《论张謇》，我对先生有了进一步的了解，就萌发了写一写先生事迹的念头，于是便有了那篇《为张謇研究开创新纪元——章开沅和他的张謇研究》（《江海纵横》2007年第2期），中国人民大学清史所网站、《南通日报》、《章开沅学术与人生》（华中师大中国近代史研究所编）曾先后转发与收录。

章开沅去世后，我的心中颇为空虚与失落，除了关注媒体上缅怀先生的文章，也陆续购买了一些先生的著作学习与收藏，如《史海远航——章开沅传》《章开沅文集》《走出中国近代史》等。通过断断续续的阅读，对于先生是怎样的一个人，有了更多的了解。

他是一位气度恢宏的史学大家

研究中国近代史的专家不少，但有章开沅这般恢宏气度的史学大家却不多见。

先生之“大”，首先在于具有大历史观的大智慧。他不是就历史而研究历史，而是具有宽阔的视野、博大的智慧和辩证的思维。先生在《境界——追求圆融》中指出：“我们需要着重发掘的不仅是历史真实，而且是蕴藏于史实之深处的智慧……唯有智慧者始能发现大智慧，唯大智慧之发现始能出良史、出大家。”先生经常讲，研究中国近代史要“上下延伸”和“横向会通”。上下延伸的实质是历史的连续性，是一个不断变化的连续统一体。横向贯通的精髓，是注意社会各个部分之间的有机联系以及史学与相关学科的融合。“上下延伸是从时间上走出中国近代史，横向贯通是从空间上走出中国近代史，而走出又都是回归中国近代史……只有把中国近代史置身于更为绵长的多层次多向度的时间里和更为广阔的多层次多维度的空间里，我们的研究才有可能进入一个更高的境界。”这段论述，可以看作是章开沅研究中国近代史之“总论”。具体到辛亥革命，章开沅提出了“三个一百年”的观点：“辛亥革命前的一百年，是孙中山革命思想和革命纲领酝酿和形成的时期；推翻帝制到当今的一百年，特征是辛亥革命后的中国社会变迁与发展；从现在到未来一百年，昭示着中国乃至世界的发展走向。只有纵观这前后三百年，才能相对准确地认知辛亥革命的历史地位与深远影响。”具体到张謇研究，章开沅则认为：“研究这样的历史人物，需要有许多学科介入。除了文、史、哲、经以外，社会学、人类学、宗教学、城市规划学、水利学乃至戏剧、美术、医学等，从相关理论到方法都应该加以运用与整合。”

先生之“大”，还在于关注现实干预社会的大志向。他多次强调：“真正的历史学家总是力求把自己定位为联结过去、现在、未来的桥梁。他们当然会回头看，但同时也会向前看，特别是关注现实、关注社会、关注未来。”“我现在没有把工作限制在书斋之内，而是把我的活动领域推广到整个社会。就是说史学家不仅要研究历史，还要创造历史，还要干预历史，还要跟其他有识之士一起促进历史往正确的方向发展。那才是真正的史学家！”章开沅是这样说的，也是这样去做的，例如，促成全国性的辛亥革命研究。20世纪50年代，德国学者到武昌调研辛亥革命，章开沅陪同，此事对他影响很大。他说：“一位外国学者不远万里专程赶来研究武昌首义，而我作为本地的中国近代史教师却从来没有着手研究这个饶有兴味的课题，真是有点难为情。”从此，章开沅下决心研究辛亥革命，并大胆地向学校提议在武汉召开全国性的辛亥革命研讨会。经中宣部、湖北省委批准同意，1961年纪念辛亥革命50周年之时，武汉举办了首次全国性的辛亥革命理论研讨会。这次里程碑式的会议，把辛亥革命研究推到了前所未有的高度。又如，1988年和1991年，先生两次前往美国耶鲁大学神学院，耗时8个月，在系统查阅并潜心研究整理1100多卷贝德士档案的基础上，先后写成《南京大屠杀的历史见证》《天理难容——美国传教士眼中的南京大屠杀》等著作，被国际社会广泛关注，为揭露日本侵略者的罪行提供了无可辩驳的铁证。能有这样的作为，才是“促进历史往正确的方向发展”的“真正的历史学家”！

他是一位披荆斩棘的开路先锋

通常，历史学家只在某一个学科领域里耕耘与收获。像章开沅这样在多个领域“开疆拓土”、建功立业者实属凤毛麟角；而如同先生这般，既是诸多学科的创始人又是学术带头人的，或许几十年内难觅其人。

章开沅曾幽默而谦虚地说：“毛泽东一生做了两件大事，我一生做了两件小事：一是把中国的辛亥革命史研究推向世界，并把国外的研究引向中国；二是让中国的教会大学史研究走向世界，又让外国的研究走进中国。”这哪是两件小事，何况先生做的并不止这两件。

在回忆 60 年从教生涯时，章开沅先生深有感慨地说：“我一手创办的辛亥革命研究中心，也从原来的三五个人发展到现在英才云集、硕果累累，俨然成为处于国内前列的中国近代史学科重镇。而辛亥革命史、商会史、教会大学史等领域的研究，更在不同程度上引领着海内外学术前沿的潮流。”几十年来，章开沅带领他的同事，把中国近代史学科建成为我国顶级的近代史研究中心，用他们一流的研究成果，引领着海内外学术潮流。

作为学术前沿的引领者，章开沅卓越的领导风范备受赞誉。作为理论研究的拓荒者，章开沅博大精深的研究成果同样美名远扬。

先生“思接千载”“视通万里”，善于高屋建瓴，勤于开拓创新。数十年来，形成了独具章氏品格和风格的学术体系。在辛亥革命史、中国资产阶级及中国商会史、中国教会大学及基督教史、近代化道路比较研究、南京大屠杀历史文献研究等诸多领域均有开创性的学术贡献。他所主持编写的我国第一部《辛亥革命史》（三卷本）填补了辛亥革命研究大型专著的空白；《南京大屠杀的历史见证》的出版，影响重大，意义深远，被海内外广泛关注；《张謇传》问世 22 年来，一直是张謇研究领域最为重要、最有影响力的理论成果。

2015年，章开沅90岁生日之际，华中师大出版社隆重推出的鸿篇巨制——《章开沅文集》(11卷，约460万字)，是先生各个时期、各个方面的成果汇编。这既是给先生的一份厚重生日礼物，也是给喜欢先生的广大读者的思想盛宴。

他是一位循循善诱的良师益友

章开沅十分赞同师生关系是教学互长的关系。他认为，“学生如饥似渴的求知欲望，永远是促使教师在专业上精益求精的推动力量。学生如行云流水般的活泼思维，常常能触发教师创造新的灵感火花。”他还把学生视为知己，“古人云，人生得一知己，死而无憾。我有那么多理解、信任、喜欢我的学生，遍及国内和海外，对于我这样的凡夫俗子来说，已经足以自慰了。”章开沅曾连续9年在新生开学时为本科生做入学演讲，常常是座无虚席。学生听课笔记记得不全，拿来请他补充订正，他也从不推辞。不仅本校，外校甚至于外省的大学生给他写信，他也认真地回复。他说：“我喜欢学生，学生也喜欢我，这就是最大的幸福。”

章开沅很是欣赏楚图南给戴震纪念馆的题词“治学不为媚时语，独寻真知启后人”，他经常以此自勉，并多次亲笔书写送给自己的研究生。他说：“史学应该保持独立的科学品格，史学家应该保持自己独立的学者人格。无论在政治压力还是金钱诱惑之下，都不能忘记这个根本。”他还说：“至于我个人的志愿，无非是甘当铺路石子，让青年学者成长的道路稍微平坦一些，可以比我们前进得更快更远。”他还把自己与弟子的关系形象地比喻成老鸡与小鸡：“自己的一生好像一只忙忙碌碌的老鸡，成天到处啄啄扒扒，如发现什么谷粒、昆虫之类，便招呼小鸡前来会餐。”在章开沅的精心栽培与呵护下，一批学有所成的青年才俊迅速成长，不少人已成为我国近代史研究领域的中坚力量。看到他们的进步，章开沅不无感慨地说：“我很高兴，我所开辟的这些领域大多后继有人，而且比我做得更多更好，这就是我们这一代人的最大幸福。”

除了章门弟子，对学校以及湖北以外的近代史学者，包括对我们南通的张謇研究者，章开沅都曾无私地给予指导和帮助。他曾动情地说：“40 多年来，无论课内课外，校内校外，我为青年一代历史学者的成长耗费了不少精力与时间，对自己的著述或多或少有些影响，但我永远无怨无悔。因为学术的小我只有汇入学术的大我才能进入永恒。”

他是一位爱满人间的“最美老头”

章开沅是一位著名的史学家、教育家，除此之外，他还是一位充满爱心的“最美老头”。

爱武汉。对生活了大半辈子的这座城市，章开沅可谓是“爱之深责之切”，时常掏心掏肺地吐露心声，专门写了《武汉情缘》《武汉呼唤研究》等文章建言献策。他说：“作为老市民，我们不能只在口头上高呼‘热爱武汉’，应该以实际行动，以自己的诚实劳动与全部心血来关爱武汉、建设武汉。”他多次呼吁，“身居中游，力争上游”，还协助市、区各级政府努力发掘辛亥革命的历史文化资源，为建设文化武汉并把这个名城装点得更靓更美而呕心沥血。鉴于章开沅的突出贡献，武汉市政府授予他“武汉市模范市民”荣誉称号。

爱工友。章开沅在担任校长期间，路上遇见清洁工或食堂遇见员工，都会热情地打招呼。而为后勤园林工人姚师傅过 60 岁生日早已成为美谈。姚师傅在世时，为了发挥他的园艺特长，先生让生物系聘请姚师傅任讲师；为了照顾他的生活，帮他女儿从河南老家调到武汉。姚师傅去世后，先生建议学校后勤部门在校园草坪上为他树碑立传。为了缅怀这位园丁，先生专门写了纪念文章《林木深处觅绿魂——忆姚水印老师傅》，满纸深情地回忆与学校普通员工间的交往。

爱妻子。“执子之手，与子偕老”。章开沅与爱人黄怀玉相知相爱，共同走过了 50 余载寒暑。对于爱妻几十年如一日的默默奉献，章开沅铭记在心。卸任校长后，他几乎天天去学校食堂买早点，在夫人起床前为其准备好一杯温开水放在床头，还承担了柴米油盐等家务琐事。2007 年金婚之际，他写诗一首《金婚吟——赠怀玉》送给妻子，表达爱意。

爱职业。章开沅毕生为之奋斗的就是史学教学与研究。章开沅经常说，史学是一项寂寞的事业，没有鲜花，也没有掌声。然而，就是这个“寂寞的事业”，让他乐此不疲、鞠躬尽瘁地奋斗了近 70 年！先生在一次讲学中，有个学生递的纸条上写了首诗：“真正的史学家也有鲜花，你的鲜花就是我们脸上灿烂的笑容；真正的史学家也有掌声，这掌声就是我们内心由衷的一阵又一阵的热烈喝彩。”先生看罢感动不已：“这首小诗可以伴我终生，对史学家真是莫大的鼓励！”近 70 年的筚路蓝缕，一路走来，伴随着鲜花和掌声，章开沅渐已成为人们心目中一座巍然挺立的近代史研究的丰碑！

华中师大博雅论坛里，学生们称章开沅是“最美的中国老头”“敢讲真话的历史学者”“朴实真诚的可爱老人”。年轻人如此理解自己，先生甚感欣慰。他很乐意接受“最美的中国老头”这一称号。在他的心目中，这个称号比那些“泰斗”“大师”更令自己感到幸福。

在《章开沅文集》序言的结束语中，先生引用了他很喜欢的晚清张维屏的一首诗来抒发感慨：“‘沧桑易使乾坤老，风月难消今古愁。惟有多情是春草，年年新绿满芳洲。’与宇宙乾坤、文化长河相较而言，吾辈普通学人岂不正如一株野草，渺小至极，也平凡之至。”章开沅虽然自比“渺小至极，也平凡之至”的“一株野草”，可他却从不妄自菲薄，而是始终以野草般刚毅充盈的生命意志，萌发出漫山遍野的新绿，为中华史学大地增添了一片又一片春天的色彩。

（载于 2022 年第 3 期）

情倾江海著春秋

——贺《江海春秋》编印200期

徐景熙

难忘20世纪80年代那云蒸霞蔚、绚丽多姿的岁月！

在党的十一届三中全会强劲东风的吹拂下，经过艰难的拨乱反正，全国各条战线生机勃勃。作为十四个沿海进一步开放城市之一的南通，也呈现一派前所未有的繁荣景象。1987年，南通市地方志编纂委员会办公室（1996年与中共南通市委党史工作办公室合署）决定创办《南通今古》（2010年改名为《江海春秋》，下文统一用此名），希冀经数年努力，将其打造成能全面反映南通党史、地方志和南通地情方面的具有相当社会影响力的研究和宣传阵地。

并非巧合，1985年，我的工作单位南通师专（今南通大学）也经省市有关部门批准，创办《南通师专学报（社科版）》，与《江海春秋》成了兄弟刊物。令人感动的是，南通市委党史办、市地方志办主任和副主任曾亲自登门，同我切磋交流，商讨带共同性的办刊事宜。随后，还为我颁发了正式聘书，诚邀我参加他们的相关业务活动。

时光荏苒。从1987年创办至2023年第2期，《江海春秋》将迎来200期的吉日。值此喜庆时刻，回想往事，不禁心动神驰，禁不住写几点感受，以表达对《江海春秋》的热爱和敬意。

《江海春秋》定位准、起点高，有高档次、高格调的追求。《江海春秋》的编印宗旨是“以史鉴今，资政育人”，要求融“思想性、史料性、知识性、可读性”于一炉。这一宗旨和要求30多年来始终没有动摇过，可谓旗帜鲜明，深入人心。市委党史办、市地方志办领导再三强调，《江海春秋》有其特殊的价值和功能。编辑的思想、业务要与时俱进，但编发稿件切不可赶时髦、凑热闹，所发的每篇文章，一定要经得起历史的检验。

《江海春秋》编印的同时，还要为《南通市志》《中共南通地方史》等的编修提供可靠的史料。其编印的页码固定，编审文章从严，配发照片也得有历史感，尽最大努力消灭可能有的差错。

正由于从编印酝酿阶段就定下了高标准、高起点的规矩，《江海春秋》面世至今，一步一个脚印，取得了喜人的业绩。

《江海春秋》精心设置栏目，既相对稳定，又因时因事而略有调整。《江海春秋》包括党史、方志地情两大块，涉及题材范围广，时间通古今，真可谓“思接千载，视通万里”！编者经过一长段时间的实践，广泛征求意见，设置了《江海扬帆》《江海撷英》《南通记忆》《往事情怀》《张謇研究》《史志园地》等专栏，每期还配合国情市情和本期内容，编发精短生动的“卷首语”，广而告之，让广大读者、作者心里有底，保证了来稿的数量和质量。

在市委党史办、市地方志办内部，成员有分工，但分工不分家，相互支持，相得益彰。这是一个好传统，是行之有效的宝贵经验。有的文稿和书稿需派专人去省内外、去北京拜访相关老领导、老同志，记录抗日战争、解放战争以及新中国社会主义改造和建设的历程并整理成文，花费了大量心血。帮助一些老革命家写回忆录，往往历数年方能定稿。而就在调研、采访、写作、成书的过程中，可以抽出有把握的精彩章节，调整修改后，先在《江海春秋》发表，从而在外省市的史志单位产生了积极的反响，他们主动与南通建立了交流和互通有无的关系。“张謇研究”更是占天时地利人和之便，在南通掀起一波又一波深入研究的热潮，《江海春秋》率先编发了大量原创性的文章，为南通市的史志研究，也为《江海春秋》争得荣誉。

新时代以来，南通市经济、文化、教育、城市建设实现全方位的跨越发展，声名远播。此外，南通独有的江风海韵、江海文化的各种名优品牌，也已通过各种渠道传播出去。这方面，《江海春秋》同样功不可没，每期都留出篇幅，引导读者倾听历史的脚步、时代的心声，在奋力建设新时代新南通的同时，也将审美触角伸向家乡的纵深处，伸向家乡正不断优化的碧海蓝天、绿水青山，以及民俗民风的某一扇面、某一份情趣。经过作者、编者细心地提炼和贴切安排，将历史与现实，比照着展示给读者，给人以情感的激荡，增强南通人的自豪感、自信心！

《江海春秋》重视编辑、记者、摄影、美工的队伍建设。江山代有才人出，长江后浪推前浪。办好一份刊物，且数十年来能一以贯之地保持其独具的个性、资质，确非易事。比较而言，创作类的文学期刊，如能保证稿源，有一批受读者欢迎的作家支撑，就能正常运行。学术类刊物，其专业内容大体上文责自负，不同见解允许商讨争鸣。唯有史刊，作者撰文必须忠实于史实，严谨周密，切不可凭想象而为。而编者一定要有史德、史识、史才，组稿、审稿、发稿，容不得半点马虎。有疑问处，必须请教书本、古籍、有关当事人、某一领域的专家。万一出了纰漏，就难以弥补，流传开去，造成不可估量的损失。

在这方面，《江海春秋》领导的工作是值得称道的。我不止一次听到他们语重心长地强调：21 世纪以来，电脑进入寻常百姓家，尤其这十来年智能手机已经普及，图书市场包括纸质媒体式微，形势不容乐观。《江海春秋》反映的是南通史志信息资料，尤其不能忘却自己的使命担当，我们的工作目标不是吸引读者一时的眼球，不能仅满足于正常编印，而是认真调研，深入了解不同年龄读者群读史、学史、用史的需求以及阅读习惯的转换和审美心理的变化。

市委党史办、市地方志办领导从出人才、出成果统筹考虑，经长期实践，已在成员内部形成了边工作边培训、适当换岗的良性循环机制。老中青三代人，几乎都在多个业务部门锻炼过，既能修志编史，又能编《江海春秋》。还注意培养编辑人员采、写、编综合素质，形成了虔诚敬业、创新互补的团队精神，这就保证了《江海春秋》始终充满活力。我曾随意同编辑朋友谈起，某篇文章角度新、有见地、有新意，某期某张照片极其珍贵……编者接过话头，谈起组稿、编发过程，充满着艰辛劳作的喜悦。

综上，《江海春秋》200 期已是一部历史，是一种积淀。一路走来，不辱使命，摄录了南通发展的坚实足迹，抒写了南通人浓浓的家国情怀。

祝愿《江海春秋》在第 200 期之后新的跋涉中，继续为打造这座具有悠久历史城市的光荣、亮丽的名片，恪尽职守，始终充满活力，青春永驻！

（载于 2023 年第 1 期）

与学雷锋志愿活动同行

——写在全国学雷锋活动六十周年之际

黄正平

中共二十大报告强调指出：中国式现代化是人口规模巨大的现代化，是全体人民共同富裕的现代化，是物质文明和精神文明相协调的现代化，是人与自然和谐共生的现代化，是走和平发展道路的现代化。“物质文明和精神文明相协调”是中国式现代化的鲜明特色。报告还专门提出了“完善志愿服务制度和工作体系”的要求。回想自己职业生活四十年，与学雷锋活动、志愿者、精神文明建设等诸多工作紧密关联，作为参与者，我见证了中国志愿者活动和群众性精神文明建设活动的发展历程。

一

2023 年是我国学雷锋活动 60 周年。1963 年 2 月 22 日，毛泽东同志发出“向雷锋同志学习”的号召。我们这些 20 世纪 60 年代出生的人，可以说是在学雷锋的氛围里成长起来的。1982 年 2 月 27 日，中共中央办公厅转发中央宣传部《关于深入开展“五讲四美”活动的报告》，规定今后每年 3 月为“全民文明礼貌月”。当年的活动围绕“五讲四美”来展开，清除环境上“脏乱差”现象是其中一项重要工作。市里搭建了临时工作班子，抽调专人组织全市开展这一活动。1982 年 2 月我正式参加工作，算是有幸，工作第一个月就从基层单位被抽调到市里的“全民文明礼貌月活动”办公室。

“全民文明礼貌月”中的学雷锋活动比较丰富，有修理自行车、问诊、理发等设摊服务，也有到社会福利院和养老院擦窗、扫地等做卫生工作。走上街头的各类服务活动，开展得声势大，参加者的热情高，一时间，从内地到边疆，从城市到农村，在全国范围内掀起了“五讲四美”活动高潮，给改革开放初期的中国带来春天般的温暖。

临时工作班子就设在市委宣传部，分别从市委、市政府办公室和市爱卫办、市城建局抽调来 4 个人，其中我年纪最小，就是一毛头小伙子，办公室事务什么也不懂。初来乍到，我主要是驻守办公室，边干边学。领导叮嘱我负责接电话，于是一开始就学会了用电话开展工作。发文件和简报也是比较繁杂的活儿，我把一张张文件纸折叠好，一份份文件装订好，并就着油墨味逐一装入信封，然后寄发出去。记得别人对我借用期间的工作评价是“坐得住”。第二年的“全民文明礼貌月”，我又被借用出来，只是活动内容改成“五讲四美三热爱”。

现在看来，组织开展以“五讲四美三热爱”为内容的“全民文明礼貌月”活动，是我国志愿服务的雏形，这也成了我职业生活的真正开端。借用结束后，我正式调到共青团市级机关工作，也从此改变了我的职业走向。后来想想，如果没有 1982 年 3 月这个“全民文明礼貌月”活动，我的人生际遇可能完全不是现在这样的。

二

1983 年 10 月，我正式调到南通团市委，先在宣传部工作。在当时，青年学雷锋是主体，也是一个常态，每到 3 月 5 日前后都会掀起活动高潮。从“全民文明礼貌月”活动开展后，南通城乡基层成立了上千支服务队，还有大量在农村的青年助耕队。我倡议成立统一的组织——南通市青年服务总队，各县区队伍属总队下辖，这一建议被采纳。南通市青年服务总队被中宣部、国务院办公厅、共青团中央、中央军委政治工作部四个部门联合表彰为全国学雷锋先进集体。

1988年，如东有一个农村青年叫黄金泉，在订婚那天发现邻居家失火，立即从屋顶爬了进去，不幸跌倒在屋里而被大火包围，脸部等好多部位烧伤，被送往医院治疗，但家中经济条件有限，医药费成了很大的困难。为引起全社会关注，帮助他渡过难关，我撰写人物通讯《火铸的现实标点》在当年11月6日的《南通日报》发表，呼吁全社会重视见义勇为者这一特殊群体，不能让他们像黄金泉那样既流血又流泪。文章在社会上引起了强烈反响，一些人立即解囊相助，市委宣传部也很快牵头组建了南通市见义勇为基金会。这是全国第一个市级见义勇为基金会，现在这个组织已架构成全国统一的工作网络，我发表的稿件也获了奖。2020年底，南通日报社80年庆盘点历史时，就突出了黄金泉典型宣传这一新闻事件，我又一次上台领奖。

1993年10月，我到团中央宣传部挂职工作，时间是一年。时值世纪之交，团中央正在谋划跨世纪青年行动，我负责起草的有关工作方案中就有跨世纪青年志愿行动。1993年12月，共青团中央印发《在建立社会主义市场经济体制进程中我国青年工作战略发展规划》，决定实施“跨世纪青年文明工程”和“跨世纪青年人才工程”。同月，2万余名铁路青年率先打起了“青年志愿者”旗帜，在京广铁路沿线开展为旅客送温暖志愿服务。中国青年志愿者行动自此全面开展。1994年2月，共青团中央向全社会发布中国青年志愿者统一标志“心手标”。

挂职一年回到南通后，记得在一个冬天的夜晚，与团市委、江海晚报社有关同志一起讨论打出江海志愿者旗帜，并以此创树青年服务社会的工作品牌。我首先谈了团中央有关精神和要求，希望上下贯通，成就南通青年工作和社会文明服务新的品牌。1998年，江海志愿者服务站在江海晚报社内正式挂牌成立，专职从事此项工作的徐尔铸是我在团市委曾经的同事，让我感到特别亲切。“江海志愿者”由点到面不断发展，在全市叫响，在全国也有了一定影响。

2022年国庆节，我接受江苏电视台采访时说："在南通，这样的志愿者其实随处可见，他们都有一个共同的名字'江海志愿者'。这个名字对于南通人来说，代表的是光荣和温暖。这支队伍从最初的34人已经发展到了现在的251万人，每三个人中就有一个志愿者。大家用凡人善举，共同铸就了精神文明南通样本。现在你在大街小巷随处可以看到穿着志愿者服装的各类志愿者，他们让南通的文明创建变成了一种自觉行动。"

三

到了1995年，我已经任市委宣传部副部长兼市文明办主任，南通出现了扶贫济困的"莫文隋"。"莫文隋"的宣传时间跨度很长，前后有二十多年，其宣传效应如雪球般越滚越大。我参与其中、全力推动，当时干得风生水起的一项工作应当就是持续不断地宣传助人不留名的"莫文隋"。"莫文隋"成了全国精神文明典型，上了1997年1月5日《人民日报》头版头条，4月21日《人民日报》又以《南通："莫文隋"有新篇》为题，进行了跟踪报道。

那是1995年3月，就读于原南通工学院的女大学生石洪英收到一笔汇款，金额为100元，汇款单附言"生活补助费"，汇款人名为"莫文隋"，地址为"南通市工农路555号"。100元的金额虽不多，不过，在她心里却打起了一个问号，自己和"莫文隋"并不相识，他为什么要给自己汇款？正在疑惑时，"莫文隋"又给她寄来了100元。此后，每个月100元资助，成了"莫文隋"和石洪英的"约定"，直至石洪英完成学业，每次汇款单上也总有"要好好学习""成为一个对国家有用之人"等简短话语。在寻找"莫文隋"过程中，又相继发现许多助人而不留名的好人。我及时指导江海晚报社、南通人民广播电台进行系列宣传、追踪报道。当我与"莫文隋"原型、原南通工学院副院长汤淳渊面对面时，他终于承认向石洪英汇款的人是自己，并解释了隐匿姓名，是希望不要宣传自己。于是，我们遵照承诺，一直为其保守秘密。

“莫文隋”这个典型一炮打响后，在全市持续不断地学习宣传，形成了很大的“滚雪球”效应。在江风海韵涤荡的南通，“莫文隋”之风温暖了江海大地，一曲《莫问我是谁》唤起社会爱心，也掀起全民学习效仿“莫文隋”的热潮——其中有汇款给社会福利院的“魏群（为群）”，多次向慈善机构捐出善款的“关辛（关心）”，默默关爱患病少年的“吴铭（无名）”，还有“卫英才（为英才）”“任有琴（人有情）”，等等。1997 年底，我在江苏省委《群众》杂志上发表的文章中第一次提出“精神文明建设南通现象”这一表述。1998 年 3 月 5 日，市委常委会讨论确定学雷锋、学“莫文隋”并提，今后每年 3 月 5 日为南通市“学雷锋、学‘莫文隋’日”，将学全国典型与学地方典型、身边典型结合起来，长久持续地开展下去。后来由于工作变动，我调海门市委工作，但还是根据市委领导的要求完成了这一典型宣传资料的汇编工作，《世纪之交“莫文隋”》由江苏人民出版社正式出版发行。中央文明办在深入调研后认为，南通探索出了一条以典型示范普及核心价值理念、以群体效应提升城市文明程度的创建之路。2002 年 11 月 3 日，中央电视台《焦点访谈》栏目播出专题片《道德的力量》，聚焦由“莫文隋”引发的精神文明“南通现象”。也就在这一年，精神文明“南通现象”入选全国精神文明建设“十件大事”。2004 年，南通成功承办首届中国公民道德论坛，在新中国精神文明建设史上写下浓墨重彩的一页。

“莫文隋”的感人事迹传遍神州大地，“莫文隋”也因此成为做好事不留名的代名词。这一重大典型也为南通后来成为全国文明城市打了基础、出了形象、立了大功。

学雷锋青年服务队、黄金泉、学雷锋江海志愿者、“莫文隋”，体现了一种时代风尚，由此，我提出一个概念“风尚南通”。在 20 世纪初的南通，张謇“中国近代第一城”创造了南通风尚，一百年后南通人弘扬传统、接续再创。2022 年 11 月 16 日《人民日报》“我与一座城”征文中刊出我的文章《我爱南通这座城》，对此也有叙述："从一个人到一群人，从一群人扩大为一城人，'莫文隋'群体为南通增添了亮色，成为一座城的社会风尚。"如今已有 200 多万名志愿者活跃在南通这方热土上。

四

1985 年 12 月 17 日，第 40 届联合国大会通过决议，从 1986 年起，每年的 12 月 5 日为"国际促进经济和社会发展志愿人员日"（International Volunteer Day for Social and Economic Development，简称国际志愿人员日）。其目的是敦促各国政府通过庆祝活动唤起更多的人以志愿者的身份从事社会发展和经济建设事业。因此，社会上一些人认为志愿服务是舶来品。可我始终认为，即使"志愿者"这个概念是引进的，但助人为乐是中华民族的传统美德，是中华优秀传统文化的重要组成部分，它与志愿活动有异曲同工之妙，我们在传承中华优秀传统文化的同时，也要历史地正确用好"志愿者"这个概念。回顾自己的工作经历，人生轨迹与南通的助人为乐风气和"志愿者"同行，我感到无比自豪和骄傲。

2021 年 6 月，以助人为乐、无私奉献为核心的雷锋精神被正式列入了第一批中国共产党人精神谱系。因为长期从事中国共青团和中国共产党宣传工作的缘故，学雷锋、志愿服务是我写作、讲课中经常论及的话题。同时，我十分高兴地看到，中国志愿者正以庞大的队伍和强大的力量汇入国际志愿者的洪流。

那是中国人的形象，那是新时代的文明气象。

（载于 2023 年第 1 期）

后　记

为庆祝《江海春秋》创办 200 期，中共南通市委党史工作办公室、南通市地方志编纂委员会办公室组织编纂了《春秋文萃——〈江海春秋〉二百期选编》。

该书收录了《江海春秋》第 100 期（2005 年 4 月发行）至 199 期（2023 年 3 月发行）中的 62 篇精品佳作（前 100 期已于 2005 年 7 月结集成书，名《今古拾穗》)，部分作品以南通地方史上著名人物和故事为内容，树立学习榜样和典型，弘扬主旋律、传播正能量；其余作品重点叙写南通乡土历史、人文风情、凡人善举，宣传展示南通历史文化魅力，反映新时期南通经济社会发展变化情况。编纂工作秉持“尊重原创、原著”的原则，对原文进行了适当修改，全书近 40 万字。

编纂项目自 2023 年 2 月底开始筹划，得到了市委、市政府领导的关心、指导，听取和吸收了相关文史专家的意见，在此，一并表示感谢！

由于种种因素，书中不足和疏漏在所难免，敬请读者批评指正。

编　者

2023 年 11 月